KB062579

탄트라秘典 I

The Book of Secrets :

112 Meditations to Discover the Mystery Within

이 책의 텍스트는 『The Book of Secrets: 112 Meditations to Discover the Mystery Within』로, 1972년부터 1973년 11월까지 인도 봄베이에서 오쇼가 강의한 것인데 경전 부분의 강의는 전역(全譯)되고 질문 부분은 발췌해서 옮겼다. 이 책의 원전(元典)인『Vigyana Bhairava Tantra』는 1903년 미국인 폴 렙스(Paul Reps)에 의해 영역되어 비로소 세상에 알려지게 되었는데 그는 인도 북부 카슈미르 지방 스리나가르를 여행하다가 은자 락쉬만쥬(Lakshmanjoo)에게서 산스크리트어 필사본을 입수했다고 한다.

마음을 변형시키고 초월시키는 112가지 수행법

탄트라 祕典 I

The Book of Secrets :
112 Meditations to Discover the Mystery Within

오쇼 라즈니쉬 강의
이연화 옮김

태일출판사

옮긴이 **이연화**

서울대학교 종교학과 졸업. 명상서적 전문 번역가로
『물도 없고 달도 없다』, 『머리 속의 바람』, 『구루의 땅』, 『달마』 등의 작품을 번역하였다.

21세기를 사는 지혜의 서 01

마음을 변형시키고 초월시키는 112가지 수행법

—

탄트라祕典I

펴 낸 날 | 2011년 9월 5일 중판 1쇄
2023년 4월 25일 개정판 1쇄

지 은 이 | 오쇼 라즈니쉬
옮 긴 이 | 이연화
펴 낸 이 | 이태권
펴 낸 곳 | 태일출판사
서울특별시 성북구 성북로5길 12 소담빌딩 301호 (우)02880
전화 | 02-745-8566 팩스 | 02-747-3238
e-mail | sodambooks@naver.com
등록번호 | 1979년 11월 14일 제6-58호
홈페이지 | www.dreamsodam.co.kr

ISBN 979-11-6027-298-7 (04150)
979-11-6027-297-0 (세트)

•책값은 뒤표지에 있습니다.
•잘못된 책은 구입하신 곳에서 교환해드립니다.

마음을 변형시키고 초월시키는
모든 길들이 여기에 다 있다.
— 오쇼 —

차례

탄트라 秘典 I

1. 탄트라의 세계 · 11
2. 호흡(呼吸), 우주에 이르는 다리 · 59
3. 다섯 개의 신비 · 103
4. 그대의 마음을 쉬게 하는 방편들 · 151
5. 중심에 이르게 하는 방편들 I · 193
6. 중심에 이르게 하는 방편들 II · 229
7. 중심에 이르게 하는 방편들 III · 265
8. 중심에 이르게 하는 방편들 IV · 315
9. 정지(靜止) 명상법 · 353
10. 지성파와 감성파를 위한 각각의 방편 · 397

탄트라 秘典 II

1. 시각(視覺) 명상법 I
2. 시각(視覺) 명상법 II
3. 소리를 통해 가는 길 I
4. 소리를 통해 가는 길 II
5. 소리를 통해 가는 길 III
6. 소리를 통해 가는 길 IV
7. 탄트라적 성행위의 영적 의미
8. 환상에서 실재로
9. 삶을 흐르는 물처럼 지켜보는 기법
10. 파도에서 바다까지

탄트라 秘典 Ⅲ

1. 자각과 판단 정지를 위한 탄트라 방편
2. 변화를 통해 변함없음을 발견한다
3. 욕망으로부터 자유에 이르는 길
4. 빛과 함께 하는 탄트라 명상
5. 현존에 관한 방편들
6. 존재계로 되돌아오라
7. 에고를 조복받는 방편들
8. 허공의 발견
9. 자유를 찾아서
10. 언덕 위에서 내려다보면

탄트라 秘典 Ⅳ

1. 그대의 집은 불타고 있다
2. 약도(略圖) 없는 길
3. 삶은 하나의 신비다
4. 마음도 아니고 물질도 아니다
5. 그대 자신은 그대에게 낯설다
6. 위험 속에서 살아라
7. 변형의 공포
8. 붓다의 오르가즘
9. 존재가 되라
10. 텅 빔의 철학

옮긴이의 말

인생을 살아가는 동안 우리는 여러 가지 질문들에 부딪친다. 그리고 그 질문들에 대해 어떤 식으로든 해답을 찾는다. 우리는 학교에서 그리고 사회에서 그 질문들에 대한 해답을 배운다. 하지만 우리가 인생을 마칠 때까지 풀지 못하는 특수한 유형의 질문들이 있다. 그 해답은 박사 과정에서도 배울 수가 없다. 이를테면 '나는 왜 태어나고 죽는 것인가?', '지금 나는 왜 살고 있는가?', '나는 왜 살고 싶어 하는가', 그리고 '이 <나>라는 것은 도대체 무엇인가?' 등의 질문들은 쉽사리 해답을 찾을 수 없다. 어쩌면 불가능하기까지 하다. 그래서 우리는 종교를 만들었다. 철학을 만들었다. 하지만 그런 것들을 만들면 만들수록 더욱 복잡하고 어려워져서 그만 최초의 질문을 잊어버리고 만다. 그러고는 그 질문을, 그 근원적인 의심을 해결했다고 생각한다.

그러나 이 질문은 곧바로 해답이 나올 수 있는 것이 아니다. 논리적인 사고 활동으로 해결되는 것이다. 우리의 모든 생각이 더 나아갈 수 없는 데까지 나아가서 은산철벽에 부딪칠 때, 어쩔 수 없이 생각이 멈추어진다. 머리 굴림이 멈추어진다. 그리고 거기에서 폭발이 일어난다. 그때 그 질문은 저절로 풀린다. 삶 자체가 완전한 우연성에서 완전한 당위성으로 돌아서는 것이다. 더 이상 질문은 일어나지 않는다. 더 이상 의심하려야 할 수 없게 되는 것이다. 그리고 이것은 오직 개인의 실존적인 체험이어야만 한다.

그 체험을 추구하는 일단의 무리들이 있었다. 그리고 이들을 사람들은 수행자, 혹은 구도자라고 불렀다. 이들은 그 숫자의 많고 적음을 떠나 전 세계 모든 종교에 존재하고 있었다. 그리고 황당하게 보일지 모르지만 그들이 발견한 것을 한 권의 책에서 모두 찾아볼 수 있다. 만약 누군가가 그것들을 그 책 속에서 발견할 수 있다면 그는 엄청난 행운을 만난 것이 된다. 그 책이 바로 '비그야나 바이라바 탄트라(Vigyana Bhairava Tantra)',

즉 우리말로 풀이하면 '의식 초월 탄트라'라는 책이다.

이것은 탄트리즘이 티벳으로 건너가 불교 탄트리즘으로 재구성되기 전, 힌두 탄트리즘의 근본 경전이 되는 책으로, 그 연원은 BC 3000년 전으로까지 거슬러 올라간다. 여러 탄트라 경전 중에 가장 고대의 탄트라 경전인 것이다. 그 책은 매우 간결하고 단순한 문장들의 112가지 소절들로 이루어져 있다. 그리고 이 112가지 소절은 앞에서 말한 궁극적인 질문들을 푸는 방법을 적어놓았다. 인생에서 가장 궁극적인 체험을 할 수 있는 길을 제시해놓은 것이다. 그리고 누구나가 이 112가지 방법 중에 한 가지만이라도 통달한다면 그는 종교를 만들 수 있는 교조(Founder)의 역량을 갖게 된다고 알려져 있다. 하지만 그 책의 이런 특수성과 여러 가지 역사성 때문에 그동안 일반에게 공개되지 않았다. 그리고 모든 종교들의 수행 방법이 이 112가지 중의 한두 가지를 채택하고 있어 지구상의 어떤 명상 방편도 여기에서 벗어나는 것은 없다고 이 경전을 강의한 오쇼는 말하고 있다.

한편 아직 한국에서는 일부 예술과 문학에만 도입되고 정신운동으로까지 파급되지는 않았지만 대단한 반향을 불러일으키는 사조가 있다. 그것은 포스트 모더니즘이라고 불리는 것인데 선진국에서는 이미 이것이 단순한 사조에 그치는 것이 아니라 '뉴에이지 무브먼트(New Age Movement)'라 불리는 정신 운동으로 활발하게 전개되고 있다. 이 운동은 60년대와 70년대에 세상을 풍미했던 히피 운동과는 그 차원이 다르다. 히피 운동은 어떤 의미에서는 사회 병리 현상의 한 반응이지만 이 뉴에이지 무브먼트는 사회 각 방면의 지식인들이 주축이 되어 벌이는 일종의 문화운동이며 제2의 르네상스라고까지 불리는 것이다. 그리고 이 운동에는 거대한 사상적 기둥이 둘 있다. 국내에서도 잘 알려진 두 사람, 지두 크리슈나무르티(Jidu Krishnamurti)와 오쇼(Osho)라는 사람이 바로 그들이다. 이

들이 주장하는 것은 인간 의식의 개혁이다. 이들은 사회 제도나 종교의 개혁을 부르짖는 것이다. 신인류(New Man)의 탄생을 요구하고 있다. 그리하여 후세에 이 두 사람은 21세기 우주 문명을 예언한 20세기 지구 문명의 마지막 선지자로서 기억될 것이다.

흔히들 바둑 애호가들은 바둑을 인생에 비유해서 말하곤 한다. 그래서 인생 애호가라고 할 수 있는 역자는–딱히 무엇이라고 부를 만한 주의를 갖고 있지 않기에–인생의 일면을 바둑에 비유해서 말하고 싶다. 한 판의 바둑은 유희를 벌이는 두 사람의 실력에 따라서 그 질이 달라진다. 똑같은 흑돌과 백돌을 쥐고서 똑같은 바둑판에 돌을 놓아가지만 그 차원은 모두 다른 것이다. 그처럼 인생 역시 똑같은 구조를 가진 육체와 똑같은 시간과 공간 속에서 삶의 유희를 벌이고 있지만 그 차원은 제각기 다르다. 인생이라고 하는 면에서는 같지만 그 질이 제각기 다른 것이다. 그리고 바둑의 급수를 획기적으로 발전시키기 위해서는 여러 가지 정석과 방편들을 적어놓은 기서(棋書)를 읽어야 하듯이 인생의 급수를 올리기 위해서는 그에 상응하는 과정을 거쳐야 할 것이다.

여기에 '비그야나 바이라바 탄트라(Vigyana Bhairava Tantra)'라고 하는 최고(最古)의 인생 기서가 있다. 그리고 이 기서를 명쾌하게 현대어로 강의하는 인생의 명인 '오쇼'가 있다. 그리하여 이 책 '탄트라 비전'은 그것을 읽는 사람이라면 그가 누구든지, 어떤 일에 종사하는 사람이라 할지라도 그의 인생 급수가 18급에서 초단으로 도약하리라고 역자 본인은 의심치 않는다. 그리고 이 책은 미약한 역자보다 더 재능 있고 훌륭한 사람의 손에 의해 앞으로도 계속 재번역의 작업이 이루어져야 할 책이라는 점도 확신한다. 부족한 번역에 독자 제위의 애정 어린 지도를 기다리는 바이다.

광릉 거북정에서, 이연화

탄트라의 세계

탄트라는 지적인 게임이 아니다。
그것은 산체험이다。
그대가 수용적으로 되고、준비되고
느낄 만큼 예민해지지 않는 한
그것은 그대에게 찾아오지 않을 것이다。

탄트라의 세계

데비가 묻는다.

오! 시바여, 당신의 실체는 무엇입니까?
이토록 경이로 가득 찬 우주는 무엇입니까?
이 모든 원소는 무엇으로 구성되어 있습니까?
우주의 중심에 앉은 자는 누구입니까?
형상들로 충만하며 동시에 모든 형상들을 초월한 이 생명
은 무엇입니까?
어떻게 우리는 시간과 공간, 이름과 모양마저도 뛰어넘어
그 속으로 들어갈 수 있습니까?
나의 모든 의심을 없애 주소서!

본론으로 들어가기 전에 우선 살펴볼 것이 몇 가지 있다. 먼저 비그야나 바이라바 탄트라의 세계는 지성적이거나 철학적인 세계가 아니다. 여기에 이론 따위는 아무런 의미가 없다. 오직 기교와 방법만이 있을 뿐이다. 그리고 어떤 도덕이나 원칙 같은 것도 없다. '탄트라'라는 말 자체가 방법이나 길이란 뜻이다. 그래서 이것은 철학이 아니다. 이 점을 주시하라. 탄트라는 지적인 문제와 아무런 관련이 없다. 그것은 사물을 '왜'에 대한 문제가 아니

라 '어떻게'라는 문제로 대한다. 그것은 '진리가 무엇이냐'를 따지는 것이 아니라 '어떻게 진리에 이를 수 있느냐'를 따지는 것이다.

또한 '탄트라'라는 말은 테크닉을 의미하며 이런 접근 방식은 과학적인 것이다. 과학은 '왜'라는 의문보다는 '어떻게'라는 의문에 더 관심을 쏟는다. 바로 이 점이 과학과 철학의 기본적인 차이점이다. 철학자는 '이것은 왜 존재하는가?'라고 묻는다. 그러나 과학자는 이렇게 묻는다.

"이것은 어떻게 존재하는가?"

그대가 '어떻게'라고 묻는 순간, 그때는 방법 즉 테크닉이 중요해진다. 그때 탁상 공론은 아무 의미가 없다. 중심이 되는 것은 경험이다.

탄트라는 과학이다. 탄트라는 철학이 아니다. 철학을 이해하는 것은 쉬운 일이다. 거기에는 오직 지능만이 필요하기 때문이다. 그대가 언어를 이해할 수 있다면, 개념을 이해할 수 있다면 그대는 철학을 이해할 수 있다. 그대는 변화할 필요가 없다. 거기서는 그대의 변형을 요구하지 않는다. 지금 있는 차원에서 그대로 철학을 이해할 수 있다. 하지만 탄트라는 다르다.

탄트라에서는 그대의 변화를, 그대의 차원적 승화를 요구한다. 그대가 달라지지 않는 한 탄트라는 이해되어질 수 없다. 탄트라는 지적인 게임이 아니기 때문이다. 그것은 산 체험이다. 그대가 수용적으로 되고, 준비되고, 느낄 만큼 예민해지지 않는 한 그것은 그대에게 찾아오지 않을 것이다.

철학은 생각만으로, 그대의 두뇌만으로 충분하다. 거기에 그대의 전체성은 요구되지 않는다. 그러나 탄트라는 그대의 전부를 요구한다. 그것은 훨씬 깊은 도전이다. 그대는 그 속에서 전체가 되어야 한다. 탄트라를 알기 위해서는 지금까지와는 완전히 다른 방식으로 접근해야 한다. 그것은 그대의 전 존재를 바치는 길이다. 물론 여기서 데비의 질문은 철학적인 질문이며 추상적인 것이다. 하지만 탄트라는 데비의 질문에서부터 시작된다. 그것은 철학적인 질문 자체가 이미 추상적이며 피상적인 것일 수밖에 없기 때문이다.

실제로 모든 질문은 두 가지 차원으로 구분된다. '철학적이냐 아니면 본질적이냐', 혹은 '지적이냐 아니면 전체적이냐' 하는 것으로 말이다. 예를 들어 어떤 사람이 '사랑이 무엇이냐?'라고 묻는다고 하자. 그대는 그것을 지적으로 설명할 수 있다. 거기에 이론을 덧붙이고 가설을 세울 수 있으며 결론을 이끌어낼 만큼 체계를 만들 수 있다. 하지만 그대는 사랑이 무엇인지 전혀 알지 못할 수도 있다.

이론을 세우는 데는 경험이 필요치 않다. 차라리 적게 알수록 더 과감하게 체계와 이론을 세울 수 있다. 오직 장님만이 빛이 무엇인지를 손쉽게 정의할 수 있는 것이다. 사람은 알지 못할 때, 무식할 때 대담해지는 법이다. 앎은 사람을 주저하게 만든다. 그대가 많이 알면 알수록 점점 수렁으로 빠져들어 간다. 많이 알수록 자신이 얼마나 무지한가를 크게 느낀다. 그래서 진짜로 현명한 사람들은 무지로 돌아간다. 그들은 어린아이나 바보처럼 단순해지는 것이다.

철학적으로 되려 한다면, 이론으로 하나의 체계를 세우려 한다면 그대는 적게 알수록 좋다. 그래야 일이 쉽게 된다. 지적인 문제에만 국한시킨다면 문제는 간단하다. 그러나 그것은 존재적인 것은 결코 되지 못한다. 그것은 단지 사색이나 추론을 통해서도 가능하다. 그러나 그대의 존재를 변형시키는 데는 아무런 힘이 없다. 그것은 어려운 일이다. 진실로 사랑을 알기 위해서는 사랑에 빠져야 되는 법이다. 사랑에 대한 이론과 철학을 안다고 해서 그대가 몸소 사랑하게 되는 것은 아니다. 오직 체험만이 그대를 변화시킬 수 있다. 그대가 사랑에 빠지는 순간 그대는 다른 사람 속으로 들어가는 것이다. 그리고 다시 나올 때는 이미 그대의 옛 모습은 사라지고 없다. 옛날의 그대는 그대가 아니다. 거기에 하나의 틈이 생겼다. 옛사람은 이미 죽었고 새 사람이 나왔다. 이것이 바로 거듭나는 것의 의미이다.

탄트라는 철학적인 것이 아니라 본질적인 것이다. 물론 여기에서 데비는 매우 철학적인 질문을 던지고 있다. 그러나 시바는 데비와 같은 방식으로 대답해 주지 않는다. 그래서 그대는 처음부터 이 점을 분명하게 이해하지 않으면 안된다. 그렇지 않으면 그대는 당황할 것이다. 시바는 데비의 질문에 어떤 해답도 주지 않기 때문이다. 데비가 묻는 질문에 시바는 완전히 다른 말을 하고 있다. 사실 이 세상의 모든 질문은 데비의 질문과 같은 것이다. 그리고 지금도 그런 질문은 끊임없이 그대 속에서 일어나고 있다. 질문의 형식은 다르지만 내용은 데비의 질문 속에 모두 포함되어 있다. 그리고 그 질문에 오직 시바만이 대답할 수 있다. 시바의 차원에 이르지 않는 사람은 그 누구도 진정한 해답을 보여줄 수 없다.

데비는 '당신의 실체가 무엇입니까?'라고 묻고 있다. 그러나 시바는 그것에 대해서 대답하지 않는다. 오히려 그는 한 가지 테크닉을 가르쳐 주고 있다. 만약 데비가 그 테크닉을 통과한다면 그녀는 알게 될 것이다. 그것은 그녀 스스로 알게 된 것이다. 진정한 해답은 언제나 질문에 직접적으로 주어지는 것이 아니다. 시바는 '내가 누구다'라고 말해 주지 않는다. 단지 한 가지 방편,

하나의 테크닉을 가르쳐 줄 뿐이다. 그리고 그 테크닉을 수행하면 그대 역시 해답을 알게 될 것이다.

탄트라에서는 행하는 것이 곧 아는 것이다. 그 외에 다른 앎은 없다. 그대가 뭔가를 행하지 않으면, 그대가 변화되지 않으면, 사물을 바라보는 그대의 시각이 달라지지 않으면, 지적인 차원 이상의 차원으로 옮겨가지 못하면, 거기에는 해답이 없다. 물론 여러 가지 그럴싸한 대답들은 주어질 수 있다. 하지만 그것들은 모두 거짓말들이다. 모든 철학적 해답들이 그러하다. 그대는 하나의 질문을 던지고 철학은 거기에 맞추어 대답한다. 그러면 그대는 만족스럽기도 하고 불만족스럽기도 하다. 만약 그것이 그대를 만족시키면 그대는 그 철학에 빠질 것이다. 하지만 그대는 그 속에서 아무런 변화 없이 그대로 남아 있다. 한편으로 그것이 그대를 만족스럽게 하지 못한다면 만족할 만한 철학을 만날 때까지 찾아다닐 것이다. 그러나 그때도 그대는 여전히 변화되지 않는다. 어떤 것에도 감동받지 않고 상처받지도 않는 상태로 말이다.

그대가 힌두교도이건, 불교도이건, 아니면 기독교도이건 그것은 아무런 차이가 없다. 그것은 단지 그대를 가리고 있는 가면이며 옷일 뿐이다. 교회나 사원, 혹은 모스크에 가더라도 똑같은 사람이 간다. 단지 가면만 다를 뿐이다. 복장만 다를 뿐이다. 그리고 그 가면과 복장은 모두 가식이며 거짓이다. 그것을 들추어 버리면 똑같은 사람이 나온다. 똑같은 공격성, 똑같은 분노, 폭력, 탐욕, 질투 등등, 모든 것이 똑같다. 기독교도의 성(性)이 불교도의 성과 어떻게 다른가? 기독교도의 폭력이 이슬람교도의 폭력과 어떻게 다르단 말인가? 모두 마찬가지다. 사람은 같은데 입고 있는 옷이 다를 뿐이다.

탄트라는 그대의 옷에 관심을 두지 않는다. 탄트라는 옷 속에 감추어진 그대 자신을 바라본다. 만약 그대가 질문을 한다면 그것은 그대가 지금 자신이 어디에 있는지를 알 수 없다고 말하는 것이다. 그것은 자신을 보지 못하고 있다는 뜻이다. '빛이란 무엇인가?' 철학은 빛에 대해서 대답할 것이다. 그러나 진정한 의미에서 빛이 무엇인지를 아는 것은 탄트라의 영역이다. '빛이 무엇인가?'라고 묻는 즉시, 탄트라는 묻는 자에게 그가 지금 눈먼 상태에 있음을 일깨워 준다. 그런 다음 그를 변형시켜 그로 하여금 빛이 무엇이라는 것을 체험하게 해준다. 탄트라는 결코 빛이 무엇이라는 장황한 설명을 늘어놓지 않는다. 대신 빛으로 인도하고 빛을 보게끔 눈을 띄워 준다.

그래서 탄트라의 해답은 지적인 것이 아니다. 눈먼 사람에게 빛에 대해서 설명해 준다면 이것은 지적인 것이다. 하지만 눈먼 사람 자신이 직접 눈을 떠서 빛을 볼 수 있다면 이것은 본질적인 것이다. 탄트라를 지적이 아니라 본질적이라고 말하는 것은 바로 이 때문이다. 그래서 시바는 데비의 물음에 답을 주지 않는다.

한편 탄트라는 우리의 일상적인 언어와는 전혀 다른 언어라는 것을 알아야 한다. 이 세계로 들어가기 전에 먼저 우리는 확실히 이해하고 넘어가야 할 것이 있다. 탄트라의 언어는 시바와 그의 연인 데비 사이의 대화이다. 데비는 묻고 시바는 대답한다. 모든 탄트라가 이런 식으로 시작한다. 왜? 왜 그런 방식을 사용하는가? 이것은 매우 중요하다. 이것은 선생과 학생의 대화가 아니다. 이것은 연인끼리의 달콤한 속삭임이다. 둘 사이에 사랑이 없다면 깊은 가르침은 전달되어지지 않는다. 스승과 제자 사이는 연인만큼 깊은 관계여야 한다. 오직 그때만이 신비하고 초월적인 것이 오갈 수 있는 것이다.

그래서 탄트라는 사랑의 언어이다. 제자는 사랑의 자세 속에 머물러야 한다. 탄트라는 제자가 수용성을 가지고 움직여야 한다고 말한다. 그래서 제자는 여성의 수용성으로 표현된다. 오직 그때만이 뭔가가 가능하다. 그대가 제자가 되기 위해서는 여성이어야만 하는 것은 아니다. 하지만 여성적인 수용성의 기질을 갖추어야 한다. 데비는 묻는다. 그것은 여성적인 질문의 태도를 의미한다. 그러면 왜 여성적인 태도를 이렇게 강조하는가?

남자와 여자는 신체적으로 다를 뿐만 아니라 심리적으로도 다르다. 여성적인 마음은 수용성을 의미한다. 전체적으로 받아들임, 완전한 신뢰와 헌신, 그리고 사랑을 의미한다. 그래서 제자는 이 여성의 심리 태도를 지녀야 한다. 그렇지 않으면 그는 배울 수 없다. 그대가 닫혀 있는 한 그대는 해답을 얻을 수가 없다. 질문만 던지고서 닫힌 채로 남아 있다. 그때 해답은 그대를 통과할 수 없다. 그대의 문은 닫혀 있다. 그대는 죽어 있다.

여성의 수용성은 자궁의 받아들임이다. 그것은 많은 의미를 갖고 있다. 거기에는 단순한 수용 이상의 그 무엇이 있다. 여성은 어떤 것을 받아들일 뿐만 아니라 그것을 자기의 일부분으로 만들어 버린다. 남성의 정액을 받아들여 새로운 생명체를 만들어 내는 것이다. 그리고 그 생명체는 자기 몸의 일부가 된다. 그것은 결코 외부의 이물질이 아니다. 그만큼 여성의 몸은 창조성을 갖고 있는 것이다. 또한 태아는 그 속에서 자라기 시작한다.

제자에게는 자궁과 같은 수용성이 필요하다. 받아들이는 것은 죽은 지식을 긁어 모으는 것이 아니다. 그것은 그대 안에서 자라나야 한다. 그것은 피와 살이 될 것이다. 그것의 성장은 그대에게 변화를 가져다 준다. 그리고 결국에는 그대를 변형시킬 것이다. 이것이 바로 탄트라의 방식이다. 모든 탄트라 경전의 형식이 데비의 질문에 시바가 대답하는 것으로 일관되는데 데비는 시바의 여성 파트너이다.

한편 현대 심리학에서는, 특히 심층 심리학에서 말하기를 인간은 남성과 여성을 동시에 갖고 있다고 말한다. 극단적인 남자거나 여자이기만 한 인간은 없다. 모든 사람이 양성을 갖고 있다. 남자이면서 동시에 여성을 갖고 있으며 여자이면서 동시에 남성을 갖고 있다. 이것은 서양에서 매우 최근에 발견된 사실이지만 탄트라에서는 수천 년 동안 가장 기본적인 개념 중의 하나가 되어 왔다. 그대는 시바가 아르다나리쉬바르(ardhanarishwar)의 모습, 즉 반남 반녀(半男半女)의 모습을 한 그림을 본 적이 있을 것이다. 이것은 인류 역사에서 찾아볼 수 없는 유일한 것이다. 시바는 반은 남자, 반은 여자로 묘사되어 있다.

그래서 데비는 단순한 파트너가 아니다. 그녀는 시바의 다른 반쪽이다. 그리고 제자가 스승의 다른 반쪽이 되지 않는 한 스승으로부터 비법을, 심오한 가르침을 전수받기란 불가능하다. 그대가 스승과 하나가 될 때 비로소 의심이 사라진다. 그때 비로소 논쟁이 사라지고 논리와 이유가 사라진다. 완전히 하나로 흡수되어 새로운 것이 창조된다. 그대 속에서 그 가르침은 자라기 시작하고 결국에는 그대를 변형시킨다.

논리라는 것에 대해 살펴보자. 첫째 논리적인 언어는 공격적이고 폭력적이다. 내가 논리적인 언어를 사용한다면 나는 그대의 마음에 폭력을 행사하는 것이다. 그것은 그대에게 확증을 주고 개종시켜서 나의 제자로 만드는 것과 같다. 그때 나의 주장은 옳고 그대의 주장은 틀리게 된다. 논리적인 언어는 자아 중심적이다. 그것은 '나는 옳고 네가 틀렸다'라는 것을 반드시 증명하려는 것이다. 그것은 상대방의 에고에는 관심을 갖지 않는다. 오직 자신의 에고에만 관심이 있다. 자신의 에고는 항상 옳아야만 하는 것이다.

그러나 사랑의 언어는 완전히 다르다. 나는 나의 에고에 더 이상 아무런 관심이 없다. 나는 그대에게만 관심이 있다. 나는 내 말을 증명하거나 나의 에고를 강화시키는 데 무관심하다. 나는 오직 그대를 돕는 데만 관심이 있다. 그대가 성숙하고 변형되고 다시 태어나는 것에만 신경을 쓴다.

두번째로 논리는 항상 지적이다. 그때 개념과 원리는 매우 중요한 것이 된다. 그리고 논쟁이 중요해진다. 그때 무슨 말을 하든 사랑의 언어는 중요하지 않다. 그러나 사랑의 언어는 그렇지 않다. 그때 말은 중요한 것이 아니다. 말은 단지 가슴을 담는 그릇이다. 가슴과 가슴의 전달이 중요한 것이다. 그것은 논쟁이 아니다. 그것은 하나를 이루는 것이다.

그래서 이것은 이 세상에서 찾아보기 드문 것이다. 파르바티(데비의 다른 이름)는 시바의 무릎 위에 앉아서 묻고 있고 시바는 대답한다. 이것은 사랑의 대화이다. 거기에는 어떤 갈등도 없다. 시바는 마치 자기 자신에게 말하는 것과 같다. 왜 사랑의 언어에 대해서 이토록 강조하는가? 그대가 스승과 사랑에 빠진다면 그때 모든 행동 양식이 변화된다. 그때 이미 그대는 귀를 통해 스승의 말을 듣는 것이 아니라 스승을 마셔버리는 것이다. 그때 그의 말은 상관이 없다. 말 중간에 흐르는 침묵이 오히려 더 중요해진다. 그가 말하고 있는 것에 의미가 있을 수도 있고 없을 수도 있다. 그러나 그의 눈동자, 그의 몸놀림, 그의 자비와 사랑은 하나라도 놓칠 수가 없다.

이것이 바로 탄트라가 고집하는 구조이다. 모든 구절들이 데비가 묻고 시바가 대답하는 것으로 구성되어 있다. 먼저 그대의 닫힘은 부서져 나가야 한다. 그때 스승은 약간 공격적으로 보일 것이다. 하지만 그대의 편견과 선입관은 부서져야 한다. 그대가 과거를 완전하게 씻어내 버리지 않는 한 그 어떤 것도 그대에게 주어지지 않는다. 이것은 시바의 동반자인 데비의 자세가 아니다. 데비에게는 어떤 과거도 없다. 그녀는 더 이상 과거에 지배받지 않는다는 뜻이다.

기억하라. 그대가 사랑에 깊이 빠질 때 그대의 마음은 정지한다. 거기에는 과거가 없다. 오직 현재의 순간만이 남는다. 그것이 전부이다. 그대가 사랑에 빠지는 것은 현재이며 유일한 시간이다. 지금이 전부이다. 거기에 과거나 미래가 있을 수 없다.

그래서 데비는 그저 열려 있을 뿐이다. 거기에는 어떤 방어막도 없다. 이제 청소되거나 파괴되어야 할 그루터기가 남지 않았다. 밭은 준비가 끝났다. 씨만 떨어지면 되는 것이다. 그러면 씨앗을 받아들여 품고 싹이 트게 할 것이다.

우리가 지금부터 이야기할 모든 말들은 수천 년 전부터 전해져 왔던 것에 대한 것이다. 그것들은 시바에 의해 주어진 메시지로서 베다와 바이블과 코란의 가치 이상으로 중요한 것이다. 탄트라 각각의 문장들은 위대한 경전의 기초가 될 수 있다. 보통 경전들은 교리적인 의미를 품고 있다. 그대는 그것을 토론하고 보호하거나 비판할 수 있다. 그러나 여기에는 어떤 토론도 있을 수 없다. 오직 사랑의 문장밖에 없기 때문이다.

세번째로 '비그야나 바이라바 탄트라'라는 말은 직역하면 '의식을 초월하는 방편'이다. '비그야나(Vigyana)'는 의식을 의미하며 '바이라바(Bhairava)'는 의식을 넘어선 상태를 뜻한다. 그리고 '탄트라'라는 말은 방편, 테크닉을 의미한다. 따라서 '의식을 초월하는 방편'은 가르침 중에서도 최상의 가르침이다. 이것보다 더 고차원적 가르침은 없다. 우리는 무의식적이다. 그래서 모든 종교의 가르침은 '무의식을 어떻게 초월할 수 있느냐', '어떻게 의식적으로 될 수 있느냐' 하는 것이다. 예를 들면 크리슈나무르티의 강의, 선사(禪師)들의 방편, 그것들은 모두 '어떻게 하면 좀더 인간이 의식적으로 될 수 있느냐' 하는 것에 모든 관심을 쏟고 있다. 왜냐하면 우리는 무의식적으로 살고 있기 때문이다. 그래서 '어떻게 하면 좀더 깨어있을 수 있는가?', '좀더 의식 쪽으로 옮겨갈 수 있는가?' 하는 것이 중요한 관건이다. 그러나 탄트라는 이것을 하나의 이중성이라고 말한다. 의식과 무의식의 이중성이라고 말한다. 만약 그대가 무의식에서 의식으로 옮겨간다면 그것은 한 극에서 다른 극으로 옮겨가는 것이다. 둘 다를 모두 넘어가라. 그대가 양극을 모두 초월하지 않는 한 결코 궁극에 이를 수 없다. 그래서 무의식적으로도 되지 말고 의식으로도 만족하지 말라. 초월하라. 존재하라. 의식적으로도 되지 말고 무의식적으로도 되지 말라. 이것은 모든 종교의 가르침을 뛰어넘는 것이다. 그리고 선(禪)과 요가마저도 뛰어넘는다.

'비그야나'는 의식을 의미하는 보통 말이지만 '바이라바'는 특별한 용어이다. 그것은 탄트라에서만 사용하는 용어로서 초월한 사람에게 쓰는 말이다. 그래서 시바는 '바이라바'로 데비는 '바이라비'로 알려져 있는 이유가 바로 그것이다. 그들은 이중성을 뛰어넘은 자들이다.

우리의 경험으로는 오직 사랑만이 초월에 대한 일별을 보여줄 수 있다. 그 때문에 탄트라 지혜의 기본 방편이 사랑이 되는 것이다. 우리는 사랑만이 모든 이중성을 초월한다고 말할 수 있다. 두 사람이 사랑에 빠졌을 때, 그들이 깊이 들어갈수록 하나가 된다. 겉으로 나타나는 모습은 둘이지만 내면으로 들어가 보면 그들은 이미 하나가 되어 있다. 이중성이 초월된 것이다.

오직 이런 뜻에서 예수가 '신은 사랑이다'라고 한 말이 의미가 있다. 다른 의미로는 그 말이 성립되지 않는다. 우리의 경험상 사랑은 신에게 가장 가까운 것이다. 그러나 기독교인들이 생각하는 것처럼 신이 사랑을 하는 것은 절대 아니다. 기독교에서는 신이 우리에게 아버지와 같은 사랑을 베푼다고 생각한다. 하지만 그것은 완전히 넌센스이다. '신은 사랑이다'란 말은 탄트라의 문구이다. 그것은 신 혹은 신성에게 가장 가까이 다가갈 수 있는 유일한 실체가 사랑임을 의미한다. 왜인가? 사랑 속에서는 하나됨을 느낄 수 있기 때문이다. 육체는 두 가지로 나뉘어지지만 육체를 초월한 어떤 것이 하나를 이루게 된다.

사람들이 그토록 섹스를 갈망하는 이유도 바로 그것이다. 진정한 갈망은 섹스 자체를 위한 것이 아니라 하나됨에 있다. 섹스를 통해서 두 개의 육체가 하나가 되었다는 느낌을 받는 것이다. 그러나 그것은 진정한 하나가 아니다. 그것은 단지 일시적으로 결합된 것일 뿐이다. 단 한순간 동안만 그들은 두 개의 육체라는 사실을 잊어버리고 신체적인 합일을 경험하는 것이다. 이런 갈망이 나쁜 것은 아니다. 단지 거기에서 멈추어 버린다면 위험한 것이다. 이 갈망은 하나됨을 원하는 더 깊은 목마름이 숨어 있음을 보여 주는 것이다.

사랑 속에서는 서로가 내면으로 녹아 들어간다. 거기에 하나됨의 느낌이 존재한다. 그때 이중성은 용해되고 만다. 이중성을 뛰어넘은 사랑 속에서만이 우리는 바이라바의 상태가 무엇인지를 얼핏 볼 수 있다. 우리가 말하는 바이라바의 경지는 되돌아옴이 없는 절대적인 사랑이다. 사랑의 정점에서는 떨어지는 법이 없다. 그 정점에 계속 머무름만이 있다.

우리는 시바가 카일라쉬(Kailash) 산에서 머무르도록 만들었다. 그것은 하나의 상징이다. 카일라쉬 산은 가장 높은 정점, 가장 거룩한 정점을 말한다. 우리는 그것을 시바의 거처로 만들었다. 우리는 거기에 갈 수 있다. 그러나 다시 내려와야 할 것이다. 그것은 우리의 거처가 될 수 없다. 우리는 순례 여행을 할 수 있을 뿐이다. 이것이 바로 티르트라(Teerthyatra), 순례라는 말이다.

사랑 속에서 이 성스러운 순례 여행이 일어난다. 그러나 거의 모두가 성의 울타리를 넘어가지 못한다. 그래서 우리는 이 골짜기, 어두운 골짜기에 살고 있다. 때때로 어떤 사람이 사랑의 정점에까지 이른다. 그러나 그는 곧 떨어지고 만다. 그곳은 너무 현란하고 휘황찬란하기 때문이다. 그곳은 너무 높고 그대는 너무 낮다. 거기에서 계속 산다는 것은 매우 어려운 일이다. 사랑을 해본 사람들은 사랑 속에서 계속 산다는 것이 얼마나 어려운 일인가를 알고 있다. 하지만 하나됨은 계속 이루어져야 한다. 그것은 시바의 거처이며 집이다.

바이라바는 사랑 속에 산다. 그것은 그의 거처이다. 내가 그의 거처라고 이야기할 때에 그는 사랑을 인식하지 못한다는 의미가 들어 있다. 왜냐하면 만약 그대가 카일라쉬 산 꼭대기에서 산다면 그대는 거기가 카일라쉬라는 것을 알지 못할 것이다. 카일라쉬의 꼭대기에서는 카일라쉬 봉우리가 보이지 않는다. 마찬가지로 사랑의 정점에서는 사랑이 보이지 않는다. 따라서 시바는 사랑을 인식하지 못한다. 우리는 사랑을 인식한다. 우리는 사랑 밖에서 살기 때문이다. 우리는 사랑을 느낄 수 있을 뿐이다. 그러나 시바는 사랑 자체이다. 바이라바의 경지는 그가 사랑을 하는 것이 아니라 사랑 자체가 되었다는 뜻이다. 그는 정점에서 살고 있다. 이제 봉우리는 그의 거처가 되었다.

그러면 이 정점에 어떻게 도달할 수 있을까? 어떻게 이중성을 넘어서, 무의식을 넘어서, 의식을 넘어서, 육체와 영혼을 넘어서, 이 세상과 모크샤(Moksha; 대자유)를 넘어서, 여기와 저기를 넘어선 곳에 이를 수 있을까? 그 방편이 바로 탄트라이다. 탄트라는 순수한 방편 그 자체이다. 그래서 그것을 이해하기가 쉽지 않다. 따라서 우리는 데비가 가진 의문부터 먼저 이해해야 할 것이다.

데비가 묻는다.

오! 시바여, 당신의 실체는 무엇입니까?

왜 이런 질문을 하는가? 그대 역시 이런 의문을 가질 수 있다. 그러나 같은 의미를 갖지는 않을 것이다. 그러므로 왜 데비가 그렇게 묻는지를 이해하려고 하라.

"당신의 실체는 무엇인가?"

데비는 사랑 속에 깊이 빠져 있다. 그대가 사랑에 깊이 빠졌을 때 처음으로 그대는 내면의 실체와 대면한다. 그때 시바는 형상이 아니다. 그때 시바는 육체도 아니다. 그대가 사랑 속에 있을 때 사랑하는 이의 육체는 사라진다. 형상은 사라지고 형상 없는 실체가 드러나기 시작한다. 그대는 심연을 대하고 있다. 우리가 사랑을 그토록 두려워하는 것도 바로 이 때문이다. 우리가 하나의 육체를 대면할 때, 얼굴과 얼굴을 마주 대할 때 우리는 어떤 두려움도 없다. 그러나 우리는 심연을 대할 때 두려움을 느낀다.

만약 그대가 누군가를 사랑한다면, 그 사랑이 진정이라면 그대의 육체는 사라지고 말 것이다. 절정의 순간 형상은 용해되고 만다. 그리고 사랑하는 사람을 통해서 형상 없음 속으로 들어갈 것이다. 우리가 두려워하는 까닭도 여기에 있다. 그것은 끝없는 심연으로 떨어지는 것과 같다. 그래서 이 질문은 단순한 호기심에서 나온 것이 아니다.

데비는 처음에 형상과 사랑에 빠진다. 처음에는 모든 것이 그렇게 시작된다. 그녀는 시바를 한 남자로 사랑했다. 이제 그 사랑이 성숙되었을 때 그 남자는 사라져 버렸다. 그는 형상이 없는 상태가 되어 버렸다. 이제 어디에서도 그를 발견할 수 없다. 동시에 모든 곳에서 발견된다.

"오, 시바여 당신의 실체는 무엇입니까?"

이 물음은 가장 강렬한 사랑의 순간에 터져나오는 것이다. 대개 마음의 상태에 따라서 물음의 종류는 수없이 많다. 그러므로 그대의 마음에 한 가지 물음을 창조하라. 데비는 시바가 사라졌을 때 당황했을지도 모른다. 사랑이 정점에 다다랐을 때 사랑하는 사람은 사라지고 만다. 왜 이런 일이 일어나는가? 그러나 항상 이런 일이 일어나게 마련이다. 그것은 모든 사람이 형상 없는 존재이기 때문이다. 그대는 육체가 아니다. 그대는 육체로써 움직이고 육체로써 살아간다. 하지만 육체가 그대는 아니다. 우리가 어떤 사람을 외부에서 바라볼 때 그는 하나의 육체로 보인다. 그의 내면을 꿰뚫지 못하기 때문이다. 하지만 사랑은 내면을 관통한다. 그때 더 이상 우리는 외부적인 시각으로 사람을 바라보지 않는다. 내면의 시각으로 사람을 바라볼 수 있는 것이 바로 사랑이다. 그때 형상은 사라진다.

임제(臨濟) 선사가 깨달음을 얻었을 때 그의 첫번째 행동은 자신의 몸이 어디에 있는지를 찾는 것이었다. '내 몸이 도대체 어디로 갔는가?' 그는 찾기 시작했다. 그는 제자를 불러서 이렇게 말했다.

"가서 내 몸이 어디에 있는지 좀 찾아오너라. 나는 내 몸을 잃어버렸다."

그는 형상 없음 속으로 들어갔다. 그대 역시 또 하나의 형상 없는 존재이다. 그래서 그대는 자신을 직접 알지 못한다. 다른 사람의 시선을 통해서 그대를 확인할 수 있는 것이다. 그대는 거울을 통해서만이 자신을 알 수 있다. 눈을 감고 생각해 보라. 거울이 없다면 어떻게 그대는 자신의 얼굴을 알겠는가? 만약 거울이 없다면 얼굴도 없다. 거울이 그대에게 얼굴을 주었다. 거울이 없는 세상을 한번 상상해 보라. 그러면 그대는 홀로 남게 된다. 전혀 거울이 없고 거울처럼 작용하는 다른 사람의 시선도 없다. 그대가 무인도에 홀로 있다면 그 어떤 것도 그대에게 거울 역할을 할 수 없다. 그렇다면 그대에게는 얼굴이나 육체가 있을 수 없다. 사실 우리는 다른 사람을 통해서만이 우리 자신을 알 수 있다. 그리고 다른 사람은 우리의 외형만을 알 뿐이다. 그래서 우리는 그 외형과 우리 자신을 동일시한다.

또 다른 선(禪)의 스승인 회해(懷海) 선사는 그의 제자들에게 이렇게 말하곤 했다.

"네가 명상 속에서 너의 머리를 잃어버릴 때 그 즉시 나에게 오라. 그때 너는 두려워하지 마라. 그때가 너의 수행이 본격적으로 시작될 때이다. 그때가 되어야 드디어 너는 진정으로 배울 수 있게 된다."

머리를 갖고서는 어떤 가르침도 받아들이는 것이 불가능하다. 오직 사랑 속에서만이 그대는 다른 사람 속으로 들어갈 수 있다.

그 자신이 되어서 말이다. 그리하여 그대는 그와 하나가 된다. 처음으로 그대는 존재의 심연을 알게 된 것이다. 그것이 바로 형상없는 현존인 것이다.

그래서 처음 수세기 동안에는 시바에 대한 어떤 초상화나 조각상도 조성하지 않았다. 단지 '시바링가(Shivalinga)'라는 상징물만 만들었을 뿐이다. 시바링가란 단지 빛나는 현존, 빛의 오라(aura)일 뿐이다. 그대가 어떤 사람을 사랑할 때, 그대가 어떤 사람 속으로 들어갈 때 그는 육체가 아니다. 빛나는 현존이 되는 것이다.

이런 이유에서 데비는 '당신의 실체는 무엇입니까? 이토록 경이로 가득 찬 우주는 무엇입니까?'라고 물은 것이다. 우리는 우주라는 개념을 알고 있다. 그러나 경이로 가득 찬 우주는 결코 알지 못한다. 그 우주는 어린아이들만이 안다. 연인도 안다. 때때로 시인과 미친 사람도 안다. 그러나 그대는 모른다. 이 세계가 놀라움으로 가득 차 있음을 그대는 알지 못한다. 그대에게는 모든 것이 그저 무미건조할 뿐이다. 그대로 하여금 춤추고 노래부르게 하는 것은 아무것도 없다. 그대의 내면에는 어떤 시도 솟아나지 않는다. 우주 전체가 완전히 기계적으로 보일 뿐이다. 그러나 어린아이들의 눈에는 우주가 경이롭게 보인다.

그대가 사랑에 빠졌을 때 그대는 다시 한번 어린아이로 되돌아간다. 예수는 '오직 어린아이 같은 자만이 신의 나라에 들어갈 수 있다'라고 말했다. 왜인가? 우주가 경이롭지 않다면 그대는 종교적으로 될 수가 없다. 우주가 그대에게 설명되어질 수 있는 것이라면 그대의 기질은 과학적이다. 우주가 어떠하든 간에 그것을 안다고 생각하는 자에게는 아무런 경이나 신비가 없다. 그러나 그대의 눈이 경이로움으로 가득 찰 때 이 우주는 하나의 신비와 미지(未知)의 것으로 나타난다.

데비는 물었다.

"이토록 경이로움으로 가득 찬 우주는 무엇입니까?"

그녀의 질문은 개인적인 차원에서 갑자기 범개인적 차원으로 뛰어올랐다. 처음에는 '당신의 실체가 무엇입니까?'라고 물었는데 갑자기 질문의 차원이 바뀐 것이다.'

형상이 사라질 때, 사랑하는 사람이 우주, 형상 없음, 무한이 될 때, 갑자기 데비는 자신이 시바에 대해서 질문하고 있는 것이 아니라는 점을 깨달은 것이다. 그녀는 우주 전체에 대한 질문을 하고 있는 것이다. 이제 시바는 우주 전체가 되었다. 모든 별들이 그 속에서 돌고 있다. 모든 공간이 그에 의해 둘러쳐져 있는 것이다. 이제 그는 거대한 울타리가 되었다. 칼 야스퍼스가 '신은 거대한 울타리'라고 정의했듯이 말이다.

그대가 사랑으로 들어갈 때 육체는 사라지고 따라서 개체 역시 사라진다. 사랑은 우주로 들어가는 문이 되었다. 그대의 호기심은 과학적인 것이 될 수 있다. 그때 그대는 논리를 통해 접근해야 한다. 그때 그대는 형상 없음에 대한 것은 생각조차 할 수 없다. 오직 형상에 매달리고 거기에만 집착해야 한다. 그래서 과학은 항상 형상에만 관심을 갖는다. 결국 과학은 최초의 형상 이상의 것은 정의할 수도, 생각할 수도 없다.

사랑에서는 형상이 남아 있다면 그것은 아직 끝이 아니다. 형상을 용해시켜 버려라. 형상이 사라질 때, 어떤 경계도 없을 때 모든 것은 서로 다른 것 속으로 녹아든다. 그리하여 거대한 하나를 이룬다. 우주 전체가 커다란 하나이다. 그때 비로소 우주는 경이로 가득 차게 된다.

"이 모든 원소는 무엇으로 구성되어 있습니까?"

데비는 계속 묻는다.

"이 우주를 구성하고 있는 원소의 기원은 무엇입니까? 우주의 바퀴 중심축에 누가 앉아 있습니까?"

이 바퀴는 끊임없이 돌아가는 것이다. 그러나 누가 이 바퀴의 중심에 앉겠는가? 그 축이 어디에 있는가? 움직이지 않는 중심축 말이다.

데비는 대답을 듣기 위해 질문을 멈추지 않았다. 마치 그 누구에게도 묻지 않고 자신에게 묻듯이 계속 중얼거린다.

> "형상들로 충만하며 동시에 모든 형상들을 초월한 이 생명은 무엇입니까?
> 어떻게 우리는 시간과 공간, 이름과 모양마저도 뛰어넘어
> 그 속으로 들어갈 수 있습니까?
> 나의 모든 의심을 없애 주소서!"

마지막 이 말은 매우 의미 심장하다. 만약 그대가 지적인 질문을 한다면 그 문제를 풀어주는 모범 답안을 찾아야 할 것이다. 그러나 데비는 단지 자신의 의심을 모두 없애 달라고 말하고 있다. 지적인 물음은 하나의 의문을 풀 때 하나 이상의 또 다른 의문들이 생겨난다. 어떤 답안을 주더라도 의심은 거기에 여전히 남아 있다. 이 점을 명심하라. 의심하는 마음은 언제나 의심으로 남아 있을 것이다. 무슨 대답이 떨어지건 그런 것은 상관이 없다. 그대는 이렇게 물을 것이다.

"이 세상은 누가 창조했는가?"

그러면 내가 '갑이 창조했다'고 말한다. 그러면 그대는 '갑은

누가 창조했는가?'라고 또 물을 것이다. 그래서 진정한 해결책은 질문에 대답하는 것이 아니다. 진정한 해결책은 의심의 근원을 뿌리뽑는 것이다. 모든 것을 믿는 마음을 만들어내는 것이다. 그래서 데비는 '나의 모든 의심을 없애 주소서!'라고 말하는 것이다.

그대가 질문을 던질 때 거기에는 나름대로의 이유를 갖고 있다. 그리고 이미 해답도 갖고 있다. 단지 그대는 확증이 필요한 것이다. 그대는 자신의 해답이 옳다는 말을 듣고 싶은 것이다. 그러면 그 질문은 거짓된 것이다. 질문도 아니다. 그대는 자신을 변화시킬 준비가 되어 있지 않은 것이다. 그래서 단지 호기심에서 질문을 던질 뿐이다.

마음은 끊임없이 질문을 만들어 낸다. 마치 나무에서 낙엽이 떨어지듯 마음에서 질문들이 솟아난다. 그것이 마음의 본성이다. 그대가 무슨 질문을 하고 있는지는 문제가 되지 않는다. 무조건 질문을 만들어낼 뿐이다. 이것이 철학의 모든 역사이다.

버틀란드 럿셀은 노년에 어린 시절을 이렇게 회상했다.

"어렸을 때 나는 이렇게 생각했다. '내가 모든 철학을 이해할 수 있을 만큼 자라면 이 모든 의문들이 다 풀릴 것이다.' 하지만 내 나이 80세가 된 지금 그 의문들은 하나도 풀리지 않고 그대로 있다. 나는 어렸을 때 철학이란 모든 궁극적인 해답들을 찾기 위한 것이라고 종종 말하곤 했다. 그렇지만 이제 나는 그렇게 말할 수 없다. 오히려 철학은 끝없는 질문을 위해 존재하는 것이라고 말한다."

하나의 질문은 하나의 해답과 수많은 다른 질문을 만들어 낸다. 그러므로 의심하는 마음이 문제이다. 파르바티는 말한다.

"나의 질문에 개의치 마세요. 나는 많은 것들을 물었습니다.

하지만 내가 원하는 것은 딱 한 가지뿐입니다. 그것은 나의 의심하는 마음을 없애 달라는 것입니다. 이 모든 질문은 그 마음 때문에 생긴 것입니다. ”

그러나 어떻게 해야 의심하는 마음이 사라질 수 있겠는가? 무슨 말을 해야 그 문제를 풀 수 있겠는가? 마음이 곧 의심이다. 마음이 사라지지 않는 한 의심은 사라지지 않는다.

그러나 시바는 대답했다. 물론 시바의 방법으로 말이다. 그의 방법은 마음을 사라지게 만드는 테크닉이었다. 그리고 그 테크닉은 가장 오래된 테크닉이다. 또한 112가지 방편의 완벽한 세트를 갖추고 있다. 그것들은 모든 가능성을 다 갖고 있다. 마음을 없애고, 마음을 초월하는 그 방편에는 어느 한 가지도 덧붙이거나 뺄 것이 없다. 그리고 이 책 '비그야나 바이라바 탄트라'는 5000년의 나이를 갖고 있다. 이 세상에서 이만큼 오래되고 완벽한 책은 없다. 그래서 이 책은 가장 오래된 동시에 언제나 가장 새로운 것이다. 그 방편들은 지구상에서 인간이 사는 동안에는 영원한 진리인 것이다.

이 112가지의 명상법은 마음을 초월하는 과학으로 구성되어 있다. 우리는 이제 그것을 하나도 남김없이 살펴볼 것이다. 그리고 먼저 우리는 그것에 대해 지적으로 이해할 것이다. 하지만 그대의 지성은 단지 하나의 도구로만 사용하라. 그리고 이들 테크닉에 대해서 이야기할 때 그대의 과거 지식은 한쪽으로 제쳐둬라. 그대가 지금까지 모아왔던 모든 알음알이들은 무엇이든지 제쳐둬라. 그것은 거울 위에 앉은 먼지일 뿐이다.

그리하여 이 방편들을 신선한 마음으로 만나라. 논쟁하려 들지 말라. 그러나 깨어 있어라. 논쟁하는 마음이 깨어 있는 마음이라고 생각하는 그런 어리석음을 범하지 말라. 그대가 논쟁에 들어가는 순간 그대는 깨어 있음을 놓치고 만다. 그대는 더 이상 지금 여기에 있지 않다.

그리고 이 방편들은 어떤 종교에도 속하지 않은 것이다. 이것들은 힌두교의 산물이 아니다. 상대성 원리를 발견한 아인슈타인이 유태인이라고 해서 상대성 원리가 유태교의 것인가? 전기가 기독교의 것인가? 그 누구도 그대에게 '왜 우리의 전기를 사용하는가?'라고 말할 수 없다. 이처럼 과학은 그 어떤 민족이나 종교의 것도 아니다. 그리고 탄트라는 과학이다. 그러므로 이것은 절대로 힌두교의 것이 아니다. 이 가르침은 힌두교와 아무런 관련이 없다. 따라서 이 방편에는 어떤 종교의식도 담겨 있지 않다. 어떤 사원도 필요없다. 그대 자신이 바로 사원이 된다. 그대가 실험실이 된다. 모든 실험이 그대 속에서 행해질 것이다. 그리고 어떤 신앙심도 필요 없다.

이것은 종교가 아니라 과학이다. 여기에 신앙은 필요치 않다. 코란이나 베다를 믿을 필요도 없고, 마하비라나 붓다에게 귀의할 필요도 없다. 교회에 다닐 필요도 없고 세례를 받을 필요는 더군다나 없다. 또한 불교도는 불교도로서, 기독교인은 기독교인으로서 이 방편을 이용하면 그만이다. 굳이 다른 종교로 개종하거나 새로이 믿을 필요가 없다. 그대가 어떤 이념, 어떤 종교에 몸담고 있더라도 탄트라는 그대에게 개종을 요구하지 않을 것이다. 탄트라는 종교란 단지 사회적인 일이라고 말한다. 그대 내면의 문제는 탄트라가 관여할 것이다. 그대 존재를 변형시키는 것은 종교가 아니라 탄트라이다. 그대가 믿는 종교의 궁극적인 상태는 오직 탄트라의 방편을 통해서만이 얻을 수 있다. 신앙심이나 교리를 통해서는 결코 이룰 수 없는 것이다. 그러므로 그대가 이 테크닉들을 수련하더라도 그대에게 어떤 사회적 변화도 필요치 않다.

탄트라는 항상 그대를 도울 것이다. 그대가 어떤 옷을 입고 있던지 말이다.

탄트라는 순수과학이다. 그대가 아플 때 병원에 가면 주사를 맞기 전에 몇 가지 마이신 반응검사를 한다. 그때 기독교를 믿는다고 해서 반응검사가 달라지지는 않는다. 불교도들에게만 특별한 증상이 나타나는 일도 없다. 그런 일은 일어날 수 없다. 그대의 신념체계가 무엇이든지, 그대가 사회주의자이건 자본주의자이건, 마이신 반응검사의 유형은 항상 똑같다.

그대는 무지하다. 아직도 그대는 갈등 속에 있다. 그대는 잠들어 있다. 이것이 바로 병이다. 영혼의 병인 것이다. 이 병은 오직 탄트라에 의해서만 고쳐질 수 있다. 그대가 무엇을 믿든 그것은 상관없다. 그대는 오직 탄트라를 통해서만이 새롭게 태어날 수 있다. 거듭나는 것은 마음이나 믿음의 문제가 아닌 것이다. 그것은 하나의 실제적 현상이다. 그래서 그것은 과학이다. 그래서 그대의 종교가 무엇이든지 그대가 변화되고 싶다면 과학적 방법을 사용하라. 탄트라의 방편을 이용하라. 탄트라는 그대에게 헌금이나 신앙심, 혹은 순교 따위를 요구하지 않는다.

어쨌든 지금까지 탄트라는 이 세상에 잘 알려지지 않았다. 알려져도 그것은 완전히 왜곡되어 알려졌다. 그리고 거기에는 분명한 이유가 있다. 탄트라는 매우 순수하고 고차원적인 과학이다. 일반 대중들이 그것을 이해하기란 극히 힘들다. 우리는 상대성 이론의 이름만 들었을 뿐 그것이 어떤 내용인지 정확히 이해하지 못한다. 아인슈타인이 살아 있을 때 전세계에서 그의 이론을 이해하는 사람은 단 12명뿐이었다. 아인슈타인조차 그것을 다른 사람에게 이해시키기란 무척 힘든 일이었다. 단지 논리적으로 이해하는 데도 그러한데 탄트라는 더 힘든 것이다. 그것은 변형이 뒤

따라야만이 완전한 이해가 가능하다. 논리만 갖고서는 부족하다. 따라서 탄트라를 통해서 변형되지 않은 사람은 그것의 전달이 불가능하게 된다.

그런 이유 때문에 탄트라는 대중들에게 전파될 수 없었다. 그대가 어떤 것을 이해하지 못하면 적어도 그것을 오해하게 된다. 그냥 진공인 채로 남아 있을 수는 없는 일이다.

그리고 그대가 어떤 일을 이해하지 못하면 그대는 그것을 비난하기 시작한다. 왜냐하면 그대는 모욕을 당했기 때문이다. 그때 그대는 이렇게 생각한다.

'내가 그것을 이해할 수 없다니? 참을 수 없다. 그것은 불가능하다. 그것은 분명히 자체적으로 결함을 갖고 있을 것이다. 내가 이해할 수 없는 일은 있을 수 없다.'

그래서 사람들은 자신이 이해할 수 없는 일은 비난하기 시작한다. '그것은 완전히 넌센스이다'라고 말하기 시작한다. 그렇게 말해야만 사람들은 비로소 안심하게 된다.

그래서 탄트라는 그처럼 긴긴 세월 동안에도 대중들에게 전파되지 않았다. 탄트라는 세상에 나오는 즉시 오해되고 왜곡되었다. 사람들이 그것을 이해하고 모두 현자로 변할 것을 두려워한 성직자, 종교지도자들이 탄트라를 왜곡시키는 데 가장 앞장섰다. 사실 탄트라는 모든 이중성을 뛰어넘고 있다. 그것의 관점은 완전히 무도덕(無道德)적이다. 무도덕이란 말은 도덕적인 것도 비도덕도 아니라는 뜻이다. 우리는 어떤 철학이나 사상에 대해서 도덕적이거나 아니면 비도덕적이라고 판단한다. 그러나 이 두 가지를 뛰어넘어 무도덕적인 것은 판단하기에 매우 어렵다.

탄트라는 무도덕이다. 이런 식으로 세상을 한번 바라보라. 의학은 무도덕이다. 그것은 도덕적인 것도 비도덕적인 것도 아니다. 만약 그대가 도둑에게 약을 주어도 그 약은 들을 것이며 성자에게 주어도 마찬가지다. 약은 '나는 그가 도둑이므로 그를 죽게 할 것이고, 성자이므로 그를 살릴 것이다'라고 말하지 않는다. 의학은 과학적인 것이다. 마찬가지로 그대의 존재 역시 도둑도 아니고 성자도 아니다. 탄트라는 그런 것에 관심을 갖지 않는다.

탄트라를 수행하기 위해서 도덕성이 필요하다고 말하는 사람이 있다면 그는 탄트라를 이해하지 못한 사람이다. 탄트라는 그런 사람을 보면 웃을 것이다. 어떤 사람이 열이 나서 병원에 갔다. 그런데 의사가 그에게 이렇게 말했다면 이상하지 않겠는가?

"지금은 안된다. 먼저 열을 내리고 오라. 먼저 건강해진 다음에 오라. 그러면 약을 주겠다."

이것은 다음의 이야기와 같다. 어떤 도둑이 성자에게 가서 말했다.

"저는 도둑입니다. 나에게 명상하는 법을 가르쳐 주십시오."

그러자 성자가 말했다.

"먼저 너의 직업을 바꾸어라. 그리고 난 뒤에 명상법을 일러주겠다."

또한 알콜 중독증 환자가 와서 말했다.

"나는 알콜 중독증 환자입니다. 명상을 어떻게 해야 합니까?"

그러자 성자는 또 이렇게 대답했다.

"먼저 술을 끊어라. 그리고 나서 명상을 배워라."

그러나 이런 조건을 제시한다는 것은 불가능을 말하는 것과 같다. 알콜 중독증 환자나 도둑이나 부도덕한 사람들은 병든 마음을 갖고 있기 때문이다. 그런 현상들은 병든 마음에서 생긴 결과일 뿐이다. 그리고 병든 마음을 고치기 위한 치료약이 바로 명상이다. 그런데도 먼저 병든 마음을 고친 후에야 명상을 할 수 있다고 말한다면 도대체 무엇을 위한 명상인가?

탄트라는 무도덕이다. 탄트라는 그대가 누구인지를 묻지 않는다. 한 사람으로서 그대의 존재면 충분하다. 그대가 어디에 있든지, 무엇을 하든지 탄트라는 상관하지 않는다.

그러므로 그대에게 맞는 테크닉을 선택하라. 그리고 그대의 전 에너지를 거기에 쏟아부어라. 진정하고 참된 방편은 그대에게 어떤 선결 조건도 내세우지 않는다. 만약 어떤 방편이 그대에게 조건을 제시한다면 그것은 가짜라고 생각해도 된다. 도둑에게 도둑질을 고쳐야 명상할 수 있다고 말한다면 그에게는 명상이 불가능할 것이다.

욕심 있는 사람이 욕심의 대상을 바꿀 수는 있다. 그러나 완전히 욕심을 버릴 수는 없다. 그대가 강요한다고 할지라도 그것은 불가능하다. 그래서 그대는 대체 효과를 내는 다른 것을 말해주어야 한다. 천국이라든지 모크샤(解脫)라든지 사치타난다(至福)라든지 하는 것을 말이다. 그것들은 모두 욕심의 대상일 뿐이다.

탄트라는 그에게 진정한 방편을 주지 않는 한 결코 그를 변화시킬 수 없다고 말한다. 설교를 통해서는 어떤 것도 변화될 수 없다. 그리고 그대가 이 세상을 둘러보면 탄트라가 말하는 것들이 여기 저기 기록되어 있는 것을 발견할 것이다. 그런데 거기에 너무 많은 군더더기들이 붙어 있다. 수많은 설교가들이, 종교지도자, 도덕군자들이 거기에 쓸데없는 사족을 너무 많이 붙였다. 그리하여 모든 것을 오염시켜 놓았다. 그들의 눈으로 보면 이 세상은 더러운 것, 불결한 것 투성이인 것이다.

왜 이런 일이 일어나는가? 그대가 그들을 정신병원에 데려다 놓아도 그들은 설교를 계속한다.

"당신은 틀렸다. 당신은 죄인이다. 당신은 마음에 많은 병을 갖고 있다. 그 병을 고쳐라."

그들은 이 세상을 정신병원으로 생각한다. 그래서 그들은 사람들을 향해 설교를 멈추지 않는다.

"화내지 마라."

하지만 그들이 제시하는 방편은 아무것도 없다. 그러면 그 말을 듣는 그대는 이렇게 반문한다.

"무슨 말을 하고 있는가? 나는 지금 화가 머리 끝까지 난 상태이다. 그런데 단지 '화내지 마라'라고 말하는가? 어떻게 그것이 가능한가?"

화를 억누르려고 하면 할수록 화는 더 나기 마련이다. 그리고 죄의식까지 수반된다. 그대가 화를 내지 않으려고 시도하지만 반드시 실패한다. 결국 그대는 열등감과 죄의식을 갖게 된다. 사실 분노와 대항해서 싸운다면 절대로 분노를 이길 수 없다. 욕망도 마찬가지이다. 그대가 자신과 싸워서 이겨본 적이 있는가? 결국에는 지기 마련이다. 거기에는 그럴 수밖에 없는 메커니즘이 있기 때문이다. 그래서 그대가 자신과의 싸움에서 이기려면 특별한 무기를 가져야 한다. 특별한 방편을 말이다. 그 방편은 그대의 마음을 바꾸는 것이다. 분노란 그대의 혼란된 마음에서 피어나는 현상에 지나지 않는다. 그러므로 내면을 바꿔라. 그러면 외부도 변화될 것이다.

그래서 탄트라는 소위 그대의 도덕성이라는 것에 관여하지 않는다. 도덕성을 강조하는 것은 인간이 되지 말라는 말이나 마찬가지다. '분노도 버리고 성욕도 버리고 이것도 저것도 모두 하지 말라'라고 말한다면 이미 그는 인간이 아니다. 결국 그런 말을 계속 듣게 되면 사람은 열등감과 죄의식에 사로잡히고 만다. 불가능한 것을 시도하면 실패할 수밖에 없고 결국 자신이 죄인이라는 확신만 더욱 커진다.

그래서 설교자들은 그대가 죄인이라는 말을 온 세상에다 증명시킨다. 그래야만이 그들은 그 직업을 계속 가질 수 있기 때문이다. 그대는 죄인이어야만 한다. 그래야 교회나 사원이나 모스크가 계속 번창할 것이다. 그대의 죄는 그들의 밥줄이며 그대의 죄가 깊어질수록 그들의 교회는 높이 올라간다. 그들의 번영은 그대의 죄 위에, 그대의 열등감 위에 세워져 있다.

그러나 탄트라는 그대의 도덕성이나 사회적 지위를 묻지 않는다. 그렇다고 해서 탄트라가 비도덕적이라는 뜻은 결코 아니다. 탄트라는 그대의 마음 자체를 변형시키는 과학적 방편이다. 그리고 마음이 변형되면 그대 역시 달라질 것이다. 뿌리가 바뀌면 가지도 바뀌는 것이다. 그래서 모든 성직자와 종교지도자들은 탄트라의 가르침이 전파될까봐 두려워한다. 그들은 종교와 도덕이라는 미명으로 탄트라를 왜곡시켰다.

기독교의 역사를 보라. 기독교는 과학의 발전에 계속 반대해왔다. 한번 그대가 자연의 비밀을 알고 나면 더 이상 종교적인 설명으로는 먹혀들지 않기 때문이다. 또한 물질을 변화시키는 비밀을 알고 나면 조만간에 마음에 대한 변화의 비밀도 알아내고 만다. 마음 역시 미묘한 물질이기 때문이다.

이것이 탄트라의 기본 전제이다. 마음은 미묘한 물질이다. 그래서 그것은 변화될 수 있다. 한번 그대가 변화된 마음을 갖게 되면 그대는 다른 세계를 접하는 것이다. 그것은 마음을 통해서 세상을 보기 때문이다. 그대에게 보이는 세상은 그대의 특수한 마음 때문에 그렇게 보이는 것이다. 마음을 바꾸어라. 그러면 세상 역시 달라질 것이다. 그리고 만약 마음이 없어진다면 그것은 탄트라의 궁극적 경지이다. 탄트라가 궁극적으로 꾀하는 것은 그대의 마음을 없애는 것이다. 그때 그대는 드디어 중재자 없이 세상을 바라볼 수 있다. 중재자가 사라질 때 비로소 그대는 실체와 직접 조우할 수 있다. 이제 그대와 실체 사이를 가로막고 있는 것은 아무것도 없다.

그래서 탄트라는 말한다. 마음이 사라진 상태를 바이라바의 경지라고 말이다. 그것은 바로 무심(無心)의 상태이다. 처음으로 그대는 있는 그대로의 세상을 직접 보게 된 것이다. 만일 그대가 마음을 갖고 있다면 마음은 그대 앞에서 세상을 창조해 나갈 것이다. 그때 눈앞에 펼쳐지는 세상은 그대 마음의 투사체이다. 그러므로 먼저 마음을 바꾸어라. 그대의 마음을 무심으로 바꾸어라. 그러면 이 112가지 방편들이 그대를 도와줄 것이다. 물론 그 방편 모두가 그대를 도와줄 것이라는 뜻은 아니다. 그러나 어떤 사람이라 하더라도 이 112가지로써 충분하다. 이 안에 다 들어 있다. 그러니 그대에게 맞는 것을 고르면 된다. 그리고 고르는 것은 어렵지 않다.

우리는 각각의 방편들을 하나씩 살펴볼 것이다. 그리고 그대는 맞는 방편을 고르라. 우선 지적인 이해가 필요하다. 물론 그것이 다는 아니다. 내가 여기서 말하는 것은 무엇이든지 다 해보라.

어떤 방편이 그대에게 적합한 것이라면 그것은 마치 조립품처럼 즉시 그대에게 잘 맞을 것이다. 여기에는 어떤 애매 모호함도 없다. 그대는 확실히 느낄 수 있을 것이다. 그러므로 이제부터 이 방편들을 하나씩 실험해 보라. 그러다가 어느 날 갑자기 그대에게 맞는 한 가지 방편을 발견하게 될 것이다.

내가 놀이라고 말하는 이유는 그대가 너무 심각하게 그것을 대하지 않게 하기 위해서이다. 단지 놀이하라. 그러면 어떤 것이 그대에게 딱 들어맞을 것이다. 그때 심각해져라. 그 속으로 깊이 들어가라. 강렬하게, 진지하게, 그대의 전 에너지를 쏟아부어라. 그러기 전에는 단지 놀이처럼 가볍게 다루라.

한 가지 방편에 대해서 적어도 사흘씩은 해봐야 한다. 만약 그것이 부적합하다는 확신이 들면 다른 것으로 옮겨가라. 그리하여 그대의 방편을 찾게 될 때 다른 방편들은 모두 잊어버려라. 그리고 한 가지 방편에만 매달려서 삼 개월은 꾸준히 해야 한다. 그러면 기적이 일어날 것이다. 그대에게 맞지 않는 방편은 아무리 해봐도 어떤 일도 일어나지 않는다. 그러나 맞는 방편은 단 삼 분이면 금방 알 수 있다.

그래서 이 112가지 방편은 그대에게 기적적인 체험을 가져다줄 수 있다. 그러니 내 말을 주의깊게 들어보라. 체험을 얻는 것은 그대에게 달려 있다. 나는 가능한 여러 각도에서 그것들을 설명할 것이다. 그대에게 맞지 않다고 느끼는 것은 사흘 정도 그것을 실험해 보라. 그리고 잊어버려라. 그대에게 맞는 것이 나타나면 그것을 삼 개월 동안은 계속하라. 그대의 삶은 기적으로 변할 것이다. 아직 그대가 그 신비를 알지 못했다면 오직 이 탄트라의 방편만이 그대에게 그 신비를 맛보게 해줄 것이다.

시바는 112가지 방편을 제시했다. 이것은 모든 가능한 방법들이다. 만약 여기에서도 그대가 맞는 것을 찾지 못한다면 이제 그대에게 다른 방법은 없다. 이 점을 기억하라. 그리고 수행 따위는 잊어버리고 그저 기쁘게 살아라. 그대는 더 이상 수행할 필요가 없다.

그러나 이 112가지 방편들은 인류 전체를 위한 것이다. 어떤 것들은 이미 지나간 과거 세대를 위한 것이고 어떤 것들은 아직 태어나지 않은 미래 세대를 위한 것이다. '이 112가지 방편 모두

가 나에게 맞지 않다'라고 말하는 사람은 결코 있을 수 없다. 그것은 절대로 불가능한 일이다.

여기에는 인간 마음의 모든 형태들이 다 고려되어 있다. 아직 한번도 사용되어 본 적이 없는 방편도 있다. 그것은 미래 어느 때쯤 나타날 인간들을 위한 것이다. 그리고 또한 많은 방편들이 이미 쓸모없는 것도 있다. 그것은 과거의 인류들을 위한 것이다. 그러나 걱정하지 마라. 그대에게 맞는 방편은 많이 있다. 그리고 그대가 찾기만 한다면 반드시 찾을 것이다.

〈질문〉

"탄트라와 요가는 어떻게 다른 것입니까? 그것들은 본질적으로 같은 것이 아닙니까?"

이 질문에 대해서 많은 사람들이 동감하고 있다. 탄트라와 요가는 기본적으로 다른 것이다. 물론 목표는 같다. 그러나 목표에 이르는 길은 다를 뿐만 아니라 완전히 대조적이다. 그래서 이것은 매우 분명하게 이해되어져야 한다.

요가의 과정 역시 하나의 방법론이다. 그것은 똑같이 테크닉인 것이다. 탄트라처럼 요가도 철학이 아니다. 그것은 실행에 의존하고 있다. 하지만 그 과정이 다르다. 요가는 투쟁의 길이다. 그것은 전사만이 가는 길이다. 그러나 탄트라의 길은 전혀 싸울 필요가 없다. 오히려 사랑하고 녹아드는 길이다. 물론 깨어 있음 속에서 말이다.

요가는 깨어 있음 속에서 자신을 억압하는 길임에 반해 탄트라는 깨어 있음 속에서 자신을 마음껏 풀어주는 길이다. 탄트라는 '그대가 누구이든지 궁극은 그대에게 반대하지 않는다'라고 말한다. 그것은 하나의 성장이다. 그대는 궁극에까지 성장할 수 있다. 그대와 실체 사이에는 어떤 반대점도 없다. 그대는 실체의 일부분이다. 그래서 거기에는 갈등도, 싸움도 없다. 본성을 거역할 필요가 없는 것이다. 오히려 그대는 본성을 사용해야 한다. 그대를 초월하기 위해서는 그대가 누구이든지 그대의 본성을 사용해야 한다.

요가에서는 초월로 가기 위해서 그대 자신과 싸워야 한다. 요가에서는 세상과 모크샤, 사바 세계와 열반, 현재 있는 그대로의 그대와 미래에 변화되어야 할 그대가 대립되게 된다. 그리하여 그대는 자신을 억압하게 된다. 요가에서의 초월은 죽음이다. 그대의 진짜 존재가 태어나기 위해서 그대의 옛사람은 죽어야 한다.

탄트라의 눈으로 보면 요가는 고차원적 자살이다. 그대는 본능적인 자아를 죽여야 한다. 그대의 육체, 욕망, 인간의 모든 바람들을 말이다. 그러나 탄트라는 그대를 있는 그대로 받아들이라고 말한다. 그것은 전체적인 수용이다. 그대와 실체 사이에 어떤 간격도 만들지 않는다. 세속과 니르바나를 결코 나누지 않는다. 그래서 탄트라에서는 죽음이 필요 없다. 단지 필요한 것은 그대 자신을 이용한 초월만이 있다.

예를 들어 섹스가 거기에 있다. 그것은 기본 에너지이다. 그 기본 에너지를 통해서 그대는 태어났다. 그대의 존재를 이루고 있는 세포 역시 그것에서 나왔다. 이제 인류는 섹스에 대해서 새로운 혁명을 일으켜야 한다. 요가에서는 그대가 이 섹스 에너지와 싸우라고 한다. 싸움을 통해서 그대는 자신 안에 새로운 다른 중심을 만든다. 그대가 싸움을 치열하게 하면 할수록 새로운 중심에 집중된다. 그때 섹스는 더 이상 그대의 중심이 되지 않는다. 그래서 섹스와 싸우는 것은 그대의 새로운 중심을 결정화시키는 것이다. 그때 더 이상 섹스는 그대의 에너지 중심이 되지 않을 것이다. 다른 에너지가 존재 속으로 흘러 들어올 것이다. 존재의 다른 중심으로 말이다.

탄트라에서는 그대의 섹스 에너지에 대항하는 것이 아니라 그것을 이용해야 한다. 그것과 결코 싸워서는 안된다. 그것을 받아들여 승화시켜야 하는 것이다. 그것을 적이라고 생각하지 말라. 그것은 그대의 에너지이다. 그것은 악이 아니다. 모든 에너지는 그저 자연이며 중립적인 것이다. 그대가 사용하기에 따라 그대를 위한 것일 수도 있고 그대를 해치는 것이 되기도 한다. 그대는 그것을 하나의 장벽으로 만들 수도 있다. 혹은 그것을 하나의 징검다리나 받침돌로 사용할 수도 있다. 그러므로 적절하게 사용하라. 그것과 친구가 되라. 보통 사람이 섹스를 사용하면 그것은 적이 된다. 그것은 그를 파괴시키고 구덩이 속에 빠지게 만든다.

그래서 요가는 그런 일상적인 마음에 반대한다. 일상적인 마음은 자신의 욕망 때문에 자신을 파괴시킨다. 그래서 요가는 욕망을 버리라고 말한다. 욕망과 싸워서 그대를 욕망 없는 사람으로 만들려고 한다.

그러나 탄트라는 욕망을 지켜보라고 말한다. 그것에 대항하지 말라고 한다. 단지 깨어 있으면서 그 속에서 움직이라고 말한다. 그대가 깨어 있으면서 욕망 속에 움직일 때 그대는 그것을 초월한다. 그대는 그 속에 있으면서 동시에 그 속에 있지 않다. 그대는 그것을 통과해서 지나간다. 동시에 그대는 방관자로 남아 있는 것이다.

요가가 설득력을 가지는 것은 일상적인 마음에 대해서 반대하고 나서기 때문이다. 보통 사람들은 열등감과 죄책감을 갖고 있기 때문에 일상적인 마음을 비판하고 나서면 그럴싸하게 보인다. 그래서 요가의 언어를 통해 일상적인 마음을 판단해 버릴 수 있다. 왜냐하면 그대는 섹스가 어떤 식으로 그대를 노예로 삼고 파괴하는지 경험을 통해서 알고 있기 때문이다. 그래서 요가에서 성욕과 싸우라고 말할 때 그대는 즉시 그 말을 이해하게 된다. 그것이 곧 요가가 많은 사람들에게 알려지게 된 이유이다.

그러나 탄트라는 쉽게 설득력이 있는 것처럼 보이지 않는다. 욕망에 휩쓸리지 않고 욕망 속을 돌아다니는 일이 가능할 수 있을까? 어떻게 오르가즘 속에서 말짱한 정신을 차리고 있을 수 있을까? 일상적인 마음은 두려움을 느낄 것이다. 그것은 위험해 보인다. 사실 그대는 자신이 욕망 속에서, 섹스 속에서, 모든 것 속에서 어떻게 스스로를 속이는지, 얼마나 자신의 마음이 교활한지 알고 있다. 또한 그대는 자기가 정신이 말짱하다는 사실을 스스로에게 감추고 있다. 그대가 위험을 느끼는 이유도 바로 그것이다.

위험은 탄트라 속에 있는 것이 아니라 그대 속에 있다. 요가가 설득력을 가지는 것도 그대 때문이다. 그대의 일상적인 마음, 성을 억압하고 성에 굶주리고 성에 몰두하는 마음 때문이다. 일상적인 마음은 성에 대해서 건강하지 않다. 그래서 성과 싸우게 하는 요가가 설득력이 있어 보인다. 정상적이고 건강한 성은 그 경우가 다르다. 사실 우리는 비정상적이며 부자연스럽다. 우리는 확실히 제정신이 아니며 불건강하다. 그러나 모든 사람이 같은 상태이기 때문에 우리는 결코 잘못되어 있음을 느끼지 못한다.

미친 것이 너무 당연한 것처럼 되어서 오히려 미치지 않은 것이 비정상으로 보이는 것이다. 붓다가 비정상이고 예수가 비정상이다. 그들은 우리와 같은 영역에 속하지 않았다. 그들의 정상이 우리에게는 비정상으로 보인다. 그리고 우리의 비정상적인 마음이 정상처럼 보이는 것이다. 그래서 요가는 우리의 비정상적인 마음에 설득력이 있다. 만약 우리가 섹스를 자연스럽게 대한다면, 거기에 어떤 철학을 내세워 반대하거나 찬성할 필요가 없다면, 그저 자연스런 것으로서 전체적으로 수용된다면 그때는 탄트라가 설득력을 갖게 될 것이다. 그리고 오직 그때라야만이 많은 사람들에게 유용하게 이용될 것이다.

이제 탄트라의 시대가 몰려오고 있다. 조만간 탄트라는 처음으로 대중들에게 공개될 것이다. 탄트라가 수천 년 전부터 있어 왔지만 이제서야 처음으로 공개되는 것은 탄트라를 받아들이는 대중들의 의식이 성숙되지 못했기 때문이다. 이제 탄트라가 공개될 수 있는 것은 성을 자연스럽게 받아들일 만큼 사람들의 의식이 성숙되었기 때문이다. 그리고 그 폭발의 시기는 서양에서 먼저 시작될 것이다. 프로이드, 융, 라이히 이후로 서양은 그 토양을 준비해 왔다. 서양의 심리학은 이제 인간의 기본적인 정신병이 모두 섹스와 관련되어 있다는 사실에 결론을 맺게 되었다.

그래서 이 섹스에 얽힌 무의식적 갈등이 해결되지 않는 한 사람은 결코 정상으로 되돌아올 수 없다. 인간은 성에 대한 잘못된 태도 때문에 결국 정신적 불건강 상태를 얻게 되었다. 다른 태도는 필요하지 않다. 오직 성에 대한 자연스러운 태도만이 필요하다. 그대의 눈에는 섹스가 어떻게 보이는가? 신성하게 보이는가? 아니면 사악하게 보이는가? 그것에 찬성하는가? 반대하는가? 아무런 태도도 취하지 않는다면 그대의 눈은 정상이다.

만약 어떤 태도라도 취한다면 그때는 그대의 눈이 잘못되었다고 생각하라. 탄트라는 그대가 어떤 사람이건 모두 받아들인다. 그리고 오직 전체적인 수용을 통해서만이 그대는 성장할 수 있다. 그때 그대가 갖고 있는 모든 에너지를 다 이용하라. 먼저 그것들을 받아들여라. 그리고 그 에너지가 무엇인지, 섹스가 도대체 무슨 현상인지 이해하라. 우리는 그것을 피하기만 해왔다. 섹스에 관해서 다른 사람들의 의견은 많이 들어 왔다. 그러나 그대는 모두 죄의식 속에서 그것들을 대해 왔다. 억압적이고 급하고 주저하는 마음속에서 말이다. 이제 그 모든 짐을 벗어 버릴 때가 왔다. 성행위는 사랑의 행위가 아니다. 그대는 그 속에서 행복하지 않다. 그러나 그것을 떠날 수는 없다. 그대가 떠나려고 하면 할수록 그대는 더욱 그것에 묶이게 된다. 부정하면 할수록 그대는 거기에서 벗어날 수 없는 자신을 더 많이 발견하게 될 것이다.

그대는 그것을 부정할 수 없다. 그리고 부정하고 파괴하려는 태도는 결국 그대의 마음을, 그대의 각성과 예민한 감수성을 부정하고 파괴하는 것이다. 그리하여 섹스는 아무런 감수성도 없이 계속된다. 그러면 결코 그대는 섹스를 이해할 수 없다. 오직 예민한 감수성과 깊은 통찰력을 통해서만 그것을 이해할 수 있다. 시인들이 아름다운 정원을 거닐 때처럼 깨어 있어야만이 그대는 섹스를 이해할 수 있을 것이다. 오직 그때만이 말이다.

만일 그대가 꽃에 대해서 죄책감을 느낀다면 그대는 정원을 지나갈 때 눈을 감고 급히 지나갈 것이다. 그대는 미친듯이 서두를 것이다. 그렇다면 언제 어떻게 그 정원을 빠져나왔는지 그대는 알 수 있는가? 꽃들이 얼마나 신비하고 아름다우며 그 정원이 어떻게 생겼는지 알 수 있겠는가?

그래서 탄트라는 그대가 어떤 상태이든지 그대 자신을 받아들이라고 말한다. 그대는 수많은 차원의 복합 에너지를 갖고 있는 거대한 신비이다. 그것을 받아들이라. 깊은 감수성과 통찰력과 애정을 갖고 그대 자신을 대하라. 그때 모든 욕망은 그 한계를 초월하기 위한 하나의 수레가 된다. 그때 모든 에너지가 도움으로 변할 것이다. 그때 이 세상은 니르바나이며 이 육체는 하나의 사원이 된다. 거룩한 성전이 되는 것이다.

요가는 부정의 길이다. 반면에 탄트라는 긍정의 길이다. 요가는 이중성을 통해서 생각한다. 요가란 말 자체가 두 개를 하나로 묶는다는 것이다. 그러나 여전히 두 개가 거기에 있다. 이중성이 거기에 존재한다. 탄트라는 '이중성이란 존재하지 않는다'라고 말한다. 만약 이중성이 있다면 그대는 그것들을 하나로 묶을 수가 없다. 그리고 그대가 어떻게 하든지 그대는 분열된 채로 남아 있다. 싸움은 계속될 것이고 이중성은 없어지지 않는다.

만약 이 세상과 신성이 둘이라면 그때 그것들은 하나로 합쳐질 수 없다. 만약 그것들이 둘이 아니라면, 단지 두 개로 보여지는 것일 뿐이라면 그것들은 하나가 될 수 있다. 만약 그대의 영혼과 육체가 둘이라면 그때 그것들은 하나가 될 수 없다. 만약 그대와 신이 두 개의 존재라면 거기에는 합일될 수 있는 어떤 가능성도 없다. 그것들은 언제나 둘로 남을 것이다.

그런데 탄트라는 말한다. 이중성이란 존재하지 않으며 단지 그대 눈의 착각이라고 말이다. 그리고 지금까지 이중성으로 나타난 형상들은 그대의 의식이 성장하지 못했기 때문이었다고 말한다. 지금 이 순간 그 이중성을 없애 버려라. 하나가 되라! 싸움이 아니라 수용을 통해서 그대는 하나가 될 수 있다. 세상을 받아들이고 육체를 받아들이고 그 속에 있는 모든 것을 받아들여라. 그대 속에 어떤 다른 중심도 만들지 마라. 탄트라에서는 그대의 다른 중심을 에고라고 부른다. 에고를 만들어내지 마라. 있는 그대로의 자신을 자각하라. 만약 그대가 싸우려 든다면 거기에 에고가 생겨날 것이다.

그래서 에고이스트가 아닌 요기를 찾아보기 힘든 것도 이 때문이다. 요기들은 끊임없이 에고 없음, 즉 무아(無我)에 대해서 이야기한다. 하지만 그들은 결코 무아가 될 수 없다. 그들의 길 자체가 에고를 만들어내는 것이기 때문이다. 에고와의 갈등이 곧 그들의 수행 과정이다. 그대가 싸움을 계속한다면 반드시 에고를 만들어내고 만다. 그리고 싸움이 치열해질수록 에고는 더 강화된다. 만일 그대가 자신과의 싸움에서 승리하게 되면 그때는 지고한 에고가 형성될 것이다.

탄트라는 싸우지 말라고 말한다. 그때 에고는 존재할 수 없게 된다. 그대가 탄트라를 이해한다면 거기에 많은 문제점들이 생겨날 것이다. 왜냐하면 우리에게는 싸움이 없다는 것이 곧 심취한다는 뜻이 된다. 극단에서 극단으로 흐르는 것이 우리의 습성이기 때문이다. 우리가 싸우지 않으면 우리는 반대로 너무 좋아한다. 그때 우리는 두려워진다. 우리는 생에 집착할 뿐 다른 어떤 것에도 관심을 두지 않는다. 그러나 탄트라는 심취하지 말라고는 말하지 않는다. 심취하되 깨어 있으라고 말한다.

그대는 화가 나 있다. 탄트라는 절대로 화를 내지 말라고는 말하지 않는다. 오히려 온 가슴으로 화를 내라고 말한다. 단지 깨어 있으면서 말이다. 탄트라는 영적인 잠, 그대의 무의식적 상태에 대해서만 반대할 뿐이다. 깨어 있으면서 화를 내어라. 이것이 바로 키포인트이다. 그때 그대가 분노를 인식한다면 그것은 변형될 것이다. 분노는 자비로 바뀔 것이다. 그래서 탄트라는 말한다. 분노는 그대의 적이 아니라고 말이다. 그것은 자비와 똑같은 씨앗이라고 말이다. 분노와 자비는 같은 에너지이다.

만약 그대가 분노와 싸우려든다면 그때는 자비로 변형될 가능성은 사라지고 만다. 그래서 그대가 싸움을, 억압을 계속한다면 그대는 식물인간처럼 살게 될 것이다. 그대에게는 어떤 분노도 일어날 수 없고 따라서 어떤 자비도 일어나지 않는다. 오직 분노만이 자비로 변형될 수 있기 때문이다. 만약 그대가 억압을 계속한다면 — 물론 그것은 불가능하지만 — 거기에는 섹스도 없고 따라서 사랑도 없다. 섹스 에너지가 말라 버리고 나면 사랑의 꽃을 피울 힘이 없다. 그리고 인생은 모든 의미를 다 잃고 말 것이다. 사랑이 없다면 신성도 없고 자유도 없기 때문이다. 오직 생물적인 대사작용만 있다. 그것은 삶이 아니다. 그것은 식물인간과 다름없다.

탄트라는 말한다. 이 모든 동일한 에너지들이 변형되어야 한다고 말이다. 만약 그대가 세상에 반대한다면 그때에는 니르바나도 없다. 이 세상 그 자체가 니르바나로 변형되기 때문이다. 이 세상과 분리되어 존재하는 니르바나가 따로 있는 것이 아니다. 그래서 결국 그것은 그대가 근원에 대해 반대하는 것밖에 되지 않는다.

탄트라의 연금술은 싸우지 말라고 말한다. 그대에게 주어진 모든 에너지와 친구가 되라고 말한다. 그것들을 환영하고 고마워하라고 말한다. 화를 내고 섹스를 갈망하고 삶에 대해 집착하는 이 모든 욕망이라는 에너지를 받아들이라고 말한다. 그때 그것들은 변형될 수 있다. 그것들은 무한을 향해 열려질 수 있다. 그때 섹스는 사랑으로 변형될 것이다. 독이 변하여 약이 되듯이 말이다.

씨앗은 겉으로 보기에 아름다운 구석이 없다. 그러나 그것이 싹을 틔우고 꽃을 피우게 될 때 거기에 아름다움이 존재한다. 따라서 씨앗을 내던져 버리지 마라. 그리하면 꽃도 함께 내던지는 것이 된다. 아직 그대 눈앞에 나타나지는 않았지만 씨앗 속에는 꽃의 아름다움이 들어 있다. 그대가 꽃을 원한다면 씨앗을 소중히 여겨라. 따라서 먼저 받아들임이 중요하다. 이해와 깨어 있음이 필요하다. 그때라야 비로소 진정한 몰두와 심취가 가능한 것이다.

그리고 정말로 이상한 것이 또 한 가지 있다. 그것은 탄트라의 가장 깊은 비밀 중의 한 가지이다. 그대가 적으로 삼는 것은 무엇이든지 – 분노, 탐욕, 증오, 성욕 따위 – 그대보다 더 강한 적이 되고 만다. 그러므로 그대의 적으로 여겼던 것을 신이 준 선물로 생각하고 감사하라. 예를 들어 탄트라는 섹스 에너지를 변형시키기 위해서 많은 테크닉을 개발시켰다. 성행위를 시작하는 것을 마치 신성한 사원에 다가가는 것처럼 행동하라. 마치 기도처럼, 명상처럼 하라. 그것의 거룩함을 느껴라. 카쥬라호 사원에 있는 마이투나(性交) 조각상들이 바로 그것이다. 사원의 벽면에 섹스 행위를 묘사해 놓은 것은 기독교인들에게나 회교도, 자이나교도들에게는 매우 이상하게 보일 것이다. 어떻게 거룩한 사원이 돌로 조각된 섹스 행위로 가득 차 있을 수 있는가? 성당이나 교회, 혹은 절에 그런 것들이 있다고 생각해 보라. 아마 그대는 상상도 못해봤을 것이다.

현대의 힌두교도들 역시 그것에 대해 죄의식을 느끼고 있다. 그것은 인도가 백년 이상 기독교의 영향을 받아왔기 때문이다. 그들은 사실상 힌두기독교인들이다. 그들의 지도자 중의 하나인 푸르쇼타마다스 탕돈은 카쥬라호 사원을 파괴해야 한다고 떠들어댔다. 그것은 인도인의 것이 아니라고 말이다. 사실 탄트라는 오랫동안 우리들의 가슴속에 숨어서 흐르고 있었다. 그것은 수세기 동안 주류가 되지 못했다. 반면에 요가는 인도인의 정신적 주류가 되었다. 그래서 요가는 카쥬라호를 용납할 수 없다.

탄트라는 마치 그대가 거룩한 성전에 들어가는 것처럼 섹스 행위 속으로 들어가라고 말한다. 그래서 성전에 섹스 행위들을 묘사해 놓은 것이다. 그들은 정말로 그러했다. 그대가 성전에 들어갈 때 몸과 마음이 하나가 되기 위해서는 섹스 역시 거기에 있어야 한다. 거기에 어떤 것도 제외되거나 억압되어서는 안된다. 그러면 온전한 하나를 이룰 수 없기 때문이다. 이 세상과 신성이 서로 싸우는 두 가지 반대 극이 아님을 알아야 한다. 그것들은 겉으로는 마치 반대 극처럼 보일 것이다. 그리고 반대 극처럼 보일 때만이 그것들은 존재할 수 있다. 만약 양극성이 사라진다면 온 세상이 사라진다. 그리고 오직 하나만이 있을 뿐이다. 극단적으로 나타나는 것을 보지 마라. 깊은 곳에서 흐르는 하나됨의 흐름을 보라.

탄트라에서는 모든 것이 신성하다. 이 점을 명심하라. 탄트라에서는 신성하지 않은 것이 없다. 탄트라의 눈으로 바라보라. 그러나 비종교적인 사람에게는 모든 것이 부정하다. 어떤 것도 거룩하지 않다. 한 기독교 선교사가 어느 날 내게 와서 말했다.

"하나님이 이 세상을 창조하셨습니다."

그래서 나는 물었다.

"죄는 누가 만들었는가?"

그가 곧바로 대답했다.

"악마가!"

그래서 나는 또 물었다.

"그러면 악마는 누가 만들었는가?"

그러자 그는 어쩔 줄 몰라했다. 한참 있다가 겨우 입을 열었다.

"악마도 하나님이 만들었습니다."

악마는 죄를 만들었고 하나님은 악마를 만들었다. 그러면 누가 진짜 죄인인가? 악마인가? 하나님인가? 그러나 이런 이원론자들은 언제나 말도 안되는 개념을 고집한다. 탄트라에서는 신과 악마가 둘이 아니다. 탄트라에서는 '악마'라고 부를 만한 것이 아무것도 없다. 모든 것이 신성하다. 이것이 올바른 관점이며 건강한 시각이다. 만약 이 세상에 어떤 부정한 것이 있다면 그것이 어디에서 나왔겠는가?

그러므로 양자 택일의 길밖에 없다. 첫번째는 모든 것이 부정하다고 말하는 무신론자가 있다. 이 태도 역시 좋다. 적어도 그는 이원론자는 아니다. 그는 이 세상에서 어떤 거룩함도 보지 못한다. 또 한 가지는 탄트라의 태도이다. 모든 것이 거룩하다는 입장이다. 그는 종교적인 사람이다. 이 두 가지 외에 다른 선택은 있을 수 없다. 종교적인 사람과 비종교적인 사람만이 있을 뿐이다.

만약 이 세상에 단 하나의 세포나 원자라도 부정한 것이 있다면 그때 이 세상은 완전히 부정한 것이 되고 만다. 세포 하나, 원자 하나라도 이 세상과 동떨어져서는 존재하지 않기 때문이다. 모든 것은 서로 연결되어 있다. 아니 본래 하나이다. 단지 여러 개라고 보는 것은 우리 시각의 한계 때문이다. 그래서 이 세상을 온전히 거룩한 것으로 보든지 아니면 완전히 부정한 것으로 보든지 두 가지 관점밖에 없다. 어떤 것은 부정하고 어떤 것은 거룩하다고 본다면 그것은 철저하게 살펴보지 않은 것일 뿐이다.

그래서 여기에 두 개의 길이 있다. 하나는 탄트라이고 다른 하나는 요가이다. 탄트라는 우리의 표면적인 의식 때문에 별로 호소력이 있어 보이지 않는다. 그러나 그의 무의식이 정말로 건강하고 혼돈되어 있지 않은 사람에게는 탄트라가 너무나 아름답게 비칠 것이다. 오직 그 사람만이 탄트라가 무엇인지 진실로 이해할 수 있다. 그러나 우리의 혼란스런 마음에는 차라리 요가가 더 설득력이 있다.

어떤 것에 매력이 있고 없고는 우리의 마음에 달려 있다는 사실을 잊지 마라. 결정권을 갖고 있는 자는 바로 그대이다. 내가 지금 요가를 통해서는 깨달을 수 없다고 말하는 것이 아니다. 요가를 통해서도 얼마든지 궁극에 이를 수 있다. 하지만 지금 유행하는 요가는 '아니올시다'이다. 그 요가는 진정한 요가가 아니다. 그대의 병든 마음이 내린 해석에 의해 지금의 요가는 왜곡되어 있다. 올바른 요가라면 그대는 자동적으로 궁극에까지 이를 수 있다. 하지만 그것 역시 그대의 마음이 건강할 때만이 가능하다. 단지 탄트라와 가는 길이 틀릴 뿐이다.

예를 들면 마하비라는 요가의 길 위에 있다. 그러나 그는 성을 억압하지 않았다. 그는 그것을 알았고 그것과 함께 살았다. 하지만 그것은 그에게 아무런 소용이 없었다. 그래서 그에게서 섹스가 떨어져나가 버렸다. 붓다 역시 요가의 길 위에 있다. 그는 이 세상 속에서 살았고 그것을 깊이 이해했다. 그는 결코 그것과 싸우지 않았다.

그대가 한번 알고 나면 그대는 그것으로부터 자유로워진다. 그렇게 되면 마치 낙엽이 떨어지듯 그것은 그대에게서 떨어져나가 버린다. 다시는 그것으로 인해서 신경쓰일 일도, 싸울 일도 없다. 붓다의 얼굴을 보라. 그것은 싸우는 사람의 얼굴과 다르다. 그 얼굴은 완전히 이완되어 있는 얼굴의 상징이다.

그러나 그대 주위에 있는 요기들을, 수행자들을 한번 보라. 그들의 얼굴에는 싸움과 갈등의 표정들이 역력하다. 그들은 마치 화산 위에 앉아 있는 것 같다. 그들의 눈동자를 들여다보면 그대는 확연히 느낄 수 있다. 그들은 병든 마음을 깊숙이 억누르고 있다. 그들은 초월해 있는 것이 아니다.

건강한 세계는 남을 흉내내지 않고 자신의 방식대로 살아가는 사람으로 구성되어 있다. 그때 그들은 삶을 통해서 자신의 욕망들을 변형시킬 수 있는 깊은 감수성을 배울 수 있다. 모든 욕망의 껍질들이 떨어져나가고 본질의 에너지가 변형되어 초월하는 경험에까지 이르게 된다. 그리고 나에게는 탄트라가 이끌어 줄 수 있는 세계를 요가도 충분히 이끌어 줄 수 있다. 이 점을 기억하라. 우리는 건강한 마음이 필요하다. 자연인(自然人)이 필요한 것이다. 자연인이 사는 세계에는 탄트라와 요가가 욕망을 초월할 수 있는 경지에까지 이르는 방편이 될 수 있다.

그러나 우리의 사회처럼 병든 사회에서는 요가도 탄트라도 그 어떤 것도 제구실을 할 수가 없다. 단지 그때 그때의 일시적이고 부분적인 처방전 역할만 할 뿐이다. 그래서 우리가 만일 요가를 선택한다면 그것은 억압하는 기술로 사용하기 위해 채택하는 것이다. 만일 우리가 탄트라를 선택한다면 그때는 마음껏 정욕을 발산하기 위한 수단으로 선택하는 것이다. 그래서 결국 병든 마음에는 요가도 탄트라도 아무런 소용이 없다. 그것들은 모두 자신을 속이는 데 쓰이는 하나의 사기행각일 뿐이다. 그래서 건강한 마음, 특히 성적으로 건강한 마음이 필요하다. 그런 다음에는 요가와 탄트라 중 그대의 기호에 따라 무엇이든지 선택할 수 있다.

인간에게는 기본적으로 두 가지 유형이 있다. 그것은 남자와 여자이다. 물론 나는 지금 생물학적 구분을 하는 것이 아니다. 심리학적 구분을 하는 것이다. 사람들 가운데는 기본적으로 남성의 심리를 가진 사람들이 있다. 그들은 공격적이고 외향적이며 적극적인 사람들이다. 그들에게는 요가가 적합하다. 그와 반대로 여성적인 심리를 가진 사람들, 즉 수용적이고 비폭력적이며 소극적인 사람들이 있다. 그들에게는 탄트라가 맞는 길이다. 그래서 탄트라에는 여신들이 많이 나온다. 어머니 칼리 여신, 타라 보살, 그리고 수많은 데비들과 바이라비들이 나온다. 그러나 요가에서는 여신의 이름은 취급도 하지 않는다. 요가에서는 남신들이 많이 나오고 탄트라에서는 여신들이 많이 나온다. 요가는 밖으로 분출하는 에너지이고 탄트라는 내면으로 흐르는 에너지이다. 그래서 심리학적 용어를 붙이자면 요가는 외향성이고 탄트라는 내향성이다. 그래서 각자의 성향에 맞게 길을 선택하면 된다. 그대의 성격이 내향성이라면 싸움은 그대에게 맞는 길이 아니다. 만약 그대가 외향성이라면 그때 싸움이 그대에게 적격이다.

그러나 우리는 지금 마구 섞여 있다. 우리는 군중 속에 들어 있는 하나의 개체일 뿐이다. 아무것도 도움이 되지 않는 것이 바로 이 때문이다. 우리는 지금 하나의 개인이 아니다. 전부가 뒤죽박죽 섞여 있다. 요가가 그대를 들쑤셔 놓고 탄트라가 그대를 뒤숭숭하게 만들어 놓았다. 모든 약들이 그대의 병을 고친답시고는 새로운 부작용만 만들어 놓았다. 지금 내가 하는 말은 요가를 통해서 그대가 도달할 수 없다는 뜻이 아니다. 내가 여기서 탄트라를 강조하는 이유는 탄트라가 무엇인지 확실히 이해하고자 하는 것이다.

오늘은 이만!

호흡(呼吸), 우주에 이르는 다리

진리는 언제나 여기에 있다.
진리는 미래에 성취되는 어떤 것이 아니다.
지금 그리고 여기에 있는 그대가 바로 진리이다.

호흡(呼吸), 우주에 이르는 다리

시바가 대답한다.

1

빛의 샘(光源), 그 황홀한 일별은 들이쉬고 내쉬는
숨 사이에서 찾을 수 있도다.
숨이 들어오고, 들어온 숨이 나가려고 하기 직전,
바로 거기에 지복(至福)이 깃들어 있도다.

2

숨은 들이쉴 때 아래(下丹田)에서 위(百會)로 반원을 그리며
회전한다. 그리고 내쉴 때 다시 위에서 아래로 반원을 그린다.
이 두 개의 회전점을 통해서 불생불멸의 그 자리를 깨달을지어다.

3

들이쉬고 내쉬는 그 찰나의 사이에 호흡은 에너지가 없으면서 또한
에너지로 가득 찬 그대의 중심에 닿는도다.

4

숨을 완전히 내쉰 뒤 호흡이 멎었을 때,
또는 숨을 완전히 들이쉰 뒤 호흡이 멎었을 때,
호흡의 이 우주적인 멈춤 속에서 에고는 사라진다.

그러나 이것은 마음이 순수하지 못한 사람들에게는 힘든 일이로다.

진리는 언제나 여기에 있다. 진리는 미래에 성취되는 어떤 것이 아니다. 지금 그리고 여기에 있는 그대가 바로 진리이다. 그래서 진리는 창조되거나 발명되는 것도 아니며 찾아지는 것도 아니다. 이 점을 분명히 이해하라. 그때 이 명상법들은 쉽게 이해될 수 있다.

마음은 욕망의 메커니즘으로 구성되어 있다. 마음은 언제나 뭔가를 찾고 구한다. 항상 마음은 미래의 어떤 목표를 겨냥하고 있다. 그리고 지금 이 순간에는 아무런 관심이 없다. 바로 이 순간 속에서는 마음이 움직일 공간이 없기 때문이다. 마음은 과거나 미래로밖에 움직일 수가 없다. 그것은 현재 속에서 존재할 수 없다. 현재는 마음이 머물 수 있는 공간이 없다. 그래서 마음과 진리는 결코 만날 수 없다.

마음이 세속적인 목표를 추구할 때는 어렵지 않다. 그러나 진리를 찾고자 할 때는 그 노력이 무의미하다. 오히려 노력하면 할수록 점점 빗나가게 된다. 진리는 지금 여기인데 마음은 늘 저기 -미래나 과거- 에 있기 때문이다. 진리가 있다는 사실을 그대가 발견할 수는 있어도 진리 그 자체를 볼 수는 없다. 찾는 노력이 바로 장벽이 되기 때문이다.

진리를 찾을 때 그대는 현재로부터, 그대 자신으로부터 멀어져 간다. 그것은 그대가 현재에 있기 때문이다. '찾는 자'는 현재에 있고 '찾는 행위'는 미래에 있다. 그대는 찾는 것을 결코 만날 수 없다.

그래서 노자는 말하고 있다.

"찾지 마라. 찾으면 잃을 것이다. 찾지 않으면 얻을 것이다."

시바가 말하는 명상의 모든 방편은 과거나 미래에서 떠도는 마음을 현재로 이끌어오는 방법이다. 그대가 찾고 있는 것은 이미 여기에 있다. 마음은 찾는 행위에서 찾지 않는 상태, 즉 무위의 상태로 전환되어야 한다. 이것을 지적으로 해석하려면 더욱 어려워진다. 도대체 무슨 수로 마음을 그렇게 바꿀 수 있단 말인가? 그때 마음은 다시금 '찾지 않는 상태', 즉 무위의 경지를 하나의 대상으로 만들어 놓고 다시금 그것을 추구하기 시작한다. 처음에 마음은 말한다. '찾지 마라' 그리고 나면 마음은 또 말한다. '나는 찾지 않아야 한다' 그때 '찾지 않는 상태'가 새로운 목표가 된다. 이리하여 찾는 행위는 또 시작된다. 욕망은 뒷문으로 다시 들어온다. 그러므로 세속적인 것을 갈망하는 사람이나, 비세속적인 것을 갈망하는 사람이나 찾는 행위에 있어서는 마찬가지다. 그들은 똑같은 마음의 게임을 벌이고 있는 것이다. 사실 모든 목표는 세속적인 것이다. 찾는 행위 그 자체가 세속적인 것이기에.

그러므로 세속적이지 않은 것은 찾을 수 있는 성질의 것이 아니다. 찾는 순간 그것은 세속적인 것이 된다. 그대가 신을 찾는다면 신은 세속적인 것의 한 부분이다. 모크샤(解脫)를, 니르바나(涅般)를 찾는다면 그것 역시 세속의 범주를 넘어서지 못한다. 그대의 바람이 곧 세속적이기 때문이다. 그러므로 니르바나를 갈구해서는 안된다. 갈구가 끝난 상태가 니르바나이기 때문이다. 갈구가 끝난 상태를 갈구한다는 것이 얼마나 웃기는 일인가? 이것을 지적으로 이해하려면 하나의 수수께끼가 될 것이다.

시바는 이에 대해서 단 한 마디도 언급하지 않았다. 그는 다만 명상의 방편만을 제시했다. 이 방편들은 결코 지적인 것이 아니다. 따라서 시바는 데비에게 이렇게 말하지 않는다.

"진리는 여기에 있다. 찾지 마라. 그러면 발견하게 될 것이다."

사실 이런 말은 완전히 말장난에 불과한 것이다. 이런 무책임한 말대신 그는 명상의 방편들을 주었다. 이 방편들을 실행하라. 그러면 마음의 방향이 전환될 것이다. 하지만 이런 전환은 결과이지 절대로 목적은 아니니다. 전환은 어디까지나 부산물이다.

그대가 한 가지 방편을 수행하게 되면 그대의 마음은 과거나 미래로 떠도는 것을 멈추게 될 것이다. 그때 갑자기 그대는 현재 속에서 자신을 발견하게 될 것이다. 붓다가 방편을 이야기했고 노자와 크리슈나 역시 한결같이 방편을 이야기한 것도 바로 이 때문이다.

그러나 그들은 방편을 말하면서 지적인 개념을 동반시켰다. 그래서 불교 철학, 힌두 철학, 그리고 노장 철학이 생겨났다. 오직 시바만이 그렇게 하지 않았다. 시바는 오직 명상의 테크닉만을 이야기했다. 거기에 어떤 지적 개념도 섞지 않았다. 그는 알고 있었다. 가장 교활한 것이 마음임을. 속임수를 쓸 가능성이 너무나 크다는 것을 그는 알고 있었던 것이다. 어떤 것이라도 일단 마음과 연관되면 그것은 문제 거리로 변한다. '찾지 않는 상태'마저 문제가 되는 것이다.

어떻게 하면 욕망을 없앨 수 있느냐고 묻는 사람들이 있다. 그들은 모두 욕망이 없는 상태를 욕망하고 있다. 그들은 어디선가 영적인 격언, 즉 '욕망이 없으면 축복의 경지에 이르리라. 욕망이 없으면 그대의 영혼이 자유롭게 되리라. 욕망이 없으면 고통마저 끝나리라.'라는 말을 들었던 모양이다. 이제 그들은 고통이 없는 경지를 얻으려고 갈망하고 있다. 그래서 그들은 어떻게 바람이 없는 경지에 이를 수 있느냐고 묻는 것이다. 그들의 마음은 지금 속임수를 쓰고 있다. 그들은 아직도 갈망하는 상태에 있다. 단지 목표와 대상이 바뀌었을 뿐이다. 그들은 이전에 돈과 명성, 부와

권력을 갈망했다. 그러나 이제는 그 모든 것들이 해결될 수 있는 '갈망 없는 경지'를 갈망하고 있다. 갈망하는 행위는 아무것도 달라진 것이 없다. 오히려 이전보다 더 교활하게 위장하고 있다.

따라서 시바는 어떠한 소개도, 서문도 붙이지 않고 바로 방편에 대해서 말하고 있다. 이 명상의 방편들을 수행한다면 그대의 마음은 현재로 돌아올 것이다. 마음이 현재로 돌아올 때 마음의 작용은 멈춘다. 그때 더 이상 마음은 존재하지 않는다. 더 이상 떠다닐 수 없기 때문에 사념이 생겨날 수 없는 것이다. 현재 속에는 사념이 움직일 수 있는 공간이 없다. 만약 그대가 지금 여기에 있다면 어떻게 마음이 존재할 수 있겠는가? 마음은 멈추어 버린다. 그때 그대는 마음 없음, 즉 무심(無心)을 얻는다.

그래서 진짜로 중요한 것은 어떻게 해야 '지금 그리고 여기'에 있을 수 있느냐 하는 것이다. 물론 노력은 할 수 있다. 하지만 그것은 노력이 쓸모없다는 사실을 증명하는 역할 외에 아무것도 아니다. 그대가 현재라고 하는 지점을 정해 놓는 순간 그 지점은 미래 속으로 이동해 버리기 때문이다. 어떻게 현재에 있을 수 있겠느냐고 물을 때 그대는 또다시 미래에 대해서 묻고 있는 것이다. 그리고 현재의 이 순간은 곧바로 물음 속으로 들어가 버리고 그대는 미래의 어느 순간을 꿈꾸게 된다. 그대는 '언젠가 갈망도 없고 고통도 없는 경지에 머무를 수 있을 거야'라고 꿈꿀 것이다. 그래서 그대는 또다시 '어떻게 하면 현재 속으로 들어올 수 있는가?'라고 묻는다.

시바는 이에 대해 아무 말도 하지 않았다. 그는 그저 방편만 주었을 뿐이다. 이 방편을 수행하게 되면 어느 날 불현듯 그대 자신이 '지금 그리고 여기'에 있다는 것을 발견하게 될 것이다. 그리고 지금 여기에 있는 그대의 존재가 바로 진리이다. 그것이 바로 자유이며 니르바나이다.

시바가 제일 먼저 꺼낸 방편들은 호흡에 관한 것들이다. 우선 호흡이 무엇인지를 이해하자. 그 다음에 방편으로 들어가도 늦지 않다. 우리는 태어나는 순간부터 죽는 순간까지 계속 숨을 쉰다. 그래서 죽음을 '숨을 거두었다'라고 표현할 만큼 삶과 호흡은 불가분의 관계에 있다. 그리고 그 삶 속에서 모든 것이 변한다. 하지만 변하지 않는 것이 있다. 그것은 호흡이다. 호흡은 탄생과 죽음 사이에서 끊임없이 계속된다.

어린아이는 청년이 되고, 청년은 늙어서 노인이 된다. 그는 병에 걸리고 추해진다. 모든 것이 변한다. 그러나 호흡만은 끊임없이 계속된다. 행복할 때나 불행할 때, 젊었을 때나 늙었을 때, 성공했을 때나 실패했을 때, 그대가 무엇을 하든지 그것은 관계가 없다. 오직 한 가지 분명한 사실은 그대가 그 언제라도 호흡하지 않으면 안된다는 것이다.

단 한순간이라도 호흡이 멈춰진다면 그대는 더 이상 생존할 수 없다. 호흡을 하는 데 그대가 계속 애를 쓰지 않아도 되는 것이 바로 이 때문이다. 만약 그대가 애를 써야 호흡이 가능하다면 그때는 살아가기가 참으로 힘들 것이다. 하지만 그대는 호흡하려고 특별히 애를 쓰지 않아도 호흡할 수 있다. 그대의 영혼이 잠들어 있어도 호흡은 계속된다. 무의식 상태 속에서도, 깊은 혼수상태 속에서도 호흡은 계속된다. 호흡은 그대 자신도 모르게 계속되는 어떤 것이다.

첫째로 호흡은 그대 속에서 끊임없이 움직이고 있으며 그대의 본질을 구성하는 인자이다.

둘째로 호흡은 삶에 있어서 가장 근본적이며 기본적인 것이다. 호흡하지 않고는 생존할 수 없다. 호흡과 삶은 동의어이다. 호흡은 삶의 메커니즘이다. 이 때문에 인도에서는 호흡을 프라나(prana)라고 부른다. 프라나에는 생명력과 활동력이라는 두 가지 뜻이 담겨 있다. 따라서 그대의 삶은 그대의 호흡이다.

셋째로 호흡은 그대와 그대 육체 사이의 다리 역할을 한다. 호흡은 그대를 그대의 육체에게 연결시켜 주고 있다. 호흡은 또한 그대 자신과 우주 사이에서도 다리 역할을 한다. 육체는 그대에게 다가온 우주다. 육체는 그대에게 가장 가까이 접근해 있는 우주다.

그대의 육체는 우주의 일부분이다. 육체 속에 있는 모든 것, 낱낱의 세포들이 곧 우주의 부분이다. 그리고 호흡은 그것들을 이어주는 다리이다. 다리가 부서지면 그대는 더 이상 육체 속에 머물 수 없다. 그때는 더 이상 우주에 존재할 수 없다. 더 이상 시간과 공간 속에서 발견될 수 없다. 시간과 공간을 그대에게 연결해주는 다리는 바로 호흡이기 때문이다. 그래서 그대가 호흡을 잘 다루면 그대는 시간과 공간을 초월할 수 있다. 그대는 미지의 차원으로 들어갈 수 있다.

호흡은 두 개의 극점을 갖고 있다. 한 극은 그대의 육체와 우주에 연결되어 있다. 다른 한 극은 그대의 존재와 초우주(超宇宙)에 연결되어 있다. 우리는 호흡의 한쪽 극만을 알고 있다. 호흡이 우주 속으로, 육체 속으로 이동하는 것만 알고 있다. 그러나 호흡은 육체로부터 비육체로도, 우주에서 초우주로도 이동한다. 우리는 호흡의 다른 이 극점을 알지 못하고 있다. 또 다른 이 극점을 알게 되면 그대의 차원은 변형된다.

한편 시바가 말하고 있는 것은 요가의 호흡이 아니라 탄트라의 호흡임을 잊지 말아야 한다. 요가의 호흡법과 탄트라의 호흡법은 근본적으로 다르다. 요가에서는 체계적인 호흡을 한다. 호흡을 체계화시키면 더욱 건강해질 것이다. 그때 호흡의 비밀을 알게 될 것이며 그러면 그대의 수명은 더욱더 연장될 것이다. 더욱 그대는 강해질 것이며, 생명 에너지로 가득 찰 것이다. 더욱 젊어지고 싱싱해질 것이다.

그러나 탄트라는 그런 것을 개의치 않는다. 탄트라는 호흡을 제어하고 체계화시키는 것에 찬성하지 않는다. 그저 그대의 내면으로 되돌아가는 방편으로써 호흡을 잠시 이용할 뿐이다. 따라서 탄트라에서는 호흡의 특별한 체계나 조절 따위를 수련해서는 안 된다. 있는 그대로의 호흡 속에서 호흡의 또 다른 어떤 극점을 자각하기만 하면 된다.

호흡에는 확실히 두 개의 극점이 있다. 그러나 우리는 이 두 극점을 인식하지 못하고 살아왔다. 그리고 지금까지 계속 호흡을 해왔고 앞으로도 호흡을 계속하며 살아갈 것이다. 호흡과 함께 태어나서 호흡과 함께 죽을 것이다. 그런데도 우리는 호흡의 이 두 극점을 전혀 모르고 있다. 참으로 이상한 일이 아닐 수 없다.

인간은 우주를 탐험했다. 인간은 달에도 갔다 왔다. 지금은 더 먼 별을 향해 탐구를 계속하고 있다. 그러면서도 자기 삶의 가장 가까운 부분인 호흡에 대한 탐험은 전혀 하지 않는다. 호흡 속에는 두 극점이 있는데 그것들이 바로 문이다. 다른 세계 속으로, 다른 존재 속으로, 다른 의식 속으로 들어갈 수 있는 문이다. 그것은 그대가 그대의 육체 속으로 들어온 문이다. 그리고 육체를 빠져나갈 때도 그 문으로 나간다. 하지만 그 문은 너무나 미묘하다.

달을 관찰하는 것은 어려운 일이 아니다. 달에 착륙하는 것 역시 마찬가지다. 그것은 비행의 길이가 더 연장된 여행일 뿐이다. 고도의 과학기술과 정보만 있다면 더 먼 별까지도 갈 수 있다. 그러나 호흡은 가장 그대 가까이에 있다. 가까이에 있는 것일수록 관찰한다는 것이 더 어렵다. 분명할수록 더 어렵다. 그대와 너무나 밀착되어 있기 때문에, 그대와 호흡 사이에 어떤 간격도 없기 때문에 그대는 호흡을 관찰의 대상으로 놓고 보기가 힘들다. 오직 깊은 통찰력이 있을 때에만 가능하다. 그때만이 호흡의 두 극점에 대해 깨닫게 된다. 그리고 그러한 각성이 이들 방편의 기본이 된다.

자,그럼 각각의 방편으로 들어가자.

1

> 빛의 샘(光源), 그 황홀한 일별은 들이쉬고 내쉬는 숨 사이에서 찾을 수 있도다.
> 숨이 들어오고, 들어온 숨이 나가려고 하기 직전, 바로 거기에 지복(至福)이 깃들어 있도다.

호흡이 들어온 뒤, — 이것을 호흡의 하강점이라 한다 — 그리고 돌아나간 직후, — 이것을 상승점이라 한다 — 거기에 지복이 깃들어 있다. 호흡이 들어올 때 주시하라. 그리고 호흡이 나갈 때 주시하라. 찰나와 같은 순간에 호흡의 정지 상태가 있다. 그 점을 찾아내어야 한다. 그대가 그 점을 잡아내어야 한다.

호흡이 들어오기 직전, 그리고 나가기 직전, 거기에 정지되는 순간이 있다. 그대가 그 순간을 잡을 때 깨달음이 가능하다. 그때 그대는 육체와 호흡이 연결되어 있지 않다. 순간적으로 그 연결고리가 끊기는 것이다. 그때는 그대가 이 세상에 존재하지 않는 순간이다. 이 점을 이해하라. 숨이 멈추는 상태는 그대가 살아 있으면서도 죽은 상태다. 하지만 그대는 지금까지 살아오면서 호흡의 정지 순간을 한번도 인식해 본 적이 없다. 그 순간이 너무나 짧기 때문이다.

내쉬는 숨은 죽음이요, 들이쉬는 숨은 탄생이다. 그러므로 그대가 내쉬고 들이쉴 때마다 그대는 죽었다가 다시 사는 것이다. 그 간격은 너무나 짧다. 하지만 그 간격은 반드시 존재한다. 오직 성실하게 주시하는 자만이 그 간격을 발견할 수 있을 것이다. 그때 시바가 말하는 '지복'을 경험할 수 있다. 그때 그대는 내면에서 무슨 일이 일어나는지를 알 수 있다.

그렇다고 해서 호흡법을 수련하지는 말라. 호흡을 조절해서는 결코 그 점을 발견할 수 없다. 지금 일어나고 있는 그 상태를 그대로 두라. 완전한 주시는 완전한 자유 속에서만이 가능하다. 그대가 조금이라도 의도적인 면이 있다면 거기에 왜곡이 일어난다. 그리고 그대는 오해하게 될 것이다.

그대는 호흡의 방편이 왜 이렇게 간단하냐고 물을 수도 있다. 이렇게 간단한 방편을 통해서 무슨 대단한 명상을 하며 진리를 발견할 수 있겠느냐고 물을 수도 있다. 그러나 그것은 사실이다. 진리를 아는 것은 불생과 불멸을 아는 것이다. 그대가 관념적으로 아는 것과 정지의 순간을 잡아내는 것과는 질적으로 틀리다. 그대가 관념적으로 아는 것은 결코 진리를 아는 것이 아니다. 진리를 안다는 말은 진리를 체험한다는 말이다. 말을 통해서, 사념을 통해서 아는 것은 그저 상상일 뿐이다. 거기에는 아무런 확신도 없다.

그러므로 그대는 이 정지 간격을 잡아내기 위해 모든 주의를 다 기울여야 한다. 그리고 다른 노력은 아무것도 할 필요가 없다. 단지 주의를 기울여라. 그러나 어떤 행위도 개입시키지는 말라. 의식의 분명한 각성만을 제외하고는 모든 것이 이미 거기에 갖추어져 있다. 모든 것을 잊어버리고 오직 숨이 들어오고 나오는 것만 살펴라. 그 들락날락하는 통행만을 주시하라. 공기가 그대의 콧구멍에 닿는 감촉을 느껴 보라. 그 숨과 함께 단전으로 내려가라. 완전히 깨어 있는 중에 호흡과 함께 다녀야 할 것이다. 결코 호흡을 놓쳐서는 안된다. 앞서가지도 말고 뒤따라가지도 말라. 오직 호흡 그 자체가 되어 호흡과 동시에 존재하라.

호흡과 의식은 하나가 되어야 한다. 호흡이 들어올 때 그대도 들어오라. 그렇게 할 때만이 그대는 들숨과 날숨 사이에 존재하는 정지 간격을 느낄 수 있다. 그것은 너무나 간단하면서도 결코 쉽지 않은 일이다.

숨과 함께 들어가고 숨과 함께 나와라. 들어가고 나가고, 들어가고 나가고…… 끊임없이 반복되는 것 속에서, 붓다는 특히 이 방편을 사용했다. 그것은 대표적인 불교 명상법의 하나로 알려져 있다. 바로 아나빠나사티(Anapanasati)라는 것이다. 불교에는 대표되는 몇 가지 명상법이 있다. 그중에서도 남방불교, 혹은 소승불교라고 불리는 국가들, 즉 스리랑카, 태국, 버어마 등지의 불교 수행승들은 모두 이 방법을 사용한다. 그들은 이 방편을 포함한 자신들의 수행법을 비파사나(Vipasana) 명상이라고 부른다. 그리고 붓다의 마지막 깨달음에 대한 체험은 바로 이 방편에서 비롯된 것이다.

이 세상의 모든 구도자들은 자기 나름대로의 이런 저런 명상의 방편을 통해 그 목표에 이른다. 그리고 그 모든 방편들은 시바가 말하는 112가지 방편 속에 다 들어 있다. 비그야나 바이라바 탄트라 속에 말이다.

한편 비그야나의 방편 가운데 첫번째가 불교의 명상 방편이다. 그것은 붓다가 이 방편의 수행을 통해 깨달음에 이르렀기 때문이다. 붓다는 이렇게 말했다.

"호흡을 집중하라. 들어오고 나가는 그 호흡을 지켜보라."

그러나 붓다는 한번도 두 호흡 사이의 틈에 대해서는 언급하지 않았다. 사실 그는 그럴 필요가 없었다. 또한 정지 간격에만 집중하다보면 의식의 각성 상태에 혼란이 올 수 있다고 생각했기 때문이다. 그래서 붓다는 이렇게만 말했다.

"호흡을 알라. 호흡이 들어올 때 그대 자신도 함께 들어오라. 호흡이 나갈 때 그대 자신도 호흡과 함께 나가라."

붓다는 결코 이 방편의 뒷부분, 즉 정지 간격에 대해서는 언급하지 않고 있다.

이유는 다음과 같다. 붓다는 보통사람들을 상대로 이야기를 나누었다. 그들에게 이 정지 간격을 말하면 그들의 마음에는 그 정지 간격을 발견하려는 적극적인 욕망이 생긴다. 그리고 그 욕망은 의식의 각성에 장애물이 된다. 정지 간격에 이르려는 욕망의 바람이 불 때 그대는 앞으로 전진한다. 호흡이 들어온다. 그러나 그대는 호흡을 앞질러 간다. 호흡보다는 정지 간격에 더 관심이 많기 때문이다. 그래서 붓다는 아예 그런 정지 간격을 말하지 않았다. 따라서 그대가 관념적으로만 붓다의 호흡법을 알고 있으면 그것은 절반밖에 알 수 없는 것이다.

하지만 그대가 실제로 실행을 해보면 그 절반은 자동적으로 알게 될 것이다. 붓다가 말한 대로 꾸준히 하다보면 어느 날 그대는 자신도 모르는 사이에 그 정지 간격에 이르게 될 것이다. 그대의 각성이 예리하고 깊게 되면 그 각성은 하나로 묶여질 것이다. 이때 불현듯 호흡이 정지된 그 사이를 느끼게 될 것이다.

순간적으로 호흡과 함께 움직일 때 거기에 호흡이 없다면 어떻게 무자각의 상태로 처져 있을 수 있겠는가? 그때 그대는 알 것이다. 호흡이 텅 빈 상태를 깨닫게 될 것이다. 호흡의 핵심이 들어오는 것도, 나가는 것도 아니라는 것을 느낄 때 깨달음의 순간이 온다. 이제 호흡은 완전히 사라졌다. 그 순간을 지복이라 하는 것이다.

이 하나의 방편은 수많은 사람들에게 깨달음을 안겨주었다. 아시아의 전지역이 수천 년 동안 이 방편과 더불어 살아왔다. 티벳, 중국, 일본, 버마, 태국, 스리랑카 등등… 인도를 제외한 아시아 전지역이 이 방편을 수련했다. 그리고 수많은 사람들이 이 방편을 통해서 깨달음에 이르렀다.

그러나 공교롭게도 '비그야나 바이라바 탄트라'의 첫번째 방편이 붓다의 이름을 연상케 했다. 그래서 힌두교도들은 고의적으로 이 방편을 회피해 왔다. 이 방편이 점점 불교의 방편으로 알려졌기 때문이다. 그래서 힌두교는 이 방편을 완전히 잊어버리고 말았다. 또한 힌두교도들이 이 방편을 회피하는 데는 다른 이유도 있다. 그것은 시바에 의해서 서술된 이 '비그야나 바이라바 탄트라'가 불교도들에 의해서 불교의 명상비전(冥想秘傳)으로 알려졌기 때문이다.

하지만 이 방편들은 불교의 것도 힌두교의 것도 아니다. 방편은 단순한 하나의 과학이며 원리일 뿐 그 누구에게도 속한 것이 아니다. 붓다는 이 방편을 사용했고, 붓다 이전부터 이 방편은 사용되었다. 단지 붓다는 이 방편을 통해서 깨달은 자, 즉 붓다(Buddha)가 되었다. 이 방편은 다른 방편에 비해 비교적 단순하고 쉽다.

2

> 숨을 들이쉴 때 아래(下丹田)에서 위(白會)로 반원을 그리며 회전한다. 그리고 내쉴 때 다시 위에서 아래로 반원을 그린다. 이 두 개의 회전점을 통해서 불생불멸의 그 자리를 깨달을지어다.

이 방편은 앞의 방법과 비슷하지만 약간 다르다. 강조하는 부분이 정지 간격이 아니라 두 호흡 사이의 회전점이다. 들어오는 숨과 나가는 숨은 하나의 원을 만든다. 기억하라. 호흡은 절대 평행으로 이동하는 것이 아니라는 점을. 우리는 호흡을 평행선의 반복이라고 생각했다. 하지만 실제로 그것은 원을 그린다. 들어오면서 반을 그리고 나가면서 나머지 반을 그린다.

첫째, 호흡은 원형으로 이동한다는 것을 이해하라. 두 개의 평행선은 결코 만날 수 없는 것이다.

둘째, 들어오는 숨과 나가는 숨은 둘이 아니라 하나이다. 하나의 호흡이 들어오고 나가면서 완전한 원을 그리는 것이다. 들어오는 숨은 내부의 어느 지점을 중심으로 반원으로 돌아서 나가는 숨이 된다. 또 나간 숨이 밖의 어느 지점에서 반원으로 회전하여 들어오는 숨이 된다.

그러면 왜 호흡은 회전하는가? 그것은 자동차 기어의 원리와 같다. 그대가 기어를 바꿀 때마다 중립기어를 통과하지 않을 수 없다. 마찬가지로 호흡 역시 중립기어가 있다. 그것이 바로 호흡의 회전점이다. 이 회전점을 통과하지 않고서는 호흡이 바로 들어가고 나가고 할 수 없다.

이 중립지대에서는 그대가 육체도 아니고 영혼도 아니다. 물질적인 것도 아니고 정신적인 것도 아니다. 물질적인 것은 그대 존재의 기어이며 정신적인 것 역시 또 하나의 기어이다. 하지만 그대가 중립기어일 때 그대는 육체도 아니고 정신도 아니다. 단지 존재 그 자체라는 말밖에 표현할 수 없다. 그리고 그것을 깨달아야 한다. 그대의 중립기어를 말이다. 어떤 말로도 표현할 수 없는 존재 그 자체를 말이다.

이 때문에 호흡의 회전점이 강조되는 것이다. 인간은 하나의 거대한 기계이다. 그것은 거의 완벽한 기계이다. 그리고 그 속에는 수많은 기어 장치들이 있다. 하지만 그대는 자신의 메커니즘을 모르고 있다. 아니 모르는 게 더 좋을지도 모른다. 알고 나면 미칠 것이다. 인간의 이 기계 장치에 대해서 과학자들은 말한다. 인간의 이 기계 장치를 가지고 공장을 세운다면 10평방 킬로미터가 넘는 땅이 필요하며 256평방 킬로미터의 땅이 이 기계의 소음으로 진동하게 될 것이라고 한다.

그대의 몸은 7천만 개의 세포들로 이루어져 있으며 뇌세포의 수만 해도 200만 개가 넘는다. 그럼에도 불구하고 이 엄청난 세포들이 아주 조용하고 부드럽게 움직이고 있다. 순간 순간마다 또한 이 기계 장치들은 가동되고 있다. 이 기계 장치는 완전무결하다. 여기의 이 방편은 그대 마음의 기계 장치와 몸의 기계 장치가 서로 밀접하게 연관되어 있다. 하지만 중요한 것은 그대의 본질은 기계 장치가 아니라는 것이다. 이 점을 명심하라. 그대의 존재는 메커니즘의 일부가 아니다. 그리고 기어를 바꾸는 순간마다 깨달음이 그 속에 숨어 있다.

잠잘 때 그대는 기어를 바꾼다. 낮에는 일하기 위해 다른 기어가 필요했던 것이다. 잠자는 것 역시 또 다른 마음의 기능이다. 일할 때와 잠잘 때 그 사이가 중요하다. 거기에 간격이, 회전점이, 중립기어가 있다. 그리고 아침이 되면 그대는 또 기어를 바꾸게 된다. 하루 중에도 이 기어는 여러 번 바뀐다. 예를 들어 그대가 조용히 앉아 있는데 누군가가 그대를 화나게 한다. 그와 동시에 그대는 또 다른 기어로 바꾼다.

화를 내게 되면 호흡의 리듬이 빨라진다. 호흡은 자극을 받아 떨리고 숨이 막히게 된다. 그대의 몸은 뭔가를 때려부수고 싶어진다. 뭔가가 박살이 나야 비로소 그 답답함이 풀리고 호흡은 다시 안정을 되찾는다. 호흡이 바뀌고 그대의 몸은 전혀 다른 화학작용을 일으켜서 결국에는 그대 자신이 다른 인간으로 변한다.

예를 들어 차가 있다. 차에 엔진을 걸어놓고 기어를 중립 상태에 두면서 계속 가속 페달을 밟고 있으면 어떻게 되겠는가? 결국 차는 떨리면서 과열될 것이다. 그대가 화가 나는 것을 참으려 할 때 과열되는 것도 이런 원리이다. 그대의 기계 장치는 분노로 과열되었는데 그대는 아무런 행동도 하지 않는다. 이 때문에 열이 나게 되는 것이다. 그대의 몸은 기계다. 물론 그대 자신은 '그 이상'이다. 그리고 '그 이상'을 그대는 반드시 발견해야 한다.

그러므로 그대는 기어가 바뀔 때 회전점에서 '그 이상'을 발견하라. 이 회전점은 극히 짧은 순간이기 때문에 매우 세심한 관찰력이 필요하다. 그러나 우리에게는 그런 관찰력이 없다. 그래서 사실 우리는 어떤 것도 관찰할 수 없다. 만약 내가 '이 꽃을 관찰하라. 그대에게 주는 이 꽃을 관찰하라.'라고 말한다면 그대는 이 꽃을 도저히 관찰할 수 없다. 잠시 동안 그 꽃을 볼 수는 있을 것이다. 그리고 나서 꽃에 대해 생각하기 시작할 것이다. 그런 다음 그 아름다움과 연결된 또 다른 생각으로 옮겨다닐 것이다. 이제 꽃은 더 이상 그대의 관찰 대상이 아니다. 그대의 시각은 다른 방향으로 바뀌었다. 그대는 이렇게 말할 것이다.

"이것은 붉다. 이것은 푸르다. 이것은 희다."

그런 다음 그 색깔에 연결된 다른 것을 생각하기 시작할 것이다. 이런 것은 관찰이 아니다. 관찰 속에는 언어가 개입되지 않는다. 언어는 개념을 갖고 있다. 그리고 그것은 감정을 유발한다. 하지만 진정한 관찰은 언어적인 개념도 없고 감정의 어떤 움직임도 없는 상태 속에 홀로 남아 있는 것이다. 그때 꽃은 그대와 하나가 된다. 그래서 꽃은 더 이상 대상이 아니다. 그대와 하나가 되어 있기에 거기에 홀로 남아 있다는 말이 가능한 것이다.

3분 동안만 마음의 어떤 움직임도 없이 완전하게 꽃과 함께 홀로 남아 있을 수 있다면 여기 차원의 변형이 온다. 지복의 순간이 온다.

하지만 지금의 우리는 관찰자가 될 수 없다. 우리의 의식이 각성되지 못했기에 우리는 어떤 것에 대해서도 주의를 기울일 수 없게 되었다. 우리는 그저 여기저기로 원숭이처럼 건너뛰고 있다. 이것은 우리가 물려받은 유산이다. 원숭이로부터 말이다. 우리의 마음은 원숭이처럼 작용한다. 원숭이는 잠시도 가만히 있지 못한다. 여기저기로 뛰어다니고 있다. 그래서 붓다는 '어떤 행위도 하지 말고 그저 앉아만 있으라.'라고 말했다. 그때 원숭이 같은 마음은 더 이상 날뛸 수가 없다.

선가(禪家)에서는 좌선(坐禪)이라는 수행법이 있다. 좌선은 '어떤 행위도 하지 말고 그저 앉아만 있으라.'라는 뜻이다. 전혀 움직이지 말고 돌부처처럼 죽은 듯이 앉아 있으라는 뜻이다. 하지만 언제까지나 이런 식으로 앉아 있을 필요는 없다. 마음의 움직임이 없는 가운데 두 호흡 사이의 회전점을 관찰할 수 있다면 그대는 궁극 속으로 들어갈 것이다. 육체와 마음을 넘어서서 그대 자신 속으로 들어갈 수 있을 것이다.

왜 그토록 이 회전점이 중요한 것인가? 이 회전점은 육체와 마음으로부터 그대를 분리시켜 다른 차원에 이르게 하기 때문이다.

호흡은 그대와 함께 육체 차원으로 들어왔다가 그대와 함께 마음의 차원으로 나간다. 하지만 호흡의 두 회전점에서는 호흡이 그대와 함께하지 않는다. 회전점에 이르는 순간 그대는 호흡과 분리된다. 그 순간에는 호흡이 삶이라면 그대는 죽음이고, 호흡이 육체라면 그대는 비육체이며, 호흡이 마음이라면 그대는 무심이다.

호흡이 멈춰지면 마음의 작용도 따라서 멈춰진다. 왜 그런가? 호흡이 멈춤과 동시에 마음은 호흡에서 분리되기 때문이다. 호흡은 육체와 마음에 연결되어 있다. 따라서 호흡의 정지는 그대 자신으로부터 몸과 마음의 분리를 뜻한다. 기어가 중립 상태에 있음을 뜻한다.

차가 서 있다. 그러나 차의 엔진은 달리고 있다. 그 엔진은 매우 요란하게 돌아간다. 그러나 기어가 들어가지 않았다. 차체와 엔진이 연결되지 않은 것이다. 이때 차는 두 개로 분리된다. 움직이려는 준비가 되어 있지만 엔진과 차체가 분리된 것이다.

호흡이 회전점을 지날 때도 같은 현상이 일어난다. 그대는 호흡과 분리된다. 그 순간 그대는 자신이 누구라는 것을 깨닫기 쉽다. 이 존재가 무엇이며, 삶이 무엇인지를 깨달을 수 있는 것이다. 이 육체 속의 주인은 누구인가? 나는 단지 기계 장치일 뿐인가? 아니면 이 기계 장치를 통제하는 그 무엇인가? 호흡 사이에 있는 회전점에 지복이 깃들어 있다고 시바는 말한다. '이 회전점을 깨달아라. 그리하면 그대의 영혼은 깊은 잠에서 깨어나리라.' 라고 시바는 외치고 있다.

3

들이쉬고 내쉬는 그 찰나의 사이에 호흡은 에너지가 없으면서 또한 에너지로 가득 찬 그대의 중심에 닿는도다.

우리는 중심과 주변으로 나뉘어져 있다. 육체는 주변이다. 우리는 육체를 안다. 우리는 주변을 안다. 그러나 중심은 어디에 있는지 모른다. 내쉬는 숨과 들이쉬는 숨이 한 점에서 만날 때, 그것을 들이쉬는 숨이나 나가는 숨이라고 지적할 수 없을 때, 거기에 침묵의 순간이 있다. 호흡이 나가지도 않고 들어오지도 않는 그 순간이 있는 것이다. 호흡이 나갈 때는 다이나믹하다. 들어올 때 역시 다이나믹하다. 그러나 들어오지도 않고 나가지도 않을 때 거기에 침묵이 흐른다. 그때 그대는 자신의 중심에 이를 수 있다. 들어오는 숨과 나가는 숨의 결합 지점이 그대의 중심이다.

그러면 들어온 숨은 어디로 가는가? 그것은 그대의 중심으로 간다. 그리고 중심에 가 닿는다. 나가는 숨 역시 그대의 중심에서 나간다. 따라서 도교(道教)나 선가(禪家)에서는 이렇게 말한다.

"인간의 중심은 머리에 있지 않고 아랫배(丹田)에 있다."

호흡은 단전으로 내려가서 그대의 중심을 건드린 다음 다시 밖으로 나온다.

다시 말하지만 호흡은 그대의 중심과 몸을 잇는 다리다. 그대는 자신의 몸을 안다. 하지만 중심이 어디인지는 모르고 있다. 호흡은 본래 중심에까지 갔다가 밖으로 나가는 것이 정상이다. 그러나 우리는 충분한 호흡을 하지 못하고 있다. 이런 까닭에 대부분의 경우 호흡은 중심에까지 이르지 못하고 있다. 사람들이 중심을 잡지 못하고 방황하는 것도 이 때문이다. 항상 뭔가 불안하며 허영심에 들떠 있는 것도 바로 이 때문이다.

어린아이가 잠자는 것을 보라. 아이의 호흡을 관찰하라. 숨을 들이쉴 때 배가 나온다. 그리고 호흡이 나가면 배가 들어간다. 호흡하는 데 가슴은 움직이지 않는다. 오직 배만 움직인다. 어린아이는 자신의 중심에 있다. 그들이 그토록 행복해하는 것은, 그들이 그토록 에너지로 가득 차 있는 것은 바로 이 때문이다. 그들은 피곤해하지 않는다. 그들은 언제나 생명력으로 가득 차 있다. 그들에게는 과거도 없고 미래도 없다. 언제나 지금 그리고 여기에 살고 있다.

어린아이가 화를 낼 때는 100퍼센트 화를 낼 수 있다. 이때 아이의 분노는 아름답기까지 하다. 그대가 완전히 분노할 때 그 분노는 아름다움을 갖는다. 전체는 언제나 아름다운 것이다.

하지만 그대는 100퍼센트 분노할 수 없고 따라서 아름다울 수도 없다. 그대는 부분적이며 분열되어 있다. 그리고 그대는 추하다. 부분적인 것은 언제나 추하기 때문이다. 분노 뿐만 아니라 사랑조차 추할 것이다. 사랑 속에서도 그대는 사랑 자체가 되지 못하고 부분으로 남아 있기 때문이다. 그대가 계산하는 한 결코 그대는 전체적으로 되지 못한다. 그대가 사랑을 할 때 거울을 통해 그대의 얼굴을 한번 보라. 헐떡거리는 추한 짐승이 거기에 있다. 왜? 무엇 때문에 사랑 속에서조차 추한가? 그대의 사랑 역시 또 하나의 투쟁이기 때문이다. 서로 뭔가를 얻으려고만 할 뿐 그대 자신을 전체적으로 내맡기지 못하기 때문이다.

어린아이는 분노 속에서조차 전체가 된다. 그의 얼굴은 빛나고 아름답다. 그는 지금 여기에 존재한다. 그의 분노는 과거와 연관되어 있지 않다. 그는 미래를 생각하지 않는다. 그는 계산하지 않는다. 단지 분노할 뿐이다. 그는 그의 중심에 있다. 따라서 그대가 그대의 중심에 있을 때 그대는 전체적으로 될 수 있다. 그대가 무슨 행동을 하건 그것은 전체적인 행동이 될 것이다. 좋은 일이든 나쁜 일이든 거기에 분열이 없다. 그러나 그대가 중심에서 벗어날 때 그대의 모든 행동은 부분이 될 것이다. 그리고 그 부분은 전체를 반대한다. 따라서 그대가 분열될 때 추함이 생겨난다.

한때 우리는 모두 어린아이였다. 그런데 자라면서 어떻게 해서 호흡이 얕아졌는가? 이제 우리의 호흡은 결코 단전에까지 이르지 못한다. 하지만 호흡은 몸 아래로 내려갈수록 깊어진다. 그러나 우리의 호흡은 겨우 가슴에 가 닿고는 밖으로 나가 버린다. 그러므로 결코 저 중심에 이르지 못한다. 그대는 이 중심을 두려워하고 있다. 이 중심에 이르는 순간 그대는 전체가 되기 때문이다. 부분이 되고자 한다면 먼저 그대의 기계 장치가, 호흡이 부분으로 바뀌어야 한다. 중심으로부터 호흡한다면 그대는 그 속에서 전체가 되어 넘칠 것이다. 하지만 그대는 두려워하고 있다. 이 무제한적인 개방을, 타인을 향한 이 무한한 열림을 두려워하고 있다. 그대의 연인을 보고 사랑한다고 말하지만 그대는 두려워하고 있다. 거기에는 믿을 수 없는 타인이 있기 때문이다. 자신을 완전히 열어젖힌다면 무슨 일이 벌어질지 그대도 모른다. 그래서 그대는 두려워한다. 마찬가지로 그대는 깊게 호흡할 수 없다. 호흡이 중심에 닿을 수 있을 만큼 깊이 숨쉬지 못한다. 호흡이 중심에 이르면 그대의 행동은 전체가 되어 더 이상 계산을 하지 않게 되기 때문이다.

그대가 자신의 전체적인 상태를 두려워하는 만큼 그대는 깊게 호흡하지 못한다. 최대한의 호흡이 아니라 최소한의 호흡을 하고 산다. 그대의 삶이 의미가 없는 것처럼 보이는 것도 바로 이 때문이다. 최소한으로 호흡하면서 사는 삶은 더 이상 삶이 아니다. 그것은 그저 목숨만 연명하는 것이다. 최대한으로 호흡할 때 비로소 삶은 활기에 넘친다. 그러나 사회의 관습은 그런 그대를 가만히 두지 못한다. 이 사회 속에서 그렇게 살기란 정말로 어렵다.

삶의 에너지가 넘쳐흐르게 되면 그대는 더 이상 남편으로 아내로 머물 수가 없다.

삶이 흘러 넘칠 때 사랑 역시 흘러 넘칠 것이다. 그때 그대는 모든 차원으로 흐르며 어떤 것 하나에 매일 수가 없다. 이렇게 되면 마음은 위험을 느낀다. 따라서 그대는 활기차게 사는 것을 원치 않게 된다. 그리고 그대가 죽어 있는 정도가 클수록 그대는 안전함을 느낀다. 그대의 생명 에너지가 적으면 적을수록 자신을 통제하기가 쉽다. 그리고 그대가 자신을 통제할 수 있을 때 그대는 자신을 영적 스승이라고 내세운다. 그대의 분노와, 그대의 사랑과, 그대의 모든 감정을 그대가 통제할 수 있다고 느끼지만 그것은 그대가 최소의 에너지로 살아갈 때만이 가능하다.

모든 사람은 이따금씩 갑자기 자신의 에너지가 최소한의 상태에서 최대한의 상태로 바뀌는 것을 느낀다. 산을 오르거나 교외로 빠져나가거나 혹은 감옥에서 나올 때 특히 그렇다. 산봉우리 위에 올라갔을 때 저 끝없는 하늘이며 펼쳐진 푸른 숲과 손으로 잡을 것만 같은 구름을 마주 대할 때 우리는 심호흡을 하게 된다. 그대의 에너지가 최소한의 차원에서 최대한의 차원으로 바뀔 수 있는 것은 산에 올라갔기 때문이 아니라 심호흡을 했기 때문이다. 심호흡을 할 때 그대는 '아, 아' 소리를 내게 되는데 이때 호흡은 그대의 중심에 닿게 된다. 그리고 모든 것이 지복 속에 있는 것처럼 보인다. 그러나 이 지복은 산으로부터 오는 것이 아니라 그대의 중심으로부터 나온 것이다.

사실 복잡한 도시 속에서 그대는 두려웠다. 가는 곳마다 타인이 있기 때문에 그대는 자신을 억눌러야만 했다. 소리도 지를 수 없고 마음껏 춤도 출 수 없었다. 마음껏 목청을 돋구어 노래를 하거나 큰소리로 웃을 수조차 없었다. 왜인가? 두렵기 때문이다.

어디에서 경찰이 나타나 그대를 잡아갈지 모른다. 점잖은 옷을 입은 성직자나 도덕군자가 나타나서 그대를 꾸짖을지 모른다. 온통 그대를 둘러싼 감시의 눈초리 때문에 그대는 잔뜩 웅크리고 있는 것이다.

버트란드 러셀은 그 상황에 대해서 이렇게 말했다.

"나는 문명을 사랑한다. 그러나 우리는 엄청난 대가를 치루고서야 그 문명을 이룩했다."

길거리에서는 춤출 수 없지만 산 위에 올라가서는 마음대로 춤추고 노래할 수 있다. 하늘과 함께 그대는 혼자일 수 있다. 하늘은 그대를 구속하지 않는다. 하늘은 끝없이 열려 있다. 무한하게 펼쳐져 있다. 그대가 한 심호흡은 그대의 중심을 울리고 그와 동시에 지복으로 넘쳐난다. 그러나 이것은 잠시일 뿐 산꼭대기의 지복은 곧 사라지고 만다.

걱정은 어김없이 그대에게 다시 밀려오기 시작한다. 아내나 남편, 자식이나 부모를 생각하기 시작할 것이다. 그대는 산에 오르자마자 내려갈 생각부터 먼저 한다. 그대는 다시 주변으로 되돌아왔다. 조금 전에 했던 심호흡은 그대가 의식적으로 한 것이 아니다. 단지 생리적으로 일어난 현상이다. 상황이 바뀌게 되면 기어가 바뀌기 때문이다. 만약 새로운 상황이 펼쳐진다면 그대는 이전에 하던 식으로 숨쉴 수 없다. 새로운 호흡이 들어오는 순간 그것은 그대의 중심에 가서 닿는다. 그리고 그대는 지복을 느낀다.

시바는 말한다. 그대는 매순간마다 그대의 중심에 닿아야 한다고, 그대의 호흡이 중심에 닿지 않는다면 그대 스스로 그 중심에 닿을 수 있어야 한다고 말이다. 깊게 그리고 고요하게 호흡하라. 그대의 중심에 숨결이 가 닿도록 천천히 그리고 깊게 호흡하라.

가슴으로 하지 말고 아랫배로 하라. 가슴으로 하는 호흡은 속임수이다. 문명, 교육, 도덕 이 모든 것들이 그대로 하여금 가슴으로 호흡하게 만들었다. 따라서 그대는 자신의 중심으로 깊이 들어가는 것이 좋다. 그렇지 않으면 그대는 깊은 호흡을 할 수 없기 때문이다.

인간이 섹스에 대한 억압을 그만두지 않는 한 결코 진정한 호흡을 할 수 없다. 호흡이 아랫배 깊숙이 들어가면 호흡은 성(性) 센터에 에너지를 준다. 그리고 성 센터를 자극시킨다. 이때 성 센터는 생기가 넘쳐나면서 활성화된다. 그런데 문명은 섹스를 두려워한다. 우리는 어린아이들이 성기를 만지는 것을 허락하지 않는다. 아이들이 그것을 만지며 노는 것을 보면 우리는 당장 이렇게 소리지른다.

"안돼! 그만두지 못해!"

어른에게 꾸중을 듣기 전과 듣고 난 뒤에 아이의 호흡을 관찰해 보라. 꾸중을 듣고 난 뒤에는 그의 호흡이 대번에 얕아져 있다. 사실 성기를 만지고 있는 것은 그의 손만이 아니다. 그 자신의 호흡 역시 성기를 건드리고 있는 것이다. 이처럼 호흡이 성기에 가 닿게 되면 만지는 손을 멈춘다는 것은 어려운 일이다. 손이 만짐을 멈추게 되면 호흡도 따라서 성기에 닿지 못하도록 해야 한다. 결국 호흡을 깊게 할 수 없게 되는 것이다.

우리는 성을 두려워한다. 몸의 아래 부분은 신체적으로도 아래 부분일 뿐만 아니라 가치도 낮은 것이 되어 버렸다. 그것은 저질(低質)로 비난받고 있다. 그러므로 호흡이 이 아래 부분에까지 내려가지 못하도록 얕은 호흡을 해야 한다. 하지만 우리에게 진정한 호흡이란 아랫배까지 깊숙이 내려가는 것이다. 그런데 도덕군자들의 주장을 받아들인다면 우리는 모든 기계 장치를 바꿔야 한다. 오직 위쪽, 즉 머리 쪽으로만 호흡해야 하는 것이다. 그러면 전혀 성을 느끼지 않을 것이다.

그대가 성을 느끼지 않는 인간이 되고자 한다면 먼저 호흡의 체계를 바꿔야 한다. 호흡은 머리 속으로, 사하스라라(sahasrara) 챠크라 쪽으로 올라가서는 다시 입으로 돌아와야 한다. 입에서 사하스라라까지가 호흡의 통로가 되어야 한다. 그리고 숨결이 아랫배로 내려가서는 절대 안된다. 아랫배 쪽으로 내려가는 것은 위험하다. 그대의 섹스 에너지가 깨어나게 되기 때문이다. 호흡이 깊게 내려갈수록 그대는 중심을 향해 가게 되며 중심은 성 센터 부근에 위치하고 있기 때문이다. 그리고 성은 곧 삶이기에 그대의 중심은 성 센터와 하나가 되어야 하는 것이다.

따라서 호흡은 위쪽으로부터 아래쪽으로의 삶이며 성은 아래쪽으로부터 위쪽으로 흐르는 삶이다. 섹스 에너지도 흐르고 있고 호흡 에너지도 흐르고 있다. 단지 다른 것이 있다면 호흡 에너지는 상체에서 흐르고 있고 섹스 에너지는 하체 쪽에서 흐른다는 점이다. 이 둘이 만나서 삶이 창조된다. 그러나 성을 두려워한다면 이 둘을 만나지 못하게 하라. 그래서 엄밀한 의미에서 문명인은 거세(去勢)된 인간이다. 우리가 호흡에 대해 전혀 알지 못하는 것도 바로 이 때문이다. 또한 이 명상의 방편들도 이해하기가 어렵다. 왜냐하면 우리는 생명의 에너지로부터 거세된 상태에 있기 때문이다.

시바는 여기에서 '에너지가 없으면서 에너지로 가득 찬'이라는 모순적인 말을 쓰고 있다. 사실 중심에는 에너지가 없다. 그대의 몸과 마음으로는 거기에 어떤 에너지도 공급할 수 없기 때문이다. 그래서 거기에는 에너지가 있을 수 없다. 하지만 동시에 그것은 에너지로 가득 차 있다. 그것은 그대의 몸이나 마음과 연결되어 있는 것이 아니라 에너지의 우주적인 근원에 연결되어 있기 때문이다.

사실 육체 에너지는 연료 에너지의 일종이다. 그것은 휘발유에 지나지 않는다. 음식을 먹게 되면 그것은 체내에서 연소성 에너지로 바뀐다. 그리하여 산소와 결합하면서 에너지를 내뿜는 것이다. 그래서 약 석 달 동안 음식을 공급하지 않으면 육체는 에너지 고갈로 인해 죽는다. 그리고 그 석 달이란 기간은 비상용으로 미리 비축해 둔 에너지가 모두 고갈될 때까지의 기간이다.

그러나 그대의 중심에는 이런 연료용 에너지가 전혀 없다. 이 때문에 시바는 '에너지가 없으면서'라고 말했다. 그것은 음식물의 섭취와는 아무런 연관이 없다. 그것은 우주적인 근원에 연결되어 있다. 그것은 바로 우주적인 에너지이다. 때문에 시바는 '에너지가 없으면서 또한 에너지로 가득 찬 그대의 중심'이라고 말했던 것이다. 들어오는 숨과 나가는 숨이 만나는 그 순간, 바로 그 지점이 그대의 중심이다. 이것을 자각하는 순간 바로 거기에 깨달음이 존재한다. 깨달음이 말이다.

4

숨을 완전히 내쉰 뒤 멈춰지는 순간에,
또는 숨을 완전히 들이쉰 뒤 멈춰지는 순간에,
호흡의 이 우주적인 멈춤 속에서 에고는 사라진다.
그러나 이것은 마음이 순수하지 못한 사람들에게는 힘든 일이로다.

이 방편을 모든 사람에게 권하기는 어렵다. 시바도 '이것은 마음이 순수하지 못한 사람들에게는 힘든 일이다'라고 말했다. 그렇다면 누가 과연 순수하지 못한 사람인가? 그는 바로 그대 자신이다. 그대는 이 방편을 수련할 수 없다. 하지만 때때로 방편의 경지를 느낄 수는 있다. 예를 들어 그대가 차를 운전하다가 교통사고가 나려는 순간 그대의 호흡이 멈춘다. 숨을 내쉰 상태라면 내쉰 상태 그대로 있을 것이며, 숨을 들이킨 상태라면 들이킨 상태 그대로 있을 것이다. 위급할 때에는 호흡이 중지된다. 사념도 중지된다. 모든 것이 중지된다. 모든 것이 사라져 버리는 것이다.

사실 그대의 에고는 일상적인 대용물일 뿐이다. 위급할 때는 이 에고를 전혀 기억할 수 없다. 그대의 명성과 자존심이 순식간에 증발해 버린다. 다른 차가 와서 그대의 차를 받는 순간 그대는 죽음 바로 곁에 있다. 그리고 순수하지 못한 사람들조차 그 순간에는 호흡이 멈춘다. 여기에 우주적인 멈춤이 있다. 그대는 그 상태를 경험하게 된다. 그리고 그대는 중심에 이를 수 있다.

이 방편은 특히 선승(禪僧)들에 의해서 많이 사용되었다. 선승들의 명상 방법이 그토록 괴상하고 낯설어 보이는 것은 그들이 이 방편을 즐겨 사용하기 때문이다. 그들은 우리가 상상조차 할 수 없는 행위들을 한다. 아무 이유도 없이 선사(禪師)는 갑자기 제자의 등을 후려갈긴다.

그대는 선사 앞에 앉아 있다. 이야기가 화기애애하게 풀리고 있다. 그대의 눈에는 모든 것이 잘 돌아가고 있는 것처럼 보인다. 그런데 갑자기 선사는 아무런 이유도 없이 그대의 따귀를 갈긴다. 그대는 경악하게 되고 순간 그대의 호흡이 멈추어 버린다. 만일 맞아야 할 타당한 이유가 있다면 이 멈춤의 상태는 불가능하다. 선사에게 욕을 했다면 맞는 것은 당연한 이치이다. 맞으면서 그대는 이렇게 생각할 것이다. '나는 선사를 욕했다. 그래서 선사는 나를 때리고 있다.' 그대는 이미 맞으리라고 예상하고 있었다.

따라서 거기에는 간격이 없다. 하지만 그대가 욕을 했다고 해서 선사가 그대를 때리지는 않는다. 오히려 배꼽이 빠지도록 웃을 것이다. 그때 역시 그대의 호흡은 멈춘다. 그대는 선사를 비난하고 모독했다. 따라서 틀림없이 선사는 화를 낼 것이라고 생각했다. 하지만 그대의 예상과는 달리 선사는 웃기 시작한다. 웃을 뿐만 아니라 덩실덩실 춤까지 춘다. 이 해괴망측한 상황에서 그대는 돌연 호흡의 멈춤 상태가 일어난다. 그대는 선사의 이런 행위를 도저히 이해할 수 없을 것이다. 이해할 수 없을 때 그대의 마음은 멈춘다. 마음이 멈출 때 호흡도 멈춘다. 그리고 호흡이 멈추면 마음도 멈춘다.

그대는 평소에 선사를 존경해 왔다. 그대의 마음은 스승에 대한 고마움으로 가득 차 있다. 그래서 그대는 이렇게 생각한다. '지금은 스승에게 나의 마음을 표시할 때다. 나는 절을 할 것이다.' 그대가 절을 하려고 허리를 굽히는 순간 스승은 주장자로 인정사정없이 그대를 후려칠 것이다. 선사들은 원래 인정사정없는 사람들이다. 그대는 도저히 그런 스승의 행동을 이해할 수 없다. 도대체 왜 때리는가? 이때 그대의 마음은 정지된다. 이것이 우주적인 멈춤의 상태이다. 만일 그대가 이 방편을 충분히 이용한다면 그대는 자신의 본래 면목을 깨달을 수 있다.

스승으로부터 갑자기 얻어맞아서 깨달음을 얻은 많은 사례들이 있다. 사실 그대의 이성으로는 그것을 이해할 수 없다. 이게 무슨 해괴망측한 짓인가? 어떻게 두들겨 맞아서 깨달을 수 있단 말인가? 누가 그대를 죽일지라도 그대는 결코 깨달음에 이를 수 없다. 하지만 이 방편을 이해한다면 선사들이 왜 갑자기 제자를 후려치는지 이해할 수 있을 것이다.

결혼 행렬이 시가지로 들어왔다. 사람들은 시바의 결혼 행렬을 보려고 달려갔다. 결혼 행렬에 참가한 사람들은 모두 마리화나에 취해 있었다. 사실 마리화나와 L.S.D.의 복용은 시바의 결혼 행렬에서부터 비롯되었다. 시바는 알고 있었다. 그의 제자들도 역시 알고 있었다. '소마 라사(Soma Rasa)'라 불리는 이 마리화나의 무한한 황홀경을 말이다. 알더스 헉슬리(Aldous Huxley)가 그의 저서 '신나는 신세계'에서 이 마리화나를 '소마(Soma)'라고 부른 것은 시바에게 배운 것이다. 시바의 일행은 제멋대로 춤추고 노래부르고 소리를 질러 댔다. 그리하여 시가지 전체는 그들 눈앞에서 사라지고 오직 우주적인 이 호흡의 멈춤 상태만이 나타났다.

예측할 수 없고 이해할 수 없는 어떤 사건이 마음의 상태가 순수하지 못한 사람들에게 호흡의 멈춤 상태를 줄 수 있다. 그러나 순수한 사람들에게는 그런 갑작스런 사건이 필요치 않다. 순수한 사람들은 언제나 쉽게 그 상태 속으로 들어갈 수 있다. 이들은 헛된 욕망이나 환상을 꿈꾸지 않기에 그저 고요히 앉아 있을 수 있다. 그때 호흡은 문득 멈출 것이다.

이 점을 명심하라. 호흡이 움직여야 마음도 움직인다는 것을. 마음이 빨리 움직일 때, 다시 말해서 여러 가지 생각이 빨리 일어나고 사라질 때, 그때 호흡 역시 빨라진다. 고대 인도의 의학서인 아유르베다(Ayurveda)는 이렇게 말하고 있다.

"성행위를 너무 자주 하면 생명이 단축된다."

이 말은 성행위를 할 때 사람들은 흥분하게 되고 그 흥분이 호흡을 빨라지게 해서 삶이 단축된다는 뜻이다. 고대 인도에서는 사람이 태어날 때 이미 호흡의 개수를 갖고 나온다고 믿었다. 그러나 현대의학은 이렇게 말한다.

"성행위는 혈액순환을 촉진시키고 긴장을 풀어준다. 따라서 성을 억누르게 되면 심장 장애가 일어난다."

이 주장도 옳다. 동시에 아유르베다의 주장도 옳다. 이 둘의 주장이 상반되는 것처럼 보이지만 말이다. 사실 아유르베다는 5천 년 전에 만들어졌다. 그 당시에는 모든 사람들이 심한 육체 노동을 하고 있었다. 삶 그 자체가 노동이었던 것이다. 따라서 일부러 긴장을 풀 필요가 없었다. 혈액순환을 원활하게 하기 위해 따로 인위적인 방법을 만들어 낼 필요가 없었던 것이다.

그러나 현대인은 노동을 잃어버렸다. 그래서 오직 섹스만이 그와 같은 노동의 효과를 대체할 수 있게 되었다. 이 때문에 현대의학의 주장이 현대인들에게는 맞는 말이다. 일부를 제외한 대부분의 현대인들이 문명의 이기 덕분에 신체적 노동을 거의 하지 않는다. 그래서 섹스를 통해서 신체적 노동의 부족을 메울 수 있게 된 것이다. 섹스를 통해서 심장은 더욱 빠르게 뛸 것이며 혈액순환도 더욱 빨라질 것이다. 그리고 호흡은 중심에까지 깊이 내려갈 것이다. 이 때문에 섹스를 하고 난 뒤에는 이완을 느끼게 되며 깊은 잠에 빠지게 되는 것이다. '섹스는 가장 좋은 진정제'라고 한 프로이드의 말은 현대인에게 가장 맞는 말이다.

섹스 속에서 그대의 호흡은 빨라진다. 분노 속에서도 역시 빨라진다. 그러나 마음의 상태가 순수할 때, 욕망도 바람도 동기도 없을 때 더 이상 그대는 헤매고 다닐 필요가 없다. 그대는 '지금 여기에' 머물 것이다. 마치 잔물결 하나 일지 않는 연못처럼 말이다. 바로 이때 호흡은 자동적으로 멈춘다. 그때 에고는 사라진다. 그대는 우주 전체와 하나가 된다. 우주가 그대 자신이 될 것이다.

〈질문〉

"호흡의 과정 중에 멈춤이 일어나는 그 특별한 지점을 단지 인식한다고 해서 사람이 깨달음을 얻을 수 있습니까? 어떻게 그것이 가능합니까? 단지 짧은 순간에 그 간격을 인식하는 것만으로 과연 의식 전체에 각성이 일어날 수 있는 것입니까?"

이 질문은 의미심장하다. 그리고 많은 사람들의 마음속에 공통적으로 일어나는 의문이다. 그래서 많은 것들이 이해되어야 한다. 첫째로 사람들은 영적인 성취는 상당히 어려운 것으로 생각하고 있다. 그러나 그렇지 않다. 어렵지도 않고 또 그대가 새롭게 성취하는 것도 아니다. 그대가 누구이든지 이미 그대는 영적인 것을 지니고 있으며 그대의 존재에 덧붙여야 할 것은 아무것도 없다. 그리고 아무것도 그대의 존재에서 가려내어야 할 것이 없다. 그대는 더 이상 손댈 곳이 없을 만큼 완벽하다. 미래의 언젠가에 완벽해진다는 말도 아니다. 그대 자신이 되기 위해서 어려운 일들을 통과해야 할 그 무엇이 있다는 것도 아니다. 어떤 다른 곳으로 갈 필요도 없다. 이미 그대는 거기에 있다. 성취해야 할 것은 이미 거기에 갖추어져 있다. 이 점을 그대는 깊이 생각해야 한다. 그때 그대는 왜 그토록 간단한 방편들이 그대를 도울 수 있는지를 이해하게 될 것이다.

만약 영적인 것이 어떤 성취라면 그때는 일이 어렵게 될 것이다. 어려울 뿐만 아니라 불가능하다. 만약 그대가 영성을 갖추고 있지 않다면 그대는 절대 영적으로 될 수 없다. 영성을 갖고 있지 않은 사람이 어떻게 영적인 존재가 될 수 있겠는가? 만약 본래부터 그대에게 신성이 없다면 그때는 가능성이 없다. 다른 방법도 없다. 그대가 아무리 애를 쓰고 노력하더라도 헛수고이다. 신성이 없는 사람은 신성을 만들어내지 못한다. 그것은 불가능하다.

그대가 성취하고자 원하던 것이 바로 지금까지 존재했던 그대 자신이다. 그대는 이미 거기에 있다. 갈망의 끝이 이미 그대의 존재 속에 현존하고 있다. 지금 여기에, 이 순간에 신성으로 알려진 것이 바로 그대이다. 궁극적인 존재가 여기에 있는 것이다. 그토록 간단한 방편이 도움이 될 수 있는 것은 그것이 성취가 아니라 하나의 발견이기 때문이다. 그것은 아주 아주 작은 것 속에 숨어 있는 것이다.

인격이라고 하는 것은 옷과 같다. 그대의 육체는 여기에 있으며 또한 옷 속에 숨겨져 있다. 같은 방식으로 그대의 영성도 여기에 있다. 그리고 그대의 어떤 옷 속에 숨어 있다. 이 옷이 바로 그대의 인격이란 것이다. 그대는 지금 당장 여기에서 벌거벗을 수 있다. 그대의 영성에 있어서도 마찬가지다. 그러나 그대는 옷이 무엇인지 알지 못한다. 어떻게 그 옷 속에 그대가 숨는지도 그대는 모른다. 따라서 어떻게 옷을 벗는지도 모른다. 그대는 오랜 세월을, 아니 수많은 생을 옷을 벗지 않고 살아왔다. 그리고는 그 옷이 자신이라고 생각한다. 그리하여 그대 자신을 잃어버렸다. 이 옷들이 그대가 되었고 이것이 자신을 발견하는 데 유일한 장벽이 된다.

예를 들면 그대가 어떤 보물을 갖고 있다고 하자. 하지만 그대는 그 사실을 잊어버렸다. 혹은 그것이 보물이라는 사실을 인식하지 못한다. 그래서 그대는 계속 거리에 나가 구걸을 하고 있다. 그대는 이제 한 사람의 걸인이다. 만약 어떤 사람이 '가서 당신의 집 안을 뒤져 보시오. 거지처럼 살 필요가 없을 거요. 당신은 그 순간 황제가 될 수도 있소.'라고 말했다고 치자. 그러면 거지는 이렇게 말할 것이다.

"무슨 당치도 않은 말을 하시오? 내가 어떻게 순식간에 황제가 된단 말이오? 나는 수많은 생을 거지로 구걸해 왔소. 나는 황제가 될 수 없소. 그러니 당신의 말은 정말로 우습기 짝이 없소."

그것은 불가능하다. 거지는 그것을 믿을 수 없다. 왜인가? 거지의 마음은 오래된 습관이기 때문이다. 보물이 집 안에 파묻혀 있다면 단지 파내기만 하면 된다. 그러면 즉시로 그는 거부가 될 수 있다.

영적인 일도 마찬가지이다. 그것은 감추어진 보물이다. 미래 어디에선가 성취되는 성질의 것이 아니다. 그대는 단지 그것을 깨닫지 못하고 있을 뿐이다. 하지만 그것은 이미 그대 속에 들어 있다. 그대가 바로 보물이다. 그러나 그대는 계속 구걸행위를 한다.

그래서 간단한 방편으로도 그대는 도움을 받을 수 있다. 땅을 파 보아라. 조금만 수고를 하면 그대는 금방 황제가 될 수 있다. 그대는 보물을 덮고 있는 약간의 흙만을 걷어 내면 된다. 내가 이 말을 할 때 그것은 상징적인 뜻이 담겨 있다. 내가 흙이라고 하는 것은 그대의 옷을 말한다. 그대가 약간만이라도 옷을 벗을 수 있다면, 그대가 지금까지 자신이라고 생각해 왔던 겉치레를 벗을 수 있다면 그대는 보물을 알게 될 것이다.

이 질문은 앞으로도 계속 사람들의 마음속에 일어날 것이다. '호흡을 인식한다는 이토록 간단하고 보잘것없는 방편을 통해서 어떻게 깨달음을 얻을 수 있단 말인가?'라고 말이다. 그러나 그것은 간단하다. 그대와 붓다 사이에는 한 가지 차이점밖에 없다. 그대는 들숨과 날숨 사이에 간격이 있음을 발견하지 못했고 붓다는 발견했다. 오직 이 차이뿐이다. 비논리적으로 보이는가? 붓다와 그대 사이에는 엄청난 간격이 있다. 그 간격은 무한하게 보인다. 도저히 그대는 붓다를 따라잡을 수 없는 것 같다. 그것은 거지와 황제의 간격보다 더 크다. 그러나 거지는 즉시 황제가 될 수 있다. 보물이 이미 거기에 묻혀 있다면 말이다.

붓다도 그대와 똑같은 거지였다. 그는 본래부터 붓다가 아니었다. 그런데 어느 시점에 가서 그는 갑자기 마스터가 되었다. 그것은 점진적인 과정이 아니었다. 붓다는 축적되어서 이루어지는 것이 아니다. 구걸한 것을 모아서 황제가 될 수 있는 것이 아니다. 사실 그는 부유한 거지였다. 그러나 거지임에는 마찬가지다. 사실 부유한 거지가 가난한 거지보다 더 큰 거지이다.

붓다는 어느 날 갑자기 자신 속에 감추어진 보물을 깨달았다. 그때 그는 더 이상 거지가 아니었다. 그는 마스터가 된 것이다. 고타마 싯다르타와 고타마 붓다와는 하늘과 땅 차이이다. 그대와 붓다 사이도 역시 마찬가지다. 하지만 그대 내면에 숨겨진 보물을 찾으면 그대 역시도 붓다와 똑같다.

아주 작은 방편 하나가 도움이 될 수 있다. 예를 들면, 태어날 때부터 장님이었던 사람이 있다. 장님에게는 이 세상이 우리의 세상과는 완전히 다르다. 그러나 수술이라는 간단한 절차를 통해서 그의 세계가 완전히 달라질 수 있다. 이전에 없었던 눈이 생겨났기 때문이다. 마찬가지로 그대가 내면을 볼 수 있는 눈이 생기면 그대는 완전히 달라지게 될 것이다. 마치 장님이 눈을 뜨는 것처럼 말이다.

우리는 이미 우리가 되어야 할 그 무엇이 되어 있다. 그리고 우리는 그렇게 될 수밖에 없다. 미래는 벌써 현재 속에 감추어져 있는 것이다. 모든 가능성이 여기 씨앗 속에 들어 있다. 단지 문만 열리면 된다. 간단한 외과수술만이 필요한 것이다. 만약 그대가 이것을 이해할 수 있다면 영적인 것은 벌써 거기에 있다. '그토록 간단한 방편이 도움이 될까'라고 의심하는 것은 문제가 되지 않는다.

사실 굉장한 노력이 필요한 것은 아니다. 단지 작은 노력만이 필요할 뿐이다. 오히려 아무런 노력 없이 이룰 수 있다면 그것이 더욱 좋다. 사실 그대가 하려고 시도하면 할수록 성취하기가 더 어렵다. 그대의 노력과, 긴장과, 기대심과 갈망 이 모두가 장벽으로 작용하기 때문이다. 그러나 매우 적은 노력으로, 소위 '노력 없는 노력으로' 할 때 그것은 쉽게 일어난다. 그리고 선(禪)에서는 그것을 '함이 없는 함(無爲)'이라고 부른다. 그것은 쉽게 일어난다. 그대가 그것을 이루려고 애가 달아오를수록 그것은 더 가능성이 적어진다. 바늘이 필요한 곳에 장검을 갖고 덤비기 때문이다. 그때 장검은 아무런 소용이 없다.

도살장에 가보라. 거기에서는 커다란 도구들이 사용된다. 그러나 신경외과에 가보라. 도살장에서 보던 거대한 도구들은 볼 수 없을 것이다. 만약 그대가 신경외과에서 그런 거대한 도구들을 보게 되면 당장 달아나고 말 것이다. 신경외과의는 도살꾼이 아니다. 그는 매우 섬세한 도구들만 사용한다. 작을수록 더 좋은 것이다.

영적인 방편 역시 섬세하다. 그것들은 무식하게 거대하지 않다. 그것들은 뇌수술보다 더 섬세하다. 그대는 영적인 차원에서 수술을 해야 하기 때문이다. 그러니 그 방편들은 너무나 섬세하고 예민한 것일 수밖에 없다.

그렇다면 이런 질문이 나올 수 있다.

"어떤 것이 매우 작다면 어떻게 그 작은 것을 통해 큰 것이 나올 수 있는가?"

작은 것에서 큰 것이 나올 수 있다는 생각은 일견 모순처럼, 혹은 비과학적인 것처럼 보일지 모른다. 그러나 이제 과학은 작은 것, 미세한 것에 대해서 알고 있다. 그리고 작을수록 그것은 훨씬 귀중한 것이 되었다. 그대는 2차대전 때 일본에 떨어진 두 개의 원자폭탄을 기억하는가? 그 폭탄이 터지는 순간 20만 명의 사람들이 동시에 사라졌다. 그대는 원자를 볼 수 없다. 눈으로 볼 수 없을 만큼 작은 것이 원자다. 그것은 지금 어떤 기계를 동원해도 볼 수 없다. 그러나 우리는 그 효과를 볼 수 있다. 엄청난 효과를 말이다.

그러므로 히말라야가 커다란 덩치를 갖고 있다고 해서 거대한 것이라고 생각하지 말라. 그것은 원자폭탄이 나오기 전에나 큰 것이었다. 하지만 이제는 작은 원자 하나만으로도 삽시간에 히말라야를 없애 버릴 수 있다. 물체가 크다고 해서 큰 힘을 갖고 있는 것이 아니다. 오히려 적은 것일수록 훨씬 무서운 힘이 숨어 있다.

이 작은 방편들은 원자력과 같다. 겉모습만 크게 보이는 것에 관심이 있는 사람들은 원자과학을 알지 못한다. 그리고 원자처럼 작은 알갱이에 매달려 일하는 사람들은 하찮은 일을 한다고 생각할지 모른다. 하지만 아인슈타인을 보라. 아인슈타인 같은 사람들이 없었다면 아마도 지금과는 완전히 다른 역사가 전개되었을 것이다.

도덕 군자들은 항상 큰 것만 생각한다. 그리고 커 보이는 것에만 관심을 가진다. 그들은 자신들의 전생애를 큰 것에만 투자한다.

그러나 탄트라는 큰 것에 관심이 없다. 탄트라는 인간에게 있어서 원자의 비밀 같은 것에만 관심이 있다. 인간의 마음, 인간의 의식에 관심이 있다. 그리고 탄트라는 원자의 비밀을 알고 있다. 그대가 이 비밀을 알게 되면 그 결과는 폭발로 나타날 것이다. 우주적인 폭발로 말이다.

또 하나 짚고 넘어가야 할 것이 있다. 만약 그대가 '어떻게 이 작고 간단한 것을 통해서 깨달음에 이를 수 있는가?'라고 묻는다면 그대는 이 방편을 전혀 실행해 보지도 않았다는 것을 의미한다. 만약 그대가 그것을 실행했다면 그때 그대는 그것을 간단하거나 작다고 말할 수 없다. 단지 그 방편에 대한 서술이 두세 문장으로 끝나기 때문에 그렇게 보일 뿐이다.

그대는 원자핵의 공식을 본 적이 있는가? 두세 개의 문자로 전 공식이 끝난다. 그 공식을 이해하는 사람은 많은 설명이 필요 없다. 단지 꼭 필요한 문자 몇 개만 있으면 충분하다. 그리고 그대는 그 공식만을 보고 대단치 않은 것이라고 생각하기 쉽다. 하지만 그렇지 않다. 그것은 엄청난 잠재력을 갖고 있는 공식이다.

호흡에 있어서도 마찬가지다. 그대는 수많은 호흡을 들이쉬었지만 한번도 그것을 제대로 느껴보지 못했다. 아마 그대는 이 말에 즉시 반대할 것이다. 그대는 이렇게 말할 것이다.

"그것은 옳지 않다. 우리가 계속 의식적일 수는 없다. 하지만 우리는 호흡을 느낀다."

그러나 아니다. 그대는 호흡을 느끼지 못한다. 단지 공기의 흐름을 느낄 뿐이다.

바다를 보라. 거기에 파도가 있다. 그대는 파도를 볼 수 있다. 그러나 그 파도들은 바람에 의해 생겨난다. 그대는 바람을 볼 수 없다. 그대는 단지 물 위에 생겨나는 바람의 효과만 볼 것이다. 그대는 콧구멍을 스치는 공기의 흐름만을 느낄 뿐이다. 그것은 호흡 자체를 느끼는 것이 아니다.

그것은 시바가 '깨어 있어라'라고 한 말의 의미가 아니다. 먼저 그대는 공기의 흐름을 인식하게 될 것이다. 그대가 그 흐름을 완전히 인식하게 될 때 호흡 그 자체를 느낄 수 있다. 그리고 그때 드디어 그대는 호흡의 정지 순간을 잡아낼 수 있다. 그것은 보기보다 수월하지 않다. 그것은 결코 간단하지 않다.

탄트라에서는 각성의 여러 단계가 있다. 만약 내가 그대를 껴안는다면 그대는 나의 사랑이 아니라 나의 몸에 대한 촉감부터 먼저 느낄 것이다. 사랑은 느끼기가 쉽지 않다. 그것은 섬세한 것이기 때문이다. 대개 사람들은 그 육체를 먼저 느낀다. 만일 내가 그대에게 키스를 한다면 그대는 내 사랑을 느끼는 것이 아니라 나의 입술을 먼저 느낄 것이다. 그리고 입술만을 느낀다면 그 키스는 죽은 것이다. 그것은 아무런 의미가 없다. 만약 그대가 나의 사랑을 느낀다면 그때 비로소 그대는 나를 느낄 수 있다. 그리고 이미 그대는 깊숙이 들어가 있다.

호흡도 마찬가지다. 그대는 호흡이 아니라 호흡의 촉감만을 느낀다. 그리고 잘못하면 촉감마저도 못 느낄 수 있다. 사실 대부분의 사람들이 호흡의 촉감도 못 느낀다. 그대가 쉽게 그 촉감을 느낄 수 있기만 해도 그대의 마음은 안정되어 있는 것이다. 만약 몸에 고장이 있다면 그때는 금방 느낄 것이다. 호흡하기가 어렵기 때문이다. 그렇지 않다면 그대는 평상시에 호흡을 느낄 수가 없다. 그러므로 먼저 공기의 흐름에서 생기는 촉감부터 느껴라. 그대의 감각은 점점 예민해지고 관찰력 또한 섬세해질 것이다. 촉감이 아니라 호흡 자체를 느끼는 데는 몇 년이 걸릴 수도 있다. 그만큼 그것은 미묘한 것이다. 그때 탄트라는 이렇게 말할 것이다.

"그대는 프라나(prana: 生氣)를 알았다."

그때 비로소 호흡이 멈추는 순간이 나타나며, 호흡 사이에 간격이 드러나게 될 것이다. 호흡의 회전점이 보일 것이다. 그렇게 되기까지는 쉬운 일이 아니다. 그대의 감각이 무디다면 그때까지 오랜 세월이 걸릴 수도 있다.

만약 그대가 어떤 것을 한다면, 그대가 이 중심 속으로 들어간다면, 오직 그때만이 그대는 그것이 얼마나 어려운지 알게 될 것이다. 붓다는 호흡을 초월한 이 중심에 이르는 데 6년이 걸렸다. 6년이라는 험난한 여정 끝에 드디어 그 일이 일어났다. 마하비라 역시 쉽지 않았다. 그는 붓다의 두 배에 해당하는 12년이 걸렸다. 그러나 공식은 간단하다. 이론적으로는 어려울 것이 하나도 없다. 사실 모든 것이 다 그러하다. 이론상으로는 장애물이 하나도 없다. 그런데 왜 지금 당장 그것이 일어나지 않는가? 그것은 바로 그대 때문이다. 그대 자신이 바로 장애물이기 때문이다. 그대만 사라진다면 이것은 순식간에 일어날 수 있다. 보물은 바로 거기에 있다. 그리고 방법 역시 알고 있다. 그대는 그것을 파내기만 하면 된다. 하지만 그대는 결코 그것을 파내려고 하지 않는다.

그대의 마음은 보물을 파내려고 하지 않는 것을 변명하기 위해 이렇게 말할 것이다.

"그렇게 간단한 것이 있을라고? 웃기지 마라. 어떻게 그리 쉽게 일어날 수 있겠는가?"

그렇게 해서야 그대가 어떻게 한 사람의 붓다가 될 수 있겠는가? 그대는 그것을 쉽다고만 말할 뿐 그것을 실행하려고 들지 않는다. 원래 속임수로 가득 차 있는 것이 마음이다. 만약 내가 이 방편이 매우 어렵다고 말한다면 마음은 또 너무 어렵다고 불평할 것이다. 쉽다고 말할 때는 바보들만 한다고 말하고, 어렵다고 말하면 어려워서 불가능하다고 한다. 이처럼 마음은 끝없이 변명만 갖다 댄다. 그리고 실행에는 결코 옮기지 않는다.

이론상으로는 '지금 여기에' 존재하는 것이 가능하다. 거기에는 아무런 실제적인 장애물이 없다. 그러나 사실 장애물들은 있다. 그것들은 실제적인 것이 아닐 수 있다. 하지만 그것들은 반드시 있다. 그것들은 심리적인 것이며 그대의 환상일 수도 있다. 하지만 거기에 그대의 공포가 존재한다. 그대에게는 밧줄이 뱀처럼 보일 수도 있는 것이다.

그래서 내가 무슨 말을 하든지 그것은 아무런 도움이 되지 않는다. 그대는 떨고 있으며 달아나서 숨고 싶다. 그러나 나는 그것이 단순한 밧줄이라고 말한다. 하지만 그대의 마음은 이렇게 말할 것이다.

"이 사람은 뱀을 비유해서 그렇게 말할지도 모른다. 뭔가가 잘못된 것이 틀림없다. 이 사람은 내가 뱀을 향해 가도록 유혹하고 있다."

이론상으로는 밧줄을 그저 밧줄로 즉시 바라볼 수 있다고 내가 말하고 있는 것이다. 하지만 그대의 마음은 많은 문제를 일으킬 것이다.

실제로 거기에는 어떤 함정도 없다. 아무런 문제도 없다. 있을 수도 없고 있어서도 안된다. 마음에 문제가 있는 것은 그대가 마음을 통해서 실체를 보기 때문이다. 그대의 마음은 하나의 감옥 같은 기능을 한다. 그것은 쉴새없이 문제를 만들어낸다. 그러나 자체에는 절대적으로 문제가 없다. 하지만 그대는 문제 없이 사물을 볼 줄 모른다. 그대가 무엇을 보든지 거기에 문제가 만들어진다. 보는 것 자체가 문제인 것이다.

처음에 증기기관이 발명되었을 때 아무도 그것을 믿지 않았다.

그것은 그대가 매일 볼 수 있는 주전자나 냄비에서 나오는 증기와 똑같은 것이다. 그 증기의 힘으로 거대한 기차가 수백 명을 태우고 달린다고 한다면 그대는 믿을 수 있겠는가? 이것은 믿을 수가 없다. 처음으로 영국에서 기차가 발명되었을 때 아무도 그 기차를 타려고 하지 않았다. 마치 그것은 거대한 괴물처럼 보였기 때문이다. 그래서 초기에는 사람들이 기차를 타주는 대가로 돈을 받았다. 돈을 내고 기차를 타는 것이 아니라 돈을 받고서 타는 지경이었다. 왜냐하면 그 기차를 악마라고 생각했고, 악마는 언제나 움직이면서 여기저기를 달린다고 생각했기 때문이다. 그것이 일단 달리기 시작하면 결코 멈추지 않을 것이라고 생각했다.

물론 이론상으로 기차는 얼마든지 멈출 수 있다. 그러나 그런 경험은 아직 없었다. 기차가 처음으로 이 세상에 나타났기 때문이다. 사람들은 이론에는 아무런 관심이 없었다. 그들은 오직 실제 경험만이 중요한 것이었다. 그들은 한결같이 이렇게 말했다.

"만약 그것이 멈추지 않는다면 어떻게 하겠는가? 그러니 누가 그것을 타겠는가?"

그래서 결국 열두 명의 죄수들이 강제로 기차에 태워지게 되었다. 그들은 사형수들이었기에 어차피 죽을 운명이었다. 기차가 멈추지 않는다고 해도 별로 문제는 없었다. 그러나 그 미친 기관사, 기차를 발명하고 열두 명의 사형수들을 그것에 태운 그 미친 과학자는 기차가 멈추리라고 생각했다. 그는 그 당시 사람들에게 미친 사람으로 취급받았던 것이다.

당시에 사람들은 '증기처럼 간단한 것'이라는 유행어를 썼었다. 그들의 눈에는 정말로 불가사의한 것이었기 때문이다. 그러나 이제 아무도 그런 말을 쓰지 않는다. 사람들은 그것의 비밀을 모두 알았기 때문이다. 그대가 한번 그것을 알면 그것은 매우 간단하다. 그러나 알 때까지의 과정은 힘든 것이다. 그것은 실체 때문이 아니라 그대의 마음 때문이다. 이 방편들은 간단하다. 그러나 그대에게는 간단하지가 않다. 그대의 마음이 어려움을 만들어내기 때문이다.

오늘은 이만!

다섯 개의 신비

도약하라! 비상하라!
그대 자신을 변형시켜라
그대가 무엇이든지간에
그것으로부터 자신을 초월시켜라。

다섯 개의 신비

5

미간(眉間)에 집중하고 마음을 사념이 일어나기
전의 상태에 머물게 하라.
정수리까지 호흡의 정수(精髓: prana)로 가득 차게 하라.
그리고 정수리에서 빛이 쏟아지듯
호흡의 정수가 쏟아지고 있음을 느껴라.

6

일상적인 활동 속에서도 들숨과 날숨 사이에 항상 유념하라.
이 수련을 계속하면 머지않아 그대는 다시 태어나리라.

7

만져지지 않는 호흡의 정수는 미간에 있다가
그대가 잠드는 순간 가슴으로 내려온다.
그리고 꿈의 세계를 넘고 죽음의 세계까지 넘어간다.

8

지극한 경배와 헌신으로 호흡의 두 교차점에 집중하라.
그리고 '아는 자'를 알아라.

9

죽은 듯이 누워 있으라.
화가 날 때 그 분노 속에 그대로 머물러 있으라.
속눈썹 하나 움직이지 말고 응시하라.
빨고 싶으면 빨아라.
그러나 '빠는 자'로 남지 말고 '빠는 그 자체'가 되라.

그리스의 위대한 철학자 피타고라스(Pythagoras)는 동양의 신비를 공부하기 위해 이집트에 있는 한 신비주의 명상학교를 찾아갔다. 그리고는 입학원서를 냈다. 하지만 그는 학교측으로부터 거절당했다. 그는 이해할 수가 없었다. 그는 어디를 가나 가장 훌륭한 학생이었다. 그래서 그는 계속 입학원서를 냈다. 그러자 학교측에서는 단식과 호흡의 특별 수련을 거치지 않으면 입학을 허락할 수 없다고 말했다.

피타고라스는 학교측에 이렇게 말했다.

"나는 지식을 배우려고 여기에 왔지 수련을 하기 위해 온 것이 아닙니다."

그러자 학교측은 이렇게 대답했다.

"우리는 당신의 존재가 다른 차원으로 변형되지 않는다면 당신에게 지식을 전해줄 수 없다. 그리고 우리는 지식 같은 것에는 전혀 흥미가 없다. 우리는 구체적인 경험에만 흥미가 있다. 삶을 통해서 경험되어지지 않는 지식은 더 이상 지식이 아니다. 그러므로 피타고라스여! 당신은 40일 동안 단식을 하면서 호흡법을 수련하라. 의식이 각성된 상태에서 호흡의 어떤 지점을 계속 집중하라."

다른 방법이 없었다. 하는 수 없이 피타고라스는 이 수련을 거치기로 했다. 40일 동안의 단식과 호흡 수련을 거친 뒤에 그는 드디어 입학을 허락받았다. 그때 피타고라스는 이렇게 말했다고 한다.

"당신들은 피타고라스를 받아들이지 않았다. 나는 이제 더 이상 피타고라스가 아니다. 나는 다시 태어났다. 그때 당신들이 옳았다. 그때 나는 잘못되어 있었다. 오직 지적인 것에만 관심이 있었다. 그러나 40일의 이 정화(淨化)를 통해서 내 존재의 차원은 완전히 변형되었다. 나의 관점은 머리에서 가슴으로 내려오게 되었다. 이제 나는 느낄 수 있게 되었다. 이 수련을 거치기 전에는 오직 지적인 것만 이해할 수 있었다. 하지만 나는 이제 이해할 수 있는 것이 아니라 느낄 수 있다. 이제 진리는 개념이 아니라 삶, 그 자체가 되었다. 진리는 결코 철학이 아니라 경험이다. 그것은 구체적이고 실재적인 존재의 경험이다."

피타고라스는 과연 어떤 수련을 거친 것일까? 피타고라스가 거친 수련이 바로 여기에 나오는 다섯번째 방편이다. 이집트의 이 수련법은 인도에서 건너간 것이었다.

5

미간(眉間)에 집중하고 마음을 사념이 일어나기 전의 상태에 있게 하라.
정수리까지 호흡의 정수(精髓: prana)로 가득 차게 하라.
그리고 정수리에서 빛이 쏟아지듯 호흡의 정수가 쏟아지고 있음을 느껴라.

이것이 피타고라스에게 주어진 방편이었다. 피타고라스는 이 방편을 가지고 그리스로 갔다. 그리하여 그는 서양의 모든 신비주의의 아버지가 되었다.

이 방편은 가장 심오한 명상 테크닉 중의 하나이다. 이를 이해하라. '미간에 집중하라…….' 생리학자들은 미간에는 인간의 몸 가운데서 가장 신비스러운 부분인 '샘(galand)'이 있다고 말한다. 송과선(pineal galand)이라고 불리는 이 샘[腺]은 티벳에서 '쉬바네트라(shivanetra)'라고 불린다. 그것은 시바의 눈,

제3의 눈, 탄트라의 눈을 뜻한다. 이 눈은 미간에 있다. 그러나 그 기능은 아직 의학적으로 밝혀지지 않았다. 왜냐하면 아직 그 기능을 작동하지 않고 있기 때문이다. 어느 순간에라도 작동될 수 있지만 저절로는 절대로 작동되지 않는다. 그것을 열기 위해서는 어떤 수련이 필요하다. 이 제3의 눈은 눈먼 것이 아니라 닫혀 있을 뿐이다. 여기 이 방편이 바로 제3의 눈을 여는 테크닉이다.

두 눈을 감아라. 그리고 두 눈을 미간에 집중하라. 사물을 보듯이 그렇게 두 눈썹 사이에 집중하라. 그러나 눈을 떠서는 안된다. 반드시 눈을 감은 채로여야 한다.

이 방편은 가장 간단한 집중법이다. 그대는 사실 몸의 어떤 부분에도 쉽사리 집중하지 못한다. 그러나 이 미간에, 제3의 눈에 집중하면 그대는 대번에 최면 상태로 들어간다. 두 눈은 제3의 눈에 고정되어 움직일 수 없을 것이다. 일단 이렇게 되면 몸의 다른 부분으로 주의를 옮기기가 힘들어진다. 이 제3의 눈은 자석과 같다. 그래서 이 세상의 수많은 방법들이 직접 또는 간접으로 이 방편과 연결되어 있다. 이 방편은 집중하기 가장 간단할 뿐만 아니라 송과선 그 자체가 집중을 돕고 있는 기능이 있다. 그것은 자석과 같은 작용으로 그대의 집중력을 끌어당기고 있다. 흡수하고 있는 것이다.

옛 탄트라 문헌에 따르면 집중은 제3의 눈에게 있어서 음식이라고 한다. 제3의 눈은 배가 고프다. 몇 생 동안을 굶주려 왔다. 그대가 집중하지 않았기 때문에 그것이 굶주렸던 것이다. 그대의 집중력을 제3의 눈에 기울이게 되면 그곳은 되살아나게 된다. 그곳에 음식이 주어진다. 집중력이 제3의 눈에 있어서 음식인 것이다. 한번 그대가 거기에 집중하고 나면 그때부터 집중은 어렵지 않다. 제3의 눈 그 자체에 의해서 끌어당겨지기 때문이다. 중요한 것은 처음에 정확한 지점을 아는 것이다. 먼저 두 눈을 감아라. 그리고 두 눈의 시선을 모아 두 눈썹 한가운데로 옮겨 가라. 그리고 바로 그 중앙점을 느껴라. 그대의 시선이 중앙점 부근으로 이동하게 되면 두 눈은 고정될 것이다. 두 눈을 움직이기조차 어려울 것이다. 이때 비로소 그대는 정확한 지점을 포착한 것이다.

"두 눈썹 사이에 집중하라. 마음을 사념이 일어나기 전의 상태에 머물게 하라."

그대의 집중력이 정확한 지점에 꽂혔을 때, 그대는 난생 처음으로 이상한 현상을 경험하게 될 것이다. 난생 처음으로 그대 앞에서 사념의 구름들이 흘러가고 있음을 느끼게 될 것이다. 그대는 이 사념의 구름들을 주시하는 주시자이다. 한번만 이렇게 제3의 눈에 고정되면 그대는 더 이상 사념에 휩쓸려 다니는 노예가 아니다. 그대는 사념을 지켜보는 주시자가 되는 것이다.

보통 그대는 주시자가 아니라 사념과 하나가 된다. 화가 날 때 그대는 화가 된다. 성(性) 속에 있을 때 그대는 성이 된다. 욕망 속에 있을 때 그대는 욕망이 된다. 어떤 사념이 그대를 찾아와도 그대는 그 사념이 된다. 그대와 사념 사이에 어떤 간격도 유지할 수가 없다.

그러나 그대가 제3의 눈에 한번 집중하게 되면 그때는 사념의 주시자가 될 것이다. 제3의 눈을 통해서 그대는 사념들을 구경할 수 있다. 오가는 군중들을 구경하듯이 그대는 사념의 이동을 지켜볼 수 있는 것이다.

창문을 통해서 길거리의 사람을 볼 때 그대는 자신을 그 사람들과 동일시하지 않는다. 오히려 그들과 멀리 떨어져 하나의 방관자로 남는다. 여기 분노가 있다. 이제 그대는 분노를 볼 수 있다. 분노를 하나의 사물처럼 볼 수 있다. 이제 그대는 '나는 지금 화가 났다'라고 느끼지 않는다. 대신 '지금 분노의 구름이 나를 휩싸고 있다'라고 느낀다. 그대는 '화내는 자'가 아니다. 그대가 더 이상 화내는 자가 아닐 때 분노는 그 힘을 잃는다. 분노는 그대를 침범하거나 정복하지 못한다. 분노의 바람이 제 스스로 불어왔다가 불어갈 뿐, 그대는 자신의 중심에 고요히 남아 있다.

이 방편은 '주시자'를 발견하는 테크닉이다. 이제 그대는 사념들을 구경하라. 그 사념들과 만나라. 그대의 집중력이 제3의 눈에 고정될 때 두 가지 일이 일어난다.

첫째, 그대는 주시자가 된다. 그대의 몸에 통증이 일어날 때 이를 주시하라. 무슨 일이 일어나든지 그것을 그대 자신이라고 여기지 말라. 동일시하지 말고 방관자, 주시자가 되라. 그대가 주시하게 되면 그대의 의식은 제3의 눈에 고정될 것이다.

둘째, 그 역 또한 성립된다. 그대가 제3의 눈에 의식을 고정시킴으로써 그대는 주시할 수 있다. 그대는 사념들을 지켜볼 수 있다. 그 기로 호흡의 미묘한 진동을 느낄 수 있다. 호흡의 정수를 느낄 수 있다.

먼저 호흡의 정수(The essence of breathing)가 무엇을 뜻하는지 이해해야 한다. 우리는 호흡을 할 때 공기로써만 호흡하지 않는다. 의학은 말한다. '우리는 공기를 통해서 호흡을 한다'라고 말이다. 그러나 탄트라는 이렇게 말한다.

'공기는 단지 매개체에 지나지 않는다. 공기를 통해서 호흡하는 것이 아니라 공기라는 매개체에 실려오는 프라나(prana)에 의해서 호흡한다.'

도대체 프라나라는 존재가 어디에, 어떻게 있는지 과학은 아직까지 그것을 규명하지 못하고 있다. 그러나 몇 사람의 연구가들은 공기 이상의 신비스러운 어떤 것을 느꼈다. 호흡은 공기를 통해서만 할 수 있는 것이 아니라는 것을 그들은 알기 시작했다. 빌헬름 라이히(Wilhelm Reich)같은 사람들은 그것을 오르곤(orgone) 에너지라고 불렀는데 이것 역시 프라나와 같은 것이다. 그는 이렇게 말했다.

'공기는 매개체에 지나지 않는다. 공기라는 매개체 속에는 오르곤(orgone), 혹은 프라나, 혹은 엘랑 비탈(elan vital)이라 부르는 것이 담겨져 있다.'

그러나 이것들은 매우 미묘해서 느끼기 힘들다. 이것들은 비물질적 존재다. 공기는 물질적인 것이다. 그러나 미묘한 어떤 것이, 비물질적 어떤 것이 공기를 통해서 움직이고 있다.

잘 집중하게 되면 그것의 느낌을 느낄 수 있다. 활기에 찬 사람과 함께 있을 때 그대 속에서도 생명력이 넘치고 있음을 느낄 것이다. 그러나 아픈 사람과 같이 있을 때에는 그대 속에서 뭔가 빠져나가고 있는 것같이 느낀다. 병원에 한번 가보라. 단순한 문병일로 갔음에도 그대는 피로를 느낀다. 그것은 그대의 생명력이 빼앗기고 있기 때문이다. 병원의 공기는 프라나를 필요로 한다. 그러므로 병원에 가게 되면 그대의 프라나는 그들에게로 흘러나가 버린다. 그리고 많은 인파 속에 있을 때 왜 그렇게 숨이 막히는가?

역시 그대의 프라나가 파괴되기 때문이다. 이른 아침, 숲속에 가보라. 그대 속에서 생명력이, 프라나가 넘치고 있음을 느낄 것이다. 우리 모두는 우리 자신의 프라나가 운동할 수 있는 공간이 필요하다. 이 필요 공간이 주어지지 않는다면 우리의 프라나는 파괴되고 말 것이다.

빌헬름 라이히는 여러 번 이 프라나를 경험했다. 그러나 사람들은 그를 미친놈 취급했다. 과학은 그 자신의 미신을 가지고 있다. 과학은 공기 이상의 것이 있다는 것을 알지 못하고 있다. 그러나 인도는 이미 수천 년 전부터 이것을 경험으로 알고 있다.

공기가 전혀 통하지 않는 땅속에 묻힌 채 며칠이고 삼마디(三昧)에 들어가 있을 수 있다. 이런 일은 실지로 이집트에서 있었다. 1880년부터 40년 동안 공기 하나 통하지 않는 땅속에 묻혀 삼마디에 들어가 있다가 나온 사람이 있다. 당시에 그를 땅 속에 묻었던 사람들은 모두 죽었다. 그는 묻힌 후 40년 뒤인 1920년에 땅속에서 나왔기 때문이다. 40년 동안 땅속에 묻혀 있던 사람이 살아 나왔다는 것은 누구도 믿을 수 없었다. 그러나 그는 분명히 살아 있었다. 그는 땅속에서 나온 뒤에도 10년은 더 살았던 것이다. 땅속에서 나올 때 그의 얼굴은 창백했다. 공기가 들어갈 수 있는 가능성은 전혀 없었다.

사람들은 그에게 물었다.

"무슨 비법이 있는가?"

그는 말했다.

"나는 아무것도 모른다. 내가 알고 있는 것은 프라나가 우주에 가득 차 있다는 것이다. 그러므로 아무리 깊은 땅속이라도 프라나는 스며들어 온다는 것이다."

공기는 땅속으로 뚫고 들어갈 수 없다. 그러나 프라나는 아무리 깊은 땅속이라도 뚫고 들어갈 수 있다. 이를 안다면 매개체(공기)가 필요없이 그대는 프라나와 직접 연결될 수 있다. 그러면 40년이 아니라 수백 년이라도 땅속에서 삼마디에 들어 있을 수 있다.

제3의 눈에 집중함으로써 그대는 호흡이 아니라 호흡의 정수,

즉 프라나를 느낄 수 있다. 이 프라나를 느낄 수 있다면 그대는 삼사라(윤회)로부터 벗어날 수 있다.

'정수리까지 호흡의 정수(精髓)로 가득 차게 하라.'

호흡의 정수를, 프라나를 느낄 때 정수리까지 가득 넘치고 있다고 상상하라. 어떠한 노력도 할 필요가 없다. 그대의 집중력이 제3의 눈으로 모여들 때 이는 가능하다. 그대 머리 전체가 이 호흡의 정수로 가득 채워진다고 상상하라. 이렇게 상상하는 순간 호흡의 정수는 실제로 사하스라라 챠크라에까지 넘치게 된다. 그 다음 호흡의 정이 빛이 쏟아지듯 정수리로부터 쏟아지고 있다고 상상하라. 이렇게 호흡의 정이 쏟아지기 시작할 때, 빛의 샤워 밑에 있을 때 그대는 다시 태어나게 된다. 이것이 내적인 재탄생의 의미이다.

여기 두 가지 현상이 있다.

첫째, 제3의 눈에 집중하게 되면 그대의 상상력은 하나의 파워를 갖게 된다. 이 테크닉을 수련하기 전에 먼저 그 마음의 상태가 순수하지 않으면 안된다고 강조하는 것은 바로 이 때문이다. 물론 이 순수는 일반적 순수의 개념과는 다르다. 제3의 눈에 집중하기 전에 그대의 마음이 순수하지 않을 때 그대의 상상력은 위험하다. 그대 자신에게나 타인에게 모두 위험하다. 누구를 살해하고자 하는 마음이 있다면 상상만으로도 그를 죽일 수 있다. 이 때문에 우선 먼저 순수해져야 한다고 주장하는 것이다. 그대는 여러 번 누군가를 죽이고 싶다는 상상을 해본 적이 있을 것이다. 그것도 한 번이 아니라 여러 번 말이다. 그러나 그럴 때마다 그대의 상상력은 행동화되지 못했다. 만일 상상력이 즉시 행동화된다면 그것은 대단히 위험할 것이다. 그대 뿐만 아니라 다른 사람에게도 말이다. 그대는 살인하고 싶다는 상상을 수없이 해왔고 앞으로도 할 것이기 때문이다. 제3의 눈에 집중력이 고정된다면 살인하려는 생각만으로도 충분히 살인을 할 수 있다. 이는 구체적으로 가능한 이야기이다.

최면에 걸린 사람을 보라. 그는 무엇이든지 명령만 들으면 즉시 행동에 옮긴다. 명령이 좋든, 나쁘든, 불합리하든 그런 것과 관계없이 그는 명령을 따를 것이다. 도대체 무슨 일이 일어났는가? 이 제3의 눈 명상법은 모든 최면술의 기본이다. 최면을 걸 때 최면술사는 환자의 시선을 어느 한 지점에 고정시키도록 한다.

이렇게 그대의 시선이 어느 한 지점에 고정될 때 3분 이내에 그대의 내적 집중력은 제3의 눈 쪽으로 모이게 된다. 그대의 내적 집중력이 제3의 눈 쪽으로 굽이쳐갈 때 그대 얼굴은 변한다. 최면술사는 그대의 얼굴이 변하기 시작하는 것을 알고 있다. 그대 얼굴에는 모든 생기가 사라져 버린다. 그리하여 그대의 얼굴은 깊이 잠든 것처럼, 죽은 자처럼 창백해진다. 최면술사는 그대의 얼굴에서 핏기와 생기가 사라지는 때를 알고 있다. 이는 지금부터 그대 집중력이 제3의 눈으로 흡수되었음을 의미하는 것이다. 그대 얼굴은 죽은 자의 그것처럼 창백하다. 그대의 전에너지는 제3의 눈을 향하여 흐르고 있다.

이제 그는 알고 있다. 자신이 말하는 것은 무엇이든지 다 현실화될 수 있다는 것을 말이다. "이제부터 당신은 깊은 잠을 자게 될 것이다"라는 최면술사의 말이 떨어지자마자 그대는 깊은 잠을 자게 된다. "이제부터 당신의 의식은 무의식 상태가 될 것이다"라는 말이 떨어지자마자 그대는 깊은 무의식 상태에 들어가게 될 것이다. 최면술사는 길바닥의 돌멩이를 그대 손바닥에 얹어 놓으며 "그대 손에 불을 얹었다"고 말한다. 그 순간 그대는 손바닥이 몹시 뜨겁다고 느낀다. 뿐만 아니라 실지로 손바닥이 타게 된다. 그러면 왜 이런 일이 일어나고 있는가? 그대의 모든 집중력은 제3의 눈에 모여 있다. 그리고 그대의 상상력은 최면술사의 말에 의해서 암시를 받고 있다. 이 암시를 받은 그대의 상상력은 즉시 행동화한다. '지금 당신은 죽는다'라고 최면술사가 말한다면 그 말이 떨어지자마자 곧 그대는 죽을 것이다.

이런 현상은 제3의 눈 때문이다. 제3의 눈에 있어서는 상상의 세계와 현실의 세계가 둘이 아니다. 상상은 현실이다. 구체적인 사실이다. 그러므로 꿈과 현실 사이에는 아무런 간격이 없다. 꿈은 현실이 된다. 이 때문에 상카라(Shankara)는 말했던 것이다.

"이 세상은 꿈에 지나지 않는다. '신성의 꿈'에 지나지 않는다."

그렇다. 신성은 언제나 영원히 이 제3의 눈에 집중되어 있다. 그러기에 신성이 꿈꾸는 것은 모두 사실화되는 것이다. 그대 역시 이 제3의 눈에 집중하면 그대가 꿈꾸는 것은 모두 사실화될 것이다.

제3의 눈에 집중되어 있는 사람에게는 꿈이 현실화되듯이 이 현실 전체가 그대로 꿈이 될 것이다. 꿈과 현실은 근본적으로 같다. "이 세상은 환영이다. 꿈이다."라고 상카라가 말했을 때 이 말은 단지 이론적인 주장이나 철학적인 이론이 아니다. 이는 구체적인 경험이다. 제3의 눈에 집중되어 있는 사람의 내면적 경험이다. 그러므로 제3의 눈에 집중되어 있을 때 프라나가 아침 햇살처럼 그대 머리 위에서부터 발끝까지 넘치고 있다고 상상하라. 이 상상만으로 프라나의 이 충만은 그대를 다시 태어나게 한다.

6

일상적인 활동 속에서도 들숨과 날숨 사이에 항상 유념하라.
이 수련을 계속하면 머지않아 그대는 다시 태어나리라.

호흡에 대해서는 잊어버려라. 대신에 호흡과 호흡 사이의 간격에 집중하라. 들숨이 밖으로 나가기 직전, 그리고 날숨이 다시 들어오기 직전, 거기에 틈이 있다. 호흡의 정지 상태가 있다. 이 방편에서 가장 중요한 것은 바로 이 틈에 대하여 계속 지켜보아야 한다는 것이다. 그래서 '일상적인 활동 속에서도……'라고 한 것이다. 그대가 무슨 일을 하든지 두 호흡 사이의 틈에 집중하라. 그러나 이 수련은 반드시 일상의 활동 속에서 이루어져야 한다.

밥을 먹을 때, 밥을 먹어라. 그러면서 두 호흡 사이의 이 틈을 지켜보라. 걸을 때는 힘차게 걸어가라. 그러면서 그 틈을 주시하라. 잠이 오거든 잠을 자라. 잠들면서도 그 틈을 지켜보라.

그럼 왜 이 수련은 일상 활동 속에서 수련해야 하는가?

행동은 그대의 집중력을 분산시키기 때문이다. 또한 행동은 그대의 집중력을 자꾸 불러온다. 하지만 그대의 집중력을 행동에 분산시키지 말고 호흡의 틈 사이에 고정시켜 놓아라. 결코 행동을 멈춰서는 안된다. 계속적으로 무슨 일인가를 하라. 우리는 두 개의 차원을 갖고 있다. 그것은 행동의 차원과 존재의 차원이다. 다시 말해서 주변과 중심이다. 주변에서는 끊임없이 활동하라. 멈추지 말라. 그러나 중심에 대해서는 또한 집중을 게을리하지 말라.

여기에 무슨 일이 일어나겠는가? 그대의 활동은 연극배우의 연기와 같은 것이다. 물론 그대의 배역은 붓다의 역할이 될 수도 있고 아니면 도둑의 역할이 될 수도 있다. 붓다의 역할이 주어졌을 때 그대는 붓다처럼 행동하게 된다. 도둑의 역할이 주어졌을 때 그대는 역시 도둑처럼 행동하게 된다. 그러나 이 역할을 하는 도중에도 그대 자신은 어디까지나 그대 자신으로 남는다. 중심에서 그대는 그대 자신이 누구라는 것을 알고 있다. 그러면서도 주변에서는 붓다처럼, 아니면 도둑처럼 행동하고 있다. 알아야 한다. 그대는 분명히 이것을 알아야 한다. 그대는 마치 붓다나 도둑이 된 것처럼 행동하고 있을 뿐이지 그대 자신이 결코 붓다나 도둑이 아니라는 것을 말이다. 주변에서는 끊임없이 행동하되 그대의 의식은 언제나 그대의 중심에 집중되어 있어야 한다.

이 방편을 잘 수련하면 그대의 일생은 한 편의 드라마가 될 것이다. 삶이라는 드라마 속에서 그대는 연기를 하는 배우다. 그러나 그대의 의식만은 끊임없이 호흡과 호흡 사이의 간격에 집중되어 있어야 한다. 이 간격을 잊어버린다면 그대는 더 이상 배우의 역할을 할 수 없게 된다. 이제 그것은 드라마가 아니다. 연기가 아니다. 그대는 드라마를 삶 자체로 잘못 알아 버렸다. 여기서 모든 불행이 시작된다. 자신의 삶이 불행하다고 생각하는 사람들은 모두 한편의 드라마를 진짜 삶이라고 생각하고 있다. 그러나 그들이 생각하는 그 삶은 삶이 아니다. 그것은 드라마에 나오는 하나의 배역이다. 이 사회가 그대에게 맡겨준 배역인 것이다. 시대가 변하고 환경이 변하면 그 배역은 또 바뀐다. 그런데 그대는 하나의 배역을 그대 자신과 동일시해 버렸다. 그래서 이 방편을 통해 바로 그 동일시를 부숴버려야 한다.

크리슈나는 많은 이름을 갖고 있다. 그는 참으로 위대한 배우였다. 그는 그 자신의 중심에 머물면서 끊임없이 연극과 게임을 하고 있다. 그러므로 그에게 있어서는 진지함이란 전혀 없다. 진지함은 자기자신과 드라마에 있어서의 배역의 역할을 동일시하는 데서 온다. 드라마 가운데 그대 자신이 진짜 람이 되어 버린다면 여기서부터 문제가 생긴다. 이 문제점은 왜 야기되는가. 그대 자신의 진지함으로부터 오는 것이다. 람의 아내 시타를 빼앗겼을 때 만약 그대가 람이라면 아마 심장마비라도 걸렸을 것이다. 그러면 드라마는 그 순간 그쳐 버린다.

그러나 그대는 람의 배역을 맡은 배우일 뿐이다. 시타를 빼앗기는 대목에 가서는 시타를 빼앗긴다. 하지만 그대가 잃은 것은 아무것도 없다. 이것은 어디까지나 드라마이기 때문이다. 그대는 시타를 빼앗겼음에도 불구하고 집에 돌아가서 편히 잘 것이다. 진짜 시타를 빼앗겼을 때 람 그 자신은 울면서 나무들에게 물었다.

"시타는 어디로 갔는가? 도대체 누가 데리고 갔는가?"

그러나 바로 이 점을 우리는 이해해야 한다. 람이 진짜로 울면서 그렇게 말했다면 그는 삶이라는 이 드라마에 있어서 배우와 자신을 동일시한 것이다. 그러면 그는 더 이상 람이 아니다. 그는 더 이상 신성을 지닌 사람이 아니다. 이 점을 우리는 명심해야 한다. 람에게 있어서는 그의 삶 역시 드라마의 한 연출이었다. 〈라마야나〉라는 연극을 보면 우리는 다른 사람들이 람의 배역을 연출하고 있는 것을 볼 수 있다. 그와 같이 람, 그 자신도 지금 '라마야나'라는 드라마 가운데 람의 배역을 연출하고 있는 것이다. 하나의 위대한 배우로서 말이다.

인도는 라마야나에 관한 아름다운 이야기를 갖고 있다. 이렇게 멋진 드라마는 이 세상에서 찾아보기가 쉽지 않다. 라마야나를 지은 발미키(Valmiki)는 라마야나의 주인공 람이 태어나기 전에 이 드라마를 썼다는 것이다. 그리고 람은 라마야나가 다 씌어진 뒤에 태어나서 처음부터 끝까지 그 스토리를 따랐다는 것이다. 그러므로 라마야나의 진짜 주인공 람 역시 드라마에 지나지 않는다. 람이 태어나기 전에 라마야나의 스토리가 씌어졌다면 람은 무엇을 했는가. 발미키가 라마야나를 쓴 뒤 람은 뒤에 태어나서 발미키의 라마야나를 그대로 연출한 것이다. 아닌게 아니라 람의 일생은 라마야나의 스토리 그대로였다. 그의 아내 시타를 빼앗긴 것부터 전쟁을 하지 않을 수 없었던 것까지 모든 것이 라마야나의 스토리와 동일했던 것이다.

이를 이해할 수 있다면 운명의 법칙을 이해하게 될 것이다. 운명! 거기에는 깊은 의미가 있다. 그대의 삶에서 야기되는 모든 것이 그대를 위하여 예정되어 있다면 그대의 삶은 드라마가 될 것이다. 드라마 속에서 람의 배역을 한다면 그대는 드라마의 단 한 장면도 그대 마음대로 뜯어고치지 못할 것이다. 모든 것은 이미 예정되어 있다. 말 한마디조차 말이다.

만약 그대가 언제 어디에서 죽는다고 하자. 그 날짜는 이미 태어날 때부터 운명적으로 예정되었다. 죽음이 다가올 때 그대는 울고불고할 것이다. 그러나 어쩌겠는가. 모든 것은 이미 각본에 짜여진 대로 진행되고 있는데…….그리고 그대는 이러저러한 사람들과 관계를 맺지 않으면 안된다. 이 모두가 이미 짜여져 있기에 피할 수가 없다. 결국 그대는 어떻게 살아가야 할 것이냐가 아니라 어떻게 연출해야 할 것이냐를 물어야 한다.

이 방편은 그대 자신을 노련한 연극배우로 만든다. 그대가 호흡의 틈에 집중할 때 일상적인 삶은 중심이 아니라 주변에서 흐른다. 그대의 의식이 중심에 있다면 그대의 집중력은 주변으로 쏠리지 않는다. 주변에는 다만 의식의 일부만이 머물 것이다. 그리고 주변에서 일어나는 모든 일은 그대 의식의 부근 어딘가에서 일어나는 사건에 불과하다. 주변의 일을 알고 느낄 수는 있다. 그러나 그것은 더 이상 중요하지 않다. 그대 주변에서는 항상 무엇인가가 일어나고 있지만 그대 자신에게는 아무런 일도 일어나지 않은 것 같다. 이 방편을 수련하게 되면 그대의 삶에서는 아무런 일도 일어나지 않은 것처럼 느껴질 것이다. 그대의 삶에서 일어나는 모든 것이 마치 남의 일처럼 느껴지게 될 것이다.

7

만져지지 않는 호흡의 정수는 미간에 있다가 그대가 잠드는 순간 가슴으로 내려온다. 그리고 꿈의 세계를 넘고 죽음의 세계까지 넘어간다.

제3의 눈을 알게 되면 만져지지 않는 호흡의 정수, 프라나가 폭포처럼 쏟아지고 있음을 느끼게 될 것이다. 그리하여 이 프라나가 가슴의 한가운데에 닿게 될 것이다. 그리고는 마침내 꿈의 세계, 그리고 죽음까지도 넘어가게 될 것이다.

이 방편을 세 부분으로 나누어 수련하라. 첫째, 호흡 속에서 프라나를 느껴라. 호흡의 만져지지 않는 부분을 느껴라. 미간을 집중하면 이것이 가능하다. 그리고 숨결 사이의 틈을 집중해도 역시 가능하다. 그러나 미간보다는 좀 어렵다. 단전에 집중하게 되면 역시 가능하지만 좀더 어렵다. 그러므로 호흡의 만져지지 않는 부분을 알 수 있는 가장 손쉬운 방법은 제3의 눈에 집중하는 것이다.

그대가 프라나를 느낄 수 있다면 그대는 자신이 죽을 때를 미리 알 수 있다. 죽기 6개월 전부터 이미 죽음을 알 수 있다. 수많은 성자들이 왜 자신의 죽는 날짜를 예언하는가? 그것은 쉬운 일이다. 호흡 속에 담겨진 것을 느낄 수 있다면, 프라나가 그대 속에 충만함을 느낄 수 있다면, 프라나가 반대 방향으로 이동하는 순간 그대는 즉시 깨달을 수 있다. 그것은 호흡을 통해서 안으로 들어오는 것이 아니라 밖으로 나가기 시작한다. 호흡은 더 이상 프라나를 운반해 오지 않는다. 오히려 그대 안에 있는 프라나를 밖으로 운반해 나간다.

하지만 지금 그대는 그것을 느낄 수 없다. 호흡의 만져지지 않는 부분을 알지 못하고 있기 때문이다. 그대는 오직 호흡의 가시적인 부분, 즉 공기의 흐름만을 알고 있을 뿐이다. 그러나 사실은 공기 속에 프라나가 담겨 있다. 그렇게 해서 그대가 숨을 들이쉴 때 프라나는 공기 속에 담겨 몸 속으로 들어온다. 그리고 숨을 내쉴 때에는 그냥 공기만 빠져 나간다. 프라나는 그대의 몸 속에 남게 되는 것이다.

임종이 가까울 때는 이와 반대 현상이 일어난다. 들어오는 공기는 더 이상 프라나를 운반해 오지 않는다. 프라나의 양이 조금씩 줄다가 마침내는 텅 비게 된다. 이는 그대 몸이 우주의 에너지, 이 프라나를 더 이상 흡수할 수 없기 때문이다. 그대는 죽어가고 있기 때문이다. 그러므로 더 이상 프라나가 필요없다. 그리고 숨이 나갈 때는 빈 숨만 그냥 나가는 것이 아니라 그대 안에 이미 있던 프라나를 싣고 가 버린다. 이 때문에 그대가 일단 호흡의 만져지지 않는 부분을 알게 되면 그대는 죽는 날을 알 수 있다. 프라나의 이동이 바뀌는 6개월 뒤에 그대는 죽을 것이다.

잠들려 할 때 이 방편을 수련해야 한다. 이 방편을 수련하기 가장 적합한 시간이 바로 이때다. 잠들려 하는 그 순간에 그대의 의식은 잠 속에 용해되어 버린다. 이제 그대는 아무것도 자각할 수 없다. 이 순간이 오기 직전에, 잠의 나락으로 떨어지기 직전에 호흡을 깨달아야 한다. 프라나를 느껴야 한다. 이 프라나가 심장으로 들어가는 것을 느껴야 한다.

느껴라. 프라나가 심장으로 흘러들어가는 것을 느껴라. 프라나는 그대 심장으로부터 몸 속으로 들어온다. 이 프라나가 심장 속으로 들어오고 있는 것을 느껴라. 프라나를 느끼면서 잠들도록 하라. 잠의 안개가 그대를 덮도록 하라.

이를 체험하게 되면 꿈속에서도 의식은 각성 상태에 있게 될 것이다. 꿈꾸면서 동시에 나는 지금 꿈을 꾸고 있다고 느낄 것이다. 그러나 일반적으로 우리는 꿈을 꾸면서 꿈꾸고 있다는 사실을 잊어버리게 된다. 꿈꾸는 동안 이것은 꿈이 아니라 현실이라고 생각하고 있다. 이것은 모두 제3의 눈 때문이다. 꿈꾸고 있는 사람의 두 눈을 본 일이 있는가? 꿈꾸는 사람의 눈동자는 위쪽으로, 제3의 눈 쪽으로 향하고 있다.

잠자는 어린아이의 눈을 보라. 그 눈동자가 어느 쪽으로 향하고 있는지 보라. 어린아이의 두 눈동자는 제3의 눈 쪽으로 집중되어 있다. 어린아이의 눈을 보라. 어른들의 눈은 보지 말라. 그들의 잠은 깊지 못하기 때문에 믿을 수 없다. 그들은 그들 자신이 잠자고 있다고 생각할 뿐이다. 그러나 어린아이들은 그렇지 않다. 어린아이들의 눈은 제3의 눈 쪽으로 향하고 있다. 제3의 눈 쪽으로 향한 이 집중이 꿈을 현실로 느끼게 하기 때문이다. 그러므로 꿈꾸고 있는 동안은 그것이 꿈이라는 것을 결코 느낄 수 없다. 그것이 꿈이라는 것을 느끼는 것은 잠에서 깨어났을 때이다. 그때야 비로소 '내가 지금까지 꿈을 꾸었다'라고 느낄 것이다. 그렇다. 거듭 말하지만 꿈꾸고 있는 동안은 결코 꿈이라는 것을 깨닫지 못한다. 꿈꾸고 있으면서 꿈이라는 것을 깨닫는다면 그것은 다음의 두 가지 차원에서이다. 첫째 잠에서 깨어났을 때, 둘째 그대 의식이 초롱하게 각성되어 있을 때. 꿈을 꾸면서 '나는 지금 꿈을 꾸고 있다'는 것을 깨닫는 것은 얼마나 경이로운지 모른다. 그렇기에 '……그리고 꿈의 세계를 넘고 죽음의 세계까지 넘어간다.'라고까지 말하고 있는 것이다.

꿈속에서 '이것이 꿈'임을 깨달을 수 있을 때 그대는 두 가지를 할 수 있다. 첫째, 꿈을 조작할 수 있다. 그러나 일반적으로는 꿈을 조작할 수 없다. 꿈조차 그대 마음대로 만들어 낼 수 없다. 이 얼마나 무기력한가. 특별한 어떤 꿈을 꾸려 해도 그대는 결코 그런 꿈을 꿀 수 없다. 꿈은 그대의 손아귀에 들어오지 않는다. 아니 그대는 꿈의 창조자가 아니라 꿈의 희생자이다. 꿈은 그대 뜻과 관계없이 꾸어진다. 그대는 꿈 앞에서 속수무책이다. 그대는 꿈을 멈추게 할 수도 없고 만들어 낼 수도 없다.

그러나 잠드는 그 순간에 프라나가 심장에 충만함을 기억한다면, 그리하여 그대의 호흡 하나하나가 프라나에 의해서 터치된다면 그대는 꿈의 마스터가 될 것이다. 그대가 좋아하는 꿈은 무슨 꿈이든지 꾸게 될 것이다. 잠의 세계로 미끄러져 들어가는 그 순간 이렇게 말하라. '나는 이러이러한 꿈을 꾸고자 한다.' 그러면 틀림없이 그대가 원하는 그 꿈을 꾸게 될 것이다. 잠의 세계로 미끄러져 들어가는 순간 그대 자신에게 말하라. '나는 이러이러한 꿈을 꾸고 싶지 않다.'

그러면 그러한 꿈은 결코 그대 마음속으로 들어오지 못한다. 그렇다면 꿈의 마스터가 도대체 무슨 쓸모가 있는가? 하지만 전혀 쓸모없는 것은 절대로 아니다. 그대가 자신의 꿈에 있어서 마스터가 된다면 그대는 결코 꿈꾸지 않게 될 것이다. 꿈은 정지될 것이다. 더 이상 꿈꿀 필요가 없기 때문에. 꿈이 정지될 때 그대 잠의 차원은 변형된다. 여기 잠은 죽음과 같다. 죽음은 깊은 잠이다. 잠이 죽음만큼 깊어진다면 그것은 더 이상 꿈이 없다는 것을 의미한다. 꿈은 잠의 수면에서 만들어진다. 꿈꾸고 있는 동안 그대는 잠의 표면에서 흐를 뿐이다. 그것은 꿈에 매달리기 때문에 잠의 수면에서 떠도는 것이다. 그러나 거기 꿈이 없을 때 그대는 바다 깊숙이 떨어진다. 바다의 밑바닥까지 침몰하게 된다.

죽음도 마찬가지다. 때문에 인도는 다음과 같이 말하고 있는 것이다.

"잠은 죽음의 짧은 기간이요, 죽음은 긴 잠이다."

잠과 죽음은 동질이다. 잠은 하루하루의 죽음이요, 죽음은 삶에서 삶의 긴 현상이다. 삶에서 삶의 긴 잠이다. 그대는 피곤하다. 그대는 잠을 잔다. 아침에 일어날 때는 다시 생명력에 넘치게 된다. 그러다가 70, 80이 되면 완전히 피곤해진다. 이제 죽음의 짧은 기간 대신 긴 죽음을 필요로 하고 있다. 긴 죽음 후에, 긴 잠 후에 그대는 완전히 다시 태어난다. 새로운 몸을 받고 다시 태어나게 된다. 꿈이 없는 이 잠을 안다면, 꿈속에서 '나는 지금 꿈꾸고 있다'고 깨달을 수 있다면 이제 죽음의 공포는 없을 것이다. 완전히 죽은 사람은 그 누구도 없다. 그리고 그 누구도 완전히 죽을 수는 없다. 죽음이란, 완전한 죽음이란 불가능하다. ……왜 그럴까. 그대는 자꾸자꾸 다시 태어나게 된다. 그러나 이 잠이 너무 깊기에 그대는 잠들기 전을 까맣게 잊고 있는 것이다. 까마득한 전 세상의 기억들이 잠의 이 안개에 덮여 버린다.

이런 식으로 생각하라. 오늘 밤도 그대는 역시 잠들 것이다. 이는 마치 녹음된 테이프를 다시 지우는 장치와 같다. 기억도 이와 같다. 기억도 일종의 녹음 현상이기 때문이다. 머지않아 우리는 발견하게 될 것이다. 뇌세포에 녹음된 그 수많은 기억들을 다 지워 버릴 수 있는 그런 기계 장치를 발견하게 될 것이다. 그대 마음에 묻은 기억의 티끌을 완전히 씻어 낼 수 있는 그런 기계 장치를 발견하게 될 것이다. 아침에 일어나게 되면 그대는 더 이상 어제의 그대가 아니다. 그것은 어젯밤 잠들던 그대를 전혀 기억할 수 없기 때문이다. 이때 그대의 잠은 죽음과 같게 될 것이다. 여기 어젯밤 잠들기 직전의 그대와, 오늘 아침 잠에서 깨어난 그대와는 전혀 연결성이 없다. 그것은 기억의 제거 장치에 의해서 어제의 그대 기억이 완전히 지워져 버렸기 때문이다. 이같은 현상은 죽음과 삶에서도 일어난다. 그대가 죽을 때, 그리고 다시 태어날 때 그대는 기억하지 못한다. 누가 죽는지 전혀 기억하지 못한다. 그래서 그대는 또다시 시작한다. 이 삼사라 속에서 자꾸자꾸 태어나게 되는 것이다.

이 방편을 수련하면 꿈의 마스터가 된다. 그대는 꿈을 멈추게 할 수도, 다시 꾸게 할 수도 있다. 이 경우 꿈꾸는 것은 자발적인 것이 될 것이다. 결코 꿈의 희생물이 되지는 않을 것이다. 이때 그대의 잠은 죽음과 동질이다. 여기서 그대는 알 것이다. 죽음은 일종의 수면이라는 것을 말이다. 그래서 꿈이 끝날 때 동시에 죽음도 끝나야 한다. 죽음이 한낱 잠과 같은 것을 느낀다면 그대는 죽음 그 자체와 연결될 수 있다. 이제 그대는 선택할 수 있다. 그대가 태어날 곳과 태어날 몸을 선택할 수 있다. 꿈의 마스터일 뿐만 아니라 동시에 탄생의 마스터가 될 것이다.

이 때문에 '꿈의 세계를 넘고 죽음의 세계까지 넘어간다'라고 말하는 것이다. 이때 우리는 우리가 원하는 삶을 선택할 수 있다. 탄생을 선택할 수 있다. 그러나 지금의 우리는 꿈의 통제자가 아니라, 탄생의 선택자가 아니라 그것들의 희생물에 불과하다. 모른다. 우리는 모르고 있다. 이 탄생과 죽음에는 아무런 이유가 없는 것처럼 보인다. 이 모든 것은 그저 우발적이며 카오스 현상처럼 여겨진다. 그것은 우리가 아직 꿈의 마스터가, 죽음의 마스터가 아니기 때문이다. 그러나 꿈과 죽음의 마스터가 된다면 이런 일은 결코 일어나지 않는다.

8

지극한 경배와 헌신으로 호흡의 두 교차점에 집중하라.
그리고 '아는 자'를 알아라.

이것은 약간 다른 테크닉이다. 그러나 아주 작은 이 차이점이 어마어마한 변형을 가져온다. 들어오는 호흡에는 나가는 호흡 쪽으로 회전하는 하나의 교차점이 있다. 앞의 2번 방편과 이 방편은 수련상에 있어서 약간의 차이가 있다. 그러나 이 약간의 차이가 엄청나게 다른 결과를 불러온다. 이 방편은 앞의 2 번 방편에 '지극한 헌신으로……'가 더 첨가되었을 뿐이다. 이 말이 첨가되면서 방편 전체가 아주 달라져 버린 것이다. 방편 2 는 헌신의 문제가 아니었다. 오직 과학적인 테크닉에만 관심을 보였다. 그러나 오직 과학적인 방법만을 수련하기에는 우리의 가슴이 아직 메마르지 않았다. 우리는 느낌이 있고 감정이 있다. 그러므로 머리보다 가슴 쪽에 서 있는 사람은 이 테크닉을 수련해야 한다.

과학적인 태도에만 기울어지지 않았다면, 과학 일변도의 마음이 아니라면 이 방편을 수련하라.

그러면 어떻게 이 방편을 수련할 수 있겠는가. 그대는 자신이 아닌 남을 경배할 수 있다. 크리슈나를, 붓다를, 예수를, 그리고 알라신을 경배할 수 있다. 그러나 어떻게 그대 자신을, 그대의 호흡 사이의 틈을 경배할 수 있겠는가? 이는 불가능하게 보인다. 그러나 그 불가능 속에 오히려 경배의 가능성이 있다.

그러기에 탄트라는 말한다.

"몸은 사원이다. 몸은 신이 거주하는 곳이다."

몸을 하나의 사물로 취급해서는 안된다. 몸은 성스러움, 그 자체이며 영원히 풀 수 없는 신비이다. 호흡을 하고 있는 동안 그대 자신이 호흡을 하고 있는 것이 아니라 신이, 그대 자신 속에서 신이 호흡하고 있는 것이다. 먹을 때나 몸을 움직일 때도 마찬가지다. 그대 자신이 먹거나 몸을 움직이는 것이 아니라 신이 그대를 통해서 먹고 움직이는 것이다. 이렇게 되면 이제 모든 것에 대하여 경배의 감정이 솟는다.

많은 성자들이 그들의 몸을 사랑했다. 그들은 그들의 몸이 마치 연인에게 속해 있는 것처럼 소중히 다루었다. 그대도 그대 자신의 몸을 그들처럼 소중하게 취급할 수 있다. 아니면 단지 하나의 기계로서, 물건으로 취급할 수도 있다. 선택은 그대 자신에게 달려 있다. 그대가 몸을 신성한 사원으로 취급할 수 있다면 이 테크닉은 그대에게 도움이 될 것이다.

'지극한 경배와 헌신으로……'

먹을 때 그대 자신이 먹는다고 생각지 말라. 신이 그대 몸을 빌어서 먹는다고 생각하라. 먹는 행위는 마찬가지겠지만 태도의 이 변화를 계기로 모든 것이 변형된다. 음식을 먹는 그대의 행위는 신에게 음식을 공양하는 행위로 바뀐다. 목욕을 할 때, 역시 신이 그대 몸을 빌어서 목욕을 한다고 느껴라. 그러면 이 테크닉을 수련하기가 보다 용이해질 것이다.

9

죽은 듯이 누워있으라.

화가 날 때 그 분노 속에 그대로 머물러 있으라.

눈썹 하나 움직이지 말고 응시하라.
빨고 싶으면 빨아라. 그러나 '빠는 자'로 남지 말고 '빠는 그 자체'가 되라.

'죽은 듯이 누워 있으라.' 이렇게 하게 되면 그대는 죽어 버릴 것이다. 몸을 거기 그대로 버려 둬라. 꼼짝도 하지 말라. 그대는 죽어 버렸기 때문이다. 나는 이제 완전히 죽어 버렸다고 상상하라. 몸도 움직일 수 없고 눈도 움직일 수 없다. 이제 아무것도 할 수 없다. 그대는 죽었다. 이때 어떤 느낌이 일어나는지 느껴 보라. 그러나 자신을 속이지는 말라. 자신을 속일 수 있다. 약간씩 몸을 움직일 수 있다. 그래서는 안된다. 조금도 움직이지 말라. 모기가 물더라도 말이다. 주검처럼 그대로 있어라. 이 방편은 가장 유용한 방편 중에 하나이다.

라마나 마하리쉬(Ramana Maharshi)는 이 방편을 통해서 깨달음에 이르렀다. 그러나 그에게 있어서 이는 방편이 아니었다. 그에 있어서 어느 날 갑자기 저절로 일어난 변화였다. 그래서 그는 이렇게 말했다.

"아마 전생에 나는 이 방편을 수련한 결과 이생에 와서 저절로 깨달음을 얻은 것 같다."

저절로 일어나는 것은 하나도 없다. 모든 것은 원인이 있다. 인과 관계가 있다. 15세 되던 어느 날 그는 그 자신이 죽어가고 있다는 것을 느꼈다. 그는 몸을 조금도 움직일 수 없었다. 몸 전체가 빳빳하게 굳어 버린 것 같았다. 그리고는 질식 상태를 느꼈다. 심장이 멎고 있다는 것을 알았다. 그는 말조차 할 수 없었다.

이런 현상은 악몽을 꿀 때 자주 일어난다. 몸이 빳빳하게 굳어 버리고 혀도 움직여지지 않는다. 이렇게 심한 가위에 눌릴 때는 깨어나도 한동안 꼼짝할 수가 없다. 이때 이런 현상이 일어난다. 정신은 말짱하나 몸이 움직여지지 않는다. 그의 정신은, 의식은 말짱했다. 그러나 그는 느꼈다. 나는 '지금 죽어가고 있다'는 것을 느꼈다. 이제 어떻게 할래야 해볼 도리가 없다. 그래서 그는 살려는 모든 노력을 단념해 버렸다. 두 눈을 감고 죽음을 기다렸다. 죽음의 그 순간을 기다리고 있었다.

몸은 점점 굳어지다가 마침내 죽어 버렸다. 그러나 이것이 문제였다. 몸은 죽었으나 그는 알고 있었다. 몸이 죽었다는 사실을 알고 있었다. 그는 살아 있지만 몸이 죽었다는 이 사실을 알고 있었다. 아침이 되자 몸은 아무 일이 없었던 것처럼 가뿐했다. 그러나 그는 이미 어제의 그가 아니었다. 그는 죽어 버렸다. 죽음을 체험했기 때문이다. 의식의 다른 차원을 안 것이다. 그는 집을 나와 버렸다. 그날 밤 그 죽음의 경험이 그를 변형시켰다. 이렇게 해서 그는 이 시대에 있어서 깨달음을 얻은 몇 사람 가운데 하나가 되었다.

이것은 방편이다. 라마나에게 있어서는 이런 현상이 자발적으로 일어났다. 하지만 그대에게는 결코 그렇게 자발적으로 일어나지 않을 것이다. 그러나 쉬지 말고 수련을 계속하라. 그러면 어느 땐가는, 다음 세상의 어느 땐가는 그대에게도 자발적으로 이런 현상이 일어나게 될 것이다. 설령 아무런 일도 일어나지 않는다 해도 그 노력은 헛되지 않는다. 그 노력은 그대에게 그대로 남아 있다. 하나의 씨로서 남아 있다. 그리하여 어느 날 시절이 무르익고 비가 오게 되면 그 씨는 마침내 싹이 트고야 말 것이다.

모든 자발적인 현상이 이와 같다. 씨는 뿌려졌다. 그러나 아직 때가 무르익지 않았다. 성숙해지고 더 많이 경험할 때, 그리고 더 많이 좌절할 때, 비가 오는 것과 같은 어떤 극적인 상황을 만나서 씨는 싹이 튼다.

"죽은 듯이 누워있으라. 화가 날 때는 그 분노 속에 그대로 머물러 있으라."

슬픔을 느낄 때면, 두려움을 느낄 때면, 그 슬픔과 두려움 속에 그대로 머물러 있어라. 그대는 죽었다. 그러므로 그대는 아무것도 할 수 없다. 마음속에서 무슨 일이 일어나든지 그대는 아무것도 할 수 없다. 몸은 이미 죽어 버렸기 때문이다. 그러므로 그 상태 그대로 머물러 있어라.

죽는 순간에 행복을 느낀다는 것은 어려운 일이다. 두려움이 그대를 사로잡을 것이다. 하지만 그 상태 그대로 머물러 있을 수 있다면 모든 것은 변형될 것이다. 그대의 차원이 변할 것이다. 그러나 우리는 그 순간을 참지 못한다. 움직이기 시작한다. 마음에 감정이 일어날 때마다 몸은 움직이기 시작한다. 그러므로 감정(emotion)은 동작(motion)을 만들어낸다. 화가 나게 되면 몸은 즉각 이 슬픔에 반응하기 시작한다. 이 때문에 이것을 감정이라고 부른다. 감정은 몸에 동작을 만들어낸다. 그러므로 죽음을 느껴라. 그리고 그대 몸을 움직이게 하는 어떠한 감정도 따르지 말라. 그 감정들을 그대로 거기 방치해 둬라. 그리고 그대는 거기 그대로 머물러 있어라. 죽음의 상태에 그대로 머물러 있어라. 움직이지 말라. 무슨 일이 있어도 움직이지 말라. 결코 움직여서는 안된다.

"속눈썹 하나 움직이지 말고 응시하라."

이것은 메허 바바(Meher Baba)의 방편이었다. 몇 해 동안 그는 속눈썹 하나 움직이지 않고 천장만 응시하고 있었다. 마치 송장처럼 몇 시간이고 누워 있곤 했다. 이것은 정말 좋은 방편이다. 그대는 다시 제3의 눈에 고정된다. 이렇게 하여 일단 제3의 눈에 고정되게 되면 두 눈썹을 움직이려 해도 움직일 수가 없다.

메허 바바는 이 방법으로 깨달음을 얻었다. 그대는 의아해할 것이다.

'도대체 이렇게 하찮은 방법으로 어떻게 깨달음을 얻는단 말인가?'

그러나 3년 동안 그는 아무것도 하지 않고 천장만 응시했다. 3년이란 시간은 참으로 긴 시간이다. 3분만 응시해 보라. 3분이 그대에게는 3년보다 더 길게 느껴질 것이다. 응시하는 동안의 3분이란 그렇게 길 수가 없다. 시간은 여기에서 영원히 정지해 버린 것 같다.

메허 바바는 계속 천장만을 응시했다. 그러자 그의 사고와 동작은 점점 정지되고 의식만 뚜렷해졌다. 아니 그는 응시, 그 자체가 되었다. 그의 삶은 깊은 침묵이 되었다. 이 응시로 하여 그의 내면은 침묵의 한가운데가 되었다. 이제 그에게 형식적인 말을 시키기란 불가능하게 되었다.

메허 바바가 미국에 갔을 때였다. 당시 미국에는 독심술에 정통한 사람이 있었다. 그는 상대방 앞에 앉아 잠시 동안 눈을 감고 있으면 상대의 생각을 정확하게 꼬집어내었다. 그의 적중률은 100퍼센트였다. 어떤 사람이 그를 메허 바바에게 데리고 왔다. 그러나 그는 메허 바바에게 실패하고 말았다. 그의 일생에서 단 한 번의 패배를 맛보았던 것이다. 그는 메허 바바의 생각을 알아내기 위해서 몇 번이고 독심술을 시도했다. 그러나 단 한 가닥의 생각도 집어낼 수가 없었다.

그는 종이 위에 이렇게 썼다.

"도대체 무슨 이런 사람이 있단 말인가. 나는 도저히 이 사람의 생각을 읽을 수가 없다. 이 사람의 마음은 텅 비어 있다. 그래서 나는 이따금 감은 눈을 뜨지 않을 수 없었다. 그가 아직도 내 앞에 앉아 있는지 아니면 다른 데로 가버렸는지 확인해 보기 위해서였다. 그런데 눈을 뜰 때마다 그는 내 앞에 있었다. 하지만 눈만 감으면 나는 속는 것 같았다. 그는 멀리 달아나 버리고 내 앞에 아무도 없다는 느낌이 들기 때문이다. 그러다가 마침내 나는 어떤 사실을 발견했다. 이 사람에게는 아무 생각이 없다는 것을 말이다. 그는 계속적인 응시로 인해서 모든 생각을 정지시켜 버린 것 같았다."

> 속눈썹 하나 움직이지 말고 응시하라.
> 빨고 싶으면 빨아라. 그러나 '빠는 자'로 남지 말고 '빠는 그 자체'가 되라.

이것은 약간 변형된 방편이다. 무엇이든지 할 수 있다. 그는 죽었다. 이것으로써 충분하다.

"화가 날 때는 그 분노 속에 그대로 머물러 있으라."

이 한 구절만으로도 독립된 방편으로서 훌륭하다.

화가 뭉게구름처럼 일어난다. 그러나 그 분노를 발산하기 위해서 어떤 행위도 하지 말라. 분노 그대로, 그냥 분노 그대로 머물러 있으라.

크리슈나무르티의 명상법이 바로 이 방편이다.

"화가 날 때 그 분노 속에 그대로 머물러 있으라."

화가 나면 화를 내라. 그 분노의 한가운데에 머물러 있어라. 절대로 피하지 말라. 분노 속에 그대로 머물러 있는다면 이제 머지않아 그 분노는 사라질 것이다. 그리고 그대는 완전히 새사람이 될 것이다. 불안하거든 그 불안한 상태 속에 그대로 머물러 있어

라. 불안을 없애려는 어떠한 노력도 하지 말라. 그러면 불안은 사라질 것이다. 불안의 먹구름이 지나가 버린 다음 그대는 완전히 새사람으로 변형될 것이다. 결코 불안에 동요되지 말라. 불안, 그 자체를 똑바로 직시하라. 그러면 그대는 불안의 마스터가 된다.

속눈썹 하나 움직이지 말고 응시하라.
빨고 싶으면 빨아라. 그러나 '빠는 자'로 남지 말고 '빠는 그 자체'가 되라.

이 방편은 신체적이며 수련하기가 쉽다. 그러면 '빠는 행위'가 무엇인가? 갓 태어난 아기의 첫 행위가 바로 빠는 행위이다. 아기는 태어나자마자 울기 시작한다. 아기가 왜 그렇게 우는지 그대는 그 이유를 정확히 모른다. 사실 아기는 정말로 우는 게 아니다. 그저 우는 것처럼 보일 뿐이다. 우는 것처럼 보이는 아기의 그 행위는 공기를 빠는 행위이다. 그가 울 수 없게 되면 몇 분 후에 그는 죽을 것이다. 우는 것은 공기를 빨아 마시는 첫번째의 노력이다. 어머니의 자궁 속에 있을 때 그는 호흡을 하지 않았다. 호흡하지 않아도 그는 살 수 있었다. 어머니로부터 순수한 프라나를 섭취하고 있었다. 이것이 이유이다. 어머니와 아기의 사랑이 여타의 다른 사랑과 현저히 다른 이유도 이 때문이다. 순수한 프라나, 에너지로 어머니와 아기는 결합되어 있다. 따라서 아기는 전혀 호흡을 할 필요가 없었다. 그러나 태어날 때 아기는 미지의 이 세상으로 내던져진다. 그는 이제 프라나를, 삶의 에너지를 얻을 수 없게 되었다. 결국 그는 자신의 힘으로 프라나를 섭취하지 않을 수 없었다.

그러므로 첫번째 울음은 빨려는 노력이다. 그 다음 그는 어머니의 젖을 빤다. 빠는 이 행위는 인간의 기본적인 첫번째 행위이다. 무엇을 하든지 그것은 모두 두번째 문제다. 첫번째 문제는 삶의 이 행위, 빠는 행위이다.

> 빨고 싶으면 빨아라. 그러나 '빠는 자'로 남지 말고 '빠는 그 자체'가 되라.

무엇이든지 빨아라. 공기를 빨아라. 그러나 빠는 그 행위자는 잊어버리고 '빠는 그 자체'가 되라. 이것이 도대체 무슨 뜻이냐. 어떤 것을 빨 때 그대는 '빠는 자'이지 '빠는 그 자체'는 아니다. 그러나 그렇게 해서는 안된다. 이제 행위의 한가운데로 뛰어들어라. 뛰어들어서 '빠는 그 자체'가 되라. 모든 것을 이런 식으로 수련하라. 달릴 때는 '달리는 자'가 되지 말고 '달리는 그 자체'가 되라. '달리는 자'를 느끼지 말고 '달리는 순간'을 느껴라. 그대는 진행 과정이다. 강물처럼 흘러가는 진행 과정이다. 그대 내부에는 아무도 없다. 그 격정 속에 오직 달리는 그 진행 과정만이 있을 뿐이다.

우리는 어머니의 젖을 빠는 대신 담배를 피운다. 담배를 피우는 것은 바로 어머니의 젖꼭지를 빠는 행위이다. 담배 연기가 입 안으로 흘러들어가는 것은 어머니의 젖이 입 안으로 흘러들어가는 것과 같은 것이다. 어머니의 젖을 충분히 빨지 못한 사람은 어른이 되어서 담배를 많이 피우게 될 것이다. 이것은 대용이다. 담배를 피우고 있는 동안 담배는 충분히 빨지 못한 어머니의 젖이다. 그러므로 담배를 잊어버려라. 담배 피우는 자마저 잊어버려라. 오직 담배 피우는 그 자체가 되라. 빨아야 할 대상과 빠는 자 사이에 빠는 행위가 있다. 이 빠는 행위가 바로 진행 과정이다.

이를 수련하라. 매사에 이를 수련하라. 그러면 그대에게 무엇이 옳은가를 발견할 수 있을 것이다. 그대는 찬물을 마신다. 찬물이 목구멍으로 흘러들어간다. 이때 마시는 행위, 그 자체가 되라. 물에 대해서 잊어버려라. 물을 생각하지 말라. 목마름이나 그대 자신마저 잊어버려라. 오직 물을 마시는 행위 그 자체가 되라. 차가움과 물의 감촉, 그리고 마시는 그 진행 과정이 되라.

그대가 빠는 행위 그 자체가 될 때 무슨 일이 일어나는가? 빠는 행위 그 자체가 된다면 그대는 갓 태어난 어린아이가 될 것이다. 순수하기 이를 데 없는 어린아이가 될 것이다. 그대의 행위는 이제 이 세상에 태어났을 때의 그 첫번째 진행 과정이기 때문이다. 인간의 모든 욕망은 빠는 행위의 결핍에서 비롯된다. 우리는 이 욕망을 채우기 위해 별짓을 다한다. 그러나 아무런 도움도 되지 않는다. 처음부터 초점이 틀렸기 때문이다. 다시 한번 빠는 행위 그 자체로 되돌아가지 않는다면 그대에게 도움을 줄 수 있는 것은 아무것도 없다.

나는 이 방편을 어떤 젊은이에게 일러주었다. 그는 열심히 수련을 거듭하고 난 뒤 나에게 왔다. 나는 그에게 물었다.

"이 세상의 모든 것 가운데 딱 한 가지만 가지라고 한다면 그대는 무엇을 택하겠는가? 두려워하지 말고 말해 보라."

그러자 그는 쑥스러운 듯이 말했다.

"참 어처구니없는 일입니다만, 제 앞에 어른거리는 것은 오직 유방입니다."

그는 그 말을 하면서 죄의식을 느끼는 것 같았다. 그래서 나는 그의 어깨를 두드려 주며 말했다.

"죄의식을 갖지 말라. 유방에 대한 생각으로 가득 차 있다는 것은 조금도 잘못된 것이 아니다. 얼마나 신비한 일인가? 왜 죄의식을 느끼는가?"

그는 머리를 긁적거리며 말했다.

"하지만 유방에 대한 생각이 밤낮으로 나를 누르고 있습니다. 왜 여자만 보면 유방에 눈이 갈까요. 여자를 볼 때마다 맨 먼저 유방을 보게 됩니다. 여자의 몸은 보이지 않고 오직 유방만 크게 확대되어 나타납니다."

그러나 이것은 그의 경우 뿐만이 아니다. 모든 사람들에게 공통된 점이다. 젖을 통해서, 어머니의 유방을 통해서 우리는 우주와 처음으로 연결되었기 때문이다. 이 때문에 유방은 그토록 우리에게 매혹적인 것이다. 이 마력적인 힘은 그대의 무의식에서부터 온다. 어머니의 유방은 그대의 생명력과 사랑을, 그리고 삶에 필요한 영양분을 주었기 때문이다. 어머니의 유방은 그대의 기억 속에 그렇게 부드럽고 포근할 수가 없다. 그러기에 모든 사람들의 마음에, 모든 남자들의 마음에는 유방에 대한 환영이 아직도 남아 있는 것이다.

그래서 나는 그에게 말했다.

"한 가지 방법을 가르쳐 주겠다. 무엇이든지 빨아라. 빨되 빠는 자로 남아 있지 말고 빠는 그 자체가 되어라. 두 눈을 감아라. 그리고 어머니의 유방을 생각하라. 아니면 그대가 좋아하는 여자의 유방을 생각하라. 그런 다음 실지로 젖을 빨듯이 그대 상상 속의 그 유방을 빨아라. 빨고 싶은 대로 얼마든지 빨아라."

그는 유방을 빨기 시작했다. 3일 밤낮을 정신없이 유방만 빨았다. 그는 나에게 이렇게 호소했다.

"문제가 생겼습니다. 하루 종일 유방만 빨고 싶습니다. 유방을 빨고 있으면 내 마음은 그렇게 편안하고 고요할 수가 없습니다."

3개월이 지나자 미친 듯 유방을 빨던 그의 행위는 하나의 만트라(mantra: 呪文)가 되었다. 조용한 명상이 되었다. 그때 다시 그는 나를 찾아와서 말했다.

"이상한 일이 일어났습니다. 달콤한 액이 끊임없이 혀 밑에 고입니다. 이 액을 마시게 되면 내 온몸은 에너지로 충만됩니다. 나는 이제 음식이 필요치 않습니다. 음식을 먹는 행위는 한낱 형식일 뿐입니다."

나는 그에게 석 달을 더 계속하라고 했다. 그로부터 석 달이 지난 어느 날 그는 춤을 추듯이 나에게 왔다.

"이제 빠는 그 행위는 완전히 사라져 버렸습니다. 그러나 나는 새사람이 되었습니다. 나는 석 달 전의 내가 아닙니다. 내 안에서 문이 열렸습니다. 내 안에서 뭔가 단단하고 고질적인 그 무엇이 부서져 버렸습니다. 이젠 나에게 아무런 욕망도 없습니다. 해탈도 니르바나도 필요없습니다. 신도 부처도 필요치 않습니다. 이제 모든 것은 있는 그대로 다 좋습니다. 나는 이 모든 것을 다 받아들이겠습니다. 나는 축복을 받았습니다."

이 방편을 수련하라. 빠는 자가 되지 말고 빠는 그 자체가 되라. 그것은 모든 명상 테크닉 중에서 가장 기본적인 것이기에 많은 사람들에게 도움이 될 것이다.

〈질문〉

"만약 우리가 이미 쓰여진 각본대로 연기를 하고 있는 배우라면 우리가 변형된다는 특별한 각본 없이 단지 명상을 통해서 어떻게 변형될 수 있습니까? 만약 변형된다는 특별한 각본이 이미 짜여져 있다면 뭣하러 힘들게 명상 수행을 합니까?"

이 질문은 처음 질문과 똑같은 것이다. 똑같은 어리석음이 담겨 있다. 나는 모든 것이 미리 정해져 있다고 말하지 않았다. 또한 이것이 우주를 설명하는 이론이라고도 말하지 않았다. 삶이 하나의 각본으로 이미 짜여져 있다는 것은 오직 그대의 생각을 바꾸어주기 위한 한 가지 방편이다.

인도에서는 사람들의 의식을 바꾸는 데 있어서 항상 이 운명에 관련된 방편을 이용해 왔다. 하지만 그것은 모든 것이 미리 정해져 있다는 뜻이 아니다. 전혀 그런 뜻이 아니다. 그것은 다른 의도가 있다. 그 의도는 그대가 모든 것을 꿈이라고 믿도록 하기 위한 것이다. 한번 그대가 이런 식으로 생각하면 모든 것을 그렇게 해석한다. 예를 들면 그대는 어느 특정한 날 죽게 될 것이다. 그 순간 모든 것은 꿈이 된다. 그런데 사실 그것은 미리 정해진 것이 아니다. 그것은 고정된 불변의 사실이 아니다. 아무도 그대에 대해서 그토록 많은 관심을 기울이지 않는다. 우주는 조금도 그대를 의식하지 못하고 있다. 그대가 죽을 때 우주는 눈물을 흘리지 않는다. 우주는 그대의 죽음에 대해서 무심하다. 그대의 삶과 죽음은 우주와 무관하다.

전 우주가 그대가 죽는 날짜를 미리 정해 놓고 기다리고 있을 만큼 그대가 중요한 존재라고 생각하지는 말라. 그런 생각은 완전히 착각이다. 그대가 우주의 유일한 주인공은 아니다. 그대가 존재하든 말든 우주는 아무런 차이가 없다. 하지만 사람들의 마음속에는 자신이 그토록 중요한 존재라고 믿는 어리석음이 계속 남아 있다. 그것은 어린 시절에 형성된 무의식인 것이다.

어린아이가 하나 태어난다. 그때 그는 이 세상에 그 무엇도 내

놓을 만한 것이 없다. 그러나 그는 이 세상으로부터 많은 것을 공급받아야 한다. 반면에 그는 그 은혜를 갚을 수가 없다. 그는 어떤 것도 이 세상에 되돌려 줄 수 없다. 그는 너무나 무능하다. 뿐만 아니라 그는 절대적인 도움이 필요하다. 음식과 사랑과 보호막이 필요하다. 그는 따뜻함이 필요하다. 그래서 그에게 필요한 모든 것이 제공되어져야만이 그는 겨우 생존할 수 있다.

인간의 아기는 절대적인 도움이 필요하다. 오직 인간만이 그렇다. 동물은 그럴 필요가 없다. 그래서 동물은 가족제도를 만들지 않는다. 하지만 인간의 아기는 너무나 무능하기 때문에 갓 태어나서 생존하는 데는 가족이 절대적으로 필요하다. 부모가 필요하다. 아니면 부모 역할을 대신해 줄 사회가 필요하다. 아기는 홀로 존재할 수 없다. 홀로 되는 순간 곧 그는 죽을 것이다.

아기는 매우 의존적이다. 그는 사람을 필요로 하고 음식을 필요로 하며, 필요한 모든 것을 요구한다. 그러면 아버지나 어머니가 그것들을 제공해 준다. 온 가족이 그에게 신경을 쓰고 그의 요구라면 무엇이든지 들어준다. 그때부터 그는 자신이 우주의 중심이라고 생각하기 시작한다. 모든 것이 자신의 요구대로 되기 때문이다. 그는 아무런 대가도 치르지 않는다. 단지 요구만 할 뿐이다. 그래서 마치 전 우주가 자기를 위해서 창조된 것으로 착각하기 시작한다. 전 존재계가 그의 요구를 충족시켜 주기 위해 기다리고 있는 것이다. 그리고 실제로 모든 요구는 이루어져야만 한다. 그것은 필수적인 것이다. 만약 그의 요구가 이루어지지 않으면 그는 죽게 될 것이다. 그의 요구는 그의 생존과 연결되어 있다.

하지만 필수적이라는 사실이 매우 위험한 것이다. 그의 요구가 필수적으로 이루어지는 것을 알고 나서부터 그는 자신이 우주의 중심이라는 생각을 갖고 자라게 된다. 그러면서 점점 더 많은 것을 요구한다. 그가 갓난아기였을 때에는 요구 사항이 매우 간단하다. 그것들은 얼마든지 들어줄 수 있는 것들이다. 하지만 나이를 먹으면서 그의 요구는 점점 커지고 복잡해진다. 어떤 때는 그의 요구를 들어주기가 불가능할 때도 있다. 그러면 거기에 좌절이 싹튼다. 그때까지 그는 자신이 우주의 중심이라는 것을 너무나도 당연하게 생각하고 있었기 때문이다. 그래서 이제 자신의 요구가 관철되지 않을 때 거기에 깊은 좌절감이 싹트기 시작하는 것이다. 그때부터 그의 머리에서는 왕관이 벗겨지기 시작한다. 어른이 되어 갈수록 그는 점점 중심에서 밀려난다. 그리고 어른이 되면 결국에는 완전히 체념하게 된다. 하지만 그의 무의식에는 여전히 자신이 중심이라는 생각이 자리잡고 있다.

종종 사람들은 내게 와서 운명이 미리 정해져 있는 것인지를 묻는다. 그들은 자신들이 이 우주에서 얼마나 귀하고 중요한지를 묻고 있다. 그토록 귀중한 자신이기에 자신의 운명은 미리 결정되어 있을 수밖에 없다고 생각한다. 그들은 이렇게 단도직입적으로 묻는다.

"내가 존재하는 목적이 무엇입니까? 왜 내가 창조되었습니까?"

이런 유치한 질문들은 모두 자신이 우주의 중심이라는 착각 속에서 생겨난 것들이다.

하지만 그대는 어떤 목적 때문에 만들어진 것이 아니다. 사실 아무 목적도 없이 생겨난 것이 그대에게는 훨씬 좋다. 그렇지 않다면, 그대의 존재에 무슨 목적이 있다면 그대는 그저 하나의 기계일 뿐이다. 기계는 어떤 목적을 위해서 이 세상에 나오게 된다.

인간의 발명품은 모두 나름대로의 존재 목적을 갖고 있다. 하지만 인간은 아니다. 인간의 존재 목적은 어디에도 없다. 인간은 단지 존재계의 덤으로 생겨난 것이다. 모든 것은 간단하고 자명하다. 꽃이 거기에 있고, 별이 거기에 있으며, 그대가 거기에 있다. 모든 것이 그저 존재할 뿐이다. 존재계는 어떤 목적도, 어떤 이유도 갖지 않는다. 오직 존재의 축제를 즐길 뿐이다.

모든 것이 미리 정해져 있다고 하는 생각은 문제가 많다. 우리는 그것을 하나의 이론으로 만들어서 운명론이라고 부른다. 하지만 사실은 아무것도 정해진 것이 없다. 이 이론은 단지 하나의 가설이며 또한 수단이다. 어떤 수단인가 하면, 그대가 삶이 미리 정해져 있다고 생각하면 그대는 그 삶을 한편의 드라마라고 여길 수 있기 때문이다. 예를 들면 만약 오늘 저녁에 내가 할말이 미리 정해져 있다면 나는 그 정해진 말에서 한마디도 바꾸지 말아야 한다. 만약 내가 한마디라도 바꾼다면 그때는 전과정에 혼란이 생길 것이다.

모든 것이 정해져 있다면, 모든 말이 우주나 신성 — 혹은 그대가 좋아하는 무슨 이름이라도 좋다 — 에 의해서 정해져 있다면 그때 나는 더 이상 내 말과 행동의 근원이 아니다. 그때 나는 하나의 참관인이 될 수밖에 없다.

만약 그대가 삶이 정해진 것이라고 여긴다면 그때 그대는 그것을 지켜볼 수 있다. 그러나 그것에 간섭할 수는 없다. 만약 그대가 인생의 실패자라면 그것은 미리 정해진 것이다. 혹은 그대가 사람들이 흔히 말하는 성공을 거둔다면 그것 또한 이미 정해진 길이었다. 그리고 그 둘은 모두 예정된 각본이며 그 가치 또한 똑같은 것이다. '라마야나(Ramayana)'라는 신화에서 하나가 악역을 맡은 라반(Ravan)이 되면 다른 하나는 람(RAM)이 될 수밖에 없다. 그래서 라반은 죄책감을 가질 필요도 없고, 람은 자신이 잘났다고 생각할 필요도 없다. 모든 것이 미리 정해져 있고 그대는 단지 배우이기 때문이다. 그저 무대 위에서 각본대로 움직일 따름이다.

그대가 배우라는 느낌, 그대가 연기를 하고 있다는 느낌을 받기 위해서는 그대의 삶은 미리 정해진 대로 흘러간다고 생각해야 한다. 하지만 어려운 점은 그런 방편이 운명론이라고 하는 이름으로 그대와 너무나 친숙해져 있다는 것이다. 그래서 그대의 생각을 바꾸는 데는 그 방편이 별로 영향력을 발휘하지 못한다. 사람들은 항상 삶을 운명이라고 생각하면서 살아왔다. 그래서 운명론은 너무나 익숙하다. 누가 그대에게 삶이 미리 정해져 있다고 말하면 그대는 코웃음을 칠 것이다. 누가 그런 것을 모르겠느냐고 말할 것이다. 사람들에게 있어서 운명론은 하나의 이론일 뿐만 아니라 거의 법칙이나 진리처럼 되어 버렸다. 그래서 삶이 정해져 있다는 생각만으로는 그대에게 삶을 관조할 수 있는 힘을 주지 못한다. 그 방편이 지니고 있는 효력을 충분히 거두지 못하는 것이다. 그것은 너무나 여러 번 자주 사용해서 이제 약효가 떨어져 버린 것이다.

그런데 그 방편이 도움이 된 한 가지 사례가 있었다. 내가 어떤 도시에 있을 때 한 남자가 나를 찾아왔다. 그는 이슬람교도였는데 말이나 행동이 힌두교도와 같았다. 나는 처음에 그가 이슬람교도인 줄 알지 못했다. 옷도 힌두교 복장을 하고 있었기 때문이다.

그는 나에게 한 가지 질문을 하면서 이렇게 말했다.

"이슬람교도나 기독교도들은 인생이 단 한 번밖에 없다고 합니다. 그런데 힌두교도나 불교도, 그리고 자이나교도들은 수많은 생이 있다고 합니다. 그들은 인간이 해탈하지 않는 한 끊임없이 다시 태어난다고 믿습니다. 그렇다면 당신은 어떻게 말하겠습니까? 만약 예수도 깨달은 사람이라면 그는 틀림없이 알았을 것입니다. 모세도 그렇고 모하메트도 그렇습니다. 그들이 깨달았다면 인생이 여러 개 있는지 단 하나밖에 없는지 분명하게 알았을 것입니다. 만약 그들이 옳았다고 당신이 말한다면 그때는 크리슈나나 마하비라, 혹은 붓다나 상카라에 대해서는 어떻게 말하겠습니까? 한 가지 분명한 것은 그들은 깨닫지 못했다는 것입니다. 깨달은 예수나 모세, 모하메트와는 다르게 말했기 때문에 말입니다.

기독교가 옳다면 그때는 붓다가 틀렸습니다. 크리슈나도 틀렸고 마하비라도 틀렸습니다. 반대로 붓다가 맞다면 예수와 모세 그리고 모하메트가 틀렸습니다. 그러니 내게 말씀해 주십시오. 나는 지금 매우 헷갈립니다. 어떤 쪽이 옳습니까? 단 한 번의 인생입니까? 아니면 수많은 생입니까?"

그는 매우 논리적이고 지적인 사람이었다. 그는 많은 지식을 갖고 있었다. 그리고 이렇게 덧붙였다.

"둘 다 옳다고 말한다 해서 이 질문을 벗어날 수는 없습니다. 둘 다 옳을 수가 없습니다. 그것은 완전히 논리적인 모순입니다. 하나가 옳으면 다른 하나는 반드시 틀렸습니다. 자, 뭐라고 말씀하시겠습니까?"

그래서 나는 이렇게 말했다.

"이럴 필요가 없다. 당신의 접근 방법이 틀렸다. 그것은 둘 다 하나의 방편이다. 어떤 것도 옳거나 틀릴 수 있는 것이 아니다. 그것들은 모두 하나의 수단이기 때문이다."

그는 내가 방편이라고 말하는 것을 이해하기가 불가능했다.

예수와 모하메트 그리고 모세는 마음의 한 가지 형태에 대해서 말한 것이다. 그리고 붓다와 마하비라 등은 또 다른 마음의 형태에 대해서 말했다. 그런데 결국 그것들은 종교의 두 가지 큰 줄기를 형성하게 되었다. 그것은 힌두이즘과 유태이즘이다. 윤회를 믿는 모든 종교는 힌두이즘에서 나왔다. 그리고 일회적인 인생을 믿는 기독교와 이슬람교 같은 종교는 유태이즘에서 나왔다. 그것들은 모두 이 두 가지 방편에서 출발한다.

이것을 이해하려고 노력해 보라. 우리의 마음은 고정되어 있다. 우리는 모든 사물을 방편이 아니라 이론으로 이해하려 한다. 그리하여 모든 것을 옳고 그름의 명제로 따지려 든다. 그래서 많은 사람들이 나에게 와서 이렇게 말한다.

"당신은 어제 이것이 옳다고 말했는데 오늘은 저것이 옳다고 말하고 또 둘 다 틀렸다고 말한다."

물론 둘 다 옳을 수는 없다. 아무도 둘 다 옳다고 말하지 않는다. 그러나 나는 어떤 것이 옳고 그른가에 관심이 없다. 나는 오직 어떤 방편이 효과가 있는지에 대해서만 관심이 있다.

그리고 인도에서는 생이 수없이 많다는 방편을 사용한다. 서구에서 나온 모든 종교는 유태인들의 사고방식에서 나온 것이다. 그들의 교리는 종교적으로 매우 빈약한 사상을 가진 사람에게서 나왔다. 그들의 예언자들은 대부분 교육을 받지 않은 사람들이었다. 예수도 그랬고 모하메트도 그랬다. 모세 역시 종교적인 것보다는 정치와 전쟁에 더 관심이 있었다. 그리고 그들의 가르침을 듣는 사람들 역시 사상적으로 풍부한 사람들이 아니었다. 그들은 매우 단순한 사람들이었다. 그리고 물질적으로도 가난했다.

가난한 사람들에게는 단 한 번의 생이면 충분하다. 그들은 굶주려 있고 죽어가고 있다. 만약 그대가 그들에게 생이 여러 개 있다고 말한다면, 그래서 계속 다시 태어날 것이라고 말한다면 가난한 사람들은 완전히 낙심하고 말 것이다. 그들은 이렇게 말할 것이다.

"수천 번의 생이라니? 죽어서 다시 태어난다니? 제발 그렇게 말하지 말라. 한 번이면 족하다. 이 한 번의 생만 마치면 천국에 갈 수 있도록 해달라. 두 번 다시 살고 싶지 않다."

이 한 번의 생으로 모든 끝장을 다 보기 위해서는 신이 반드시 필요하다. 오직 전능한 신만이 그렇게 할 수 있다.

한편 붓다나 마하비라나 크리슈나는 매우 부유한 사회에 그들의 가르침을 전했다. 그런데 오늘날에 와서는 그들의 말을 이해하기가 매우 어렵게 되었다. 오늘날은 서양이 잘살고 동양은 가난하다. 특히 인도는 정말 가난하다. 그래서 가르침을 위한 그들의 방편은 완전히 틀린 것이 되어 버렸다. 모든 힌두교의 아바타르(化身)들, 모든 자이나 교의 티르탕카(賢者)들, 모든 붓다(覺者)들은 그들의 출신이 왕자이거나 귀족의 자제였다. 그들은 높은 수준의 교육을 받았고 철학적이며 모든 방면에서 세련되어 있었다. 그대는 고타마 붓다보다 더 세련된 사람을 찾기 힘들 것이다. 그는 절대적일 만큼 세련된 사람이다. 더 이상 어떤 것도 그에게 덧붙일 것이 없는 사람이다. 그는 모든 것을 갖춘 사람이었다. 만약 붓다가 지금 여기에 앉아 있다고 해도 그는 더 갖추어야 할 것이 아무것도 없다.

그래서 그들은 부유한 사회를 향해 말했다. 기억하라. 부유한 사회는 문제가 매우 많다. 부유한 사회에서는 쾌락이 의미가 없다. 천국이 의미가 없다. 가난한 사회에서만이 천국이 호소력을 갖는다. 천국과 같은 사회 속에서 천국을 떠드는 것은 아무런 의미가 없는 것이다. 그들은 천국을 지겨워하고 있다.

그래서 붓다나 마하비라나 크리슈나는 천국에 대해 이야기하지 않았다. 대신에 그들은 자유에 대해서 이야기했다. 그들은 고통도 초월하고 즐거움도 초월한 세계에 대해서 말하고 있다. 예수가 말하는 낙원은 이미 그들이 누리고 있었다.

그리고 두번째로, 부유한 사람들에게 진짜 문제는 지루함이다. 가난한 사람들에게는 미래에라도 쾌락을 약속해주어야 한다. 가난한 사람들에게는 고통이 가장 큰 문제이다. 그러나 부유한 사람들은 고통이 문제가 아니다. 그들에게 진짜 문제는 지루함이다. 그들은 너무나 많은 쾌락으로 지쳐 있다.

마하비라와 붓다와 크리슈나는 모두 이 지루함을 이용했다. 그들은 이렇게 말했다.

"그대들이 아무것도 하지 않으면 계속 태어날 것이다. 그것은 끝이 없다. 윤회의 바퀴는 결코 그냥 멈추지 않는다. 잊지 말라. 지금과 똑같은 삶이 끝없이 반복될 것이다. 영원히 말이다."

모든 쾌락을 알고 있는 부자들에게는 삶이 계속된다는 말이 결코 좋은 말이 아니다. 그들에게는 반복이 문제다. 그들에게 지루함은 고통보다 더 나쁜 것이다. 그들은 뭔가 새로운 것을 원한다. 이 세상은 낡았고 오래됐다. 모든 것이 다람쥐 쳇바퀴 돌듯이 반복된다. 그래서 그들의 성자들은 이렇게 말했다.

"초월하라. 윤회의 바퀴를 벗어나라."

부자들에게는 지겨움에 대한 느낌이 강해지는 방편을 사용할 때만이 명상으로 옮겨갈 수 있다. 그러나 가난한 사람들에게는 지겨움이 아무런 의미가 없다. 그들은 결코 지겹지 않다. 그들은 항상 미래를 생각하고 있다. 그들에게는 약속이 필요하다. 하지만 약속이 너무 멀다면 그것 역시 의미가 없다. 그것은 지금 당장 이루어져야 한다.

예수는 이렇게 말했다.

"내가 살아 있는 동안에 너희의 세대가 다 지나가기 전에 직접 하나님의 나라가 임하는 것을 보게 될 것이다."

이 말은 20세기가 된 오늘날까지 수도 없이 많이 인용되었다. 그것은 '너희의 세대가 다 지나가기 전에'라고 말했기 때문이다. 그 말에 의하면 곧 그대는 신의 나라를 보게 된다는 뜻이다. 하지만 신의 나라는 아직 오지 않았다. 그렇다면 그 말은 무슨 뜻인가? 그 뜻은 '이 세상은 곧 끝날 것이니 시간을 낭비하지 말라'는 말이다. 예수는 이어서 이렇게 말했다.

"세월은 매우 짧다. 시간을 낭비하는 것은 어리석다. 곧 이 세상은 끝날 것이다. 그래서 그대는 내 말을 믿어야 한다. 그렇지 않으면 후회할 것이다."

예수는 한 번의 생을 강조하므로써 긴박감을 불러일으켰다. 그는 알고 있었다. 그리고 붓다와 마하비라 역시 알고 있었다. 하지만 그들이 무엇을 알고 있는지는 말하지 않았다. 오직 그들이 사용한 방편만 알려져 있을 뿐이다. 그리고 이것 역시 그대로 하여금 바로 행동에 옮기도록 긴박감을 만들어 내는 하나의 방편이다.

인도는 오래된 나라이며 옛날에는 매우 부자였다. 그래서 그들에게는 미래에 대한 약속이 별로 의미가 없다. 그들에게 간절함과 긴박감을 만들어 내는 데는 오직 한 가지 방편밖에 없었다. 그것은 바로 더 많은 지루함을 느끼게 하는 것이다. 만약 사람이 한도 없이 계속 태어나고 또 태어나서 똑같은 삶을 산다고 한다면 그는 아마 지루함을 느낄 것이다. 그리고 즉시 이렇게 물을 것이다.

"그렇다면 내가 어떻게 해야 이 굴레에서 벗어날 수 있겠는가?

더 이상 나에게 새로운 것은 없다. 내가 이미 알고 있는 것이 계속 반복된다면 그것은 완전히 악몽이다. 나는 그것을 반복하고 싶지 않다. 나는 새로운 것을 원한다."

그래서 붓다와 마하비라는 이렇게 말했다.

"하늘 아래 새로운 것은 없다. 모든 것이 진부한 것이며 반복일 뿐이다. 그대는 수많은 생을 계속 되풀이해서 태어나고 죽어야 한다. 그러므로 이 굴레를 자각하라. 이 지겨움을 절실하게 절감하고 그것으로부터 탈출하라."

방편은 다르다. 그러나 목적은 동일하다. 도약하라! 비상하라! 그대 자신을 변형시켜라. 그대가 무엇이든지간에 그것으로부터 자신을 초월시켜라.

우리가 그 종교적 교리들을 하나의 방편으로 받아들일 수 있다면 거기엔 아무런 모순도 없다. 그때 예수와 크리슈나, 모하메트와 마하비라가 같은 것을 말하고 있음을 알게 된다. 그들은 각각 다른 사람들에게 다른 방편을 이야기한 것이다. 하지만 그 원리는 다르지 않다. 그 원리는 그대를 변형시키는 것이다.

오늘은 이만!

그대의 마음을 쉬게 하는 방편들

이 방편들은 그대로 하여금 중심을 찾고
거기에 머무를 수 있도록 도와줄 것이다.

그대의 마음을 쉬게 하는 방편들

10

사랑의 달콤한 애무를 받을 때 사랑 자체가 되면
어여쁜 공주는 영원한 생명 속으로 들어간다.

11

개미가 기어가는 것을 느낄 때 감각의 문을 닫아라.
그때 그것이 일어나리라.

12

침대에 눕든지 자리에 앉든지 그대 자신을
무중력 상태에 있게 하라. 그때 마음을 넘어선다.

인간은 중심을 갖고 있다. 그러나 그 중심에서 벗어나서 살아간다. 그 때문에 내면에서 긴장이 싹튼다. 그리고 끊임없이 갈등과 고뇌를 느낀다. 그대가 있어야 할 자리에 그대는 있지 않다. 그대는 올바른 균형을 잡지 못하고 있다. 그대는 균형을 잃었다. 그것은 중심에서 벗어나 있기 때문이다. 그리고 그 상태는 모든 정신적 긴장을 초래한다. 그것이 심해지면 그대는 결국 미치게 된다. '미친 사람(madman)'은 자신 밖으로 완전히 벗어난 사람을 의미한다. 그리고 '깨달은 사람(Enlightened man)'은 미친 사람의 역(逆)이다. 그는 자신의 중심에 이른 사람이다.

그대는 그 중간에 있다. 그대는 자신 밖으로도 완전히 나가지 않았고 그렇다고 중심에 이른 것도 아니다. 그 사이에서 어중간하게 머물러 있다. 어떤 때에는 중심에서 갑자기 멀어진다. 섹스 속에서, 분노 속에서, 그대가 빠져드는 그 어떤 것 속에서 그대는 일순간 미치게 된다. 그때는 미친 사람과 별반 차이가 없다. 차이가 있다면, 한쪽이 영구적이라면, 한쪽은 일시적이란 것뿐이다. 그대는 다시 되돌아온다.

그대가 분노 속에 있을 때 그것은 미친 것이다. 그러나 영구적이지는 않다. 하지만 질적으로는 차이가 없다. 단지 양적인 차이가 있을 뿐이다. 그대가 중심에서 멀어질 때 그대는 미친다. 그러다가도 중심에 가까워지면 일순간 그대는 지복을 경험한다. 그때 그대는 잠깐 동안 붓다나 크리슈나처럼 된다. 그러나 그 순간은 매우 짧다. 그대는 그곳에 머무를 수 없다. 그대가 그 자리에 왔음을 인식하는 순간 그대는 이미 벗어나 있다.

우리는 이 둘 사이를 왔다갔다한다. 그리고 그런 움직임은 위험하다. 왜냐하면 그대는 자신의 이미지, 확립된 자아상이 없기 때문이다. 그대는 자신이 누구인지 모른다. 그대가 계속 주기적으로 자기의 중심과 미친 상태 사이를 왔다갔다하면 그대는 어떤 확고한 자기 영상을 잡을 수가 없다. 그렇게 되면 일은 매우 어려워진다. 그대가 지복의 순간을 기대하기라도 한다면 그때 그대는 두려워하게 된다. 자신의 본모습이 무엇인지 모르기 때문이다. 언제 원치 않는 상태가 불쑥 나타날지 모르기 때문이다. 그래서 그대는 자신의 모습을 확인하려 하지만 그것은 불가능하다.

그리고 우리가 말하는 정상적인 인간이란 이 두 극단을 매우 천천히 움직이는 사람이다. 그는 완전히 미칠 수도 없고 그렇다고 해서 중심에 이르지도 못한다. 이러지도 못하고 저러지도 못하는 상태가 바로 보통의 인간이다. 그는 분노 속에서도 광적인 상태를 확실하게 느낄 수 없고, 또한 엑스터시 속에서도 전적인 자유를 맛볼 수 없다. 그는 이도저도 아니다. 두 극점에서 본다면 그는 죽은 것과 다름없다. 따라서 정상적인 사람은 죽은 인간이다. 누구도 여기에서 예외일 수 없다. 그러므로 위대한 예술가나 시인, 화가들은 모두 정상이 아니다. 그들은 매우 유동적이다. 어떤 때에는 중심에 이러렀다가도 급격하게 미치기도 한다. 그들은 이 양 극 사이를 매우 빠르게 오간다. 그들은 자신들의 동일시를 갖지 못한다. 콜린 윌슨의 말대로 그들은 자신들을 '아웃사이더'라고 부른다. 정상적인 세계에서 보면 그들은 분명 아웃사이더들이다.

그래서 인간을 네 가지 타입으로 나눌 수 있다. 첫번째는 정상적인 인간형이다. 그들은 고정된 동일시를 갖고 있다. 그들은 자신들이 누구인지 알고 있다고 생각한다. 의사나 교수, 기술자나 심지어는 성자라고까지 생각한다. 그들은 자신들의 신분에 집착한다. 두번째 타입은 매우 유동적인 자아상을 갖고 있는 사람들이다. 그들은 진정한 의미에서 사업가가 아닌 시인, 화가, 혹은 예술가로 불리는 이들이다. 그들은 자신들을 무엇이라고 딱히 지정할 수 없다. 어떤 때는 정상적인 사람으로 보이지만 어떤 때는 미치기도 하고 어떤 때는 붓다 같은 환희를 맛보기도 한다. 세번째는 완전히 미쳐 버린 사람들이다. 그들은 영구적으로 자신을 떠나 버린 사람들이다. 그들은 자신의 소속이 어디인지를 완전히 잊어버렸다. 그리고 네번째 유형이 바로 그들의 집에 도착한 사람들, 중심에 이른 사람들이다. 그들은 붓다나 그리스도 같은 사람들이다.

이 네번째 유형은 완전히 이완되어 있는 사람들이다. 완전히 그 마음이 푹 쉬어 버린 사람들이다. 그들의 의식 속에 긴장이란 것은 찾아볼 수 없다. 노력이나 욕망도 없다. 한마디로 말하자면 뭔가 되려 하지 않는다. 그들은 어떤 상태도 꿈꾸지 않는다. 그들은 그저 존재할 뿐이다. 그들은 있는 그대로의 상태로 만족한다. 어떤 것도 변하려고 하지 않는다. 어떤 곳으로도 가고 싶어하지 않는다. 그들에게는 미래가 없다. 바로 이 순간이 그들에게는 영원이다. 그들은 자신의 욕망을 투사하지 않는다. 내일을 꿈꾸지 않는다.

이 점을 명심하라. 그대는 계속 내일을 향해 살고 있다. 미래를 꿈꾸고 과거의 추억에 집착한다. 그대의 몸은 현재에 있지만 마음은 과거와 미래를 쉴 새 없이 오간다. 그대가 잠이 들었을 때라도 그대의 마음은 걸음을 멈추지 않는다.

그러나 붓다는 오늘을 산다. 그는 바로 이 순간에 존재한다. 그것은 그의 모든 것에 적용된다. 태양이 내리쬐면 더운 대로, 찬바람이 불면 추운 대로 느낀다. 더 나은 환경을 꿈꾸지 않는다. 더 나은 상태를 상정해 놓지 않는다. 그는 지금 이 순간에 다가오는 것이면 무엇이든지 받아들인다. 뭔가 되려고 하지 않으면 거기에는 긴장이 없다. 이 점을 명확하게 이해하라. 만약 뭔가가 되고 싶지 않다면 긴장할 것이 어디 있겠는가? 긴장은 지금 그대의 상태가 아닌 어떤 것이 되기를 원한다는 뜻이다. 그대는 갑인데 을을 원한다. 그대는 가난한데 부자가 되기를 원한다. 그대는 못생겼는데 미인이 되고 싶어한다. 그대는 우둔한데 지혜로운 자가 되려 한다. 그대가 원하는 것이 무엇이든지, 일단 그대가 뭔가를 원한다면 거기에는 항상 불만족이 뒤따른다. 그래서 그 빈 자리를 메꿀 뭔가가 또 필요하다. 모양만 바뀔 뿐 욕구불만은 계속되는 것이다. 그리고 붓다는 이 상태를 트리쉬나(渴愛)라고 불렀다.

그대는 하나의 삶에서 다른 삶으로, 하나의 세계에서 다른 세계로 옮겨 간다. 그것은 끝없이 계속되고 무한하다. 욕망은 끝이 없는 것이다. 그러나 그대가 뭔가가 되려는 것을 포기할 때 그대는 지금 있는 그대로를 전적으로 받아들인다. 그대가 어떤 상태에 있든지 말이다. 추하거나 아름답거나, 우둔하거나 지혜롭거나, 부자거나 가난뱅이이거나 그대는 더 이상 다른 사람과 비교하지 않는다. 더 이상 다른 것을 추구하지 않기 때문에 비교할 필요가 없다. 그때 긴장은 존재하지 않는다. 존재할 수가 없다. 번뇌도 있을 수가 없다. 그대는 푹 쉬게 된다. 그대는 걱정하지 않는다. 그것이 곧 무위(無爲)의 마음이다. 자신의 중심에 이른 마음이다.

이것은 미친 사람의 마음과 완전히 반대이다. 미친 사람은 어떤 존재(Being)도 갖고 있지 않다. 그는 끊임없이 뭔가가 되려고 하는 사람(becoming)이다. 그는 자신이 누구인지 완전히 잊어버렸다. 자신이 갑이라는 사실을 완전히 잊어버리고 을이 되려고 발버둥친다. 오직 앞만 바라보고 뭔가가 되고자 애를 쓴다. 따라서 그는 극도로 긴장되어 있다. 긴장하지 않고서는 미칠 수 없다. 미치는 사람은 극도의 긴장을 소화할 수 없게 될 때 미치게 된다. 그는 지금 여기에 머무를 수 없다. 그는 끊임없이 뭔가를 하려고 하고 어디론가 가려고 한다. 그래서 우리 눈에는 그가 미친 것처럼 보이는 것이다. 그는 우리와 함께 있어도 여기에 있는 것이 아니다. 그는 다른 세계에 살고 있다. 그의 마음은 끝없이 찾아 헤맨다. 그는 지금 여기에 있는 자신의 실체를 완전히 잃어버렸다. 그는 비현실의 세계에 살고 있고 그것은 그에게 유일한 현실이다.

붓다는 바로 이 순간의 존재 속에 산다. 미친 사람은 그와 정반대이다. 그는 지금 여기에서, 존재 속에서 결코 살지 못한다. 그는 항상 뭔가가 되려 한다. 이 둘은 양극이다.

그리고 잊지 말라. 미친 사람은 그대의 반대편이 아니다. 그는 붓다의 반대편에 있다. 붓다 역시 그대의 반대편이 아니다. 그는 미친 사람의 반대 극부이다. 그대는 단지 그 사이에 있다. 그대는 그 두 가지가 섞여 있다. 그대는 미친 증세도 갖고 있고, 깨달음의 요소도 갖고 있다. 그리고 지금 나는 그대가 갖고 있는 깨달음의 요소를 예를 들어 설명해 보려고 한다.

때때로 중심에서 갑자기 섬광 같은 일별이 일어난다. 만약 그대가 이완되어 있다면 그때 그 순간들이 그대에게 감지될 수 있다. 그때 짧은 순간이지만 그대는 사랑 속에 있다. 그리고 드디어 그대의 연인과 하나가 된다. 그것은 오랜 바람이었고 오랜 노력이었다. 드디어 그대는 사랑하는 사람과 하나가 되었다. 그 순간 그대의 마음은 떨어져 나간다. 그대는 그대의 사랑하는 이와 하나가 되려고 오랫동안 노력해 왔다. 그때까지 마음은 끊임없는 방황을 했다. 그대의 연인에 대해서 마음은 생각하고 또 생각을 한다. 그런데 이제 사랑하는 사람은 거기에 있고 갑자기 마음은 아무런 생각도 할 수 없게 되었다. 지금까지 해오던 사고의 과정은 더 이상 지속되지 않는다. 마음은 그냥 그대로 사라져 버린 것이다.

사랑하는 사람이 그곳에 있는 순간, 거기에는 어떤 욕망도 없다. 그대는 완전히 이완된다. 그리고 그때까지 전전긍긍하면서 짊어져 왔던 그대 자신을 가볍게 던져 버린다. 그대가 자신을 쉽게 던져 버릴 수 있을 만큼 사랑하는 사람이 그대에게 중요해지지 않는 한 그것은 사랑이 아니다. 마음이 사랑하는 사람의 현존 앞에서도 사라지지 않고 계속 작용할 수 있다면 그것은 사랑이 아니다.

때때로 갑자기 마음이 멈춰버리는 일들이 벌어진다. 그 순간에는 욕망이 없다. 사랑은 다른 말로 표현하자면 '욕망 없음'이다. 이 말을 이해하라. 그대는 사랑을 원할 수도 있다. 그러나 사랑은 욕망 없음이다. 사랑이 일어날 때 욕망은 사라진다. 마음은 조용해지고 이완되면서 녹아 버린다. 이제 더 이상 그 무엇이 되려고 하지 않는다. 이제 더 이상 갈 데가 없다.

그러나 이런 순간은 일생에 있어서 단지 몇 순간뿐이다. 전혀 일어나지 않을 수도 있다. 그대가 누군가를 진정으로 사랑한다면 그것은 짧은 순간이지만 그대는 몇 번 경험해 볼 수 있다. 그것은 하나의 충격이다. 그 충격 앞에서 마음은 멈출 수밖에 없다. 그 앞에서 마음의 기능이란 정말로 쓸모없고 우스꽝스러운 것이기 때문이다. 그대가 오랫동안 갈망하던 사람이 그대 앞에 나타났을 때 어떻게 행동해야 할지 모르게 되는 것처럼 말이다.

그 짧은 순간 동안에 마음의 모든 기능이 작동을 멈추어 버린다. 그대는 중심에서 푹 쉬게 된다. 그대는 존재를 맛볼 수 있다.

그대의 중심을, 행복의 근원을 만지고 느낄 수 있다. 그대는 지복으로 가득 찬다. 그리고 그 향기가 그대를 감싼다. 갑자기 그대는 이전의 그대가 아니다. 전혀 다른 사람이 되어 있다.

사랑을 하게 되면 사람이 그토록 많이 변화하는 것도 바로 그런 이유이다. 그대가 사랑에 빠져 있을 때는 그것을 숨길 수가 없다. 그것은 불가능하다! 그대가 만약 사랑 속에 있다면 그대의 눈동자에서, 얼굴에서, 걸음걸이에서, 앉는 모습에서, 그대가 하는 모든 행동에서 그것이 나타난다. 그대는 사랑하기 이전의 그대와 전혀 다른 사람이 되었기 때문이다. 그대는 바라는 마음이 없어졌다. 짧은 순간이지만 한 명의 붓다가 된 것이다. 하지만 이 순간은 오래 지속되지 않는다. 그것은 충격에서 온 것이기 때문이다. 즉시 마음은 새로운 살기를 찾는다. 생각을 다시 일으키기 위해서 실마리를 찾는 것이다. 예를 들면 드디어 그대가 목표를 달성했다고 마음은 생각하기 시작한다. 그리고 이어서 이렇게 되묻는다.

'오늘 드디어 나의 사랑하는 사람과 하나가 되었다. 그런데 내일도 오늘과 똑같을 수 있을까?'

마음은 이제 제 본모습을 드러내기 시작한다. 마음이 그 기능을 작동시키는 순간부터 그대는 다시 뭔가가 되려는 병이 도지게 된다.

때때로 사랑의 길을 통하지 않고서도 단지 지겨움 때문에 마음이 그 욕망을 멈출 수 있다. 그때도 역시 그대는 중심에 이를 수 있다. 사람이 자신의 모든 삶이 전적으로 지겨워질 때 그는 생각하거나 욕망하는 행위를 멈출 수 있다. 그 어떤 희망도 없이 철저하게 좌절할 때에도 그는 자신의 중심에 이를 수 있다. 그때 그의 마음은 갑자기 사라진다. 그리고 드디어 자신의 집에 이르게 된다. 더 이상 어디로도 갈 필요가 없다. 모든 문들은 닫혀지게 되고 희망은 사라졌다. 더 이상 어떻게 되려고 하지 않는다. 하지만 그대의 마음은 기본적인 원리를 갖고 있기 때문에 그것 역시 오래가지 않는다. 짧은 순간은 그것이 지속되겠지만 갑자기 그대의 마음은 살아난다. 그대는 아무런 희망도 없이 존재할 수 없다. 왜냐하면 그렇게 해서 살아온 적이 없기 때문이다. 그렇게 되면 죽는다고 생각해 왔기 때문이다. 그대는 어떤 욕망을 만들어 내어야만 한다고 생각한다.

어떤 상황에서 갑자기 마음이 그 기능을 멈출 때 그대는 중심에 이르게 된다. 그대는 휴일을 맞은 것과 같다. 교외로 나가 숲속에서 쉬고 있거나 바캉스를 떠나 바닷가에서 일광욕을 하고 있는 것과 같다. 그때 갑자기 그대의 일상적인 마음이 작동을 멈춘다. 거기에는 사무실도 없고 일도 없다. 더군다나 남편이나 마누라도 없다. 갑자기 매우 새로운 상황이 전개된다. 마음은 그것에 맞추어 기능하게 되기까지는 시간을 필요로 한다. 그 신선함이 가셔지지 않는 동안 그대는 잠시 이완할 수 있다. 그대의 중심에 잠시 머물 수 있다.

이 잠시의 순간 동안 그대는 붓다가 된다. 그러나 이것은 잠시뿐이다. 그때 맛본 경험을 그대는 잊을 수가 없어서 계속 그 경험을 맛보기 위해 어떤 것에 몰두한다. 그것은 섹스가 될 수도 있고, 마약이 될 수도 있으며, 도박이 될 수도 있다. 어쨌든 잠시 마음을 멈추게 할 만큼 신선한 것이면 무엇이든지 찾아 헤맨다. 하지만 그대는 이 점을 명심해야 한다. 그 경험은 저절로 일어나는 것이지 그대가 의도해서 일어나게 할 수는 없다. 그대가 의도하는 것은 이미 마음의 작용이 거기까지 손을 뻗쳤다는 뜻이다. 따라서 의도적으로 마음을 멈추게 하겠다는 것은 어불성설이다.

하지만 그런 경험은 누구에게나 일어난다. 그대가 어떤 사람을 사랑한다. 그를 처음 본 순간 그대의 마음이 멈춘다. 황홀해지는 것이다. 그래서 그대는 그와 결혼을 한다. 그 이유는 계속해서 그 경험을 맛보기 위해서이다. 하지만 그 경험은 그대가 결혼하지 않았을 때 일어난 것이다. 이제 상황은 완전히 달라졌다. 두 사람이 처음 만났을 때에는 뭔가 신선한 것이 있었다. 그때 마음은 잠시 기능을 멈춘다. 그들은 완전히 그 신선한 분위기에 압도된다. 그들은 이렇게 생각한다.

'이건 굉장한 순간이다. 나는 매일 이 순간을 경험하면서 살고 싶다. 그래서 나는 이 사람을 놓치면 안된다! 결혼해야지.'

마음은 모든 것을 파괴할 것이다. 결혼은 마음이 작용한 산물이다. 그러나 사랑은 자발적인 것이다. 결혼은 계산적이다. 그것은 하나의 사업과 같은 것이다. 그래서 그대는 결혼을 해놓고 그 순간을 기다린다. 하지만 그 순간은 결코 오지 않는다. 이것이 바로 결혼한 모든 남녀가 좌절감을 느끼는 이유이다. 그들은 과거에 경험했던 어떤 순간을 기다리지만 그것은 다시 찾아오지 않는다. 이제 그대는 하나도 새롭지 않다. 사랑은 진부해졌고 모든 것이 기대에도 미치지 못한다. 이제 사랑은 하나의 의무가 되었고 조금도 재미있지 않다. 처음에는 무척 재미가 있어서 깨가 쏟아졌겠지만 이제는 지겹기까지 하다. 그대의 마음이 이 모든 것을 변화시켰다. 이제 그대는 더 큰 것을 기대하지만 그대의 기대가 크면 클수록 그 경험이 다시 일어날 가능성은 점점 작아진다.

이런 식의 일들은 비단 결혼 뿐만 아니라 도처에서 벌어지고 있다. 그대는 새로운 스승을 찾아가고 만남의 첫 순간 새롭다. 그의 말, 그의 동작, 그의 모든 것이 새롭게 다가온다. 그때 갑자기 그대의 마음은 기능을 멈춘다. 그때 그대는 이렇게 생각한다.

'내 앞에 있는 이 사람은 진짜 스승이다. 나는 이제 매일 여기에 와야지.'

그렇게 생각하는 것은 그대가 그 스승과 결혼하는 것이다. 그리고 점점 좌절감이 생기기 시작한다. 그대는 애써 그것을 부인하지만 그대의 마음은 실망의 끈을 늦추지 않는다. 결국 그대는 스스로에게 이렇게 말한다.

"이 스승은 좀 엉터리인 것 같다. 처음에 가졌던 경험은 환상일 것이다. 아마 그 엉터리 스승이 나에게 최면을 걸었나 보다. 그것은 진짜가 아니다."

그것은 진짜다. 그대의 진부한 마음이 그것을 가짜로 만들어 버렸다. 그대가 경험한 것은 아무런 예상도 하지 못했을 때 일어난 경험이다. 하지만 그 다음부터는 모든 것을 예상하고 기대하기 시작한다. 그러면 결코 마음은 멈추지 않는다. 무슨 일이 일어나든지 그대의 마음은 그것을 소화시킬 만반의 준비를 갖추고 있다.

이제 그대는 매일을 기대감으로 산다. 그것은 닫혀진 마음이다. 하지만 그런 경험은 새로운 상황에서만 일어난다. 예상하지 못한 상황에서만이 그대의 마음이 열리기 때문이다. 그렇다고 해서 내 말이 매일 새로운 상황을 만들어 내라는 뜻은 아니다. 그대의 마음이 어떤 틀을 만들어 내지 못하도록 하라는 뜻이다. 그대의 마음이 미래로 달아나지 못하도록 하라는 뜻이다. 그때 그대의 스승은 매일 새롭게 보일 것이다. 그리고 그대의 도반(道伴) 역시 새롭다. 사실 마음을 제외한 이 세상의 모든 것은 새롭고 신선하다. 늙고 진부한 것은 오직 마음뿐이다. 그것은 항상 오래된 것으로 남아 있다.

태양은 매일 아침 새롭게 떠오른다. 오래된 태양, 낡은 태양은 없다. 달도 새롭다. 꽃도 새롭고 나무도 새롭다. 모든 것이 새롭다. 그대의 마음만 제외하고 말이다. 그대의 마음은 항상 낡아 있다. 왜냐하면 마음은 과거를 필요로 하기 때문이다. 경험을 축적하고 경험을 투사하기까지 한다. 마음은 과거를 필요로 하고 생명은 현재를 필요로 한다. 생명은 항상 존재의 축복이 담겨 있다. 그러나 마음은 그렇지 않다. 그대가 마음의 작용을 허용하는 한 거기엔 항상 불행이 뒤따른다.

그리고 다시는 자발적인 순간들이 되풀이되지 않는다. 그러면 어떻게 해야 하겠는가? 어떻게 존재의 중심에서 편히 쉬는 순간을 지속시킬 수 있겠는가? 이것을 위해 여기에 세 가지 방편이 소개되어 있다. 이것은 그대의 마음을 푹 쉬게 한다. 그대의 신경을 완전히 이완시켜 준다.

그러면 어떻게 해야 존재의 중심에 머물러 있을 수 있는가? 어떻게 해야 다시는 더 이상 무엇이 되려는 병에 걸리지 않을 수 있는가? 그것은 쉬운 일이 아니다. 지극히 어려운 일이다. 그러나 여기에 소개되는 이 방편들이 도와줄 수 있다. 이 방편들은 그대로 하여금 중심을 찾고 거기에 머무를 수 있도록 도와줄 것이다.

10

사랑의 달콤한 애무를 받을 때 사랑 자체가 되면 어여쁜 공주는 영원한 생명 속으로 들어간다.

시바는 사랑으로 시작한다. 첫번째 방편은 사랑과 연관되어 있다. 사랑은 그대가 할 수 있는 이완의 경험 중에 가장 쉬운 것이기 때문이다. 만약 그대가 사랑을 할 수 없다면 그때는 이완하는 것이 불가능하다. 그대가 이완할 수 있다면 그대의 삶은 사랑의 삶이 될 것이다.

긴장하고 있는 사람은 사랑할 수 없다. 왜 그런가? 긴장한 사람은 항상 뚜렷한 목적이 있기 때문이다. 그는 돈을 벌어야지 사랑을 해서는 안된다. 사랑은 목적이 없는 것이다. 사랑은 상품이 아니다. 그대는 사랑을 사 모을 수도 은행에 저축할 수도 없다. 사랑을 통해서 그대의 에고를 강화시키는 어떤 것도 할 수 없다. 실제로 사랑은 가장 어리석은 행동이다. 그것은 어떤 이유나 목적도 갖지 않는다. 그것은 다른 어떤 것을 위해 있는 것이 아니라 그냥 스스로 존재하는 것이다.

그대는 어떤 것을 위해서 돈을 번다. 돈은 하나의 수단이다. 그대는 집을 짓는다. 그것 역시 어떤 목적을 위한 하나의 수단이다. 하지만 사랑은 수단이 아니다. 왜 사랑을 하는가? 대관절 사랑을 통해 무엇을 하려 하는가? 사랑은 그것 자체로 궁극이며 끝이다. 하지만 마음은 너무나 계산적이다. 그것은 항상 어떤 목적을 갖고 있다. 그래서 긴장할 수밖에 없다. 목적은 반드시 미래에 성취되는 성질의 것이기 때문이다. 그것은 결코 지금 여기 함께 있는 것이 아니다.

그대는 집을 짓는다. 하지만 지금 당장 그 집에서 살 수는 없다. 그대는 먼저 집을 완공해야 한다. 그 다음에, 미래에 그 집에서 살 수 있다. 그대는 돈을 벌 수 있다. 은행 잔고는 미래의 어느 시점에 불어날 수 있다. 지금 당장 불어나는 것이 아니다. 그처럼 수단은 항상 미래에 끝난다.

그러나 사랑은 항상 지금 여기에 존재하는 것이다. 사랑에는 미래가 없다. 사랑이 명상과 가까운 것도 바로 이런 이유이다. 그리고 죽음 역시 명상과 가깝다. 죽음은 항상 지금 여기에 함께 있기 때문이다. 그것은 결코 미래에 일어날 수 없다. 그대는 미래에 죽을 수 있는가? 그대는 오직 지금 이 순간에만 죽을 수 있다. 아무도 미래에 죽을 수 없다. 어떻게 그대가 미래에 죽을 수 있겠는가? 지금 당장 죽든지 그렇지 않으면 죽지 않을 뿐이다. 마찬가지로 과거에 죽을 수도 없다. 과거는 이미 지나갔고 미래는 아직 오지 않았는데 그대가 어떻게 과거나 미래에 죽을 수 있겠는가?

죽음은 항상 지금 이 순간에만 일어날 수 있다. 죽음, 사랑, 명상 이런 것들은 모두 그렇다. 그래서 그대가 죽음을 두려워한다면 그대는 사랑도 할 수 없다. 그대가 사랑을 두려워한다면 명상도 할 수 없다. 그대가 명상을 두려워하는 한 그대의 삶은 쓸모없는 인생이다. 물론 어떤 목적상 쓸모없다는 말이 아니다. 그대는 삶을 통해서 어떤 지복의 순간도 경험할 수 없다는 말이다. 그런 삶은 거칠고 황폐하기 짝이 없다.

이 세 가지 문제, 즉 사랑, 명상, 죽음 같은 것과 그대의 삶이 밀접하게 결부되는 것이 이상스럽게 보일 수도 있다. 사실 그것들은 서로 유사한 경험들이다. 만약 그대가 한 가지만 확실히 경험해 볼 수 있다면 다른 두 가지는 안해 봐도 잘 알 수 있다.

시바는 사랑과 함께 시작한다. 그는 이렇게 말한다.

"사랑의 달콤한 애무를 받을 때 사랑 자체가 되면 어여쁜 공주는 영원한 생명 속으로 들어간다."

도대체 이것이 무슨 뜻인가? 거기에는 많은 의미가 담겨 있다. 첫째 그대가 사랑을 하고 있을 때에는 과거가 멈춘다. 미래도 생각나지 않는다. 그대는 현재의 차원 속에 있다. 그대는 지금이라는 순간 속에 있다. 그대는 누구를 사랑해 본 적이 있는가? 그랬다면 그대는 거기에 마음이 더 이상 존재하지 않는다는 사실을 알고 있을 것이다. 그래서 소위 현자라고 불리는 사람들은 사랑이 눈먼 짓이며 미친 행동이라고 일찍이 말했다. 그들은 핵심을 찔러 말했다. 사랑에 빠진 사람들은 장님들이다. 그들은 무엇을 해야할지 계산을 하지 않는다. 그들은 과거나 미래를 볼 수 없다. 그들은 오직 지금 여기에만 존재한다. 그래서 우리는 무모하리만큼 불행한 사랑의 사건들을 동서고금을 통해 많이 볼 수 있다. 사랑 속에서는 내일을 헤아리지 않기 때문이다. 사랑에 빠지면 지금 실재하는 것밖에 볼 수 없다. 그래서 진실만을 볼 수 있다.

여기에 이해하기 매우 미묘한 것이 있다. 과거나 미래가 없으면 우리는 이 순간을 현재라고 부를 수 있겠는가? 현재란 반드시 과거와 미래의 두 기둥 사이에 존재할 수 있는 것이다. 그것은 항상 상대적인 것이다. 과거와 미래가 없으면 우리는 무엇을 보고 현재라고 부르는가? 그것은 아무런 의미가 없다. 그래서 시바는 '현재'라는 말을 사용하지 않았다. 그는 그것을 '영원한 생명'이라고 불렀다.

우리는 시간을 세 부분으로 나눈다. 과거, 현재, 미래로 말이다. 사실 그런 구분은 완전히 엉터리이다. 시간은 오직 과거와 미래뿐이다. 현재는 시간에 속한 부분이 아니다. 현재는 영원의 부분이다. 흘러간 것이 시간이다. 그리고 다가올 것이 시간이다. 그러나 지금 존재하는 상태는 시간이 아니다. 그것은 결코 흐르지 않기 때문이다. 그것은 항상 거기에 있다. 지금 이 순간은 언제나 여기에 있다. 지금 이 순간은 영원이다.

만약 그대가 과거에서 논다면 그대는 결코 현재로 들어올 수 없다. 과거는 항상 미래로만 통해 있기 때문이다. 과거에서 현재로 들어오는 문이 없다. 그리고 그대가 현재 속에 있다면 절대로 미래에 들어갈 수 없다. 과거와 미래는 서로 통하지만 현재는 오직 현재 속에서만 깊어질 따름이다. 그대는 더더욱 현재 속으로 들어갈 뿐이다. 그리고 이것은 영원한 생명이다.

과거에서 미래까지는 시간이라고 부른다. 시간은 일차원적이다. 그것은 과거 아니면 미래의 수평선 상을 달린다. 하지만 그대가 현재로 들어오는 순간 차원이 바뀐다. 그대는 현재라는 시점에서 수직이동이 가능해진다. 차원적 비약이 일어나는 것이다. 그때는 더 이상 수평선 위를 달릴 수 없다. 붓다나 시바는 바로 이 점에서 살았다. 그들은 시간 속에서 산 것이 아니라 영원 속에서 살고 있다.

누가 예수를 찾아와서 이렇게 물었다.

"당신이 말하는 하나님의 나라가 생기면 어떤 일이 일어날까요?"

그 질문을 던진 사람은 시간에 대해서 묻고 있는 것이 아니다. 그는 자신의 욕망을 자극시킬 만한 어떤 것이 있는지 묻는 것이다. 거기에서는 삶이 영원히 지속되는지, 죽음은 없는 것인지, 또 사람마다 능력의 차이가 있는지, 어떤 불행이 있는지 등을 묻고 있는 것이다. 그때 예수는 대답했다. 그의 대답은 선승(禪僧)의 대답과 같은 것이다.

"거기에는 더 이상 시간이 흐르지 않을 것이다."

그는 예수의 대답을 전혀 이해하지 못했다. 하지만 예수는 그가 알아듣도록 보충 설명을 하지 않았다. 그는 오직 시간이 흐르지 않는다는 말만 했다. 시간은 수평선 위를 흐르고 신의 나라는 수직선적으로 존재하기 때문이다. 그것은 영원이다. 그것은 항상 여기에 있다. 그대가 거기에 이르기 위해서는 시간을 벗어나야 한다.

그래서 사랑이 그곳으로 들어가는 첫째 문이 되는 것이다. 사랑을 통해서 그대는 시간의 궤도를 벗어날 수 있다. 모든 사람이 사랑을 원하는 이유도 바로 이 때문이다. 사람들은 왜 자신들 속에 사랑을 향한 그토록 깊은 갈망이 있는지 그 이유를 알지 못한다. 그대가 그것을 올바르게 알지 못하는 한 사랑을 할 수도 받을 수도 없다. 사랑은 이 지구상에서 가장 심오한 현상 중의 하나이기 때문이다.

우리는 보통 사랑이라면 누구든지 할 수 있는 것이라고 생각한다. 그러나 절대로 그렇지 않다. 그대가 사랑을 한 뒤에 그토록 좌절하는 것도 바로 그 때문이다. 사랑은 다른 차원에 있는 것이다. 그대가 어떤 사람을 시간 속에서 사랑하고자 한다면 그대는 결국 뜻을 이루지 못할 것이다. 시간 속에서는 사랑이 불가능하다.

한 가지 일화가 생각난다. 미이라(Meera)는 크리슈나와 사랑에 빠졌다. 그녀는 유부녀였다. 뿐만 아니라 왕자의 아내였다. 왕자는 크리슈나를 질투하기 시작했다. 하지만 크리슈나는 육체가 아니다. 그는 거기에 없었다. 미이라와 크리슈나 사이에는 5천 년이라는 세월의 틈바구니가 있다. 그런데 어떻게 미이라는 크리슈나와 사랑에 빠질 수 있겠는가? 5천 년은 짧은 시간이 아니다.

하루는 왕자가 미이라에게 말했다. 남편으로서 말한 것이다.

"당신은 계속 당신이 사랑하는 크리슈나와의 사랑에 대해서 말하고 있다. 뿐만 아니라 춤을 추며 그를 연모하는 노래까지 한다. 그런데 도대체 그는 어디에 있는가? 도대체 그는 누구인가? 누구와 그렇게 오랫동안 사랑에 빠져 있는가?"

아닌게아니라 미이라는 크리슈나와 이야기를 나누며 웃고 토닥거리기까지 했다. 그녀는 마치 미친 것같이 보였다. 참다 못한 왕자는 이렇게 말했다.

"당신 정말 미쳤군. 당신의 크리슈나가 어디에 있단 말인가? 당신은 누구와 이야기를 나누고 있는가? 나는 여기에 있다. 나와 사랑을 나누자. 나는 완전히 잊어버렸는가?"

미이라가 말했다.

"크리슈나는 여기에 있지만 당신은 여기에 없어요. 크리슈나는 영원하지만 당신은 그렇지 않기 때문이죠. 그는 항상 여기에 있어 왔고, 지금 있으며, 또 있을 거예요. 하지만 당신은 과거에도 여기에 있지 않았고, 지금도 없으며, 앞으로도 여기에 있지 않을 거예요. 단 하루도 말이에요. 그러니 내가 어떻게 당신을 믿을 수 있겠어요?"

왕자는 시간 속에 있었다. 그러나 크리슈나는 영원 속에 있다. 그래서 그대는 왕자 곁으로 가까이 갈 수 있지만 그 간격은 좁혀질 수 없다. 반대로 크리슈나는 시간 속에서는 매우 멀리 떨어져 있을지 모른다. 하지만 영원 속에서는 바로 곁에 있다. 그것은 차원이 다르기 때문이다.

눈앞을 바라보면 거기에 벽이 서 있다. 하지만 시선을 돌리면 거기에는 하늘이 있다. 그대가 시간 속을 들여다보면 거기에는 항상 벽이 있다. 그대가 시간을 초월해서 보면 언제나 열린 하늘이 있다. 무한한 하늘이 있다. 그리고 사랑은 무한을 여는 문이다. 그대는 사랑을 통해서 존재계의 영원함 속으로 들어갈 수 있다. 그래서 그대가 진정으로 사랑할 수 있다면 사랑은 명상의 한 방편이 될 수 있다. 그리고 이것이 바로 그 방편이다.

"달콤한 애무를 받는 동안 어여쁜 공주는 영원한 생명이 되어 애무 속으로 들어온다."

사랑 속에서 방관자처럼 서 있지 마라. 사랑 자체가 되라. 영원 속으로 뛰어들라. 그대의 연인을 애무하는 동안, 혹은 애무를 받는 동안 행위자로 남지 말고 애무 그 자체가 되라. 키스를 할 때 키스를 하거나 받는 행위자가 아니라 키스 자체가 되라. 만약 그대가 행위자로 거기에 남아 있다면 그대는 시간 속에 있는 것이 되고 그대의 사랑은 거짓이 될 것이다. 그대가 '나는 존재한다'라고 말한다면 그대는 신체적으로 가까이 있을지는 모르지만 영적으로는 완전히 다른 극에 서 있는 것이다.

그대가 사랑 속에 있을 때 그대는 따로 존재해 있어서는 안된다. 거기에 오직 사랑만 남아야 한다. 그대는 사랑 속에 녹아 들어야 한다. 에고는 완전히 잊어버려라. 행위 속으로 녹아 들어라. 행위에 깊이 빠져들 때 더 이상 행위자는 존재하지 않는다. 그대가 사랑 속에서 자신을 잃어버리지 못하면 어떤 행위 속에서도 자신을 잃어버리는 것은 불가능하다. 그 이유는 사랑이 에고를 해체하는 데 가장 쉬운 길이기 때문이다. 그래서 에고이스트들은 사랑을 할 수 없다. 사랑에 대해 노래하고 설명할 수는 있어도 사랑에 빠질 수는 없다. 에고는 결코 사랑을 할 수 없다. 사랑은 에고의 죽음인 것이다.

시바는 사랑 자체가 되라고 말한다. 그대가 포옹할 때 포옹 자체가 되라. 키스를 하면 키스 자체가 되라. 그대 자신을 잊어버리고 '나는 더 이상 존재하지 않는다. 오직 사랑만이 존재한다'라고 말할 수 있도록 하라. 그때 심장이 뛰는 것이 아니라 사랑이 뛰며, 피가 도는 것이 아니라 사랑이 돈다. 그때 눈이 보는 것이 아니라 사랑이 보며 손이 움직이는 것이 아니라 사랑이 움직인다.

사랑이 되라. 그리고 영원한 생명 속으로 들어가라. 사랑은 그대의 차원을 급격하게 변화시켜 준다. 그대는 시간을 벗어나서 영원을 대면한다. 사랑은 깊은 명상이다. 종종 사랑에 빠진 사람들은 성자가 알지 못하는 것까지 안다. 그들은 요가 수행자들이 놓치는 것들을 맛본다. 하지만 그대의 사랑이 본격적인 명상을 통해 변형되지 않는 한 그것은 일시적인 경험으로 끝나고 말 것이다. 그래서 여기에 탄트라가 필요하다. 탄트라는 사랑을 명상으로 바꾸어 준다. 탄트라가 왜 그토록 사랑과 성(性)에 대해 자주 언급하는지 이제 그대는 이해할 수 있을 것이다. 사랑은 그대가 이 세상을 초월할 수 있는 가장 쉽고 자연스런 문이 되기 때문이다.

데비를 안고 있는 시바를 보라! 그들을 보라. 그들은 하나가 되었다. 그들은 둘이 아니다. 그들의 결합은 너무도 심오한 것이어서 하나의 상징이 되어 버렸다. 우리는 시바링가(Shivaling)를 본다. 그것은 시바의 성기(性器)를 상징한다. 하지만 그것은 홀로 있지 않다. 그것은 데비의 성기 위에 세워져 있다.

옛날 인도인들은 매우 대담했다. 이제 우리는 시바링가를 볼 때 그것이 성기라는 사실을 상기하지 않는다. 우리는 그 사실을 잊어버렸다. 아니 잊으려고 무척이나 노력했다.

융은 그의 자서전에 매우 아름답고도 재미있었던 일화를 기록했다. 그것은 그가 인도에 왔을 때 코낙(Konark) 사원에 갔다. 거기에는 시바링가가 엄청나게 많이 있다. 그를 안내하던 한 판디트(힌두교 신학자)는 그를 안내하면서 모든 것을 다 설명했지만 유독 그 흔한 시바링가만은 빼 놓았다. 하지만 그 수가 너무 많아서 융은 그냥 지나칠 수 없었다. 그래서 그 판디트에게 물었다. 그러자 판디트는 얼른 융의 귀에다 대고 작은 목소리로 이렇게 말했다.

"여기서 그것에 대해 묻지 마시오. 나중에 이야기해 드리겠소. 이것은 매우 은밀한 것이오."

융은 속으로 웃지 않을 수 없었다. 이것이 오늘날의 힌두교다. 나중에 사원을 나왔을 때 판디트가 말했다.

"다른 사람들 앞에서 그것에 대해 큰소리로 질문하는 것은 좋지 않소. 그것은 비밀인데 지금 내가 말해 주겠소."

그리고는 다시 융의 귀에다 대고 소곤거렸다.

"그것은 우리의 은밀한 부분이오."

융이 본국으로 돌아가서 한 위대한 학자를 만났을 때 그는 이 일화를 그 학자에게 말했다. 그 학자는 다름아닌 하인리히 짐머였다. 짐머는 인도의 사상을 서양의 그 누구보다도 깊이 이해한 사람이었다. 그는 인도를 깊이 사랑했고 동양적인 사고방식을 갖고 있었다. 그것은 삶에 대해서 논리적이지 않고 신비적인 접근방식을 말한다. 그가 융의 말을 듣고 나서 웃으며 말했다.

"이 이야기는 나의 생각에 변화를 줄 수 있는 좋은 계기가 되었네. 사실 나는 항상 위대한 인도인들에 대해서만 들어 왔네. 붓다나 크리슈나, 마하비라 같은 인물 말이네. 하지만 보통의 인도인들에 대한 이야기는 처음이네."

시바에게는 사랑이 위대한 문이다. 그에게는 섹스가 비난의 대상이 아니다. 그에게 있어서 섹스는 하나의 씨앗이며 사랑은 그 꽃이다. 섹스는 사랑이 될 수 있다. 만약 그것이 사랑이 되지 않으면 그것은 왜곡된다. 섹스의 왜곡을 비난하라. 하지만 섹스 자체는 비난하지 말라. 섹스는 사랑의 꽃을 피워야 한다. 그렇게 되지 못한다면 그것은 섹스의 잘못이 아니라 그대의 잘못이다.

섹스는 섹스로 남아 있어서는 안된다는 것이 탄트라의 가르침이다. 그것은 사랑으로 변형되어야 한다. 사랑 또한 사랑으로 남아 있어서는 안된다. 그것은 빛으로, 명상적 체험으로 변형되어야 한다. 그것은 궁극으로, 신비의 절정이 되어야 한다.

그럼 어떻게 사랑이 변형될 수 있겠는가? 그것은 행위하는 자를 잊어버리고 행위 그 자체가 되어야 한다. 사랑 속에 있는 동안에는 사랑 자체가 되라. 그때 그것은 그대의 사랑도 아니며 나의 사랑도 아니다. 그 누구의 사랑도 아닌 것이다. 그것은 그저 사랑일 뿐이다. 그대가 거기에서 사라질 때 그대는 궁극 속으로 녹아들게 된다. 그리고 사랑의 꽃을 피우는 에너지가 된다.

D.H.로렌스는 이 시대에 가장 창조적인 마음을 가진 사람 중의 한 사람이다. 알든 모르든 그는 탄트라의 명인이다. 그는 서양 사회에서 철저하게 비난 받았다. 그의 책들은 출판 금지를 당했고 여러 번 법정에 서야 했다. 그것은 단지 그가 다음과 같은 대목을 썼기 때문이다.

"섹스 에너지는 유일한 에너지이다. 당신이 그것을 비난하고 억압하면 당신은 우주에 대항하는 꼴이다. 그때 당신은 이 에너지의 고귀한 꽃핌을 결코 알 수 없을 것이다. 그것을 억압할 때 그것은 추해진다. 그리고 악순환을 되풀이할 것이다."

성직자들, 도덕군자들, 소위 말하는 종교적인 인간들, 교황, 대주교, 상카라챠리아(힌두교 종정) 등등의 사람들은 언제나 섹스를 비난하고 죄악시한다. 그것은 매우 추한 것이라고 그들은 말한다. 그대가 그것을 억압하면 그것은 추해진다. 그래서 그들은 이렇게 말한다.

"보라! 우리가 말한 대로 그것은 사실이다. 그대에 의해 증명되었다. 그대가 무엇을 하든지 그것은 더럽고 추한 것이다."

그러나 진짜로 추한 것은 섹스가 아니다. 성직자들이 그것을 추한 것으로 만들었다. 한번 그들의 주장이 옳다고 증명되면 그대는 그것을 더욱 추한 것으로 취급해 버린다.

섹스는 순수한 에너지이다. 그것은 그대 속에서 꽃피는 생명력이다. 존재계는 그것을 통해 그대 속에서 살아 있다. 그것을 왜곡하지 말라. 그것이 마음껏 꽃필 수 있도록 허용하라. 섹스는 사랑이 되어야 한다. 거기에 무슨 차이가 있는가? 그대의 마음이 억압 때문에 성욕으로 가득 찰 때 그대는 다른 사람을 속이기 시작한다. 그때 상대방은 그대의 욕구불만을 해소하기 위한 도구로 전락한다. 그러나 섹스가 사랑으로 변형될 때 상대방은 더 이상 도구가 아니다. 노리개가 아니다. 그대는 더 이상 이기적인 인간이 아니다. 그때는 상대방이 목적이 되고 그대는 사라진다.

그때 사랑에 빠진 두 사람은 깊은 체험을 하게 된다. 서로를 성적 노리개로 이용하는 것이 아니라 다른 차원의 세계로 들어가는 다리가 된다. 그때 두 사람은 서로 돕게 된다. 그리하여 궁극의 꽃을 피우게 된다. 그리고 이것이 순간적인 감정으로 그치지 않는다면 그때 그것은 하나의 명상이 된다. 그 속에서 그대 자신을 완전히 잊어버릴 수 있다면 사랑하는 자는 사라지고 오직 사랑만이 남게 된다. 그때 시바는 말한다.

"영원한 생명은 그대의 것이다."

11

개미가 기어가는 것을 느낄 때 감각의 문을 닫아라.
그때 그것이 일어나리라.

말은 쉬워 보인다. 하지만 사실은 그렇지 않다. 이것은 단지 하나의 예를 든 것이다. 도대체 시바는 무엇을 말하려는 것이었을까?

그대의 발에 가시가 박히면 매우 고통스럽다. 마찬가지로 그대의 다리 위로 개미가 기어 올라가고 있다. 그대가 그것을 느끼면 그대는 즉시 개미를 털어내 버린다. 그대가 부상을 당했다든지 두통이 있다든지 몸에 어떤 종류의 고통이 있을 때 이 방편이 적용될 수 있다. 개미가 기어가는 느낌은 그중의 한 가지 예일 뿐이다. 어쨌든 시바는 그대가 어떤 감각을 느낄 때 감각의 문을 닫아 버리라고 말한다.

그러면 어떻게 해야 감각의 문을 닫을 수 있는가? 먼저 그대의 눈을 감아보라. 그리고 그대가 맹인이며 볼 수 없다는 생각을 하라. 귀를 막고 들을 수 없다고 생각하라. 다섯 가지 감각에 대해서 모두 그렇게 해보라. 그때 호흡을 멈추어야 한다. 호흡이 멈추어지면 모든 감각은 호흡이 멎어 있는 동안 일시적으로 멈춘다. 개미가 어디에 있느냐? 갑자기 그대는 저멀리 나가 떨어진다.

내 어릴적 친구 중의 하나가 계단에서 굴러 떨어졌다. 의사들은 모두 3개월 동안은 침대에 누워 있어야 한다고 말했다. 하지만 그는 잠시도 가만있지 못하는 사람이었다. 3개월 동안 가만히 침대에 누워 있는 것은 그에게 불가능했다. 내가 병문안을 갔을 때 그는 내게 말했다.

"나를 위해 기도해 주게. 내가 당장 죽을 수 있도록 말이야. 3개월 동안 누워 있느니 차라리 죽는 것이 내겐 훨씬 쉽네. 돌처럼 누워 있는 것은 견딜 수가 없어."

나는 그에게 말했다.

"이번이 아주 좋은 기회일세. 눈을 감고 돌이 되었다고 스스로 생각해보게. 자네는 움직일 수 없다. 어떻게 움직일 수 있겠는가? 자네는 동이기 때문이야. 눈을 감고 석상이 된 자신을 느껴보게."

그러자 그는 내 말대로 하면 무슨 일이 일어나는지 물었다. 그래서 나는 대답했다.

"그냥 해보게. 자네는 여기에 앉아 있고 아무것도 이루어질 수 없네. 아무것도 말일세! 자네는 여기서 어쨌든 3개월을 지내야 하니 그냥 한번 해보게."

평소 같았으면 그는 절대로 그렇게 하지도 않거니와 할 수도 없다. 하지만 그때는 어쩔 수가 없는 상황이었다. 그가 말했다.

"좋아! 한번 해보기는 하겠네. 하지만 믿지는 않겠네. 내가 석상이라 생각한다고 해서 뭔가가 일어날 리는 없지. 하지만 자네의 성의를 봐서 한번 해보지."

그래서 그는 내 말대로 했다.

나 역시 어떤 일이 벌어지리라고는 생각하지 않았다. 나는 그의 성격을 잘 알고 있었기 때문이다. 하지만 그대도 어떤 불가항력적인 상황 속에 있게 되면, 절대적인 절망 속에 있게 되면 뭔가가 일어난다.

그런데 잠시 후 그는 눈을 감았다. 나는 그가 2,3분 동안 눈을 감고 있다가 '아무것도 일어나지 않는군' 하고 눈을 뜰 줄 알았다. 그런데 30분이 지나도 눈을 뜨지 않았다. 나는 그가 정말 석상(石像)이 된 것 같은 느낌을 받았다. 그의 이마에 서려 있던 모든 긴장이 다 사라지고 그의 얼굴은 변해 있었다.

그가 눈을 뜨지 않았기 때문에 나는 그를 두고 나와야 했다. 그는 마치 죽은 사람처럼 고요했다. 그의 호흡은 완전히 가라앉아 있었다. 나는 그가 잠이 들었는지 확인도 해볼 겸 떠나기 전에 이렇게 말해 보았다.

"나는 이제 가야하네. 그러니 눈을 뜨고 무슨 일이 일어났거든 말해 주게."

그러자 그는 눈을 떴다. 그런데 완전히 다른 사람처럼 보였다. 그가 말했다.

"이것은 기적이다. 혹시 자네가 나를 어떻게 한 것이 아닌가?"

내가 말했다.

"나는 아무것도 하지 않았네."

그는 내 말을 듣는 즉시 반박했다.

"분명히 자네는 뭔가를 했네. 그렇지 않으면 이런 기적이 일어날 수 있겠는가? 내가 눈을 감고 돌이 되었다고 생각하기 시작하자 갑자기 어떤 느낌이 몸으로 전해져 왔네. 나는 손을 움직이려 했지만 움직일 수가 없었네. 나는 몇 번이나 눈을 뜨려고 했지만 그것이 불가능했어. 정말 석상처럼 꼼짝도 할 수 없었단 말일세. 그리고는 시간도 멈춰 버린 것 같았어. 갑자기 이 세상이 사라져 버리고 나는 홀로 내 속으로 깊이 들어갔어. 그때는 고통도 사라져 버리더구만."

사실 그는 극심한 고통 속에 있었다. 수면제를 맞지 않으면 잠을 이룰 수 없을 정도였다. 하지만 그때는 고통이 완전히 사라지고 말았다. 나는 그에게 정확히 언제쯤 고통이 사라졌는지 물었다. 그가 대답했다.

"처음에 나는 어디론가 멀리 떨어져 나가는 것 같은 느낌을 받았어. 고통이 거기에 있었고 나와 고통 사이에는 상당한 거리가 벌어졌지. 그리고는 고통이 점점 멀어져 가더니만 마침내 사라졌어. 그때까지 적어도 10분은 걸렸을 거야. 고통은 더 이상 존재하지 않았어. 석상이 어떻게 고통을 느낄 수 있겠는가?"

비그야나 바이라바 탄트라는 이렇게 말하고 있다.

"감각의 문을 닫아라."

돌처럼 되라. 이 세상을 향해 문을 닫아 버려라. 그대의 육체에 대해서도 문을 닫아라. 그대의 육체는 그대에게 속한 부분이 아니라 세상에 속한 부분이다. 그대가 이 세상에 대해 완전히 닫혀질 때 그대는 자신의 몸에 대해서도 닫혀진다. 시바는 그때 그것이 일어난다고 말한다.

지금 당장 그 육체를 갖고 해보라. 어떤 일이 벌어질 것이다.

굳이 개미가 기어가는 느낌을 가져야 할 필요는 없다. 만약 그대가 '개미가 기어갈 때 나는 이 명상을 할 것이다'라고 생각한다면 그런 개미를 찾기도 쉽지 않다. 그러니 어떤 느낌이라도 좋다. 그것이 지속적으로 일어나기만 하면 된다. 차가운 침대에 누워서 할 수도 있다. 갑자기 차가운 요가 없어졌다고 생각해 보라. 그러면 그것은 사라질 것이다. 그대의 침대도 사라지고 침실도 사라진다. 전세계가 사라진다. 그대는 돌처럼, 주검처럼 변한다. 그리고 외부로 향해 뚫려 있는 어떤 창문도 없다. 그대는 움직일 수도 없다.

그때 그대는 중심으로 내던져진다. 주변을 맴돌던 원심력을 잃고 갑자기 중심으로 당겨오게 된다. 처음으로 그대는 중심에 서서 주변을 바라볼 수 있게 되었다. 이제 그대는 이전의 그대가 아니다.

12

침대에 눕든지 자리에 앉든지 그대 자신을 무중력 상태에 있게 하라. 그때 마음을 넘어선다.

그대는 여기에 앉아 있다. 그대의 몸무게가 사라졌다고 느껴보라. 무게란 것은 없다. 그대는 지금까지 항상 무게를 느끼며 살아왔다. 하지만 지금부터 무게가 사라졌다고 느껴보라. 그러면 갑자기 몸이 가벼워지면서 무중력 상태처럼 느껴지는 순간이 온다. 그때 그대의 몸은 사라지고 없다. 사실 무게를 가진 몸은 그대가 아니다. 그대는 본래 무게가 없다.

세계 여러 곳의 과학자들이 죽음에 대한 실험을 했다. 그들은 죽기 직전의 사람의 몸무게를 잰다. 그리고 죽은 직후의 몸무게를 잰다. 그러면 죽은 직후의 몸무게가 조금 더 가벼워져 있다. 그것으로 봐서 분명히 죽은 뒤에 몸에서부터 뭔가가 빠져나갔다는 뜻이다. 그것을 영혼이나 자아, 혹은 무엇이라 불러도 좋다. 어쨌든 과학자들은 아주 가벼운 그 무엇이 죽은 직후에 몸에서 빠져나갔다는 결론을 내렸다.

과학은 무게가 없는 물질은 인정하지 않는다. 태양 광선조차 무게가 있다. 그것은 너무나 가벼워서 무게를 측정하기가 어렵다. 그래서 5평방 마일에 방사되는 태양빛을 모아야만 제대로 그 무게가 나온다. 그 무게는 머리카락 한 올 정도의 무게밖에 되지 않는다. 하지만 과학자들은 빛의 무게까지 잰 것이다. 과학에서는 무게가 없는 물질은 인정되지 않는다. 무게가 없다면 그것은 비물질이다. 그리고 비물질은 존재하는 것으로 인정되지 않는다.

그래서 사람이 죽을 때 몸무게가 차이가 나면 이것은 충분히 과학적인 연구의 대상이 된다. 어떤 때는 죽기 직전보다 죽고 난 뒤에 무게가 더 나가는 경우도 있었다. 그 반대일 경우에는 영혼이나 에텔체라고 불리우는 어떤 것이 죽은 사람의 몸 밖으로 빠져나간다는 가설을 세울 수 있지만 죽은 뒤에 몸이 더 무거워진다면 그런 가설도 맞지 않게 된다. 그러면 어떤 가설이 성립되는가? 죽은 뒤에 몸 밖에 있던 것들이 몸 안으로 들어온다는 가설이 성립된다. 그리고 그대는 무게를 가진 존재가 아니라는 것이다. 물질은 무게를 갖고 있고 그대는 물질이 아니라는 뜻이다. 그대는 비물질적 존재인 것이다.

만약 그대가 이 방편을 수련한다면 그대는 자신이 본래 무게가 없다는 사실을 깨닫게 될 것이다. 그것은 단지 상상이 아니라 실제적인 느낌이다. 그리고 그것은 언제라도 가능하다. 본래 그대는 무게가 없었던 존재이기 때문이다. 그리고 그 상황을 만들어 내면 항상 그런 느낌을 받을 수가 있다.

그대는 자신에게 걸어 놓은 뿌리깊은 최면을 풀어야 한다. 그대는 스스로에게 '나는 육체다. 따라서 나는 무게를 가지고 있다.'라고 최면을 걸어 놓았다. 그대가 건 최면을 스스로 풀 수 있다면 그대는 자신이 육체가 아니며 무게도 없다는 사실을 깨닫게 된다. 그대가 무게를 느끼지 않을 때 그대는 마음마저 초월한다. 그때 시바는 말한다.

"침대에 눕든지 자리에 앉든지 그대 자신을 무중력 상태에 있게 하라. 그때 마음을 넘어선다."

사실 마음도 무게를 갖고 있다. 그리고 사람마다 그 무게는 모두 다르다.

한번은 어떤 사람이 이런 제안을 했다. 그것은 무거운 마음을 가진 사람일수록 지성적이라는 것이다. 그 말은 대체로 맞다. 하지만 절대적으로 옳은 것은 아니다. 종종 매우 가벼운 마음을 가진 사람이 정말로 위대한 사람도 있다. 그리고 무거운 마음을 가진 바보들도 많다. 그러나 일반적으로는 마음이 무거우면 지성적이다. 그만큼 그 메커니즘이 복잡하기 때문에 무거운 것이다. 그리고 마음은 무게를 갖지만 의식은 무게가 없다. 이 의식을 느끼려면 그대는 무게 없는 상태를 느껴야 한다. 걷든지 앉든지 잠을 자든지 어떤 상황에 있든지 이 방편을 한번 시도해 보라.

사람이 죽으면 종종 시체가 왜 더 무거워지는지 아는가? 그것은 의식이 몸을 떠날 때 육체는 방어막이 사라져 외부의 것들이 침입해 들어오기 때문이다. 그것들은 그대 때문에 들어오지 못했는데 그대가 나가는 순간 그대의 육체 속으로 들어온다. 많은 파장들이 죽은 육체 속으로 들어올 수 있다. 그대가 거기에 있을 때에는 그대 때문에 들어오지 못했다. 하지만 그대가 있어도 그대가 약해지거나 아플 때에는 그것들이 들어올 수 있다.

두번째는 그대가 행복하고 즐거울 때에는 몸이 매우 가볍다. 그대가 슬플 때에는 몸이 더 무거워진다. 마치 어떤 것이 그대를 누르고 있는 것 같다. 중력이 더 크게 느껴진다. 왜 그런가? 그대가 행복할 때 그대는 육체를 완전히 잊어버린다. 그리고 슬프고 고통스러울 때에는 그대가 육체를 잊을 수 없다. 지구의 중심을 향해 그대를 더욱 세게 끌어당기는 것 같다.

깊은 명상 속에서 그대가 자신의 육체를 잃어버릴 때 그대는 무중력 상태를 느끼게 된다. 그때 종종 육체도 함께 떠오르는 수가 있다. 과학자들은 볼리비아에서 한 여인이 공중 부양하는 것을 지켜보았다. 그녀는 명상 중에 있었는데 4피트 정도 떠오른 것이었다. 그 장면은 사진으로 남겨졌고 수십만 명의 사람들이 그 장면을 TV를 통해 구경했다. 하지만 과학으로는 어떤 설명도 붙일 수가 없었다. 그녀가 명상을 하지 않을 때는 1피트도 떠오를 수 없었다. 그리고 그녀의 명상이 방해를 받으면 갑자기 땅바닥에 떨어지는 것이었다.

이것이 무슨 도리인가? 명상 속에 깊이 들어가서 그대의 육체를 완전히 잊어버려라. 그러면 그대와 육체 사이에 동일시가 끊어진다. 그때 육체는 매우 작은 것이 되고 그대는 매우 큰 것이 된다. 그때 그대가 얻는 무한한 힘에 비하면 그대의 육체는 아무것도 아니다. 그대가 육체를 보고 자신이라고 생각하는 것은 황제가 노예를 보고 자신이라고 생각하는 것과 같은 차이다. 아니 그 이상이다. 노예가 울면 황제도 운다. 노예가 구걸하면 황제도 구걸한다. 노예가 '나는 아무것도 아니다'라고 말하면 황제도 그렇게 말한다. 그러나 한번 황제가 자신의 위치를 깨닫고 나면 다시는 노예와 같이 행동하지 않는다. 그때는 모든 것이 갑자기 변한다.

그대는 무한한 힘을 유한한 육체와 동일시한다. 한번 그대가 진짜 자신을 깨닫고 나면 그때는 더 이상 몸무게 따위는 존재하지 않는다. 그대는 비상할 수 있다. 육체도 함께 말이다.

지구상에는 아직까지 과학적으로 증명되지 않은 일들이 수없이 많다. 하지만 그것들은 차차 모두 밝혀질 것이다. 한 여인이 4피트 높이로 떠오를 수 있다면 그때는 천피트 만피트 뿐만 아니라 저 우주 속으로도 도달할 수 있다. 이론적으로는 어떤 한계도 없기 때문이다. 4피트나 4백피트, 4천피트가 무엇이 다른가?

이 세상에는 육체를 남기지 않고 사라져 버린 사람에 관한 이야기가 많이 있다. 람(Ram)도 그랬고 모하메트도 그랬다. 기독교에 나오는 엘리야나 모세, 불교의 보리달마 등이 그랬다. 그들의 시체는 지구 어디에도 남아 있지 않다. 모하메트는 육체 뿐만 아니라 그가 타고 가던 말까지 사라졌다. 이 이야기들은 황당무계하게 들릴지 모른다. 그리고 신비하게 보일 수도 있다. 그러나 그렇게 생각할 필요가 없다.

그대가 자신의 무게가 없음을 깨닫고 나면 그대 역시 중력의 마스터가 될 것이다. 그대는 중력을 이용할 수 있다. 그대는 중력의 노예가 아니다. 그대는 완전히 육체가 사라진 것처럼 보이게 할 수 있다.

중력의 영향을 가장 적게 느끼도록 하는 자세가 있다. 그것은 바로 결가부좌라는 것으로서 붓다가 앉았던 방법이다. 그것은 바닥에 그냥 앉는 것인데 벌거벗은 채로 땅바닥에 앉는 것이 가장 이상적이다. 그대가 결가부좌로 앉은 다음 허리를 펴고 몸을 상하좌우로 천천히 흔들어 보라. 그러면 중력의 방향과 수직이 되는 점이 있다. 내가 지금 앉아 있는 이 의자는 중력을 느끼는 부분이 매우 넓게 퍼져 있다. 그래서 내 몸은 중력의 영향을 훨씬 많이 받는다.

그대가 서 있다면 중력의 영향은 더 적게 받을 것이다. 하지만 그대는 오랫동안 서 있을 수 없다. 마하비라는 명상을 항상 서서 했다. 그는 중력의 영향을 받는 면적을 최소한 줄이기 위해서 그렇게 했다. 단지 발바닥만 땅에 닿아 있기 때문이다.

붓다의 자세로 앉는 것은 그대의 내부에 흐르는 전기가 잘 순환하게 된다. 그래서 그대의 척추를 꼿꼿하게 세울 필요가 있다.

이제 그대는 사람들이 왜 그렇게 척추를 바로 세우는 것을 강조하는지 알 수 있을 것이다. 척추를 바로 세울수록 중력이 미치는 면적이 줄어든다. 대지에 수직으로 세울수록 힘이 덜 든다. 그런 자세로 명상을 하다보면 어느 순간 무게를 완전히 느끼지 못하는 때가 온다. 갑자기 그대는 육체가 아니다. 물질이 없는 세계 속에 그대가 존재한다는 것을 깨닫게 되는 순간이 온다.

무게가 없는 것은 육체가 없다는 뜻이다. 그때 그대는 마음도 초월할 수 있다. 마음은 육체의 부분이다. 마음은 물질이다. 물질은 무게를 갖는다. 그러나 그대 자신은 어떤 무게도 갖지 않는다. 이 세 가지 방편들을 몇 일 동안만 집중적으로 해보라. 그러면 내가 한 말이 실제임을 확실히 느낄 수 있을 것이다.

〈질문〉

"자세하게 설명해 주십시오. 사색, 집중, 명상 이 세 가지는 어떻게 다릅니까?"

사색은 일관성 있는 생각을 뜻한다. 그것은 방향이 설정된 사념활동이다. 우리 모두는 생각을 한다. 하지만 그것은 사색이 아니다. 방향이 없기 때문이다. 그래서 아무런 결론에도 이르지 않는다. 한 가지 생각은 다른 한 가지 생각을 또 만들어 내지만 그것은 어떤 정해진 방향으로 가지 않는다. 그래서 프로이드 학파는 그것을 보고 '연상작용'이라고 부른다.

그대는 길가에 있는 개 한 마리를 본다. 그 순간 그대의 마음은 개에 대해서 생각하기 시작한다. 개는 그대를 이끌어간다. 그때 마음은 여러 가지 방향으로 흐르기 시작한다. 그대는 문득 어린 시절로 되돌아간다. 어린 시절 그대는 어떤 개 한 마리를 특별히 무서워했다. 그 개가 갑자기 그대의 마음에 나타난 것이다. 그러다가 어린 시절의 다른 추억이 생각난다. 그러면서 개는 즉시 사라진다. 그리고 어린 시절에 대한 백일몽이 시작된다. 그리고 어린 시절은 또 다른 것에 연결된다. 그대는 계속 사념의 방향 없는 회로를 따라 돌아간다.

그대가 편안함을 느낄 때마다 그대의 생각이 시작된 곳으로 되돌아가 보라. 생각의 순서를 거꾸로 밟아 올라가 보라. 그러면 거기에 또 다른 생각이 있음을 보게 될 것이다. 저것이 이것을 그대에게 데리고 왔다. 그것들은 아무런 논리적인 연결이 되어 있지 않다. 길에 지나가는 개 한 마리가 그대의 어린 시절과 무슨 연관이 있겠는가?

거기에는 아무런 논리적 연결도 없다. 오직 그대 마음의 장난일 뿐이다. 만약 그대가 본 개를 내가 보았다고 해서 나 역시 어린 시절로 돌아가라는 법은 없다. 세번째 사람이 그 개를 보았다고 해도 그 역시 자기 나름대로의 또 다른 생각을 할 것이다. 모든 사람이 자신의 마음속에 서로 다른 연상의 연결 고리를 갖고 있다. 한 가지 사건만 일어나도 마음은 그 작동을 일으키기 시작한다. 그것은 마치 하나의 컴퓨터와 같다. 한 가지 정보는 다른 정보로 이어지고 그런 작용은 계속된다. 그리하여 그대는 하루 종일 그 짓을 하고 있다.

그대의 마음에 일어나는 생각들을 솔직하게 종이에 적어 보라. 그러면 아마 그대 자신도 놀랄 것이다. 그대의 마음에 이렇게 많은 생각이 일어나고 있다니 말이다. 그리고 두 생각 사이에 어떤 연관성도 발견할 수 없다. 여하튼 그대는 그런 식으로 생각을 계속하고 있을 뿐이다. 그래서 그대의 이런 생각들을 사념의 구름, 혹은 사념의 물결이라고 부른다. 바람부는 대로 그대는 사념이 되어 흘러다닌다.

사념이 사색이 되려면 연상작용에 의해 떠다니지 말아야 한다. 그것은 일정한 방향이 있어야 한다. 그대는 특정한 문제를 놓고 고민한다. 그때 그대의 모든 연상작용들을 잘라 버린다. 그리고 논리적인 단계를 거쳐 어떤 결론에 이른다. 그대의 마음은 어떤 곁길로도 빠져 달아나지 않도록 해야 한다. 오직 정해진 길 위로만 가야 한다.

과학자들은 사색을 통해 어떤 문제에 접근한다. 논리학자 역시 마찬가지다. 시인조차 한 송이의 꽃에 대해 사색한다. 그때 온 세상은 마음에서 사라져 버린다. 시인의 마음속에는 오직 한 송이의 꽃만 남아 있다. 시간이 흘러가면 많은 생각들이 곁길에 나타나서 그를 유혹하지만 그는 그의 마음을 단단히 붙들어매야 한다. 그때 마음은 오직 한 가지 방향으로만 움직인다. 이것이 바로 사색이다.

과학은 사색이 그 기반이 되어 있다. 모든 논리적인 생각들이 바로 사색이다. 자연스럽게 일어나는 사념의 구름은 사색이 아니다. 사색은 논리적이고 합리적이어야 한다.

거기에 집중이 있다. 집중은 한 점에 머무르는 것이다. 그것은 사색이 아니다. 그것은 생각의 과정이 아니다. 그것은 한 점에만 존재하는 것이다. 그리고 마음으로 하여금 움직이지 못하게 한다. 사념 속에서는 마음이 마치 미친 사람처럼 날뛴다. 그리고 사색 속에서는 미친 사람이 정신을 차리고 일정한 방향으로 한 길로만 가는 것이다. 그는 그 길에서 벗어날 수 없다. 그리고 집중 속에서는 마음이 아예 움직이도록 허락되지 않는다. 사념 속에서는 마음이 어디든지 갈 수 있다. 그리고 사색 속에서는 마음이 일정한 곳만 가도록 되어 있다. 그리고 집중 속에서는 아예 마음이 움직일 수 없다. 오직 한 점에만 머물러 있어야 한다. 모든 에너지가 그 한 점에 모인다.

요가는 집중과 연관되어 있다. 사념이나 사색의 마음은 요가를 통해 한 점에 집중할 수 있다. 그때 명상이 일어난다. 명상은 마음이 사라지고 없는 상태이다. 그것은 무심(無心)의 상태이다. 그래서 여기에 네 가지 단계가 있다. 사념, 사색, 집중 그리고 마지막으로 명상이다.

명상은 무심을 뜻한다. 명상은 집중의 상태로 만족하지 않는다. 마음 자체가 사라져야 한다. 따라서 명상은 마음에 의해서 이해되어질 수 없다. 집중까지는 마음이 도달할 수 있다. 마음은 집중을 이해할 수 있다. 그러나 명상을 이해할 수는 없다. 마음이 사라지지 않는 한 명상은 일어나지 않기 때문이다. 집중 속에서는 한 점에서라도 마음이 머물 수 있지만 명상에서는 그 한 점마저 사라져야 한다. 사념 속에서는 마음에게 모든 방향이 열려 있다. 그리고 사색 속에서는 한쪽 방향으로만 열려 있다. 집중 속에서는 방향이 없다. 오직 한 점만이 있을 뿐이다. 그리고 명상 속에서는 그 한 점마저 허락되지 않는다. 마음은 존재할 수 없다.

사념은 마음의 일상적인 상태이다. 그리고 명상은 가장 고차원적인 상태이다. 가장 낮은 상태의 마음이 바로 연상작용을 계속하는 사념이다. 그리고 명상은 마음의 절정, 마음의 죽음이다. 그대는 두번째 질문을 이렇게 물을 수 있다. '사색과 집중은 명상에까지 이르는 정신적 흐름의 과정입니다. 그러면 이 정신적 흐름의 과정이 무심의 상태를 성취하는 데 어떤 도움이 될 수 있습니까?'라고 말이다.

이 질문은 매우 중요하다. 마음이 어떻게 마음 자체를 뛰어넘을 수 있는지 그대의 마음이 묻고 있다. 어떻게 정신적 흐름의 과정이 마음이 존재하지 않는 상태를 성취하는 데 도움이 되는지 말이다. 그것은 한편으로 모순처럼 보인다. 어떻게 마음이 마음의 사라지는 상태를 위해서 노력할 수 있는지 말이다.

자, 이해해 보라. 마음이 있을 때 거기에 무엇이 있는가? 생각의 과정이 있다. 그러면 무심은 무엇이 있는가? 거기에는 생각의 흐름이 없다. 만약 그대가 계속 생각의 흐름을 줄여 나간다면, 그대의 사념을 해체시켜 나간다면 그대는 점점 무심의 상태에 도달하게 될 것이다. 마음은 생각이다. 무심은 '생각 없음'이다. 그리고 마음은 자신의 자살을 도울 수 있다. 마음은 자살할 수 있다. 그대는 자살할 수 있다. 그대는 다른 사람에게 자살을 부탁할 수 없다. 자살을 하려면 그대만이 도울 수 있다. 마음 역시 무심의 상태가 되도록 도울 수 있다. 그럼 어떻게 마음이 도움이 되는가?

만약 생각의 과정이 점점 치밀해진다면 그때 그대는 하나의 마음에서 더 복잡한 마음으로 나아갈 것이다. 반대로 생각의 과정이 점점 엷어진다면 마음 역시 줄어들 것이다. 그대는 자신을 무심의 상태가 될 수 있도록 도울 수 있다. 그것은 그대 자신에게 달려 있다. 마음은 그대가 지금 이 순간 그대의 의식과 함께하고 있는 어떤 것이다. 그대가 그대의 의식과 뭔가를 함께하지 않는다면 그것이 바로 명상이다.

그래서 거기에 두 가지 가능성이 있다. 점차로 그대의 마음을 줄여갈 수 있다. 1퍼센트씩 줄여 나간다면 그대는 99퍼센트의 마음을 갖게 될 것이다. 그리고 1퍼센트의 무심을 갖게 될 것이다. 그것은 마치 그대의 방 안에 가구들을 하나씩 없애는 것과 같다. 가구를 하나도 남김없이 치우고 나면 그 방 안은 하나의 공간이 된다.

사실 공간이라는 것이 가구를 치움으로 해서 창조된 것은 아니다. 공간은 본래 거기에 있었다. 단지 잠시 동안 가구에 의해서 점유된 것뿐이다. 그대가 가구를 치울 때 공간이 밖에 있다가 안으로 들어온 것은 아니다. 그저 공간이 복구된 것일 뿐이다. 마음도 마찬가지다. 깊이 들어가 보라. 무심의 공간이 마음의 조각들에 의해서 점유되어 있다. 마음의 조각들을 하나씩 치우면 그대는 무심의 공간을 다시 복구할 수 있다. 마음의 조각이란 생각을 말한다. 그리고 그 공간이 바로 명상이다.

마음의 조각들을 점차로 치울 수도 있고 갑자기 없애 버릴 수도 있다. 가구를 옮기는 데 몇 생 동안을 계속할 필요는 없다. 하지만 문제가 있다. 그대는 텅 빈 공간에 익숙해지지 않았기 때문에 가구를 조금 치워 버리면 그 자리에 다른 새 가구들을 들여놓는다. 옛 생각들을 조금씩 치워 버리면서 새로운 생각들을 그 자리에 갖다 놓는 것이 바로 문제다. 그래서 그대는 영원토록 완전히 텅 빈 공간을 접할 수가 없다.

아침마다 그대는 명상을 한답시고 눈을 감고 앉아 있다. 그대는 사념의 조각들을 하나씩 치워나간다. 그리고 나면 빈자리가 생겨난다. 그리고 시간이 되면 시장에 나간다. 그러면 그 빈자리에 다시 생각들이 가득 차게 된다. 공간은 다시 메워졌다. 다음날 아침 그대는 다시 생각을 치운다. 하지만 직장에 나가는 순간부터 그 자리에 또 생각들을 갖다 놓는다. 그런 일이 언제나 반복된다. 그대는 항상 그렇게 해왔다.

갑자기 하루아침에 그대는 모든 가구들을 치워 버릴 수 있다. 그것은 그대의 결심에 달려 있다. 하지만 그대는 가구가 있는 방안에 너무나 익숙해져 있기 때문에 그런 결심을 하기가 쉽지 않다. 그대는 가구 없는 방은 상상도 못해 보았다. 그래서 텅 빈 공간에 대한 두려움마저 갖고 있다. 그런 자유를 한번도 맛보지 못했기 때문에 무한한 자유를 두려워하고 있다.

마음은 하나의 조건이다. 그대는 스스로 그 조건들을 만들어 놓고 게임을 즐긴다. 그대는 날마다 그 게임들을 반복한다. 그대의 마음은 마치 전축에다 레코드 판을 올려 놓고 똑같은 음악을 듣는 것과 같다. 어떤 것은 익숙한 곡이기도 하고 어떤 것은 신선한 곡이기도 하다. 왜 그렇게 하는가? 다른 이유는 없다. 오직 오래된 습관 때문이다. 그렇게 해야만이 그대는 뭔가를 하고 있다는 생각 때문에 안심한다.

그대는 침대에 누워서 잠이 오기를 기다리고 있다. 그대는 왜 매일 똑같은 일을 반복하는가? 낡은 습관은 하나의 조건이다. 그대는 그 조건을 쉽게 만들어 놓았다. 어린아이들을 잠재우려면 손에다 장난감을 쥐어 주면 된다. 그러면 아이들은 곧 잠이 든다. 그러나 장난감은 잠 속으로 함께 들어갈 수 없다. 잠이 들면 아이의 손에서 장난감이 떨어진다. 그 장난감이 바로 조건에 해당되는 것이다.

똑같은 일이 그대에게서 일어나고 있다. 물론 그 장난감은 달라질 수 있다. 하지만 조건을 만드는 것은 하나도 다르지 않다. 만약 그대가 어떤 새로운 방에서 잠을 자려 하면 잠을 자는 데 약간의 어려움이 생긴다. 그대가 잠옷을 입고 잠을 자는 습관이 있다면 그대는 매일 잠자기 전에 그 잠옷으로 갈아입는다. 만약 잠옷이 없으면 그대는 잠이 드는 데 어려움을 느낀다. 왜인가? 벌거벗고는 잠을 자보지 않았기 때문이다. 잠자는 것과 벌거벗는 것과는 아무런 관계가 없다. 하지만 그대는 잠옷을 입는 오랜 습관이 있다. 잠옷을 입어야 안심하고 잠을 이룰 수 있다. 마찬가지로 만약 벌거벗고 자는 버릇이 있다면 그대는 아무데나 가서 잠을 잘 수 없다. 여러 사람들과 어울려서 합숙해야 할 경우에는 그런 생활을 오래 견디지 못한다. 그대는 자신의 침실에서 벌거벗어야만이 편안하게 잠들 수 있다. 마찬가지로 사고방식 역시 하나의 습관이다. 그대는 늘 하던 대로 생각해야 편안함을 느낀다. 매일 되풀이되는 생각 속에 있어야만 안전한 것이다.

그대는 생각 속에다 여러 가지 것들을 담아 둔다. 그것이 문제이다. 그대의 가구들은 낡은 쓰레기가 아니라서 버리기가 아깝다. 그대는 많은 것들을 그 속에 넣어 둔다. 모든 가구들을 한꺼번에 내다 버릴 수 있다. 그렇게 할 수 있다! 그것이 불교에서 말하는 돈오(頓悟)이다. 그것은 즉각적인 깨달음이다. 지금 이 순간 그대는 그대의 모든 정신적 가구들로부터 자유로울 수 있다. 그때 그대는 갑자기 비워져 버릴 것이다. 그대는 자신이 누구인지 알 수 없다. 이전의 동일시가 모두 끊어진다. 그때 그대는 처음으로 낡은 생각의 조각들이 더 이상 존재하지 않기 때문에 무엇을 해야 할지 모르게 된다. 그 충격은 매우 클 수도 있다. 그대는 죽거나 미치게 될지도 모른다.

갑작스런 방법이 사용되지 않는 것도 바로 이 때문이다. 그대가 준비되지 않는 한 그 방법은 사용될 수 없다. 전혀 준비가 안 된 상태에서 그대가 닻을 내리고 있던 정박지가 갑자기 사라져 버리면 그대는 미쳐 버릴 수 있다. 과거는 이슬처럼 말라 버렸다. 미래에 대해서는 상상조차 할 수 없다. 미래는 항상 과거를 기반으로 존재했기 때문이다.

오직 현재만이 남는다. 그리고 그대는 현재 속에 존재해 본 적이 없다. 항상 과거 아니면 미래에 머물러 있었다. 그대가 처음으로 현재 속으로 들어오면 그대는 자신이 미쳐 버렸다고 느낄 것이다. 그래서 갑작스런 방법은 잘 사용되지 않는다. 그대가 어떤 단체 속에서 스승의 지도 하에 모든 것을 헌신하고, 명상을 위해 그대의 전생애를 바치기 전에는 불가능하다.

그래서 점차적인 방법이 좋다. 사실 대부분의 모든 종교가 이 방법을 사용하고 있다. 그것은 오랜 시간이 걸린다. 하지만 그대는 점점 텅 빈 공간에 익숙해져 간다. 그대는 허공과 그것의 아름다움을, 그것이 주는 지복을 느끼기 시작한다. 그때 그대의 가구는 하나씩 옮겨지기 시작한다.

그래서 사념은 사색으로 옮겨가야 한다. 사색은 점진적인 방법이다. 그것은 집중하기에 좋은 방법이다. 집중 역시 점진적인 방법이다. 그것은 명상의 단계로 뛰어들기에 좋은 준비가 된다. 그때 그대는 한 단계씩 음미하면서 걸어갈 수 있다. 그대가 각 단계를 충분히 이해하고 지나가면 마지막 점에 이르게 된다. 그런 길은 비상이 아니다. 그것은 점진적인 성장이다. 그래서 여기에 네 가지 단계가 있다. 사념, 사색, 집중 그리고 명상이다.

오늘은 이만!

중심에 이르게 하는 방편들 I

이 방편들은 단전에 뿌리를 박기 위한 것들이다。
그리고 여기에 과학적인 접근 방식이 있다。
이 방편들을 통해서 그대는 단전에
계속 머물러 있을 수 있다。

중심에 이르게 하는 방편들 Ⅰ

13

무한한 허공 속에서 오색찬란한 공작의 꼬리 깃털이 그대의 오감(五感)이 되었다고 상상하라. 이제 그 아름다운 색채가 그대의 내면으로 들어오게 하라. 그리고 한 점을 정하여 거기에서 만나게 하고 그 점을 집중하라. 그 점이 허공 속에 있든지 벽 위에 있든지 어디에 있든지 상관없다. 그 점이 사라질 때까지 그렇게 하라. 그때 또 다른 것을 향한 그대의 바람이 실재가 되어 나타나리라.

14

그대의 신경 전체에 온 주의를 집중시켜라. 연꽃 뿌리 속에 들어 있는 실처럼 섬세한 신경이 척추 속에 있다. 그대의 의식이 척추의 중심에 머무를 때 변형이 일어난다.

인간은 중심을 갖고 태어난다. 그러나 인간은 살아가면서 그 중심을 한번도 느끼지 못하고 생을 마치는 수가 허다하다. 인간은 자신의 중심을 몰라도 살아갈 수가 있다. 하지만 중심 없이는 존재할 수 없다. 중심은 인간과 존재계의 연결 고리인 것이다. 그것은 뿌리이다. 그대는 그것을 알지 못할 수도 있다. 지식은 중심을 아는 데는 본질이 못된다. 그러나 그대가 그것을 모른다면 뿌리 없이 떠도는 삶이 될 것이다. 그때 그대는 존재를 받치고 있는 어떤 토대도 느껴보지 못할 것이다. 그대의 기초가 무엇인지 전혀 알 수 없을 것이다. 그대는 이 우주에서 한번도 진정한 느긋함을 맛보지 못할 것이다. 그대는 집 없는 떠돌이이다.

물론 중심은 거기에 있다. 하지만 그대는 그것을 알지 못한다. 그대의 삶은 그저 의미없고, 공허하며, 이르러야 할 곳이 아무데도 없는 부평초의 삶이 되고 만다. 그대의 삶은 죽음을 기다리는 것 외에 아무것도 아니다. 한 순간에서 다음 순간으로 그대는 계속 미룰 수 있다. 하지만 미루는 것으로는 아무것도 이루어지지 않는 것을 그대는 잘 알고 있다. 그대는 단지 세월만 보내고 있을 뿐이다. 그리고 깊은 좌절감은 그대를 그림자처럼 따라다닌다. 인간은 중심을 갖고 태어나지만 그것에 대해서는 아는 것이 하나도 없다.

그대는 중심을 갖고 있다. 중심은 거기에 있다. 그대는 중심 없이 존재할 수 없다. 어떻게 그것이 가능하겠는가? 그대와 존재계를 연결해 주는 다리 없이 어떻게 그대가 존재할 수 있겠는가? 그대는 신성에, 혹은 불성에 뿌리를 박고 있다. 그리고 매순간 그 뿌리를 통해 살아가고 있다. 하지만 그 뿌리는 깊이 묻혀 있다. 어떤 나무든 그 뿌리는 보이지 않는 것처럼 말이다. 나무는 자신의 뿌리를 인식하지 못한다. 그대 역시 뿌리를 가지고 있고 그 뿌리가 그대의 중심이지만 그대는 그것을 모른다. 하지만 내가 말하는 것은 그대가 그 뿌리를 알 수 있는 가능성이 있다는 점이다. 그리고 그대가 자신의 중심을 인식하게 되면 그때 그대의 삶은 깨어나기 시작한다. 그렇지 않다면 그대의 삶은 깊은 잠 속에 있는 한편의 꿈이 될 것이다.

에이브라함 마슬로우(A. Maslow)는 인간의 욕구를 다섯 단계로 나누고 그 마지막 단계를 자아실현의 욕구라고 말했다. 그것은 전 우주와 연결된, 그대의 뿌리, 그대의 중심을 알고 싶은 욕구인 것이다. 그대는 혼자 동떨어져 있는 것이 아니다. 그대는 이 우주의 한 부분이다. 그리고 이 우주는 외계(外界)가 아니다. 그대는 이방인이 아니다. 이 우주는 그대의 집이다. 하지만 그대가 그대의 뿌리를 찾지 못하는 한, 이 우주는 그대와 아무 상관없는 외계로 존재할 것이다.

샤르트르는 "인간은 이 세계에 내버려졌다"라고 말했다. 물론 그대가 자신의 중심을 모른다면 그대는 내버려졌다는 느낌을 받을 것이다. 그대는 아웃사이더이며 주인공이 아닌 엑스트라일 뿐이다. 그때 그대는 이 세상에 속해 있지 않다. 이 세상 역시 그대의 것이 아니다. 그때 공포가, 고뇌가 그것의 당연한 결과로 생겨난다. 이 우주에서 버림받은 자는 당연히 공포와 고뇌를 갖게 될 것이다. 그의 삶 전체가 투쟁과 갈등의 연속이다. 반드시 실패하게끔 운명지어진 투쟁 말이다. 인간은 결코 성공할 수 없다. 전체를 대항해서 싸우는 부분은 반드시 패배할 것이기 때문이다.

그대는 존재계와 대항해서 이길 수 없다. 존재계에 따를 수는 있지만 대항할 수는 없다. 대항하는 순간 패배하는 것이다. 종교적인 사람이건 비종교적인 사람이건 그것은 누구나 마찬가지다. 단 존재계에 대항하는 사람은 비종교적인 사람이고, 반대로 종교적인 사람은 존재계에 순응하는 사람이라고 한다면 종교적인 사람은 편안함을 느낄 것이다. 그는 내버려졌다는 느낌을 받지 않을 것이다. 그는 본래부터 이 세계에서 자라났다고 느낄 것이다. 내버려진 것과 자라났다는 말의 차이점을 인식하라.

싸르트르의 '내버려졌다'라는 말은 결국 그대가 속해 있지 않다는 것을 보여준다. 그것은 그대의 뜻과 아무런 상관없이 강제로 이루어졌다는 뜻이다. 그대는 스스로의 뜻에 의해 태어난 것이 아니다. 그대는 자신이 왜 태어났는지, 그리고 왜 이 삶을 계속해야 하는지 모른다. 그래서 이 세상은 그대와 아무런 상관이 없는 것이며 그 결과 그대는 풀 수 없는 고뇌를 짊어지게 되었다.

만약 그대가 이 세상의 한 부분이며 없어서는 안될 존재로 자라나게 되었다면 그것은 좋은 일이다. 인간이라고 부르는 특별한 차원으로 우주에 의해 그대가 양육된다고 한다면 그것은 정말 기분 좋은 일이다. 그리고 우주는 다중 차원으로 성장하고 있다. 나무의 차원에서, 산의 차원에서, 별들의 차원에서, 은하계의 차원에서 말이다. 인간 역시 성장하는 하나의 차원이다. 우주는 수많은 차원들을 통해 스스로를 깨닫고 있다. 인간 역시 하나의 봉우리를 이루며 성장하고 있는 차원이다. 나무는 자신의 뿌리를 알지 못한다. 동물 역시 근원을 인식하지 못한다. 그들에게 고뇌가 없는 것은 바로 그 때문이다.

하지만 인간은 다르다. 그대가 자신의 뿌리를, 자신의 중심을 자각하지 못한다면 그대는 자신의 죽음도 알 수 없다. 죽음이란 오직 인간을 위한 것이다. 인간은 자신의 뿌리를, 자신의 전체성을, 이 우주 속에 존재하고 있다는 사실을 자각할 수 있기 때문이다.

만약 그대가 중심을 자각하지 못하고 산다면, 하나의 아웃사이

더로서 산다면 거기에 고뇌가 싹트기 시작한다. 반면에 그대가 주인공이며 우주의 일부이며 존재계 자체의 잠재력을 실현시키는 꽃이라는 사실을 느낄 수 있다면, 존재계가 그대를 통해 자체를 인식할 수 있다는 사실을 느낀다면, 그대는 지복감을 느낄 것이다.

지복감은 우주와 그대가 유기적인 합일체라는 사실에 대한 당연한 결과로 찾아온다. 그러나 그대가 중심을 알지 못한다면 그대는 싸르트르처럼 '내버려졌다'는 감정을 갖게 될 것이다. 생명이 억지로 그대를 살게 한다는 느낌 말이다. 그러나 이 중심이 거기에 있지만 사람들은 인식하지 못한다. 그래서 이제부터 우리는 비그야나 바이라바 탄트라를 통해 이 중심에 이르는 방편들을 이야기하려는 것이다.

첫째로 인간이 태어날 때 그는 특정한 한 점에 뿌리를 박는다. 그 특정한 점을 '챠크라(중심)'라고 부른다. 그것은 단전(丹田)에 있다. 일본에서는 무사들이 자살을 할 때 이 단전에 비수를 박았다. 그들은 중심이 거기에 있다고 믿었다. 하지만 오늘날 우리는 모두 그것을 잊어버렸다. 그래서 우리는 중심을 잃고 헤매는 것이 인생이라고 생각한다.

어린아이가 태어날 때 그는 단전을 통해서 산다. 아이들이 숨을 쉴 때 아랫배를 자세히 보라. 그는 아랫배로 숨을 쉬고 있다. 가슴도 아니고 머리도 아니다. 하지만 자라면서 점점 그곳에서 멀어진다.

아이는 이제 자라서 또 다른 중심을 개발한다. 그것은 바로 가슴이다. 감정의 챠크라(중추)이다. 그는 사랑을 배우게 될 것이다. 그러면 가슴의 챠크라가 개발될 것이다. 하지만 이 챠크라는 진짜 중심이 아니다. 그것은 하나의 부산물이다. 그래서 어렸을 때 사랑을 받지 못한 아이들은 자라서도 결코 사랑을 할 수 없다고 심리학자들이 주장하는 것도 이 때문이다.

어린아이가 사랑이나 따뜻한 온정 속에서 자라지 못하면 그는 아무도 사랑할 수 없다. 왜냐하면 그의 가슴 챠크라가 개발되지 못했기 때문이다. 엄마의 사랑, 아버지의 사랑, 가족, 사회, 이 모두는 아이의 가슴 챠크라를 개발시키도록 돕는다. 그리하여 그 아이에게는 드디어 가슴 챠크라가 개발된다. 하지만 이것은 제2차 산물이다. 그대가 태어나면서부터 그것을 갖고 있지는 않았다. 그래서 그것이 개발되도록 도와주지 않으면 그것은 생겨나지 않는다. 수많은 사람들이 가슴의 챠크라가 개발되지 않은 채 살아가고 있다. 그들은 사랑에 대해서 많은 이야기를 하며 자신이 사랑하고 있다고 믿는다. 하지만 그들은 그 챠크라가 없다. 그런데 어떻게 그들이 진짜로 사랑할 수 있겠는가? 그리고 어머니의 사랑을 받기란 쉽지 않다. 아버지의 사랑을 받는 것 역시 매우 드물다. 모든 아버지, 모든 어머니들은 자신들이 사랑하고 있다고 생각할 것이다. 하지만 그것은 그리 쉬운 일이 아니다. 사랑은 매우 어렵게 얻어지는 성숙이다. 그러나 만약 아이가 사랑을 받지 못했다면 그는 결코 스스로 사랑할 수 없다.

인간 사회에 그토록 사랑이 메말라 있는 이유도 바로 이것이다. 그대는 계속 어린아이를 만들어 낸다. 하지만 그에게 사랑의 챠크라를 열어 주지는 못한다. 오히려 이 사회가 더 문명화될수록 사랑의 챠크라보다는 머리의 챠크라, 지적인 중심을 더 강조한다. 단전은 근본 챠크라이다. 아기는 태어나면서부터 그것을 갖고 있다. 그것은 부차적으로 생긴 것이 아니다. 그것이 없이는 생명이 불가능하다. 그리고 두번째 챠크라가 생긴다. 그것은 부차적인 것으로서 사랑을 통해 개발된다. 사랑을 받고 그것에 대응할 때 그 챠크라는 점점 성장하는 것이다. 그리고 세번째 챠크라는 지적인 챠크라로서 그것은 머리에 생겨난다. 모든 논리와 모든 교육이 그 챠크라에 의해서 가능해지는 것이다. 그리고 그것 역시 부차적인 챠크라이다.

한데 우리는 이 세번째 챠크라에서 살고 있다. 두번째는 거의 사라졌다. 있다고 해도 기능이 멈춰 있다. 가끔씩 기능을 발휘할 때도 있지만 매우 불규칙하다. 그러나 세번째 챠크라인 머리는 이제 삶의 기본적인 힘이 되어 버렸다. 이 사회가 그만큼 지적으로 복잡해졌기 때문이다. 그대는 계산하고 사고하고 판단해야만이 살 수 있다. 그래서 모든 사람들은 조만간에 머리로 그 중심이 옮겨질 것이다. 그대는 머리 속에서 삶을 시작할 것이다.

머리, 가슴, 단전 이 세 가지는 그대가 갖고 있는 세 개의 중심이다. 단전은 원초적인 중심이며 근본이다. 가슴은 개발되어야 하는 것이며 그것이 개발되어야 하는 바람직한 이유가 몇 가지 있다. 지성의 챠크라도 역시 개발되어야 한다. 하지만 그것이 가슴, 즉 감성의 챠크라의 대가로 개발되어져서는 안된다. 왜냐하면 감성의 챠크라는 그대의 지성과 단전을 이어주는 다리이기 때문이다. 그대에게 지성의 챠크라만 개발된다면 다시는 단전의 챠크라, 본래의 중심으로 되돌아올 수 없다. 여기서 우리는 다시금 존재의 챠크라까지 가는 방편을 모색하고 있다. 지금 우리는 지성을 통해서, 이해를 통해서 존재까지 나아가야 한다.

단전의 중심은 존재 속에 있다. 가슴의 중심은 느낌 속에 있다. 그리고 머리의 중심은 앎 속에 있다. 앎은 존재와 가장 멀리 있는 것이고 느낌은 존재와 가까이 있다. 만약 그대가 느낌의 중심을 놓치게 된다면 지성과 존재의 다리를 연결하기란 무척 힘들 것이다. 그것은 정말로 힘들다. 이 세상에서는 사랑하는 사람이 지적인 사람보다 더 편안한 마음으로 살 수 있는 것도 바로 그 때문이다.

서양의 문화는 기본적으로 지성의 챠크라를 강조한다. 그래서 서양인들은 인간의 뿌리에 대해서 깊은 향수를 갖고 있다. 시몬느 드 베이유 같은 사람들은 '근원을 향한 열망'이라는 책을 썼다. 서양에서 이성적이고 논리적인 문화가 발달한 것도 우연이 아니다. 그것은 그들이 가슴보다 머리를 더 중시했기 때문이다. 결국 그들은 가슴을 잃어버리고 말았다.

가슴의 고동소리가 그 기능의 전부라고 생각하지 말라. 그것은 아주 일부분이다. 가슴은 느낄 수 있는 능력을 말한다. 머리가 알 수 있는 능력을 말하듯이 말이다. 그리고 존재는 하나되는 능력을 의미한다.

종교는 존재에 관한 것이다. 시는 가슴에 관한 것이고 철학은 머리에 관한 것이다. 그리고 가슴과 머리는 본래의 중심은 아니다. 진짜 중심은 아랫배에 있는 단전이다. 그렇다면 어떻게 해야 다시 이 본래의 중심을 자각할 수 있을까?

아주 드물지만 가끔씩 그대는 단전에 다가가게 된다. 그때 깊은 지복감을 맛보는 순간이 찾아온다. 예를 들면 그대가 섹스 행위 속에서 단전으로 가까이 다가간다. 왜냐하면 섹스 속에서는 그대의 의식이 다시 내려가기 때문이다. 그대는 머리를 떠나서 나락으로 떨어진다. 깊은 오르가즘 속에서 때때로 그대는 단전 가까이 다가간다. 섹스에 대해서 그토록 많은 환상을 갖고 있는 것도 바로 그 때문이다. 하지만 진짜 지복의 순간을 경험하게 해주는 것은 섹스 행위가 아니다. 그것은 단전이다. 섹스 행위를 통해서 짧게나마 그 단전에 가까이 다가갈 수 있기 때문이다.

섹스 속으로 깊이 떨어질 때 그대는 단전을 거쳐간다. 그대는 그것을 만질 것이다. 그러나 현대인은 이것마저 불가능하다. 현대인들은 섹스조차 머리로 하기 때문이다. 그들의 섹스 행위는 두뇌를 자극하는 것에 불과하다. 그리고 섹스에 대한 모든 것을 생각으로 처리한다. 그래서 섹스에 대한 영화와 소설과 사진들이 그토록 많이 난무하는 것이다. 특히 남자들은 섹스에 대해서 많은 것을 생각한다. 하지만 그것은 정말로 우스꽝스러운 일이다. 섹스란 하나의 경험이다. 그대는 그것을 생각으로 처리할 수 있는 것이 아니다. 만약 그대가 생각하기 시작한다면 점점 그것을 경험하기가 어렵게 될 것이다. 왜냐하면 섹스란 전혀 머리에 해당되는 부분이 아니기 때문이다. 섹스에는 지성이 필요없다.

현대인들은 섹스 속으로 깊이 들어가는 것이 불가능하다고 느낀다. 그대가 섹스를 생각으로 처리하면 할수록 그것은 악순환이 될 것이다. 섹스조차도 생명력 없이 메마른 것이 되어 버린다. 그것은 이미 서양에서 그렇게 되고 있다. 그저 반복적인 지겨움 외에는 아무것도 아니다. 그대는 낡은 습관을 되풀이할 뿐 아무것도 얻지 못한다. 그리고 궁극적으로는 좌절감을 느낀다. 마치 믿었던 것에 속은 것처럼 말이다. 왜 그런 일이 벌어지는가? 그것은 의식이 중심을 향해 내려오지 않았기 때문이다. 그저 머리에만 머물러 있기 때문이다.

단전을 통해 갈 때만이 그대는 지복의 순간을 경험할 수 있다. 그래서 경우야 어떻든 그대가 단전을 통과할 때 단전은 그대에게 축복을 줄 것이다. 싸움터에서 한창 전투에 몰두해 있는 전사들 역시 단전을 통과한다. 그러나 현대의 전쟁에서 군인은 더 이상 전사가 아니다. 잠든 도시 위로 폭탄을 쏟고, 화면에 나타난 적의 탱크나 비행기를 향해 단추를 누르는 그들은 단순한 기술자일 뿐 전사가 아니다. 그들은 싸움꾼들이 아닌 것이다.

때때로 죽음의 문턱에 이른 사람이 갑자기 자신의 단전에 던져지는 수가 있다. 칼을 들고 백병전에 뛰어든 사람은 언제라도 죽을 수 있다. 한 순간에 그는 더 이상 이 세상에 존재하지 않게 된다. 그래서 칼로 싸움을 하는 동안에는 그대의 사념도 멈추게 될 것이다. 만약 생각을 시작한다면 그 순간 그대는 죽을 것이다. 그대는 아무런 생각 없이 행동해야 한다. 왜냐하면 생각은 시간을 필요로 하기 때문이다. 만약 그대가 백병전 속에서 피를 튀기는데 그대가 생각을 하기 위해 머뭇거린다면 그대의 머리는 그 순간 잘려나갈 것이다. 거기에서는 생각이 곧 죽음을 의미한다. 그래서 의식은 머리로부터 내려와서 단전으로 간다. 그때 전사는 지복을 경험한다. 전투에 대한 환상이 그렇게도 강한 것은 바로 이 때문이다. 섹스와 전투는 세상에서 가장 큰 매력을 갖고 있는 것이다. 그것을 통해서 그대는 단전을 통과할 수 있기 때문이다. 그대가 그것을 한번만 맛본다면 어떤 위험이 있어도 그대는 그 기분을 잊지 못할 것이다.

니이체는 '위험하게 살아라'라고 말했다. 왜인가? 위험 속에서 그대의 의식은 단전으로 내던져지기 때문이다. 그대는 사념을 피우고 앉아 있을 수 없다. 마음을 작동시킬 수가 없는 것이다. 그대는 즉각 행동해야 한다.

뱀이 지나간다. 갑자기 그대는 뱀을 보고 펄쩍 뛴다. '이것은 뱀이다'라고 생각할 순간적인 여유조차 없다. 그대는 마음과 의논할 수 없다. 옷에 불이 붙었을 때에도 마찬가지다. 그때는 어떤 논리적인 사고도 전개시킬 수 없다. 그대는 자발적으로 그리고 즉각적으로 행동해야 한다. 먼저 행동하고 나서 그 다음에 생각한다.

일상적인 삶 속에서는 위험이 없다. 그대는 먼저 생각한다. 그리고 행동한다. 위험 속에서는 모든 과정이 역순으로 바뀐다. 그대는 먼저 행동하고 나중에 생각한다. 생각 없이 행동만 할 때 그대는 본래의 중심, 단전으로 내던져진다. 위험 속에서 스릴을 맛보는 것도 바로 이 때문이다.

그대가 차를 몰 때 악셀을 계속 밟는다. 그러면 갑자기 어떤 순간이 오는데 그때는 모든 순간이 위험으로 가득 차게 된다. 한순간 그대는 이 세상 사람이 안되는 수가 있다. 서스펜스의 순간 속에서 죽음과 삶은 매우 가까이 만난다. 두 점이 만나려 할 때 마음은 정지한다. 그대는 단전으로 내던져진다. 젊은이들이 카 드라이빙에 열광하는 것도 바로 그 때문이다. 광란의 질주 말이다. 혹은 그대가 도박을 한다. 그대는 모든 것을 건다. 거기에 위험이 있다. 그때 마음은 멈춘다. 자칫하면 그대는 알거지가 될 수 있다. 마음은 작동을 멈추고 의식은 단전으로 내던져진다.

위험이 그만큼 매력 있게 보이는 것도 위험 속에서는 일상적인 마음이 그 기능을 멈추기 때문이다. 위험은 깊어진다. 그대의 마음은 필요 없게 된다. 그대는 무심(無心)이 된다. 드디어 그대는 존재하게 된다! 그대가 깨어 있을 때, 마음의 활동인 사념은 사라진다. 그것은 명상의 순간이다. 그래서 인간은 항상 위험을 찾아다닌다. 그것은 명상의 상태를 원하기 때문이다.

지복의 순간은 갑작스럽게 그대 속에서 폭발한다. 그것은 소나기처럼 내면에서 쏟아져 내린다. 그리고 갑작스럽고 우연하게 터지는 일들이다. 하지만 한 가지 확실한 것은 그대가 지복을 느낄 때마다 그대는 단전에 가까이 다가가 있다.

이번에 나온 방편들은 단전에 뿌리를 박기 위한 것들이다. 그리고 여기에 과학적인 접근 방식이 있다. 그냥 주먹구구식이 아니고 요행을 기대하는 것도 아니다. 이 방편들을 통해서 그대는 단전에 계속 머물러 있을 수 있다.

자, 이제 비그야나 바이라바 탄트라의 열세번째 방편으로 들어가자.

13

> 무한한 허공 속에서 오색찬란한 공작의 꼬리 깃털이 그대의 오감(五感)이 되었다고 상상하라. 이제 그 아름다운 색채가 그대의 내면으로 들어오게 하라. 그리고 한 점을 정하여 거기에서 만나게 하고 그 점을 집중하라. 그 점이 허공 속에 있든지 벽 위에 있든지 어디에 있든지 상관없다. 그 점이 사라질 때까지 그렇게 하라. 그때 또 다른 것을 향한 그대의 바람이 실재가 되어 나타나리라.

이 방편의 의도는 그대로 하여금 내면의 중심에 이르게 하는 데 있다. 만약 그대가 외부에다 하나의 중심을 정해 놓고 그것에 온 의식을 집중해서 바라본다면 그때 그대는 이 세상을 벗어나게 된다. 이 세상 전체를 그대는 잊어버리게 된다. 갑자기 그대는 그대 내면의 중심에 던져지게 될 것이다.

그것은 어떻게 작동되는가? 먼저 이것을 이해해야 한다. 그대의 마음은 하나의 방랑자이다. 그것은 절대 한 점에 머무르지 않는다. 항상 쉴 새 없이 떠다니고 있다. 이 생각에서 저 생각으로 옮겨 다니면서 언제나 한 곳에 정착하기를 바란다. 하지만 절대로 정착하지는 못한다. 마음의 구조 자체가 움직임이다. 그것은 오직 움직이기만 할 뿐이다.

만약 그대가 어느 한 점에 머무른다면 마음은 그대와 싸움을 시작할 것이다. 마음은 움직이라고 말할 것이다. 그대가 멈추면 마음은 곧 죽어 버리기 때문이다. 그것은 오직 움직임 속에서만 살 수 있다. 마음은 하나의 진행 과정이다. 그대가 멈추고 더 이상 움직이지 않으면 마음은 갑자기 죽어 버린다. 그것은 거기에 더 이상 존재하지 않는다. 오직 의식만이 남게 된다.

의식이라는 것은 그대의 본성이다. 마음은 그대의 활동이다. 걷는 것과 같은 하나의 행위이다. 그런데 우리는 마음이 어떤 실체라고 생각한다. 그것은 잘못된 생각이다. 마음은 하나의 활동이며 차라리 사념의 흐름이라고 부르는 것이 더 정확하다. 그대가 걷다가 멈추면 거기에는 더 이상 걷는 행위가 존재하지 않는다. 다리는 그대로 있지만 걷는 행위는 사라진다. 마찬가지로 그대가 집중할 때 의식은 그대로 있지만 마음이 사라진다.

의식은 다리와 같은 것이다. 의식은 그대의 본성이다. 마음은 걷는 행위로써 하나의 활동이다. 의식이 한 곳에서 다른 곳으로 이동할 때 그 진행 과정이 마음이다. 그래서 의식이 계속 움직이면 그때 마음이라는 것이 생겨난다. 만약 그대가 멈추면 거기에 마음은 더 이상 없다. 그대는 의식이다. 그러나 마음은 없다. 그대는 다리를 갖고 있다. 하지만 걷는 행위가 없다. 걷는 것은 다리의 한 기능이고 활동이다. 마음 역시 의식의 한 기능이며 활동이다.

그대가 한 점에서 멈춘다면 마음은 갈등하기 시작한다. 마음은 '계속 움직여라' 라고 말할 것이다. 마음은 이러저러한 방법으로 그대를 움직이기 위해서 밀어젖힐 것이다. 하지만 마음의 소리를 듣지 말고 그대로 머물러 있어 보라.

만약 그대가 마음의 소리를 따르지 않는다면 어떻게 되겠는가? 하지만 그것은 무척 어려운 일이다. 그대는 항상 마음의 명령에 순종해 왔기 때문이다. 그대는 주인이 되어 본 적이 한번도 없다. 왜냐하면 지금까지 그대는 마음이 그대 자신이라고 생각해왔기 때문이다. 그래서 그대가 마음을 자신으로부터 가려내지 않는 한 그대는 항상 마음의 노예가 되어 끌려다닐 수밖에 없다. 그러니 마음의 속임수를 알고 그 굴레를 벗어나라.

마음은 사실 노예이면서 주인인 척한다. 하지만 그것은 오래가지 못한다. 수많은 생을 거쳐오면서 주인은 노예가 되고 대신 노예가 주인 행세를 해왔다. 그것은 하나의 믿음이었다. 자, 이제 그 반대로 해보라. 지금까지와는 거꾸로 믿어 보라.

탄트라는 경전에서 이렇게 말한다.

"무한한 허공 속에서 오색찬란한 공작의 꼬리 깃털이 그대의 오감(五感)이 되었다고 상상하라. 이제 그 아름다운 색채가 그대의 내면으로 들어오게 하라."

먼저 그대의 다섯 가지 감각이 다섯 가지 색채라고 생각하라. 그리고 그 색채들이 우주 공간을 가득 채우고 있다고 생각하라. 그리고 그 색채들이 내면 속으로 들어간다고 생각하라. 그대 역시 그 색채들과 함께 내면으로 들어가라. 그리하여 모든 색채가 하나의 중심에서 만난다고 생각하라. 이것은 단순한 상상이다. 그러나 도움이 된다. 이 다섯 가지 색채들이 그대를 관통해 들어가서 한 점에서 만난다고 상상해 보라.

이들 다섯 가지 색채가 한 점에서 만나게 될 때 전 우주가 해체될 것이다. 그대의 상상 속에는 오직 색채들만이 있다. 그리고 그것은 공작의 꼬리 깃털처럼 허공에 펼쳐져 있는데, 그대 속으로 깊이 들어가면 한 점에서 만나고 있다. 그 한 점은 어디에 잡아도 좋다. 하지만 단전이 가장 좋다. 그대의 단전에서 다섯 가지 색채들이 모인다고 생각하라. 그리고 전 우주가 그 색채로 구성되어 있다. 그때 그 점을 보라. 그 점에 집중하라. 그 점이 녹아 없어질 때까지 집중하라. 그 점은 해체될 것이다!

그대가 그 한 점을 집중한다면 그 점은 해체되어 사라져 버릴 것이다. 왜냐하면 그것은 하나의 상상이기 때문이다. 기억하라. 그대가 한 모든 것이 상상이다. 만약 그대가 그것에 집중한다면 그것은 해체되어 사라져 버릴 것이다. 그리고 그 점이 사라질 때 그대는 그대의 중심에 내던져져 있음을 발견할 것이다.

그리고 이 세상은 사라졌다. 이제 그대에게는 세상이 없다. 이 명상 속에서는 오직 색채만이 있다. 그대는 세상 전체를 잊어버렸다. 그대는 모든 대상물들을 잊어버렸다. 그대는 오직 다섯 가지 색채만을 선택했다. 어떤 색이건 그대가 원하는 색을 선택하라. 이 명상 방편은 색채 감각이 뛰어난 사람에게 맞는 것이다. 화가의 눈을 가지지 않은 사람은 색채를 상상하는 것만도 어려운 일이다.

그대는 꿈을 컬러로 꿔 본 적이 있는가? 백명 중에 한 사람꼴 정도로 꿈을 컬러로 꿀 수 있다. 그대는 기껏해야 흑백의 꿈밖에는 꿀 수 없다. 그러므로 컬러의 꿈을 꾸는 사람에게는 이 명상이 좋다.

만약 그대가 색채에 대한 감각이 뛰어나다면 이 방편을 한번 시도해 보라. 다섯 가지 색깔이 있다. 그리고 온 세상이 이 색채들로 이루어져 있다. 그 색채들이 그대 속에 들어와서 만나고 있다. 그 한 점에 집중하라. 그리고 그 점이 사라질 때까지 계속하라. 움직이지 말고 그것과 함께 남아 있으라. 마음을 허용하지 말라. 그것이 무슨 색인지 알려고 하지 말라. 그것에 대해 생각하지 말라. 생각하기 시작하면 마음이 움직인다. 그대 속에 있는 색채로 취하라. 절대 사념을 일으켜서는 안된다. 집중은 생각이 아니다.

정말로 그대가 색채로 가득 차 있다면 그대는 무지개가 된 것이다. 공작의 꼬리 깃털이 된 것이다. 그리고 전 우주 공간이 그 색채들로 가득 차 있다. 그대는 황홀하리만큼 아름다운 느낌을 받게 될 것이다. 그러나 그것에 대해 생각하지는 말라. 아름답다고 말하지도 말라. 사념 속으로 흘러 들어가지 말라. 모든 색채들이 만나는 그 점을 집중하라. 계속 집중하면 그 점은 사라져 버릴 것이다. 집중력을 강화하면 상상은 더 이상 남아 있을 수 없게 된다. 그것은 해체되어 버린다.

세상은 이미 해체되어 사라져 버린 지 오래다. 거기에는 오직 색채만이 남아 있다. 그 색채들은 그대의 상상이다. 그 상상적인 색채는 한 점에서 만난다. 그 점 역시 상상이다. 이제 깊은 집중과 함께 그 점마저 사라져 버린다. 그러면 그대는 어디에 있는가? 그대는 그대의 중심에 던져져 있다.

사물은 상상을 통해 사라지고 이제 상상도 집중을 통해 사라졌다. 그대는 오직 주체로서 남아 있다. 물질적 세계도 사라지고 정신적 세계도 사라졌다. 그대는 오직 순순한 의식으로서 존재한다.

그래서 경전에는 이렇게 말하고 있다.

"그 점이 허공 속에 있든지 벽 위에 있든지 어디에 있든지 상관없다."

만약 그대가 색채를 상상할 수 없다면 그때는 벽 위에 한 점을 찍어라. 집중할 만한 대상이면 어떤 것이라도 좋다. 그것이 내면에 있는 것이라면 더욱 좋다. 그러나 인간에게는 외향성과 내향성의 두 가지 성격이 있다. 내향적인 사람들은 내면에서 빛깔들이 한 점에 모이는 것을 상상하기가 훨씬 쉽다. 하지만 내면에 대해서는 어떤 것도 상상할 수 없는 외향적인 사람들이 있다. 그들은 오직 외부적인 것만을 상상할 수 있다. 그들의 마음은 항상 외부를 향해 움직인다. 그들은 내면으로 들어올 수 없다. 그들에게는 내면이란 것이 존재하지 않는다.

영국의 철학자 데이비드 흄은 이렇게 말했다.

"내가 내면으로 들어갈 때마다 나는 어떤 자아(Self)도 만날 수 없었다. 내가 만나는 것은 무엇이든지 외부 세계의 영상뿐이다. 생각, 감정, 느낌, 그 어떤 것도 도무지 내면적인 인상을 풍기는 것이 없고 항상 외부적인 것만 비친다."

이것이 극단적인 외향성의 마음이다. 데이비드 흄은 가장 외향적인 사람 중의 하나였다.

그래서 만약 그대가 내면의 어떤 것도 상상할 수 없다면, 도대체 내면으로 들어간다는 개념조차 이해되지 않는다면 그때는 벽에다 한 점을 찍어라. 사람들은 내게 와서 종종 내면으로 들어가는 것이 어떤 것인지를 묻는다. 그들은 항상 외부로만 향해 있었기 때문에 그런 말을 들어도 감이 잡히지 않는 것이다. 그들에게는 내면으로 들어가라는 말이 무척 어렵게 들린다.

만약 그대가 외향적이라면 그때는 외부에다 한 점을 찍어라. 그 결과는 똑같다. 그리고 그 점에 대해서 집중하라. 그때 그대는 눈을 뜨고 집중해야 할 것이다. 만약 내면에다 한 점을 찍을 경우에는 눈을 감고 해야 할 것이다.

내면에 점을 찍든 외부의 어떤 벽에다 점을 찍든 그것은 문제가 되지 않는다. 중요한 것은 그대의 집중력이다. 눈을 뜨고 한 점을 바라보는 경우가 훨씬 사념에 방해받지 않는 사람들도 있다. 문제는 그대가 집중하고 있는 점이 사라지는 것이다. 그것이 완전히 사라져 버릴 때까지 집중해야 한다. 눈을 깜박이지 말라. 깜박이는 그 움직임에 마음이 생각을 시작하기 때문이다. 깜박이는 순간 그대의 집중은 잃어버린다.

그대는 달마에 대해서 들어본 적이 있을 것이다. 그는 인류 역사상 명상의 가장 위대한 스승 중에 하나이다. 그가 어떻게 집중을 했는지에 대한 아름다운 일화가 여기에 있다. 그는 눈을 깜빡거릴 때마다 집중이 흩어지는 것을 보고 더 이상 깜빡거리지 않기 위해 눈꺼풀을 베어내었다. 그리고는 그 눈꺼풀을 마당에 던져 버렸는데 거기에서 한 식물이 자라나게 되었다. 그 식물의 이름은 중국식 발음으로 '타(Tah)'였는데 그것은 당시 달마가 머물렀던 산 이름이었다. 이 식물이 바로 오늘날의 차(tea: 茶)가 된 것이다. 그래서 차를 마시면 그대의 신경이 각성되는 것이다.

그대의 눈이 깜빡거리면 곧 잠이 들게 된다. 그러면 차 한잔을 마셔라. 그것은 달마의 눈꺼풀을 달인 물이다. 선승(禪僧)들이 차를 그토록 소중히 여기는 것도 바로 이 때문이다. 차는 보통 물건이 아니다. 그것은 달마대사의 눈꺼풀이다. 일본에서는 차의 축제를 연다. 그리고 모든 가정마다 집 안에 다실(茶室)이 있다. 그리고 제사나 종교 행사를 할 때에도 차는 빠지는 법이 없다. 그것은 차 마시는 일이 명상적인 분위기를 만들어 내기 때문이다.

일본은 차를 마시는 예법을 만들어 내고 그것을 '다도(茶道)'라고까지 부른다. 그들은 마치 사원으로 들어가는 것처럼 다실로 들어간다. 그리고 차가 준비되는 동안 고요히 앉아서 물이 끓는 소리를 듣는다. 또한 차의 향기와 빛깔, 다기에서 전해지는 따스한 감촉까지 놓치지 않고 느낀다. 그래서 차를 마시는 일은 보통 일이 아니다. 그것은 달마의 눈꺼풀을 달여 마시는 것이다. 물론 그 일화가 사실인지 아닌지는 아무도 모른다. 하지만 분명히 아름다운 일화임에는 틀림없다.

그대가 외부에 있는 한 점을 집중할 때, 그때 깜빡이지 않는 눈이 필요하다. 만약 내면의 한 점을 집중한다면 더 이상 눈은 상관이 없어진다. 그리고 외부의 점이든 내면의 점이든 그 점이 사라질 때까지 집중하라. 그것은 풀어 없어질 것이다. 그대가 마음의 움직임을 조금도 허락하지 않는다면 말이다. 사실 그 점은 그대에게 있어서 이 세상의 모든 것이 집약되어 있는 점이었다. 그 점마저 없어진다면 그때 의식은 아무데도 갈 곳이 없다. 움직일 대상이 없는 것이다. 모든 차원이 닫혀져 버렸고 마음은 이미 그 점과 함께 사라져 버렸다. 그리고 의식은 그 자체에게로 돌아간다. 이제 그대는 자신의 중심에 이르게 되었다.

안이든 밖이든 한 점이 사라질 때까지 그 점에 집중하라. 그 점이 사라지는 데는 두 가지 이유가 있다. 만약 그것이 내면의 점이라면 그것은 상상에서 생겨난 것이기 때문에 사라질 것이다. 그리고 그것이 외부의 한 점이라면 그것은 상상이 아니다. 그것은 실재이다. 그대는 벽 위에 한 점을 찍었다. 그런데 어떻게 그 점이 사라질 수 있겠는가?

사실 그대가 한 점에 집중할 때 그 점이 실제로는 사라지지 않는다. 대신 그대의 마음이 사라져 버린다. 그대가 외부의 점에 집중하고 있을 때 마음은 움직일 수 없다. 움직이지 않는다면 마음은 생존할 수 없다. 그것은 죽는다. 마음이 죽으면 그때 그대는 외부의 어떤 것과도 관계를 맺을 수 없다. 갑자기 모든 연결 다리가 끊어진다. 마음이 곧 다리이기 때문이다.

처음에 그대가 벽 위의 한 점에 집중할 때 마음은 그대에게서 벽으로, 벽에서 그대에게로 왔다갔다한다. 그것은 하나의 과정이다. 마음은 그렇게 해서라도 존재하게 된다. 그때는 아직 그 점이 사라지지 않는다.

그러나 그대가 집중을 계속하게 되면 마음은 왔다갔다하는 힘이 점점 약해지고 마침내 그 움직임을 멈춘다. 멈추는 순간 마음은 죽는다. 그때 그대는 그 점을 볼 수 없다. 왜냐하면 지금까지 그대는 그 점을 눈으로 본 것이 아니기 때문이다. 눈은 단지 빛이 들어오는 하나의 창문일 뿐이다. 마음이 사라진 이상 눈은 아무런 기능도 할 수 없다. 그래서 그 점이 보이지 않는 것이다. 그대가 눈을 뜨고 있어도 말이다. 마음이 다시 되살아나면 그때 점이 다시 보이기 시작한다. 그것은 여전히 거기에 있었다. 하지만 지금은 그대가 그 점을 볼 수 없다. 그때 그대는 자신의 중심에 있다.

중심에 이르게 될 때 그대는 그대 존재의 뿌리를 자각하게 될 것이다. 그대는 존재계와 연결되어 있는 곳을 알게 될 것이다. 그대 속에 존재계 전체와 연결되어 있는 한 점이 있다. 그것이 바로 중심이다. 그대가 한번만 이 중심을 알게 되면 그대는 집에 도착했다는 것을 알게 될 것이다. 이 세계는 더 이상 그대와 상관없는 외계가 아니다. 그대는 이방인이 아니다. 그대는 이 세상에 속해 있고 이 우주가 그대의 집이다. 거기에 더 이상 갈등과 불안이 있을 수 없다. 그대와 존재계 사이에 어떤 불화도 없다. 존재계는 그대의 어머니가 된다.

그대 속으로 들어와서 그대 속에서 꽃피운 것이 바로 존재계이다. 이 느낌, 이 감동, 이 환희, 더 이상 거기에 고뇌와 번민이 있을 수 없다.

그때의 지복은 어떤 현상이 아니다. 그것은 왔다가 사라지는 어떤 바람이 아니다. 그때의 지복이 바로 그대의 본성이다. 누구든지 자신의 중심에 뿌리내릴 때 그 지복은 자연스런 것이다. 그리고 시간이 지날수록 그 지복은 느껴지지 않는다. 왜냐하면 인식은 반대의 상황을 필요로 하기 때문이다. 그대가 행복할 때 그대는 불행을 느낄 수 있다. 항상 불행하다면 그대는 그것에 대해 무감각해진다. 한번이라도 행복을 맛봐야 그대는 불행을 안다. 마찬가지로 그대가 중심에 이르면 지복의 순간이 닥쳐온다. 하지만 그대는 시간이 지날수록 점점 황홀한 느낌이 약해져 간다. 그저 고요한 평화만이 흐를 뿐이다. 하지만 그대는 진짜로 행복하다. 그것은 별이 빛나고 강이 흐르는 것처럼 자연스럽다. 그대의 존재 자체가 축복 속에 있는 것이다. 그것은 그대에게 일어난 어떤 것이 아니다. 이제 그것이 바로 그대 자신이다.

두번째 방편도 같은 원리이다. 그 과학적 접근 방식 또한 같다. 그리고 작용 구조 역시 같다.

14

그대의 신경 전체에 온 주의를 집중시켜라. 연꽃 뿌리 속에 들어 있는 실처럼 섬세한 신경이 척추 속에 있다. 그대의 의식이 척추의 중심에 머무를 때 변형이 일어난다.

이 명상 역시 눈을 감고 수련해야 한다. 탄트라 행자(行者)는 눈을 감고 자신의 척추를 영상으로 떠올려야 한다. 해부학 서적이나 모형을 통해 척추뼈가 어떻게 생겼는지 미리 알아 두는 것도 좋다. 그리고 나서 눈을 감고 그대의 척추를 영상으로 떠올려 보라. 등뼈는 곧게 펴고 앉아야 한다. 그리고 척추 속에 연꽃 뿌리의 실처럼 섬세한 신경을 보라. 그것에 집중하라. 그러면 곧 그대는 자신의 중심에 이르게 된다. 왜인가?

척추뼈는 그대의 몸 전체 구조의 기초이다. 모든 것이 그것과 연결되어 있다. 그래서 그것을 척추(spine)라고 부른다. 그 척추 속에는 연근 속의 실 같은 것이 들어 있다. 해부학에서는 그것에 대한 언급이 전혀 없다. 왜냐하면 그것은 물질이 아니기 때문이다. 그 척추 속에 있는 실 같은 것을 은줄(silver cord)이라고 부른다. 그런데 그대가 아무리 세밀하게 해부를 해봐도 눈으로는 그 은줄을 확인할 수 없다.

그러나 깊은 명상 속에서는 그것이 보인다. 그것은 물질이 아니다. 그것은 에너지이다. 그대의 척추 신경 속에 에너지의 코드가 들어 있다. 그것을 통해서 그대는 보이지 않는 존재계와 연결되어 있다. 그리고 그것을 통해서 보이는 세계, 즉 물질 세계와 그대가 연결되어 있다. 그것은 보이는 세계와 보이지 않는 세계의 연결 다리와 같은 것이다. 그 실을 통해서 그대는 그대의 육체와 연결되어 있고, 또한 그대의 영혼과도 연결되어 있다.

먼저는 척추를 영상으로 떠올려야 한다. 거기에 매우 이상한 점이 있다. 그대가 척추를 연상하려고 하면 그대는 상상으로 그 영상을 떠올릴 수 있다. 그런데 문제는 그것이 상상만은 아니라는 점이다. 그대는 실제로 그대의 척추를 볼 수 있게 된다.

나는 한 구도자와 함께 이 방편을 직접 수련해 보았다. 먼저 나는 그에게 인체 해부도 중에서 척추가 나온 사진을 한 장 주었다. 그가 눈을 감고 내면에서 척추에 대한 영상을 떠올려 보는 데 도움이 되라고 말이다. 그런데 일주일쯤 지나자 그는 이렇게 말했다.

"이것은 정말 이상합니다. 당신이 준 사진을 떠올리려 할 때마다 그것은 사라지고 다른 척추의 영상이 떠오릅니다. 그것은 당신이 준 사진과는 완전히 다른 것이었습니다."

그래서 나는 그에게 말했다.

"이제 드디어 그대는 제대로 하고 있다. 내가 준 사진은 완전히 잊어버려라. 그리고 그대 앞에 떠오르는 척추에만 집중하라."

인간은 누구나 자신의 몸 속을 들여다볼 수 있다. 하지만 우리는 그렇게 하기를 꺼린다. 그것은 정말로 무시무시하고 끔찍한 것이기 때문이다. 그대가 자신의 뼈와 내장과 피를 보면 그대는 까무러칠지도 모른다. 그래서 우리는 마음이 우리의 몸 속으로 시선을 돌리지 못하도록 담을 쌓아 놓았다. 오직 몸 밖으로만 시선이 향하도록 만들었다. 하지만 그대는 몸 안을 볼 수 있다. 마치 이 방 안에 들어와서 방 안의 천장이나 벽을 볼 수 있듯이 그대는 몸 안으로 들어와서 몸 안의 구조들을 살펴볼 수 있다. 하지만 지금 당장은 할 수 없다. 공포 때문에 할 수 없다.

인도의 요가에서는 인체의 내부에 대해 현대 과학에 의해서만 찾아낼 수 있는 것들이 정확하게 기재되어 있다. 그들은 어떻게 그것을 알았을까? 인간의 육체에 대한 외과적 지식은 최근에 개발된 것이다. 그런데 고대의 요가에서 어떻게 신경계 전체를 알 수 있었을까? 그들은 최근에 과학이 발견해 낸 사실들도 이미 알고 있었다. 그들은 그들 자신의 몸에 대해서 연구해 낸 것이다. 그래서 타인의 몸을 대상으로 한 어떤 것보다도 정확하다. 요가는 육체에 관한 한 어떤 과학적인 연구보다도 정확하다. 그들은 육체의 기본적인 모든 것을 알고 있다.

그대가 자신의 몸을 내면에서 볼 수 있는 방법이 있다. 만약 그대가 내면에 대해 집중할 수 있다면 어느 날 갑자기 그대의 몸이 보이기 시작한다. 그러면 그대는 또 다른 차원의 유물론자가 될 것이다. 요가는 차원이 다른 유물론이다. 그대는 육체에 관한 한 일가견을 갖게 될 것이다.

고대 탄트라와 요가 학파에서는 많은 뼈들을 그들의 연구 재료로 사용했다. 인간의 두개골에 대해서 탄트라는 많은 지식을 갖고 있다. 그것은 내면에 대한 집중에 많은 도움을 준다. 먼저 눈을 감고 자신의 두개골을 영상으로 떠올린다. 그리하여 두개골의 외부부터 차근차근 살펴 들어간다. 그리고는 두개골 안으로 들어간다. 그러면 점점 자신의 두개골을 느끼기 시작한다. 그러면 그대의 의식은 조명되기 시작한다. 한번 그대가 내면에 초점을 맞추면 그대는 발가락 끝에서 머리 끝까지 어디로든 탐구 여행을 떠날 수 있다. 그것은 거대한 또 하나의 우주이다. 그대의 작은 육체는 거대한 우주인 것이다.

여기 탄트라에서는 특별히 척추에 대해서 말하고 있다. 척추 신경 내부에 생명의 실마리가 들어 있기 때문이다. 등뼈를 곧게 세우는 것을 강조하는 것도 이유가 있다. 척추가 굽어져 있으면 내면의 실이 잘 보이지 않는다. 그것은 너무나 섬세한 것이다. 그것은 에너지의 흐름이다. 그래서 척추가 곧게 펴질 때만이 그 은줄을 얼핏 볼 수 있는 가능성이 있다.

하지만 우리의 척추는 곧게 펴져 있지 않다. 힌두교도들은 어릴 때부터 척추를 곧게 펴려고 많은 노력을 해왔다. 앉고 서고 걷고 잠잘 때의 기본 자세가 있는데 그것들은 모두 기본적으로 척추를 곧게 세우기 위한 것이다. 척추가 곧게 세워지지 않으면 그 속에 들어 있는 에너지 코드인 은줄을 볼 수 없다. 하지만 그것이 절대적으로 곧게 펴질 때 그 흐름을 볼 수 있다.

"그대의 의식이 척추의 중심에 머무를 때 변형이 일어난다."

한번 그대가 그것을 느끼게 되면, 그 은줄을 보게 되면 그대는 새로운 빛으로 가득 차게 된다. 그 빛은 그대의 척추에서 나오는 것이다. 그것은 그대의 온몸을 둘러싸고 있음을 알게 된다. 또한 그것은 그대의 몸을 벗어나 있기도 하다. 그때 보이는 것이 바로 '오오라(後光)'라는 것이다.

모든 사람이 오오라를 갖고 있다. 그러나 보통 그대의 오오라는 빛이 없는 그림자뿐이다. 그리고 그 오오라의 색깔은 그대의 모든 분위기를 담고 있다. 그대가 분노할 때 그 오오라는 피빛으로 채색될 것이다. 그대가 슬프거나 침울할 때 오오라는 어두운 회색이 될 것이다. 그것은 죽음과 가깝기 때문이다.

이 척추 속에 있는 은줄을 깨달을 때 그대의 오오라는 깨달은 사람의 그것과 같아진다. 붓다, 마하비라, 크리슈나, 그리스도 등과 같은 사람들의 초상화는 항상 후광이 그려져 있다. 그들의 척추에서부터 빛이 발산되기 때문이다. 그대가 내면의 중심을 깨달을 때 그대의 몸 전체는 빛으로 가득 차고 넘친다. 그것은 몸 밖으로까지 뿜어 나온다. 그래서 깨달은 사람, 즉 붓다에게는 그가 누구인지 물을 필요가 없다. 그의 오오라가 모든 것을 보여준다. 그리고 제자 중 누군가가 깨달았을 때 스승은 그것을 알 수 있다. 그의 오오라가 모든 것을 말해주기 때문이다.

중국에 혜능(慧能)이라는 선사가 있었다. 그는 홍인(弘忍)이라는 스승이 깨달았다는 소문을 듣고 오랜 여행 끝에 스승은 찾아갔다. 스승은 그를 보자 곧 이렇게 말했다.

“그대는 여기에 뭣하러 왔는가? 그대는 나를 찾아올 필요가 없다.”

혜능은 스승의 말을 이해할 수 없었다. 혜능은 자신이 아직 스승을 받아들일 준비가 되어 있지 않은 것으로 생각했다. 그러나 스승은 다른 것을 보고 말한 것이다. 스승은 커지고 있는 혜능의 오오라를 보고 말했던 것이다. 그의 말은 이런 뜻이다.

‘그대는 나에게 와서 배울 것이 없다. 조만간 그대가 어디에 있든지 그대는 깨닫게 될 것이다. 그러니 여기에 와서 시간을 소비할 필요가 없다.’

그러나 혜능은 이렇게 말했다.

"저를 받아주십시오."

그래서 그의 스승은 그를 받아들였고 그에게 절의 후원(後園)에서 방아를 찧게 했다. 그 절은 대중이 5백 명이나 되는 큰 절이었다. 스승은 혜능에게 말했다.

"후원에서 일하고 다시는 여기에 오지 말라. 필요하면 내가 부르겠다."

혜능에게는 어떤 명상도 시키지 않았다. 그리고 어떤 경전도 읽으라고 말하지 않았다. 홍인은 그에게 아무것도 가르치지 않았다. 거기에는 수많은 학자와 명상 수행자들이 살고 있었다. 그들은 진리를 깨닫기 위해 제각기 연구나 명상 수행을 하고 있었다. 하지만 혜능은 쌀 씻고 방아 찧는 일에만 몰두했다.

어느덧 8개월이 흘러갔다. 그 동안 혜능은 한번도 스승을 찾아가지 않았다. 그는 오직 후원에서 스승이 불러주기만을 기다렸다. 그 절에는 수많은 학자와 선승들이 있었지만 누구 하나 혜능에게 주의를 기울이지 않았다. 혜능은 누가 보아도 평범한 일꾼이었다.

스승이 곧 입적(入寂)한다는 소문이 퍼졌다. 그래서 누군가가 후계자가 되어야 했다. 스승은 제자들에게 자신들이 깨달은 바를 네 줄의 시로 적어서 내라고 했다. 그 시를 보고서 깨달은 제자를 골라내고 그에게 법맥을 잇게 하겠다는 것이었다.

그 절에는 위대한 학자가 한 사람 있었다. 그의 이름은 신수(神秀)였다. 모두들 그가 홍인의 뒤를 이을 사람이라는 것을 알고 있었기에 아무도 스승에게 시를 바치지 않았다. 결국 신수 혼자 시를 썼는데 그 내용은 이런 것이었다.

"몸은 보리수(菩提樹)이고 마음은 밝은 거울이다. 매일 열심히 닦아서 먼지가 끼지 않게 하면 그것이 곧 깨달음이다."

그러나 사실 신수조차도 스승에게 가기를 두려워했다. 그는 자신이 아직 깨닫지 못했다는 사실을 알고 있었다. 사실 그 시는 매우 훌륭한 시였다. 모든 경전의 결론을 담고 있는 시였던 것이다. 그러나 신수는 깨달음에 대해서 아무것도 몰랐다. 그가 알고 있는 것은 경전이었지 자신의 존재에 대해서는 아직도 깜깜했던 것이다. 그는 스승을 대면하고 자신이 지은 시를 내보일 용기가 없었다. 그래서 밤중에 몰래 스승의 방문 앞에다 시를 붙여 놓았다. 그리고 이름을 써놓지 않았다. 스승이 옳다고 말하면 그때 자기가 썼다고 말할 셈이었다. 다음날 아침 스승은 그 시를 보고는 대중들을 불러 모아놓고 이렇게 말했다.

"아주 좋은 시이다. 이 시를 쓴 사람은 깨달았다."

그 말이 떨어지자 절은 온통 그 시에 대한 이야기를 화제로 삼았다. 모두들 그 시를 외어서 그 뜻을 음미했고 부엌에서 일하는 승려들조차 그 시를 외우고 다녔다. 그래서 혜능은 그 시가 무슨 시인지 물었다. 자초지종을 들은 혜능은 그만 웃고 말았다. 깨달았다는 자의 시가 깨달음과는 전혀 거리가 멀었기 때문이었다. 혜능이 웃자 그 옆에 있던 한 승려가 물었다.

"자네는 왜 웃는가? 혹시 정신이 이상한 것 아닌가? 자네가 뭐 아는 것이 있는가? 방아나 찧는 주제에."

사실 그때까지 혜능이 웃는 모습을 본 사람은 아무도 없었다. 그는 벙어리처럼 말도 하지 않고 언제나 일만 했던 것이다. 그때 혜능은 이렇게 대답했다.

"나는 글을 쓸 줄 모른다. 그리고 나 역시 깨달은 사람은 아니다. 그렇지만 이 시는 틀렸다. 내가 시구를 불러볼 테니 한번 적어 보라."

그러자 승려들은 호기심에서 혜능의 말을 받아 적었다. 혜능의 시는 이런 내용이었다.

"보리수란 본래 없는 것이며 마음 역시 없는 것이다. 그러니 어디에 때가 묻을 것이며 무엇을 닦을 것인가!"

승려들은 깜짝 놀랐다. 그들은 그 시가 심상치 않은 것을 알고 곧바로 스승에게 달려갔다. 하지만 스승은 그 시를 보자마자 누가 지은 시인지를 물었다. 그러나 혜능이 지었다는 말을 듣자 곧 그 시는 틀렸다고 말했다. 그 말을 들은 다른 승려들은 역시 생각했던 대로라고 안심하는 것이었다.

그날 밤 스승은 모두들 잠든 틈을 타서 후원으로 혜능을 찾아갔다. 혜능이 스승을 맞이하자 스승은 곧 입을 열었다.

"너의 시는 깨달은 자의 그것이다. 나는 이 바보들 앞에서는 아무 말도 할 수 없다. 그들은 쓸데없는 지식만 잔뜩 쌓은 바보들이다. 만약 그대가 나의 후계자라고 한다면 아마 그들은 자네를 죽일 것이다. 그러니 여기서 달아나라. 그대는 나의 후계자이며 깨달은 자다. 그 증거로 내가 스승께 물려받은 의발(衣鉢)을 전해주겠다. 하지만 아무에게도 이 사실을 말하지 말라. 처음 만났을 때 나는 그대의 후광을 보고 그대가 곧 깨달을 줄 이미 알고 있었다. 어서 여기를 떠나라."

그대가 척추 속에 감추인 은줄을 보는 순간부터 그 오오라는 자라나기 시작한다. 그것은 그대의 몸 주위를 둘러싸게 된다. 그때 변형이 일어난다. 그때 초월이 일어나는 것이다. 그리고 이것 역시 그대의 중심에 이르는 또 하나의 방법이다. 척추 속에 의식을 집중시켜 은줄을 발견하는 것 말이다.

그러나 그대가 몸에 대한 감각이 살아 있지 않는 한 내면에서 몸을 관찰하기란 매우 어려울 것이다. 그래서 이 방편은 어쩌면 남자보다는 여자에게 더 도움이 될 것이다. 여자가 남자보다 훨씬 몸에 대한 감각이 예민하기 때문이다. 여자들은 몸에 대해 의식이 집중되어 있는 편이다. 남자들은 항상 이념이나 관념에 사로잡혀 산다. 하지만 여자들은 그렇지 않다. 여자들은 자신의 몸 속에 산다.

그대의 척추를 영상으로 떠올려 보라. 처음에는 그것이 마치 상상 속의 한 장면처럼 나타난다. 그러나 그대는 점점 상상력은 사라지고 그대의 마음은 그 척추 속에 집중될 것이다. 그때 그대는 자신의 척추를 보는 것이다. 그대가 내면의 핵을 보는 순간 갑자기 거기에서 빛이 폭발하는 것을 느낄 것이다.

때때로 이런 일은 아무런 노력 없이 일어나는 수가 있다. 섹스 행위 속에 깊이 몰두할 때 그것은 일어난다. 탄트라는 알고 있다. 깊은 섹스 행위 속에 몰입할 때 그대의 전 에너지가 척추신경으로 집중된다는 것을 말이다. 그때 스파크가 일어나면서 갑자기 전기가 통하게 된다. 그대는 척추를 건드린 것이다. 그대는 쇼크를 받을 것이다. 두 명의 연인이 깊은 사랑 속에서 서로에게 몰두할 때, 깊고 고요한 포옹 속에 있을 때 그것이 일어난다. 그때 어두운 방 안은 밝은 빛으로 가득 찬다. 푸른빛의 오오라가 두 개의 육체를 감싸 돌고 있는 것이다.

그런 일은 수없이 많이 일어났다. 그리고 그대도 한두번 그것을 경험해 봤을 것이다. 그대는 어두운 방에서 사랑에 깊이 빠져 있다. 그런데 갑자기 그대의 몸에서 빛이 나와 방 안을 밝히는 것을 본다. 이런 현상을 두고 심리학자들은 섹스 행위 속에 깊이 몰입하면 양전기와 음전기가 만나 스파크가 일어난다고 설명한다. 하지만 그들은 아무것도 모르고 하는 말이다. 전기 스파크가 일어난 것이 아니고 척추 속에서 빛이 뿜어져 나온 것이다.

그래서 때때로 섹스 행위에 깊이 몰두할 때 그대에게 각성이 일어난다. 탄트라는 이 사실을 잘 알고 있다. 그리고 그 방법까지도 자세히 알고 있다. 만약 그대가 척추 속에 흐르는 섬세한 은줄을 바라볼 수 있다면 탄트라는 이 깨달음을 위해서 섹스 행위를 이용한다. 하지만 그것은 그대가 하고 있는 섹스와는 완전히 질이 다른 것이다. 그것은 스트레스 해소나 에너지 방출이 아니다. 급하게 치뤄져야 할 그 무엇이 아니다. 그것은 육체의 행위가 아니다. 그것은 깊은 영적 결합이다. 두 개의 육체를 통한 두 내면의 만남이며 서로를 관통하는 두 주체성의 만남이다.

그래서 나는 그대에게 이 방편을 제안한다. 깊은 섹스 행위 속에서 그것은 더욱 쉬워질 것이다. 섹스에 대해서는 그냥 잊어버려라. 그저 깊은 포옹만 하라. 그리고 내면으로 들어가 거기에 머물러라. 그리고 그대의 척추를 떠올려 보라. 그것은 쉬운 일이다. 왜냐하면 그때 훨씬 많은 에너지가 척추의 중심 가까이로 흐르고 있기 때문이다. 그리고 그대의 육체가 충분히 이완되어 있기 때문에 그 은줄은 더 잘 보일 수 있다. 사랑은 가장 깊은 이완이다. 그런데도 우리는 사랑을 커다란 긴장으로 만들어 버렸다. 우리는 그것을 고민 덩어리로, 무거운 짐으로 만들어 버렸다.

사랑의 따스함 속에서 충분히 이완하라. 그리고 눈을 감아라. 그러나 남자들은 대개 눈을 감지 않는다. 섹스 행위 중에는 여자만이 눈을 감는다. 앞에서 내가 남자보다도 여자가 자신의 몸 속에 집중되어 있다고 말한 것도 같은 맥락이다. 여자들은 눈을 뜨고 진짜 사랑을 나눌 수 없다. 눈을 감아야 내면으로부터 육체를 느낄 수 있기 때문이다.

자 이제 마지막으로 말하겠다. 눈을 감아라. 몸을 느껴라. 이완하라. 척추의 중심에 집중하라. 그때 탄트라는 말한다. '거기에 변형이 일어난다'고 말이다. 그대는 변형될 것이다.

〈질문〉

"단전의 챠크라를 개발하는 것은 가슴과 머리의 챠크라를 개발하는 것과 완전히 별개의 것입니까? 아니면 단전의 챠크라를 개발하면 동시에 머리와 가슴의 챠크라도 열립니까? 그리고 어떤 것이 단전의 챠크라를 개발하는 방법이며 머리와 가슴의 챠크라를 개발하는 방법과 어떻게 다른지를 설명해 주십시오."

한 가지 기본적인 것이 이해되어져야 한다. 가슴과 머리의 챠크라는 개발되는 것이지만 단전의 챠크라는 그렇지 않다. 단전의 챠크라는 발견되는 것이지 개발되는 것이 아니다. 본래부터 단전에는 중심이 있었다. 그대가 그것을 잊어버린 것일 뿐이다. 그대는 그것을 개발할 수 없다. 가슴과 머리의 챠크라는 개발하고 발전시킬 수 있다. 그것은 본래부터 있던 것이 아니기 때문이다. 사회, 문화, 교육을 통해 그것들을 개발시킬 수 있다.

그대는 단전의 중심과 함께 태어난다. 단전의 중심 없이는 존재할 수 없다. 그대는 가슴이나 머리의 챠크라 없이도 살 수 있다. 그것들을 개발하면 더 좋다. 하지만 그대가 단전의 중심 없이는 살 수 없다. 그것은 그대의 생명이다.

가슴의 챠크라를 개발하는 데는 여러 가지 방법들이 있다. 사랑과 감수성을 키우는 방법들이 이미 개발되어 있다. 그리고 머리의 챠크라도 마찬가지다. 더욱 논리적이고 이성적으로 될 수 있다. 그것은 훈련을 통해 가능하다. 정서나 감정도 마찬가지다. 그러나 존재는 개발될 수 없다. 그것은 이미 완성된 채로 거기에 있다. 단지 재발견할 뿐이다.

많은 의미가 여기에 함축되어 있다. 첫째, 그대가 아인슈타인과 같은 머리를 갖기란 불가능할 수도 있다. 그러나 그대는 붓다가 될 수는 있다. 그대가 마쟈누(Majanu)가 되기는 불가능할 수 있다. 그는 가슴의 챠크라가 궁극적으로 발달된 사람이다. 그는 어떤 사람보다 연애 방면에 뛰어나다. 하지만 그대는 붓다가 될 수는 있다. 붓다의 불성(佛性)은 개발시키는 것이 아니기 때문이다. 그것은 각자의 소질과 아무런 관계가 없다. 불성은 이미 거기에 있다. 그대는 이미 붓다이다. 단지 모를 뿐이다.

그대는 이미 아인슈타인이 아니다. 그대가 아인슈타인처럼 되려면 무진장 노력해야 한다. 그래도 아인슈타인이 된다는 보장은 없다. 아인슈타인처럼 되려면 그와 똑같은 부모에, 똑같은 환경에서 자라고, 똑같은 교육을 받아야 할 것이다. 아인슈타인의 삶을 똑같이 재생해야 할 것이다. 한 가지라도 빠지면 그대는 다른 사람이 된다.

그래서 그것은 불가능하다. 개인은 이 세상에서 오직 한 번 태어난다. 똑같은 상황은 두번 다시 재현될 수 없다. 같은 세상, 같은 시간대가 올 수 없다. 그것은 불가능하다. 그대는 이미 여기에 있다. 그래서 그대가 무엇을 하든지 그대의 과거는 그 속에 있다. 그대는 아인슈타인이 절대로 될 수 없다. 개인은 재현되지 않는다.

붓다는 개인이 아니다. 붓다는 하나의 현상이다. 어떤 개인적 요소도 붓다가 되는 데는 깊은 의미가 있다. 그대의 존재는 충분히 붓다가 될 수 있다. 중심은 이미 거기에서 작용하고 있다. 그대는 그것을 발견하기만 하면 된다. 그래서 가슴을 열리게 하는 것은 개발이라고 부르지만 단전의 중심을 아는 것은 회복이라고 부른다. 그대는 회복해야 한다. 그대는 본래 붓다였다. 그대는 그 사실을 알기만 하면 되는 것이다.

그래서 인간은 두 가지 종류로 나뉜다. 자신이 붓다라는 것을 아는 붓다와 자신이 붓다라는 것을 모르는 붓다들이다. 하지만 모두가 붓다이다. 존재계에서는 모든 사람이 똑같다. 오직 존재계만이 진짜 공산주의이다. 그 외에 다른 모든 공산주의는 우스꽝스러운 것이다. 아무도 평등하지 않다. 이 세상에서는 모든 것이 다르다. 불평등이 기본이다. 하지만 존재계에서 보면 모든 것은 평등하다. 내면에서 본다면 그대는 붓다나 그리스도나 크리슈나와 동등하다. 하지만 외부적 삶으로 본다면 쌍둥이라도 평등하지 않다. 평등은 오직 내면의 차원에서만 해당되는 것이다.

그래서 이 112가지의 방편들은 단전의 중심을 개발하는 것들이 아니라 그것을 회복하기 위한 것들이다. 그래서 때때로 그 즉시 붓다가 될 수 있는 것도 바로 그 때문이다. 어떤 것을 새로 만들어 내는 것이 아니다. 그대가 자신을 한번 바라볼 수 있다면, 자신의 내면 속으로 깊이 들어갈 수 있다면, 필요한 모든 것이 이미 거기에 있다. 오직 한 가지 문제는 어떻게 그대가 이미 붓다라는 사실을 확인할 수 있는 관점을 갖게 되는냐 하는 것이다. 명상은 그대가 붓다가 되는 것을 돕는 것이 아니다. 그것은 오직 그대의 불성을 인식하도록 도울 뿐이다.

오늘은 이만!

중심에 이르게 하는 방편들 Ⅱ

무심한 마음으로 중도에 머물러라。
언제까지나。

중심에 이르게 하는 방편들 II

15

얼굴에 있는 일곱 개의 구멍을 손으로 막아라. 그러면 두 눈 사이의 공간에 모든 것이 담겨지리라.

16

축복받은 자여, 모든 감각이 가슴속으로 녹아들 때 연꽃의 중심에 이르게 되리라.

17

무심한 마음으로 중도에 머물러라. 언제까지나.

인간은 너무나 피상적이고 표면적인 삶을 살아왔다. 인간은 중심에 이르지 못하고 항상 주변만을 맴돌다가 생을 마친다. 그대는 언제나 외부로만 빙빙 돌면서 살아왔다. 한번도 내면으로 들어가 내면의 삶을 살아본 적이 없다. 하지만 그대가 중심을 모르는 한 결코 내면의 삶을 살 수가 없다. 사실 그대는 내면이 없는 것이 아니라 중심을 모르는 것이다. 그래서 내가 중심에 대해서 계속 이야기하는 것이다. 그대 자신을 알라고 이야기하는 것이다. 내가 '내면으로 들어가라'라고 말하면 그대는 그 글자만 알아들을 뿐 그 뜻이 무엇인지 아무런 느낌도 없다. 그대는 내면에 들어가본 적이 없다!

그대가 홀로 있을 때조차도 그대의 마음속에는 군중들이 가득 차 있다. 외부에 아무도 없을 때에도 그대는 여전히 내면으로 들어가지 못한다. 그대는 다른 것들을 생각하기 시작한다. 그대는 계속 외부를 향한다. 그대는 잠 속에서도 다른 사람들을 꿈꾼다. 꿈속에서도 내면으로 들어가지 못한다. 오직 깊은 잠 속에서, 꿈 없는 잠 속에서만이 그대는 내면 속에 있다. 하지만 그때 그대는 무의식적이다. 이 사실을 기억하라. 그대가 의식적일 때 그대는 결코 내면으로 들어갈 수 없다. 그대가 깊은 잠 속에 있을 때 그대는 무의식적이다. 그래서 그대의 의식은 전부 외부적인 것으로만 이루어져 있다. 그래서 우리가 내면에 대해 이야기하지만 그대는 글자만 이해할 뿐이다. 그것의 깊은 의미는 그대에게 전달되지 않는다. 그 의미는 경험을 통해서만이 전달되기 때문이다.

글자에는 의미가 없다. 내가 '내면'이라고 말할 때 그대는 글자만 이해한다. 그대는 '내면'이 무엇을 가리키는지 모른다. 단지 글자만 알아들을 뿐이다. 의식을 갖고 그대는 내면으로 들어가본 적이 없기 때문이다. 그대의 마음은 끊임없이 외부로만 돌아간다. '내면'이라는 말에 대한 느낌조차 막연하다.

내가 그대를 보고 피상적이라고 한 것도 이 때문이다. 중심이 거기에 있지만 그대는 항상 주변만을 맴돈다. 의식이 없을 때만 그 속으로 깊이 떨어진다. 의식이 있을 때에는 언제나 외부로만 도는데 그것은 그대의 삶이 그만큼 강렬하지 못하기 때문이다. 그저 미적지근하다. 그대는 죽은 자처럼 산다. 아니 둘 다이다. 죽은 자처럼 살든지 살아 있는 자처럼 죽든지 둘 다이다.

그러나 삶이란 주변에 있어서는 알 수 없는 것이다. 오직 중심에 설 때만이 삶이 무엇인지 알 수 있다. 주변에서는 미적지근한 삶만이 가능하다. 그대는 힘없는 삶을 산다. 누구한테도 떳떳하고 확신 있게 '삶은 이런 것이다'라고 말하지 못한다. 진짜로 살지 못한 사람은 진짜로 죽을 수도 없다. 진짜로 살아진 삶만이 진짜로 죽을 수 있다. 그때 죽음은 아름다운 것이다. 언제든지 진짜는 아름답다. 하지만 거짓된 것, 흉내만 내는 것은 추할 수밖에 없다. 그리고 그대의 삶은 추하다. 그것은 진부하고 썩은 것이다. 아무것도 일어나지 않는다. 그대는 그저 기다릴 뿐이다. 언제 어디선가 무언가 일어나겠지라는 막연한 기대 속에서 말이다.

하지만 바로 이 순간은 그저 텅 비어 있다. 과거의 모든 순간이 그러했다. 단지 텅 비어 있는 것이다. 그런데 그대는 막연히 미래를 기다리며 미래에 뭔가가 일어나리라고 기대한다. 하지만 그것은 기대뿐이다. 미래에는 그 어떤 것도 일어나지 않을 것이다. 그것은 오직 지금 이 순간에만 일어날 수 있다. 하지만 그럴려면 그대에게 강렬함이 필요하다. 삶을 꿰뚫어 버리는 강렬함 말이다. 그때 그대는 중심에 뿌리박아야 한다는 사실을 알게 될 것이다. 그때 더 이상 주변을 맴돌지 않을 것이다. 그때 그대는 삶의 동기를 찾게 될 것이다.

사실 우리는 우리가 무엇인지에 대해서 한번도 생각해 보지 못했다. 그리고 우리가 생각하는 것은 무엇이든지 그저 허깨비일 뿐이다. 한때 나는 대학 캠퍼스에서 한 교수와 같이 살았다. 어느 날 그가 매우 상기된 얼굴로 나를 찾아왔다. 그래서 내가 물었다.

"무엇이 문제인가?"

그가 말했다.

"온몸이 불덩어리처럼 열이 난다."

나는 그때 뭔가 읽고 있었는데 그에게 이렇게 말했다.

"가서 자라. 담요를 잘 덮고 푹 쉬어라."

그는 침대에 누웠는데 몇 분이 지나자 갑자기 이렇게 말했다.

"아니다. 나는 지금 열이 나는 것이 아니다. 사실 나는 화가 나 있다. 어떤 녀석이 나를 욕했는데 갑자기 내 속에서 그를 두들겨 패주고 싶은 생각이 치밀었다."

그래서 내가 말했다.

"그런데 왜 조금 전에는 열이 난다고 말했는가?"

그가 말했다.

"사실 열이 난 것이 아니라 화가 난 것이지만 나는 내가 화를 냈다는 사실을 인정할 수 없었다."

그는 담요를 걷어차 버렸다. 그래서 나는 이렇게 말했다.

"그렇다면 좋다. 자, 이 베개를 줄 테니 실컷 두들겨 패주어라. 거기에 화를 풀어라. 베개로 충분하지 않으면 내가 있다. 나를 실컷 때려도 좋다. 어쨌든 분노를 몰아내라."

그는 내 말을 듣자 큰소리로 웃었다. 하지만 그의 웃음은 가식이었다. 그는 자신의 내면을 숨기고 싶었던 것이다. 이내 그의 얼굴에서 웃음이 가셨다. 그의 웃음은 그의 내면에서 나온 것이 아니었다. 웃음조차 거짓인 것이다. 그리고 그 웃음은 진실과 멀어지는 거리를 만들었다. 그가 말했다.

"사실은 내가 진짜로 화가 난 것은 아니네. 어떤 사람이 다른 사람 앞에서 내 이야기를 했는데 나는 순간 당황스러움을 느꼈네. 그것이 사실이네."

그래서 또 나는 그에게 말했다.

"자네는 자네의 감정에 대한 표현을 30분 동안에 세 번이나 바꾸었다. 처음에는 열이 난다고 했고, 두번째는 화가 난다고 했는데 이번에는 당황스럽다고 했다. 어떤 것이 진짜인가?"

그가 말했다.

"당황스러운 것이 진짜라네."

그래서 나는 또 물었다.

"그렇다면 좀 전에 열이 난다고 말했을 때 자네는 확신있게 말했다. 화가 난다고 말할 때도 확신이 있었다. 그리고 지금 당황스럽다고 말할 때도 확신이 있다. 자네는 도대체 혼자인가? 아니면 여럿인가? 그리고 그 확신이 지속되는 시간이 얼마나 걸리는가?"

그러자 그는 난처한 듯이 입을 열었다.

"사실 나는 내가 무엇을 느끼는지 잘 모르겠네. 도대체 뭐가 뭔지 종잡을 수가 없어. 그저 헷갈릴 뿐이네. 그것을 화라고 불러야 될지 당황이라고 불러야 될지도 모르겠네. 지금은 자네와 따질 시간이 없네. 그러니 제발 나를 그냥 내버려두게. 내 상황을 철학적으로 좀 정리를 해야겠네. 자네는 지금 무엇이 진짜이고 거짓인지를 따지려 하지만 나는 그럴 정신이 없단 말일세."

이것은 그 뿐만 아니라 누구에게도 마찬가지다. 그대 역시 마찬가지다. 그대는 확실한 것이 하나도 없다. 왜냐하면 확신이란 중심에 설 때 나오는 것이기 때문이다. 그대는 자신에게도 확신할 수 없다. 그러니 다른 사람에게 확신을 갖는 것은 불가능하다. 그것은 그저 공허한 것일 뿐이다. 모든 것이 물거품이고 뜬구름처럼 보인다. 며칠 전에 어떤 사람이 나에게 와서 말했다.

"저는 누군가와 사랑에 빠졌습니다. 나는 그녀와 결혼하고 싶습니다."

나는 잠시 동안 아무 말없이 그의 눈을 깊이 들여다보았다. 그러자 그는 어쩔 줄 몰라하다가 결국 입을 열었다.

"왜 나를 뚫어지게 쳐다보십니까? 갑자기 부끄러워집니다."

그래도 나는 계속 그를 쳐다보았다. 그러자 그가 말했다.

"당신은 내 사랑이 거짓이라고 생각하십니까?"

사실 나는 아무 말도 하지 않았다. 그저 쳐다보기만 했을 뿐이다. 그런데도 그는 주절주절 늘어 놓았다.

"왜 이 결혼이 좋지 않게 될 것이라고 느끼십니까? 사실 이 문제에 대해서 나는 깊이 생각해 보지 않았습니다. 그래서 나는 당신께 물어보러 온 것입니다. 내가 사랑에 빠졌는지 아닌지 나는 모르겠습니다."

나는 사실 한마디도 하지 않았다. 나는 그저 그의 눈만 쳐다보고 있었다. 그런데도 그는 어쩔 줄 몰라했다. 그의 내면에서 뭔가가 꿈틀거리며 일어났던 것이다.

그대는 확실하지 않다. 그 어떤 것에도 확신이 없다. 그대는 사랑에도 미움에도 우정에 대해서조차도 확신이 없다. 왜냐하면 그대는 중심에 서 있지 않기 때문이다. 중심이 없이는 어떤 확신도 있을 수 없다. 그대가 평소에 느끼는 확신이란 전부 순간적이며 거짓된 것이다. 한순간 그대가 확실하다고 생각하는 것도 다음 순간 자신감이 없어진다. 그것은 그대가 삼고 있는 중심이 계속 바뀌는 순간적인 중심이기 때문이다. 영원한 중심, 결정화된 중심이 없기 때문이다.

구제프는 '인간은 군중이다'라는 말을 자주 했다. 사실 개성이란 말 자체가 허구성이 깃든 말이다. 그대는 하나의 인간이 아니다. 그대는 다수이다. 그래서 한 사람이 그대 속에서 말하면 그것은 순간적인 중심이 된다. 다음 순간 또 다른 중심이 거기에 있다. 매순간마다 그 중심은 바뀐다. 그대가 확신감을 느낀다면 그대는 자신이 단지 하나의 흐름이라는 사실을 알지 못한 것이다. 중심이 없는 수많은 파장들이 모여서 흘러가는 것이 그대이다. 그래서 그대가 죽을 때 그대의 삶은 하나의 낭비라는 느낌을 받는다. 그것은 반드시 그럴 수밖에 없다. 목적 없이, 의미 없이 떠도는 것이 바로 그대의 삶이다.

탄트라, 요가, 그리고 다른 종교들의 기본적인 관심은 그 중심을 어떻게 회복하느냐 하는 것이다. 어떻게 개성을 가진 존재가 될 수 있는냐 하는 것이다. 그들은 매순간 통할 수 있는 중심을 찾고 있다. 그때 삶이 강처럼 계속 흘러가더라도, 파도처럼 왔다가 돌아가기를 반복하더라도 중심은 언제나 영원히 남아 있다. 그때 그대는 불멸의 존재가 된다.

이 경전에 나오는 112가지 방편들은 모두 중심을 찾기 위한 것이다. 중심은 항상 거기에 있어 왔다. 왜냐하면 중심 없는 원이란 있을 수 없기 때문이다. 원은 항상 중심을 갖고 존재한다. 중심이 없이는 원이 될 수 없기 때문이다. 그리고 우리는 단지 중심을 잊어버렸을 뿐이다. 우리는 중심을 바라보는 방법을 모르고 있다.

자, 이제 중심에 서기 위한 세번째 방편으로 들어가자.

15

얼굴에 있는 일곱 개의 구멍을 손으로 막아라. 그러면 두 눈 사이의 공간에 모든 것이 담겨지리라.

이것은 가장 오래된 방편 중에 하나이다. 그리고 아주 많이 사용된 방법이며 가장 간단한 방법 중에 하나이다. 두 눈과 귀, 입과 코를 손으로 막아라. 그러면 지금까지 계속 밖으로 흘러가던 그대의 의식이 갑자기 그 흐름을 멈춘다.

그대가 관찰할 수 있을지 모르겠지만 그때 호흡을 멈추면 갑자기 그대의 마음이 멈출 것이다. 호흡은 마음의 조건이다. 그대는 그 말뜻을 이해해야 한다. 그래야 비로소 이 방편이 쉽게 이해될 수 있다.

러시아의 유명한 심리학자인 파플로브(Ivan Paplov)는 '조건반사'라는 실험을 했다. 그리고 그 실험은 하나의 이론으로 정립되어 오늘날 전세계에 퍼져 있다. 그는 개에게 먹이를 주기 전에 항상 종소리를 들려주었다. 그러자 나중엔 종소리만 들어도 개는 침을 흘리는 것이었다. 파플로브는 이 실험을 통해 인간의 삶은 모든 것이 조건반사라고 주장했다. 그리고 그의 주장은 옳은 것이다. 마음은 하나의 조건이다. 그대가 하나의 조건을 없애면 그것과 관련된 모든 것이 멈춘다.

예를 들어 호흡을 하지 않고서는 그대는 생각을 하지 않는다. 사념은 항상 호흡과 연관되어 있다. 그리고 그대는 호흡을 의식하지 않는다. 호흡은 항상 거기에 있기 때문이다. 모든 생각, 모든 사념의 과정이 호흡과 함께 수반된다. 따라서 그대가 호흡을 갑자기 멈추면 아무런 생각도 진행되지 않는다. 당장 실험해 보라. 마찬가지로 일곱 개의 구멍을 모두 막으면 그대의 의식은 더 이상 외부로 흘러가지 않는다. 그것은 내면에 그대로 머물러 있다. 그때 그대의 두 눈 사이에 하나의 공간을 만들어낸다. 그 공간이 바로 제3의 눈이라고 알려져 있는 것이다.

경전에서는 이 공간에 모든 것이 담겨져 있다고 말한다. 전존재계가 여기에 담겨 있는 것이다. 그대가 그 공간을 느낄 수 있다면 그대는 모든 것을 느낄 수 있다. 한번 그대가 두 눈 사이에 있는 이 내면의 공간을 느끼게 되면 그대는 존재계를 알 수 있다. 이 공간 속에 존재계 전체가 담겨져 있기 때문이다. 거기에서 제외되는 것은 아무것도 없다. 그래서 우파니샤드는 이렇게 말한다.

"하나를 알게 되면 전체를 알게 되리라."

일상적인 눈은 유한한 것만을 볼 수 있다. 그러나 제3의 눈은 무한을 본다. 일상적인 눈은 물질만 볼 수 있다. 그러나 제3의 눈은 비물질적인 것, 영적인 것을 본다. 일상적인 눈으로는 결코 에너지를 볼 수 없다. 그대는 오직 물질만을 볼 수 있다. 그러나 제3의 눈이 열리게 되면 에너지가 보인다.

일곱 개의 구멍이 모두 닫혀지는 것은 중심에 서게 되는 한 가지 방법이다. 왜냐하면 한번 의식의 흐름이 밖으로 흘러나갈 수 없게 되면 의식은 그것의 근원에 머물러 있기 때문이다. 그 의식의 근원이 곧 제3의 눈이다. 그대가 제3의 눈에 집중된다면 많은 것이 일어난다. 첫째는 온 세상이 그대 속에 있다는 것을 발견하게 되는 것이다. 스와미 람(Swami Ram)은 이렇게 말하곤 했다.

"태양이 내 안에서 돌고, 별들이 내 안에서 운행한다. 달이 내 안에서 뜨고 전우주가 내 안에 있다."

그가 처음 이 말을 했을 때 그의 제자들은 그가 미쳤다고 생각했다. 어떻게 별이 람 속에 있을 수 있는가?

그는 제3의 눈에 대해서 말하고 있었다. 그것은 내면의 공간이다. 처음으로 내면의 공간 속에 빛이 비춰졌을 때 그렇게 느껴지는 것이다. 그대가 자신 안에 모든 것이 다 들어 있음을 볼 때 그대는 우주가 된다.

제3의 눈은 그대의 육체에 속한 부분이 아니다. 그것은 물질적 신체가 아니다. 우리의 두 눈 사이에 있는 공간은 육체 속에 자리잡은 공간이 아니다. 그것은 그대의 내면을 관통하는 무한한 공간이다. 한번 그 공간이 그대 앞에 펼쳐지면 그대는 완전히 다른 사람으로 변한다. 그리고 그 순간 그대에게는 죽음이 없다는 사실도 알게 된다. 거기에는 어떤 죽음도 있을 수 없다.

처음으로 그대가 이 공간을 알 때 그대의 삶은 진짜 삶이 된다. 강렬해지고 활기에 넘친다. 이제 어떤 안전장치도 필요없다. 어떤 공포도 그대를 위협할 수 없다. 그대는 죽임을 당할 수가 없다. 어떤 것도 그대에게서 빼앗아 갈 수 없다. 전 우주가 그대에게 속한 것이다. 그대가 우주이다. 내면의 공간을 안 사람에게는 엑스터시 속에서 이렇게 외친다.

"아함 브라흐마스미! 나는 우주다. 나는 존재계다."

수피 신비주의자 만수르(Mansoor)는 단지 이 제3의 눈에 대한 경험 때문에 살해되었다. 그가 처음 이 내면의 공간을 깨달았을 때 그는 '나는 신이다'라고 외쳤다. 만약 그가 인도에서 살았더라면 그는 신으로서 숭배되었을 것이다. 왜냐하면 인도에는 그런 경험을 한 사람들이 많이 있었기 때문이다. 하지만 마호메트의 나라에서는 그것이 어렵다. 만수르의 선언은 반종교적인 것이며 반이슬람적인 것이었다. 이슬람교에서는 인간이 신이 될 수 있다는 사실을 용납할 수 없다. 그들에게는 언제까지나 사람은 사람이고 신은 신이다. 사람은 피조물이고 신은 조물주인 것이다. 어떻게 피조물이 조물주가 될 수 있겠는가? 그래서 그는 살

해당했다. 그는 사형이 집행되기 전에 큰소리로 웃었다. 그러자 옆에 있던 한 사람이 그에게 물었다.

"왜 웃는가? 만수르여!"

만수르는 이렇게 대답했다고 한다.

"지금 그대들은 나를 죽인다고 하지만 사실은 나를 죽이는 것이 아니기 때문에 웃는 것이다. 그대들은 나를 죽일 수 없다. 그대들은 이 만수르의 육체에 속고 있다. 나는 육체가 아니다. 나는 이 우주를 만든 창조주이다. 태초부터 이 우주를 움직이게 만든 것은 바로 나다."

인도에서라면 그의 말이 쉽게 이해되었을 것이다. 인도에서 그런 말은 수십 세기 동안에 걸쳐 내려왔던 말들이다. 사람이 내면의 공간을 알게 될 때 한순간에 그것이 온다는 사실을 우리는 잘 알고 있다. 그때 그는 미치게 된다. 이 깨달음은 너무나 확실해서 그대가 만수르를 죽인다 해도 그는 자신의 주장을 굽히지 않을 것이다. 사실 만수르만큼은 죽일 수가 없다. 그는 육체가 아니기 때문이다. 그는 전체이다. 그에게는 삶과 죽음이 없다. 그를 파괴시킬 가능성은 어디에도 없다.

만수르가 죽은 뒤 이슬람교 신비주의자들인 수피들은 입을 다물고 있는 것이 신상에 좋다고 생각했다. 그래서 만수르 사건 이후 수피 전통에서는 스승이 제자들에게 다음과 같이 가르치고 있다.

"너희가 제3의 눈을 깨닫게 될 때 침묵하라. 그때 어떤 것도 말하지 말라. 가족들을 만나더라도 사람들이 이미 믿고 있는 것들만 말하라."

그래서 이슬람교에는 두 가지 전통이 있다. 하나는 일반적으로 눈에 보이는 이슬람교이고, 나머지 또 하나는 눈에 보이지 않는 비전의 이슬람교, 진정한 이슬람교이다. 그것이 바로 수피즘(Sufism)이다. 수피들은 만수르가 제3의 눈을 깨닫고 그 경험을 말한 것 때문에 죽음을 당한 뒤부터 아예 입을 닫아 버렸다. 하지만 그렇게 해서는 아무도 도와줄 수 없다.

이 경전은 말한다.

"얼굴에 있는 일곱 개의 구멍을 손으로 막아라. 그러면 그대의 두 눈 사이의 공간에 모든 것이 담겨지리라."

그 공간은 우주 전체의 공간이다.

16

축복받은 자여, 모든 감각이 가슴속으로 녹아들 때 연꽃의 중심에 이르게 되리라.

모든 방편들은 마음의 특정한 유형에 따라 적절하게 이용된다. 우리가 지금까지 이야기해 왔던 세번째 방편은 많은 사람들에게 이용될 수 있다. 그것은 매우 간단한 방법이며 또한 위험하지도 않다. 그대 역시 그것을 쉽게 사용할 수 있다. 또한 손을 사용할 필요도 없다. 귀마개와 눈가리개만 있으면 손을 쓰지 않아도 된다. 중요한 것은 단 한 순간만이라도 그 구멍들을 완전히 막는 것이다. 단 몇 초 동안이라도 좋다. 해보라. 그러나 연습은 하지 말라. 갑작스럽게 하는 것만이 도움이 된다. 그대가 잠자리에 드는 순간 갑자기 그대의 얼굴에 난 구멍들을 막고 내면에서 무슨 일이 일어나는지 살펴보라.

고통을 느낀다면 계속하라. 절대적으로 참을 수 없을 때까지 말이다. 물론 호흡을 참는 것은 고통스런 일이다. 절대적으로 참을 수 없게 되면 그대도 모르게 얼굴에서 손이 떨어질 것이다. 그러니 아무것도 걱정할 필요가 없다. 그대의 의지가 남아 있는 한 힘껏 참아보라. 때가 되면 내면 속에서 힘이 올라와 그대의 손이 떨어지게 할 것이다. 고통이 오더라도 그것은 한순간이다. 고통은 오래된 사고 습관을 깨뜨려 버릴 것이기 때문이다. 만약 몇 분만이라도 계속할 수 있다면 그것은 훌륭하다. 하지만 그것은 그리 쉬운 일은 아니다. 그대는 아마 죽을 것처럼 느낄 것이다. 하지만 겁내지 말라. 그렇게 해서는 절대로 죽지 않는다. 그대의 의지로 숨을 쉬지 않고 죽을 수는 없다. 그대가 곧 죽을 것처럼 느끼는 것도 그 순간뿐이다.

잠시 동안 그대가 그 상태를 참아낼 수 있다면 어느 순간 갑자기 모든 것이 밝아진다. 그대는 내면의 공간이 확산되는 것을 느낄 수 있다. 그리고 모든 것이 그 속에 포함되는 것처럼 느껴질 것이다. 그때 손을 떼고 닫혀진 구멍을 모두 열어도 좋다. 하지만 그 느낌은 계속될 것이다. 시간날 때마다 이 방편을 시도해 보라. 하지만 연습 삼아서 그렇게 하지는 말라. 계속 훈련하면 몇 분간은 쉽게 호흡을 멈출 수 있다. 하지만 그런 훈련은 아무런 도움도 되지 못한다. 필요한 것은 갑작스런 충격이지 얼마나 오랫동안 숨을 참느냐 하는 것이 아니다. 그 충격 속에서 그대의 오래된 사고 습관은 멈춰지고 새로운 것이 열릴 수 있는 것이다.

오늘날 많은 사람들이 여러 가지 훈련을 쌓고 있다. 인도에만 해도 그 숫자가 무척 많다. 하지만 중요한 것은 갑작스럽게 하는 것이다. 연습을 통해서는 아무 일도 일어나지 않는다. 정말 아무것도 말이다. 내가 지금 그대를 갑자기 밖으로 밀어 내쳐 버리면 그 순간 그대의 생각은 딱 멈출 것이다. 하지만 우리가 이것을 매일 연습한다면 그때는 아무것도 일어나지 않는다. 그것은 그저 기계적인 습관이 되어 버릴 것이다. 그러므로 연습하지 말라. 그대가 할 수 있을 때 곧바로 해 버려라. 그러면 어느 날 갑자기 그대는 내면의 공간을 인식할 수 있게 될 것이다. 그 내면의 공간은 그대가 죽음의 문턱에 서게 될 때만이 그대의 의식으로 들어온다. 그대가 '이제 나는 한순간도 더 이상 참을 수 없다'라고 느낄 때, '이제 죽음의 순간이 왔다'라고 느낄 때, 바로 그때가 중요한 순간이다. 그때 견디어 보라. 겁먹지 말라. 죽음은 그리 쉬운 것이 아니다. 지금까지 이 방편을 수련하다가 죽은 사람은 한사람도 없다.

이것이 안전하다고 하는 이유는 그대가 이 방편을 수행하는 도중에 죽을 수가 없는 원리가 있기 때문이다. 죽음 직전에 사람은 무의식이 된다. 만약 그대가 의식적이라면 그래서 그대가 죽어가고 있다는 사실을 느낀다면 그때는 걱정하지 말라. 그대는 아직도 의식적이다. 그래서 그대는 죽을 수 없다. 만약 그대가 죽으려고 무의식적으로 되면 그때 호흡은 다시 시작될 것이다. 그대는 저절로 손의 힘이 빠질 것이고 더 이상 코와 입을 막고 있을 수 없게 된다. 그래서 이 방법은 안전한 것이며 많은 사람들이 사용할 수 있다.

그런데 네번째 방편은 세번째와는 달리 가슴이 발달된 사람들을 위한 것이다. 사랑이 많고 감정이 풍부한 사람들에게 적합한 것이 바로 이 네번째 방편이다.

"축복받은 자여, 모든 감각이 가슴속으로 녹아들 때 연꽃의 중심에 이르게 되리라."

이 방편은 가슴 중심인 사람들에게만 해당된다. 그럼 먼저 가슴 중심인 사람이 어떤 사람인지 이해하면 이 방편이 쉽게 이해될 것이다.

가슴이 중심인 사람은 모든 것이 가슴으로 연결된다. 만약 그대가 그를 사랑한다면 그대의 사랑을 그의 머리가 아니라 가슴이 느낄 것이다. 하지만 머리가 중심인 사람은 그대의 사랑을 머리로 눈치챈다. 그는 그대의 행동을 관찰하고 그것을 평가할 것이다. 그리하여 마침내 그대가 자기를 사랑하고 있다고 결론지을 것이다. 그리고는 어떻게 그대를 사랑할 것인지 계획할 것이다. 그는 사랑조차 머리로 하는 사람이다.

하지만 논리 없이 무조건 느낌만 강한 유형이 있다. 물론 가슴 역시 자신의 이유를 갖고 있다. 그러나 그것은 이유 없이도 살 수 있다. 만약 누군가가 그대에게 '왜 당신은 사랑을 합니까'라고 물었을 때 그대가 머리 중심인 사람이라면 그대는 이러저러한 이유를 말할 수 있을 것이다. 하지만 그대가 가슴 중심인 사람이라면 이렇게 말할 것이다.

"나는 모르겠다. 그저 사랑할 뿐이다."

그때 그대는 가슴 중심인 사람이다.

만약 그대가 어떤 사람이 아름답다고 말하면서 '그것이 내가 사랑하는 이유이다'라고 말한다면 그것은 하나의 이유가 된다. 그때 그대는 머리 중심인 사람이다. 가슴 중심인 사람은 자신이 그를 사랑하기 때문에 그가 아름답게 보이는 것이다. 만약 아름답다는 것이 먼저라면, 사랑보다 이유가 앞선다면 그는 머리 중심인 사람이다. 가슴 중심인 사람은 무엇보다 사랑이 먼저이다. 그 다음에 다른 모든 것이 따른다. 그에게 일어나는 모든 것은 그의 가슴에 느낌으로 와 닿는다.

그대는 자신을 관찰해 보라. 그대의 삶 속에는 매순간 많은 일들이 일어난다. 그것들이 그대의 어느 부분에 와 닿는가? 길을 걷다가 거지를 만났을 때 그대는 어떤 반응을 보이는가? 먼저 그 거지의 경제 사정에 대해서 생각하기 시작하는가? 아니면 어떻게 해서든지 법으로 구걸행위를 금지시켜야 된다고 생각하는가? 복지정책을 어떻게 펴야 하는지에 대해서 생각하는가? 이렇게 생각하는 것이 바로 머리 중심인 사람이다. 그 거지는 단지 그에게 하나의 생각의 재료가 되었을 뿐이다. 그의 가슴은 전혀 자극을 받지 않는다. 오직 그의 머리만 자극을 받는다. 그는 그 거지를 위해서 지금 당장 아무것도 해주지 않는다. 그는 완벽한 사회주의 복지국가를 꿈꿀 뿐이다. 미래를 위해서, 유토피아를 위해서는 힘쓸 수 있다. 하지만 당장 그 거지를 위해서는 아무것도 하지 않는다.

마음은 항상 미래를 위해 일하고 있다. 가슴은 항상 지금 여기에 고동치고 있다. 가슴이 중심인 사람은 지금 당장 그 거지를 위해 뭔가를 할 것이다. 이 거지는 하나의 존재이지 재료가 아니다. 그러나 머리 중심인 사람은 거지가 수학적인 기호로 보인다. 그에게는 거지가 도움을 받아야 하는 사실보다는 구걸 행위를 어떻게 없앨 수 있을까 하는 것이 문제가 된다. 따라서 그대 자신을 잘 살펴보라. 그대가 어떤 유형에 속하는지, 머리 중심인지 아니면 가슴 중심인지 말이다.

만약 그대가 가슴 중심인 사람이라면 이 방편이 큰 도움이 될 것이다. 그러나 모든 사람들이 자신에게 속고 있다. 모든 사람들이 자신은 가슴 중심이라고 생각한다. 그들은 자신들이 사랑이 넘치는 사람이라고 생각한다. 사랑은 기본적인 욕구이며, 아무도 자신이 사랑할 수 있는 가슴을 갖고 있지 않다고는 믿을 수 없기 때문이다. 그래서 자신들은 모두 사랑이 넘치는 가슴 중심의 사람이라고 믿지만 그 믿음은 헛된 꿈일 뿐이다. 자신을 살펴보라. 마치 타인을 살펴보듯이 요모조모를 따져보면 자신이 어떤 유형이라는 것을 알게 될 것이다. 그리고 이 방편과는 아무런 상관이 없는 사람이란 것도 알게 될 것이다. 그대는 자신을 속일 수 있어도 이 방편을 속일 수는 없다. 아무리 이 방편에 매달려 봐도 아무것도 일어나지 않는 것을 그대는 곧 느낄 것이다.

사람들이 나에게 오면 나는 그들이 어떤 유형에 속하는지 묻는다. 그러면 그들은 자신이 어떤 사람인지 잘 모른다. 그런 것은 한번도 생각해 보지 않은 것 같다. 그들은 자신들에 대해서 엉터리 관념만 잔뜩 갖고 있다. 그런 관념은 상상의 산물일 뿐이다. 그들은 자신들이 바라는 이상적인 아상(我尙)만 갖고 있다. 그리고 종종 생활 속에서 그 아상과는 정반대로만 나타난다.

자신이 가슴 중심의 사람이라고 계속 주장하는 것은 스스로 가슴이 텅 빈 상태를 느끼기 때문이다. 그는 자신이 두렵다. 자신에게 가슴이 없다는 사실을 상상조차 하기 싫은 것이다.

세상을 보라. 만약 모든 사람이 자신이 믿는 것처럼 가슴이 따뜻하다면 이 세상은 이렇게 삭막하지 않다. 이 세상은 우리와 별개의 것이 아니다. 우리가 모여서 세상을 이룬다. 그런데 이 세상에 뭔가가 잘못된 것이 있다면 그것은 거기에 가슴이 없기 때문이다. 가슴은 거기에 있도록 훈련되지 않았다. 마음은 훈련될 수 있다. 마음은 거기에 있을 수 있다. 가슴은 아니다. 이 세상에 많은 학교가 있지만 하지만 그것들은 모두 마음을 훈련시키는 곳이다. 가슴을 훈련시키는 곳은 한 군데도 없다. 왜냐하면 그것은 위험하기 때문이다. 훈련을 통해 그대가 한번 가슴을 열게 되면 이 세상은 그대에게 맞지 않다. 이 세상은 가슴이 통하는 곳이 아니라 논리와 힘이 통하는 곳이다.

만약 그대의 가슴이 열려 있다면 그대는 이 세상에서 어리석은 사람으로 취급받을 것이다. 이 세상은 오른쪽으로 돌고 있는데 그대는 왼쪽으로 도는 것과 같다. 모든 것에서 그대는 어려움을 느끼게 될 것이다. 그리고 실제로 문명이 발달할수록 가슴은 더욱 퇴화되어 가고 있다. 이제 우리는 거의 가슴이 존재한다는 사실과 그것에 대한 훈련을 해야 한다는 사실에 대해 잊어버렸다. 그 때문에 정말로 쉽게 할 수 있는 방편들이 거의 사용되지 않고 있는 것이다.

대부분의 종교들이 가슴 중심의 방편들에 그 기초를 두고 있다. 기독교, 이슬람교, 힌두교 등등이 말이다. 그 종교의 추종자들 역시 가슴 중심의 사람들이다. 모든 고대의 종교들이 이와 같은 상황이다. 베다가 편찬되고 힌두교가 생길 무렵 거기에는 가슴 중심의 사람들이 대부분이었다. 머리 중심의 사람을 찾기가 쉽지 않았다. 그러나 오늘날은 그것과 정반대 상황이다. 이제 그대는 더 이상 기도할 수가 없다. 기도는 가슴 중심의 방편이기 때문이다. 이제 서양의 기독교인들은 기도를 할 수 없게 되었다. 특히 카톨릭 기독교인들은 기도가 주요한 방편이지만 그들은 완전히 기도하는 것을 잊어버리게 되었다.

기독교에는 명상과 같은 것이 없다. 그런데 서양에서는 명상에 대해 광적인 바람이 일고 있다. 이제 서양에서는 아무도 교회에 가지 않는다. 만약 교회에 간다면 그것은 공식적인 행사 때문이다. 그것은 일요일 종교이다. 기독교가 그렇게 되어 버린 것은 가슴 중심의 사람이 사라졌기 때문이다. 그들은 기도를 잊어버렸다.

명상은 기도보다 훨씬 머리 중심적이다. 그리고 기도는 명상보다 가슴 중심적이다. 기도는 가슴 중심의 사람들을 위한 명상이라고 말할 수 있다.

그렇다면 이 네번째 방편을 어떻게 수련해야 하는가?

"모든 감각이 가슴속에 녹아들 때……"

이 말대로 한번 해보라. 많은 방법이 가능하다. 그대는 누군가를 만진다. 만약 그대가 가슴 중심의 사람이라면 그 감촉은 즉시 그대의 가슴에 전달될 것이다. 그대는 그 감촉의 질을 느낄 수 있다. 만약 그대가 머리 중심인 사람의 손을 잡으면 그대는 약간 차가움을 느낄 것이다. 그것은 단순히 체온만을 이야기하는 것이 아니다. 거기에 일종의 차가움이 서려 있다. 만약 그가 가슴 중심인 사람이라면 약간의 따스함을 느낄 수 있다. 그때 그의 손은 그대와 함께 녹을 것이다. 그대는 뭔가가 그의 손으로부터 그대에게로 흘러 들어오는 것을 느낄 수 있다. 거기에 하나의 만남이 있다. 따스한 온기의 만남 말이다.

이 따스함은 가슴에서 나온다. 그것은 절대로 머리에서 나오지 않는다 . 머리에서는 언제나 시원하고 차갑고 계산적인 것만 나온다. 그러나 가슴은 따뜻하다. 그것은 비계산적이다. 머리는 어떻게 하면 더 많이 가질 수 있는가를 따진다. 반대로 가슴은 어떻게 하면 더 많이 줄 수 있는가를 항상 생각한다. 이 따스함은 뭔가를 계속 주고 있다는 뜻이다. 생명을 주고, 에너지를 주고, 내면의 진동을 준다. 따라서 그런 사람이 그대를 껴안으면 그대는 그와 함께 깊이 녹아들 것이다.

손으로 만져 보라. 눈을 감고서 무엇이든지 만져 보라. 그대의 연인을 만져 보라. 그대의 자녀나 어머니를 만져 보라. 그대의 친구를 만져 보라. 나무와 꽃을 만져 보라. 대지를 만져 보라. 눈을 감고 대지와 가슴으로 대화를 나누어 보라. 그대의 손은 대지의 감촉을 느끼기 위해 뻗친 그대의 심장임을 느껴라. 모든 감촉이 그대의 가슴에까지 와 닿게 하라.

그대는 음악을 듣고 있다. 그것을 머리로 듣지 말라. 머리에 대해서는 그냥 잊어버려라. 아예 머리가 없다고 느껴라. 머리가 없는 자화상을 그대의 침실에 걸어두는 것도 좋은 일이다. 그것을 집중하라. 그대는 머리가 없다. 머리로 들어오지 못하게 하라. 음악이 가슴으로 들어오는 것을 느껴 보라. 그대의 가슴이 음악과 함께 진동하게 하라. 그대의 감각이 머리가 아니라 가슴과 결합하도록 하라. 모든 감각이 가슴속으로 들어가 그 속에서 용해되도록 하라.

"축복받은 자여, 모든 감각이 가슴속으로 녹아들 때 연꽃의 중심에 이르게 되리라."

가슴은 연꽃이다. 모든 감각은 연꽃의 개화(開花)인 것이다. 그래서 먼저 그대의 감각을 가슴에 연결시켜라. 그 다음에는 모든 감각이 그대의 가슴속으로 들어와서 흡수된다고 생각하라. 이 두 가지 생각이 확고해지면 그때 감각은 그대를 돕기 시작할 것이다. 그것들은 그대를 가슴으로 인도해 줄 것이다. 그리고 그대의 가슴은 연꽃이 될 것이다.

이 가슴의 연꽃은 그대로 하여금 존재의 중심에 이르게 할 것이다. 한번 그대가 가슴의 중심을 알고 나면 그때는 단전의 중심으로 내려가는 것이 매우 쉽다. 사실 경전에서는 여기까지 언급하고 있지 않다. 왜냐하면 그럴 필요가 없기 때문이다. 그대가 전체적으로 가슴에 흡수되면 그때 사념의 활동은 완전히 멈춘다. 그리고 단전으로 향하는 문이 저절로 열린다. 머리에서 바로 단전으로 들어가는 것은 어렵다. 혹은 그대가 가슴과 머리 사이에 어중간하게 있다 해도 그것 역시 어렵다. 한번 그대가 단전에 빠져들면 그대는 갑자기 가슴을 초월하게 된다. 그리고 본래의 중심에 이르게 된다.

이런 이유로 예수는 '신은 사랑이다'란 말을 할 수 있었다. 그것은 정확한 말은 아니다. 그러나 사랑은 문이 된다. 그대가 사랑에 깊이 빠져들 때, 그때 사랑의 대상은 문제가 되지 않는다. 단지 누군가와 사랑에 깊이 빠질 때, 그때 머리와는 아무런 상관이 없다. 그때 가슴이 작용하기 시작한다. 그때 사랑은 기도가 되고 그대의 연인은 신이 된다.

실제로 가슴의 눈은 사랑 외에 다른 면을 볼 수 없다. 평범한 사랑 속에서도 이 일은 항상 일어나고 있다. 만약 그대가 누군가와 사랑에 빠지면 상대방은 신이 될 것이다. 그것이 영원하거나 심오한 것은 아니겠지만 단지 한 순간이라도 그대의 연인은 신성으로 충만하게 될 것이다. 물론 오래가지 않아서 머리는 모든 것을 파괴시킬 것이지만 말이다. 머리는 사랑조차도 무차별하게 처리해 버린다. 한번 머리가 지나가면 가슴이 이루어 놓은 모든 아름다움은 완전히 파괴되고 만다.

그대가 머리의 방해 없이 사랑 속에 빠져 있을 수 있다면 그대의 사랑은 기도가 되며 그대의 연인은 신성에 이르는 문이 될 것이다. 그대의 사랑은 그대로 하여금 가슴의 중심에 이르게 할 것이며 가슴의 중심에 서게 될 때 자동적으로 단전의 중심으로 떨어지게 되리라.

17

무심한 마음으로 중도에 머물러라. 언제까지나.

이 방편에 대한 말은 이것이 전부다. 그리고 과학의 공리처럼 짧다. 하지만 이 몇 마디의 말이 그대의 삶 전체를 변형시킬 수 있다.

"무심한 마음으로 중도에 머물러라. 언제까지나."

붓다는 이 방편을 사용해서 그의 명상법 전체를 집대성했다.

그의 가르침이 '중도(中道)의 길'이라고 불리우는 것도 바로 이 때문이다. 그는 항상 이렇게 말했다.

"언제나 중도에 머물러라. 범사에 말이다."

붓다가 어느 도시에 갔을 때 슈로운이라는 왕자가 붓다를 찾아와서 입문을 허락해달라고 간청했다. 그 왕자는 매우 열광적인 성격을 가진 사람이었다. 그가 출가하여 사문이 되자 온 나라가 깜짝 놀랐다. 사람들은 도무지 그 사실을 믿을 수가 없었다. 그 슈로운이 산야신이 되리라고는 아무도 생각하지 못한 것이다. 그는 술과 여자와 모든 쾌락에 몰두한 사람이었다. 그런 그가 세상을 포기한다는 것은 있을 수가 없는 일이었다.

그런데 어느 날 붓다가 그 도시에 들어왔을 때 슈로운은 그를 만나기 위해 다르샨(영적 만남)을 가졌다. 그리고는 바로 그의 발을 만지며 이렇게 말했다.

"저를 입문시켜 주십시오. 나는 이 세상을 버리겠습니다."

슈로운과 함께 온 사람들도 그가 그렇게 갑작스런 말을 하리라고는 생각도 하지 못했다. 그래서 그들은 붓다에게 물었다.

"무슨 일이 일어난 것입니까? 이것은 기적입니다. 슈로운은 이렇게 할 사람이 아닙니다. 그는 매우 향락적으로 살았습니다. 도대체 무슨 일이 있었습니까? 아마 당신은 분명히 뭔가를 했습니다."

붓다가 말했다.

"나는 아무것도 하지 않았다. 마음은 하나의 극단에서 다른 극단으로 쉽게 이동할 수 있다. 이것이 바로 마음의 작동 방식이다. 그래서 왕자는 새로운 것을 하는 것이 아니다. 그것은 이미 예상했던 일이다. 단지 그대들은 마음의 법칙을 몰랐을 뿐이다. 많은 사람들이 중간에 돌아가는 것도 바로 그런 이유이다."

마음은 하나의 극에서 다른 극으로 이동한다. 그것이 마음의 방식이다. 그리고 그런 일은 매일 일어난다. 부에 취한 사람은 모든 것을 버리고 싶어 한다. 완전히 빈털터리가 되어 자유롭고 싶은 것이다. 그러면 우리는 그것이 기적이라고 생각한다. 그러나 그것은 아무것도 아니다. 단지 일반적인 법칙일 뿐이다. 부에 완전히 취해 보지 못한 사람은 재산을 버린다는 것은 상상도 못한다. 왜냐하면 한 극단에 완전히 이르러서야 다른 극단으로 움직일 수 있기 때문이다. 마치 시계추와 같이 말이다.

그래서 부를 추구하는 사람은 부에 미쳐라. 그리고 그 부에 완전히 취하라. 그것이 지겨워질 때까지 말이다. 그러면 그것에 반대하기 시작할 것이다. 하지만 광적인 요소가 사라진 것은 아니다. 그것이 바로 마음이다. 섹스에 완전히 파묻혀 산 사람은 독신 수행을 할 수도 있다. 그는 혼자 있고 싶은 것이다. 하지만 거기에 광적인 요소는 여전히 남아 있다. 그는 이전에 오직 섹스만을 추구하며 살았을 것이다. 그러나 지금은 섹스에 반대할 것이다. 하지만 극단으로 흐르는 태도는 변함이 없다.

그래서 브하흐마챠리아(독신 수행자)는 사실 섹스를 초월한 것이 아니다. 그의 온 마음은 섹스에 집중되어 있다. 그는 섹스를 반대하지만 초월한 것은 아니다. 초월의 길은 항상 중도에 있다. 그것은 절대로 극단 속에 있지 않다. 그래서 붓다는 슈로운의 출가를 보고 이렇게 말한 것이다.

"이것은 이미 예상된 것이다. 전혀 기적이 아니다. 이것이 바로 마음의 방식이다."

슈로운은 거지가 되었다. 그는 비구가 된 것이다. 붓다의 다른 제자들은 슈로운의 행동을 지켜보았다. 다른 극단으로 흘러가는 것을 보기 위해서 말이다. 그리고 붓다는 그의 제자들에게 벌거벗는 것을 금지했다. 당시에 출가 사문들은 완전 무소유를 주장하면서 벌거벗는 것이 유행이었다. 하지만 붓다는 그것을 금지시켰다. 그것은 또 하나의 극단인 것이다. 그런데 슈로운은 역시 예상했던 대로 옷을 모두 내버렸다. 그는 붓다의 제자 중에서 벌거벗은 유일한 사람이었다. 그는 심한 고행을 했다. 붓다는 제자들에게 하루에 한 끼씩은 꼭 식사를 하도록 했다. 그런데 슈로운은 이틀에 한끼를 먹었다. 그는 점점 야위어져 갔다. 다른 제자들이 나무 밑에 앉아서 명상을 하는 동안 그는 뙤약볕에서 명상을 했다. 그는 본래 매우 아름다운 몸매를 가진 사람이었으나 6개월이 지나자 아무도 그를 알아보지 못할 정도로 수척해지고 검게 그을린 보잘것없는 육체로 변했다.

붓다는 어느 날 밤 슈로운을 찾아가서 말했다.

"슈로운이여, 나는 그대가 입문하기 전에 왕자라고 들었다. 그리고 시타를 아주 잘 연주하는 훌륭한 음악가라는 말도 들었다. 그러면 내가 한 가지 물어보겠다. 그대가 시타를 연주할 때 줄이 너무 느슨하면 어떻게 되는가?"

그러자 슈로운이 말했다.

"그러면 소리가 나지 않아서 연주를 할 수 없습니다."

붓다가 또 물었다.

"만약 줄이 너무 팽팽하면 어떻게 되는가?"

슈로운이 말했다.

"그래도 안됩니다. 너무 팽팽하면 줄이 끊어집니다. 줄은 항상 적당하게 조여져야 합니다. 너무 느슨해도 안되고 너무 팽팽해져서도 안됩니다. 오직 시타의 명인만이 줄을 정확하게 조절할 수 있습니다. 그리고 그때만이 훌륭한 음악이 나올 수 있습니다."

그래서 붓다는 말했다.

"삶도 그와 똑같다. 너무 팽팽하거나 느슨해서도 안되고 오직 적당해야 한다. 나는 그대를 6개월 동안 유심히 지켜보았다. 삶을 포기하는 것은 쉽다. 하지만 삶을 적당하게 유지하는 것은 오직 삶의 명인만이 할 수 있다. 그래서 슈로운 그대가 삶의 명인이 되고자 한다면 적당하게 중도에 머무를 줄 알아야 한다."

그러나 마음은 무심이 되어야 한다. 마음이 그 기능을 멈추지 않는 한 항상 극단으로 움직일 수밖에 없다. 극단은 마음이 볼 때 환상적으로 보인다. 중도에서는 마음이 죽는다. 시계추를 보라. 시계추는 항상 양극단으로 움직이기 때문에 계속 움직일 수 있다. 만약 시계추가 중간에 머무른다면 그것은 더 이상 움직일 수 없다. 오른쪽으로 가려면 일단 왼쪽으로 가서 추진력을 얻어야 하고 왼쪽으로 가려면 일단 오른쪽으로 가서 추진력을 얻어야 한다. 그렇게 해서 계속 움직일 수 있는 것이다.

그대의 마음 역시 이와 같다. 그대는 한가지 일을 하려고 결심한다. 하지만 일이 잘 안되면 어느 순간 그대는 화를 낸다. 그리고는 화를 낸 사실을 후회한다. 그대는 스스로 이렇게 말한다.

"이제 이것은 충분하다. 다시는 화를 내지 않겠다. 결단코 말이다."

그러나 이 '결단코'가 바로 극단인 것이다. 그대는 결단코 화를 내지 않을 것이라고 어떻게 확신할 수 있는가? 한번만 더 생각해 보라. 그대는 그와 똑같은 결심을 몇 번이나 했는가? 그대가 '결단코 화를 내지 않겠다'라고 결심하는 것은 다시금 화를 내기 위한 에너지를 축적하는 것이다. 이제 그대는 후회를 한다. 자신의 이미지가 손상되었다. 이제 그대는 좋은 사람이라고 말할 수 없게 되었다. 종교적인 사람도 물론 아니다. 이제 그대는 어떻게 하겠는가? 적어도 그대의 눈에는 결코 화를 내지 않겠다고 결심하는 것이 쉬워 보인다. 그러면 손상된 이미지는 다시 복구되는 것 같다. 이제 그대는 마음이 좀 가벼워졌다. 다른 쪽 극단으로 움직여 갔기 때문이다.

그러나 '결단코 화를 내지 않겠다'고 맹세한 그 마음이 다시금 화를 낼 것이다. 그리고 그 순간에는 이전에 그대가 후회한 사실을 까맣게 잊어버린다. 그대가 결심한 모든 것을 다 잊어버린다. 그리고는 다시 후회하고 다시 결심한다. 하지만 그대는 결코 자신을 속이고 있다고는 생각하지 않는다.

마음은 항상 분노에서 후회로, 후회에서 분노로 움직인다. 중도에 머물러 있으라. 화를 내지도, 후회하지도 말라. 그대가 화를 낸다면 그때는 적어도 후회는 하지 말라. 다른 극단으로 가지 말라는 말이다. 그때는 이렇게 말하라.

"나는 화를 내었고 본래 그런 난폭한 놈이다. 그러니 그것은 자연스런 일이다."

절대로 후회하지는 말라. 다른 극단으로 가지 말라. 중도에 머물러라. 그대가 거기에 머무를 수 있다면 더 이상 추진력을 받지 않게 될 것이다. 그러면 다시는 화내지 않을 것이다.

그래서 경전은 말한다.

"무심한 마음으로 중도에 머물러라. 언제까지나."

그러면 여기서 '언제까지나'란 말은 무슨 뜻인가? 그것은 그대가 폭발할 때까지이다. 마음이 죽어서 궁극에 이를 때까지이다. 마음은 극단에 이를 때 생기를 느낀다. 마음이 중도에 머무르면 그때는 생기를 잃는다. 결국 그것은 죽어 사라지고 무심이 된다.

하지만 이것은 이 세상에서 가장 하기 어려운 일이다. 그것은 쉬워 보이고 간단해 보인다. 아마 그대도 할 수 있을 것처럼 보인다. 그렇게만 되면 어떤 후회도 할 필요가 없어진다니 이 얼마나 좋은 일인가? 그러니 해보라. 그대는 마음이 화를 낸 뒤에 계속 후회를 고집하고 있는 사실을 알게 될 것이다.

프로이드는 남편과 아내는 계속 싸운다고 말했다. 수십 세기 동안 수많은 상담자들과 현자들이 부부가 서로 사랑하며 살아가는 방법을 가르쳐 왔건만 부부는 계속 싸운다. 처음으로 프로이드는 다음과 같은 사실을 알게 되었다. 그대가 사랑에 빠져 있을 때 동시에 증오에도 빠져 있다는 사실을 말이다. 아침에는 사랑을 하지만 저녁에는 증오하게 된다. 계속 움직이는 시계추처럼 말이다. 모든 남편, 모든 아내는 이 사실을 알고 있다. 그러나 프로이드는 매우 독특한 견해를 가진 사람이다. 그는 만약 부부가 싸움을 멈춘다면 사랑이 식었다는 증거라고 말했다.

만약 그대가 싸우지 않는 부부를 보고 이상적인 부부라고 생각한다면 그것은 잘못이다. 그 부부는 더 이상 부부가 아니다. 그들은 이름이 부부일 뿐 서로에 대해서 아무런 관심이 없다. 그들은 평행선을 달리며 마음속으로는 홀로 살고 있는 것이다.

마음은 항상 반대극으로 움직인다. 그대가 사랑을 원한다면 싸움을 두려워해서는 안된다. 그대가 진정으로 싸움에 몰두하면 그것은 또 한바탕 사랑 속으로 빠져 들어갈 것이다. 그대의 아내와 싸움을 피하지 말라. 그렇지 않으면 사랑도 피하게 될 것이다. 싸움이 그곳에서 기다리고 있으면 끝까지 싸워라. 그러면 저녁에는 사랑하게 될 것이다. 마음은 추진력을 필요로 한다. 일상적인 사랑은 싸움 없이 존재할 수 없다. 마음의 움직임이 그러하기 때문이다. 오직 마음 없는 사랑만이 싸움 없이 존재할 수 있다. 그것은 완전히 다른 차원이다.

붓다는 사랑을 갖고 있다. 그의 사랑은 싸움이 없는 것이다. 하지만 붓다가 그대를 사랑한다면 그대는 별로 짜릿한 기분을 맛보지 못한다. 붓다의 사랑 속에는 잘못이 없기 때문이다. 싸움의 여지가 없기 때문에, 그저 무조건 부드럽기만 하기 때문에 그대는 곧 싫증을 느낄지도 모른다. 그대의 마음은 뭔가 싸울 거리가 있어야 한다. 그러나 붓다는 화를 내지 못한다. 그는 오직 사랑만 할 수 있다. 그대에게 그의 사랑이 전혀 와 닿지 않는다. 그대는 반드시 양 극단을 함께 느껴야 실감이 나기 때문이다.

붓다가 12년만에 처음 고향에 들렀을 때 그의 부인은 그를 받아들일 수가 없었다. 마을 전체가 그를 맞이했지만 그의 부인 야소다라(Yashodhara)만은 그렇게 하지 않았다. 붓다는 웃으면서 그의 제자 아난다(Ananda)에게 이렇게 말했다.

"야소다라는 나오지 않았다. 나는 그녀를 잘 안다. 아마 아직도 나를 사랑하고 있는 모양이다. 그녀는 자존심이 상하는 모양이다. 12년은 긴 세월이다. 하지만 그녀는 여전히 화가 나 있다. 여전히 나를 사랑하고 있다. 그래서 나를 맞이할 수 없는 것이다. 나는 집에 가서 그녀를 만나봐야겠다."

그래서 붓다는 집으로 갔다. 아난다도 함께 갔다. 아난다는 붓다가 어디를 가건 함께 간다는 것이 입문의 조건이었다. 그리고 붓다 역시 언제나 아난다가 자신과 함께 있는 것에 동의했다.

아난다는 붓다를 따라 왕궁으로 들어갔다. 야소다라의 방 앞에 이르자 붓다는 이렇게 말했다.

"적어도 여기서부터는 나 혼자 가겠다. 그녀는 무척 할말이 많을 것이다. 그런데 그대가 나와 함께 있으면 그녀로 하여금 아무 말도 못하게 하는 것과 같다. 그러니 여기에 머물러 있으라."

붓다는 방 안으로 들어갔다. 물론 야소다라는 화산 위에 앉아 있는 것과 같았다. 그런데 갑자기 그녀가 폭발했다. 울부짖기 시작한 것이다. 붓다는 거기에 그냥 앉아 있었다. 한참을 운 뒤에 그녀는 진정하고 붓다를 쳐다보았다. 붓다는 한마디도 하지 않고 있다는 사실을 그녀는 문득 깨달았다. 그때 붓다가 드디어 입을 열었다.

“나는 뭔가를 얻었소. 뭔가를 깨달았소. 그대가 진정하게 되면 나는 그대에게 내가 깨달은 진리를 주려고 하오. 나는 그대가 실컷 울 수 있도록 조용히 기다렸소. 12년의 세월은 긴 시간이오. 그대는 많은 상처를 받았을 것이오. 그대가 화를 내는 것도 충분히 이해할 수 있소. 이것은 아직도 그대가 나를 사랑한다는 뜻이오. 그러나 이 사랑을 초월한 사랑이 또 있소. 그 사랑 때문에 나는 당신을 다시 찾아온 것이오. 뭔가를 말해 주려고 말이오.”

그러나 야소다라는 그 사랑을 느낄 수가 없었다. 그것은 너무나 고요하기 때문에 느끼기가 쉽지 않다. 마치 아무것도 없는 것 같다. 그 사랑은 반대 극부가 없기 때문이다. 그 사랑과 짝을 맞출 증오가 없기 때문이다. 마음이 사라지면 반대 극부는 저절로 사라진다. 그래서 이 방편은 놀라운 것이다. 그것을 통해 기적이 일어날 수 있다.

“무심한 마음으로 중도에 머물러라. 언제까지나.”

한번 해보라. 이것은 그대의 전생애에 해당되는 경구이다. 그대는 그것을 가끔씩 연습할 수 없다. 그대는 계속 그 사실을 인식하고 있어야 한다. 걷든지 머물든지 앉든지 눕든지 그 무엇을 하든지 언제나 중도에 머물러라. 그러면 그대의 내부에서 고요함이 생겨날 것이다. 그리고 그 고요함이 그대를 가득 채울 때 문득 그대는 자신이 중심에 서 있음을 깨닫게 될 것이다.

그대가 한번 그것을 알게 되면 결코 잊어버리지 않게 될 것이다. 그 중심점은 마음을 초월해 있기 때문이다. 그 중심점은 그대가 지금까지 찾아온 모든 것이다.

〈 질문 〉

"붓다는 수많은 사람들에게 산야신(출가 수행자)이 되도록 영감을 불어넣었습니다. 산야신은 먹을 것을 구걸하고 사회로부터 벗어나서 사는 사람들입니다. 그리고 붓다 자신도 금욕적인 삶을 살았습니다. 이런 수도원적 삶은 세속적 삶의 반대 극부처럼 보입니다. 그것은 중도의 길처럼 보이지 않습니다. 그런데도 왜 그의 길을 중도의 길이라고 부릅니까?

그대는 세속적인 삶의 반대 극부가 무엇인지 모르기 때문에 이것을 이해하기란 매우 어려울 것이다. 삶의 반대극은 죽음이다. 그리고 역사상 자살을 가르치는 스승들이 있었다. 이것이 바로 반대 극부이다. 과거 뿐만 아니라 현재에도 삶은 어리석은 것이라고 말하는 사상가들이 있다. 만약 그들의 말처럼 삶이 의미 없는 것이라면 죽음 역시 의미가 없다. 삶과 죽음은 서로 반대 극부이다. 이것을 이해하라. 그대가 자신에게 맞는 길을 찾는 데 많은 도움이 될 것이다.

죽음이 삶의 반대 극부라면 그때 마음은 쉽게 죽음으로 향해 갈 수 있다. 어떤 사람이 자살을 할 때 그는 삶에 그만큼 집착한 사람이다. 삶에 애착이 많은 사람만이 자살을 한다.

예를 들면 그대는 그대의 남편이나 아내에게 너무 집착하고 있다. 그래서 그녀 없이는 살 수 없다고 생각한다. 그런데 만약 그녀가 죽기라도 한다면 그대는 자살을 한다. 마음이 삶에 너무 집착해 있었기 때문에 반대 극부로 가버린 것이다. 삶이 좌절될 때 마음은 죽음으로 쉽게 갈 수 있다.

자살에는 두 가지 유형이 있다. 갑작스런 자살과 점진적인 자살이 그것이다. 그대는 점진적인 자살을 하고 있다. 그대 자신을 삶으로부터 조금씩 분리시킨다. 그대 자신을 조금씩 죽여 가고 있는 것이다.

붓다가 살았을 당시에는 자살을 강조하는 학파가 많이 있었다. 그들이야말로 삶에 대해, 일상적인 삶에 대해 정면으로 반대하는 자들이다. 그들은 우리가 삶이라고 부르는 이 넌센스로부터 진짜로 탈출할 수 있는 길은 자살하는 길밖에 없다고 가르쳤다. 그대가 살아 있다면 그대는 고통을 피할 수 없다. 그들은 말한다. 살아 있는 동안 불행을 초월할 수 있는 길은 없다고 말이다. 그래서 자살을 하라고, 그대 자신을 파괴하라고 말한다. 그대가 이 말을 들을 때 그것은 너무 극단적으로 들릴 것이다. 하지만 깊이 들여다보라. 거기에는 어떤 의미가 담겨 있다.

지그문트 프로이드는 40년 동안 인간의 마음에 대해서 계속 작업을 해왔다. 그것은 한 개인이 연구할 수 있는 가장 오랜 기간이다. 그리고 연구 결과 인간은 결코 행복할 수 없다는 결론에 이르렀다. 불행을 만들어 내는 것이 마음의 기능인 한 불행은 멈추지 않는다. 단지 불행의 정도가 크냐 작으냐 하는 것이다. 불행이 없는 상태는 선택 사항에 들어가지 않는다. 만약 그대가 마음을 조절한다면 불행이 작을 수는 있을 것이다. 그것이 전부다. 그리고 그것은 절망적으로 보인다.

실존주의자들, 샤르트르와 까뮈 등등의 사람들은 삶이란 결코 축복받은 것이 아니라고 말한다. 삶의 본성은 공포와 번민과 고통이다. 그래서 인간이 할 수 있는 가장 최선의 길은 삶에 대해 용감하게 부딪치는 길뿐이다. 아무런 희망도 없이 말이다. 그런 상황은 절망적인 것이다. 까뮈는 묻는다.

“삶이 이런 상황이라면 왜 자살하지 않는가? 이 삶을 초월할 수 있는 것이 전혀 없다면 왜 삶을 떠나지 않는가?”

붓다가 살았을 때에 수많은 학파들이 있었다. 그 시기는 인간의 역사 중에서 가장 지적으로 역동적인 시대였다. 예를 들면 아짓트 케쉬 캄발(Ajit Kesh Kambal) 같은 사람이 있었다. 그도 자살을 주장한 사람 중의 하나이다. 그래서 그에게는 어떤 종파도 형성되지 않았다. 왜냐하면 그는 50년 동안 혼자 살아 남아 계속해서 그의 추종자들에게 자살을 권했기 때문이다. 어떤 사람이 아짓트에게 이렇게 물었다.

“그러면 왜 당신은 지금까지 자살하지 않고 살아 남았는가?”

그러자 아짓트는 이렇게 대답했다.

“나는 이 가르침을 사람들에게 전달하기 위해서이다. 나도 엄청난 고통 속에 살고 있다. 하지만 내가 죽어 버리면 이 가르침을 누가 전달한단 말인가? 그래서 나는 여기에 있다. 그렇지 않다면 살 가치가 없다.”

이것이 삶의 반대편 극단이다.

붓다의 길은 중도이다. 붓다는 죽음도 아니고 삶도 아니라고 했다. 그것이 바로 산야스(구도행)라고 했다. 삶에 집착하지도 않고 삶에 반대하지도 않는 것, 그저 중도에 머무는 것 이것이 바로 붓다가 말하는 진정한 산야신(구도자)의 삶이다. 그래서 그대가 삶과 죽음에 관계하지 않을 때, 그때 그대는 한 사람의 산야신이 된다.

그대가 삶과 죽음이 양 극단이라는 것을 볼 수 있다면 그때 붓다의 길은 중도의 길임을 알 수 있을 것이다. 그래서 산야신은 삶에 반대하지 않는다. 만약 삶에 반대한다면 그는 산야신이 아니다. 그는 신경병 환자일 뿐이다. 그는 이미 다른 극단으로 가고 있다. 산야신은 균형 잡힌 의식을 갖고 있다. 그는 중도에 서 있다.

한편 만일 삶이 불행이라면 그때 마음은 이렇게 말한다.

"다른 극단으로 가라."

그리고 불교도에게도 삶은 불행이다. 왜냐하면 그대가 극단에 서 있기 때문이다. 그것이 불교도의 생각이다. 삶은 극단에 있기 때문에 불행한 것이며 죽음 역시 극단에 서 있기 때문에 불행이다. 극단으로 움직이는 사람에게는 삶과 죽음이 모두 불행이다. 삶이 축복일 때는 오직 중도에 있을 때이다. 축복은 균형이다.

한 사람의 산야신은 균형 잡힌 존재이다. 그는 좌로나 우로 치우치지 않았다. 그는 좌경도 아니고 우경도 아니다. 그는 중도에 머물러 있다. 고요하여 움직이지 않고 어떤 것을 선택하지도 않는다. 오직 중심에 머물러 있다.

죽음을 선택하지 말라. 선택은 불행의 씨앗이다. 만약 그대가 죽음을 선택한다면 그것은 불행을 선택한 것이다. 만약 삶을 선택한다면 그것 역시 불행을 선택한 것이다. 삶과 죽음은 두 가지 극단이기 때문이다. 그것은 사실 두 개가 아니다. 하나의 흐름에 양 극일 뿐이다.

그래서 그대가 한쪽 극단만을 선택하면 다른 극단에 대해서는 반대하게 된다. 이것이 바로 불행을 만들어 낸다. 죽음은 삶 속에 녹아들어 있기 때문이다. 그대는 죽음을 가려내고 삶만 얻을 수 없다. 삶을 택하는 순간 죽음도 택한 것이 된다. 그래서 거기에 불행이 생겨난다. 그대가 행복을 선택하면 저절로 불행이 거기에 들어 있다. 불행은 행복의 다른 부분이기 때문이다.

만약 그대가 사랑을 선택하면 그때 미움도 선택한 것이 된다. 미움은 사랑의 보이지 않는 부분이다. 사랑을 선택한 사람은 고통을 받을 것이다. 왜냐하면 그는 미워하게 될 것이기 때문이다.

그러므로 선택하지 말라. 중도에 머물러라. 중도가 곧 진리이다. 다른 극단은 죽음이며 또한 삶이다. 그리고 중도에 서서 이 양 극단 사이를 흐르는 에너지야말로 진리이다. 다시 말하거니와 선택하지 말라. 선택은 하나를 원하고 다른 것은 반대한다는 뜻이다. 중도에 머무르는 것은 선택 없이 존재한다는 뜻이다. 그때 그대는 이 전체를 초월할 수 있다. 불행의 굴레에서 벗어날 수 있다.

사람은 선택 때문에 불행해진다. 선택하지 말고 그저 가만히 있어 보라. 그것은 지극히 어려운 것처럼 보인다. 그러나 한번 해 보라. 그대가 양 극단으로 흐르려고 할 때마다 중간에 멈추어 보라. 그대는 점점 중도라는 것에 대한 육감이 느껴질 것이다. 물론 그것은 너무나 섬세한 것이다. 인생에서 가장 미묘하고 섬세한 것이 바로 그 느낌이다. 그러나 한번만 그대가 확실히 그 느낌을 잡게 되면 그때는 아무것도 그대를 방해할 수 없다. 아무것도 그대를 불행하게 만들 수 없다. 그때 그대는 고통 없이 존재할 수 있다.

이것이 바로 산야스가 의미하는 것이다. 고통 없이 존재하는 것! 이것은 선택하지 않고 사는 것을 말한다. 그래서 붓다는 처음으로 계속해서 중도에 머물 수 있는 방편을 만들어 낸 것이다.

오늘은 이만!

중심에 이르게 하는 방편들 Ⅲ

그대의 전 관심을 방편에다 쏟아라。
결과는 잊어버려라。
결과에 너무 집착하게 되면
오히려 그것이 방해가 된다。

중심에 이르게 하는 방편들 Ⅲ

18

어떤 대상을 사랑스럽게 바라보라. 다른 대상으로 옮겨가지 말라. 여기 그 대상의 중심 속에 축복이 있다.

19

손이나 발로 지탱하지 않고 엉덩이로만 앉아 있어 보라. 갑자기 그대는 중심에 이르게 될 것이다.

20

흔들리는 수레 속에서 율동적으로 흔들려라. 수레가 멈추어도 그대는 자신을 보이지 않는 진동 속에 계속 머물게 하라.

21

감로수로 가득 찬 그대 육체의 한 부분을 침으로 천천히 찔러 보라. 그리고 찌르는 행위 속으로 깊이 들어가라. 갑자기 그대는 내면의 순수를 얻게 될 것이다.

인간의 육체는 신비스러운 메커니즘이다. 그것은 두 가지 차원으로 기능한다. 하나는 외부로 나가는 것인데 그때 그대의 의식은 감각을 통해 세상과 만난다. 물질과 만나는 것이다. 그리고 또 다른 차원이 하나 있다. 그것은 그대의 내면이다. 만약 의식이 외부로 나가면 그때 그대가 아는 것은 물질이다. 그러나 의식이 내면으로 들어오면 그때 그대가 아는 것은 무엇이든지 비물질이다.

실제로 거기에 어떤 구분도 없다. 물질과 비물질은 하나다. 그러나 이 실체라는 X가 눈이나 감각을 통해 볼 때에는 물질로 보인다. 그리고 똑같은 이 X가 감각이 아닌 중심을 통해서 보면 비물질로 보인다. 실체는 하나인데 그것을 보는 방식이 두 가지이다. 하나는 감각을 통한 것이고, 또 하나는 감각을 통하지 않은 것이다. 여기에 나오는 모든 방편들은 그대로 하여금 감각이 작동하지 않는 점, 감각을 초월한 점에 이르게 하는 것이다.

이 방편들에 대해서 이야기하기 전에 먼저 그대가 이해해야 할 세 가지 것이 있다. 첫째로 그대가 눈을 통해서 사물을 볼 때 그것은 눈으로 보는 것이 아니다. 눈은 단지 창문과 같은 것이다. 보는 주체는 눈 뒤에 있다. 꿈을 꿀 때 그대는 눈을 감고 있어도 영상이 보인다. 보는 자는 감각 뒤에 있다. 그 주체는 감각을 통해서만 세상으로 나아갈 수 있다. 그러나 그대의 감각을 닫아 버리면 그때 보는 자는 내면에 남게 된다.

만약 보는 자, 보는 의식이 중심에 이르게 되면 갑자기 그 주체는 자신을 자각하게 된다. 그대가 그대 자신을 깨달을 때, 다시 말해서 존재계 전체를 깨달을 때 그대는 존재계와 둘이 아니다. 그러나 이렇게 되기까지는 먼저 중심에 이르는 것이 필요하다. 그대의 의식이 여러 갈래로 나뉘어지지 않는 상태에 이르는 것이 필요하다는 말이다. 어떤 곳으로도 움직이지 않고 그 자체 속에 머무르는 것 말이다.

그것은 매우 어려워 보인다. 우리의 마음이 어떻게 내면에 머무를까 하고 생각하는 것조차 결국 바깥으로 나가려는 하나의 행위가 되기 때문이다. '어떻게'라고 생각하기 시작할 때 그것은 우리에게 또 하나의 생각이 된다. 그리고 생각이라고 하는 것은 모두가 외부적인 것이다. 그것은 내면에 속한 것이 아니다. 그대의 내면에는 오직 의식만이 있기 때문이다.

생각은 구름과 같다. 그것들은 그대에게 다가오지만 결코 그대의 것이 아니다. 모든 생각은 외부로부터 나온다. 한 가지 생각도 내면에서 생겨나는 것은 없다. 그래서 그대가 언제 무슨 생각을 하든지 그것은 외부에서 받아들이는 것이다. 그대가 내면에 대해서 생각하더라도, 그대의 영혼이나 자아에 대한 것이라도 그것은 그대 속에 있는 것이 아니다.

그대에게 속한 것은, 다시 말해 그대의 것이라고 할 수 있는 것은 오직 의식뿐이다. 그것은 구름 한점 없는 맑은 하늘과 같다.

그러면 어떻게 하겠는가? 이 단순한 의식을 내면에서 어떻게 얻을 수 있는가? 직접적인 방법이 없기 때문에 몇 가지 방편들이 필요하다. 그 방편들은 그대를 그대의 중심에 이르게 하는 데 필요한 것이다. 왜냐하면 그대는 직접적으로 그 중심에 다가갈 수 없기 때문이다. 직접 다가가려고 하는 순간 그대는 외부로 나가게 되기 때문이다. 이것은 기본이기 때문에 그대가 명확하게 이해하는 것이 필요하다.

예를 들면 그대는 음악을 연주하고 있다. 어떤 사람이 그대의 연주를 듣고 이렇게 말한다.

"정말로 황홀한 기분을 느꼈다."

그러나 만약 그대가 그 기분을 직접 느끼려 한다면 그대는 음악을 제대로 연주할 수 없게 된다. 황홀한 기분을 느끼려는 욕심이 하나의 장애가 되는 것이다. 행복감은 하나의 부산물이다. 그대는 그것을 직접 움켜잡을 수 없다. 너무나 미묘한 현상이기 때문에 그대는 간접적으로 다가갈 수밖에 없다. 뭔가를 할 때 그것은 저절로 일어나는 것이어야 한다.

아무리 아름답고 아무리 영원한 것이라도 그대가 직접 움켜쥐려고 하면 그것은 파괴되고 만다. 방편을 이야기하고 수단을 꾀하는 것도 바로 이 때문이다. 이 방편들은 그대가 뭔가를 해야 한다고 말하고 있다. 그리고 그대가 하는 것은 중요하지 않다. 그 결과가 중요한 것이다. 그러나 결과는 항상 간접적으로 나타난다. 그것은 반드시 나타난다. 그러므로 결과에 너무 집착하지 말라. 방편에 주의하라. 그대의 전관심을 방편에다 쏟아라. 결과는 잊어버려라. 결과에 너무 집착하게 되면 오히려 그것이 방해가 될 수 있다.

사람들이 내게 와서 이렇게 묻는다.

"당신이 시킨 대로 우리는 명상을 했습니다. 그런데 왜 그것이 일어나지 않습니까? 당신은 이렇게 명상하면 그것이 일어난다고 말하지 않았습니까? 그런데 아무것도 일어나지 않았습니다."

그들은 결과에 너무 집착했다. 결과에 대해서는 잊어버려라. 오직 그때에만 그것은 일어날 것이다.

행위 속에 그대 전부를 몰입하라. 그럴수록 결과는 더욱 빨리 나타난다. 물론 그 결과는 언제나 간접적이다. 그대는 그것을 강압적으로 할 수 없다. 그것은 너무나 미묘하고 섬세하다. 그것은 공격받지 않는다. 그래서 모든 방편들은 간접적인 수단일 뿐이다. 영적인 것에 직접적인 수단은 있을 수 없다. 자, 이제 중심에 이르게 하는 여섯번째 방편으로 들어가자.

18

어떤 대상을 사랑스럽게 바라보라. 다른 대상으로 옮겨가지 말라. 여기 대상의 가운데 축복이 있다.

"어떤 대상을 사랑스럽게 바라보라……"

여기에서 '사랑스럽게'가 열쇠이다. 그대는 사물을 사랑스럽게 본 적이 있는가? 그대는 '그렇다'라고 대답할지 모른다. 왜냐하면 그대는 '사랑스럽게 바라보는 것'이 무슨 뜻인지 모르기 때문이다. 그대는 아마 대상을 탐욕적으로 바라본 적은 있을 것이다. 그것에서 뭔가를 바라고 있다. 그것은 사랑이 아니다. 탐욕이다.

아름다운 얼굴이 있다. 아름다운 육체가 있다. 그대는 그것을 바라본다. 그리고 사랑스럽다고 느낀다. 하지만 왜 그것을 바라보는가? 거기에서 무엇을 얻으려고 하는가? 그것을 갖고 싶은가? 그것은 사랑이 아니다. 그것은 탐욕이다. 그대는 그 몸과 얼굴을 어떻게 써먹을 것인가를 생각하고 있다. 그대의 행복을 위해 어떻게 이용할 것인가를 말이다.

탐욕은 그대의 행복을 위해 어떤 것을 어떻게 써먹을 것인가 생각하는 것이다. 사랑은 그대의 행복과는 아무런 관계가 없다. 탐욕은 뭔가를 얻는 데 있고 사랑은 뭔가를 주는 데 있다.

만약 그대가 그 아름다운 얼굴을 보고서 사랑을 느낀다면 그때는 즉시 이렇게 생각하게 된다.

'이 얼굴이 어떻게 해야 행복해질 수 있을까? 이 남자를 혹은 이 여자를 어떻게 행복하게 해줄 수 있을까?'

그리고 그것 외에 다른 목적은 없다. 그때 그것은 그대의 행복과 아무런 관련이 없다.

사랑은 그대 자신이 목적이 아니다. 사랑에서는 타인이 중요하다. 그러나 탐욕에서는 그대가 중요하다. 탐욕에서는 그대의 행복을 위해서 상대방을 어떻게 이용하느냐를 생각한다. 그러나 사랑에서는 그의 행복을 위해서 내가 어떤 수단이 되어야 하느냐가 중요하다. 사랑에서는 그대 자신을 희생한다. 사랑은 주는 것이며 탐욕은 빼앗는 것이다. 탐욕은 공격적이다.

그대가 무슨 말을 하든지 그것은 의미가 없다. 탐욕 속에 빠져 있으면서도 그대는 사랑을 말하고 있다. 그대의 말은 무의미한 것이다. 더 이상 자신을 속이지 말라. 내면을 들여다보라. 그러면 그대는 다른 사람이나 사물을 사랑스럽게 바라본 적이 한번도 없었다는 것을 알게 될 것이다.

두번째로 그대가 어떤 사물을 사랑스럽게 바라본다면 그 대상은 하나의 인격을 띄게 된다. 그대의 사랑이 그것을 사람으로 변형시키는 것이다. 그대가 나무를 사랑스럽게 바라본다면 그 나무는 사람이 된다.

어느 날 나는 비베크(라즈니쉬의 제자)와 이야기를 하고 있었다. 나는 그녀에게 우리가 새 아쉬람으로 이사를 가게 되면 모든 나무에 이름을 붙여줄 것이라고 말하고 있었다. 나무는 사람이 되기 때문이다. 그대는 나무에 사람처럼 이름을 붙여준다는 소리를 들어본 적이 있는가? 아무도 나무에게 이름을 붙여주지 않는다. 왜냐하면 아무도 그것에 대해 사랑을 느끼지 못하기 때문이다. 만약 그렇게 한다면 그 나무는 군중이 아니라 독특한 하나의 개인이 될 것이다.

그대는 개나 고양이에게 이름을 붙인다. 그러면 그 개는 하나의 사람이 된다. 그때 그것은 다른 개들과는 달라진다. 그것은 인격을 갖게 된다. 그대가 개를 사람으로 만든 것이다. 그대가 어떤 것을 사랑스럽게 바라본다면 그것은 하나의 인간이 될 것이다.

그와 정반대의 경우도 성립된다. 그대가 한 인간을 탐욕의 눈으로 바라보면 그 사람은 사물이 된다. 탐욕의 눈이 그토록 공격적으로 되는 것은 바로 그 때문이다. 아무도 물건이 되고 싶어하지 않는다. 그대가 아내를, 혹은 다른 여자를, 혹은 어떤 남자를 탐욕의 눈으로 바라볼 때 그들은 상처를 받는다. 그대는 무엇을 하고 있는가? 살아 있는 사람을 죽은 물건으로 바꾸고 있는 것이다. 그대는 그를 어떻게 이용할까 생각하고 있다. 그리고 그 사람은 그 순간 죽임을 당하는 것이다.

사람은 대체될 수 없다. 물건은 대체될 수 있다. 한 사람은 그 사람으로서 고유하다. 이 세상 그 누구도 같은 사람은 없다. 하지만 물건은 그렇지 않다. 물건은 독특하지 않다. 얼마든지 똑같은 것을 만들어 낼 수 있다.

사랑은 어떤 것을 독특하게 만든다. 사랑이 없으면 그대가 사람처럼 느껴지지 않는 것도 바로 그 때문이다. 어떤 사람이 그대를 깊이 사랑하지 않는 한 그대는 자신의 독특성을 느끼지 못한다. 그대는 단지 군중 속의 한 부분일 뿐이다.

예를 들면 그대가 대학 교수라면 그때 그대의 직위는 다른 사람으로 대체될 수 있다. 다른 교수가 그대를 대신할 수 있다. 그대가 직장을 그만두면 누구라도 그대의 자리를 대신할 것이다. 그리고 그대는 곧 잊혀질 것이다. 사랑 없이 본다면 그대는 기능적인 중요성과 의미만을 가질 뿐이다.

그대가 만약 상점의 점원이라면 문제는 더 간단하다. 그대는 얼마든지 다른 사람으로 대체될 수 있다. 만약 지금 당장 그대가 죽더라도 다음 순간 다른 사람이 그대의 자리를 대신할 것이다. 그대는 단지 하나의 도구일 뿐이다. 얼마나 효율이 좋은지를 따지는 기계인 것이다.

그러나 누군가가 이 교수나 점원과 사랑에 빠진다면 그때 갑자기 점원은 더 이상 점원이 아니다. 그는 특별한 사람이 된다. 만약 그가 죽으면 다른 사람으로 그를 대신할 수 없다. 그는 대체될 수 없다. 그때 온 세상은 똑같지만 그 자리만은 절대로 같은 사람이 둘 있을 수가 없다. 이 독특함은 사랑을 통해 일어난다.

경전은 말하고 있다. 어떤 대상을 사랑스럽게 바라보라고 말이다. 사랑은 사물과 사람의 구분을 없앤다. 그대가 사랑의 눈으로 사물을 바라보면 그것은 사람이 된다. 그리고 모양까지 다르게 보인다.

그대가 어떤 특정한 차, 예를 들어 벤츠를 운전한다고 하자. 그대가 운전하는 차와 똑같은 차는 수만 대도 넘을 것이다. 하지만 그대가 그 차에 반해 버리면 그 차는 특별해진다. 그러면 다른 차로 대체될 수 없다. 하나의 관계가 형성되었다. 그대는 이제 그 차를 사람처럼 대하게 되었다. 만약 어떤 곳이 잘못된다면, 이상한 소리가 들린다거나 타는 냄새가 난다거나 하면 그대는 그것을 곧바로 느낄 수 있다. 자동차는 매우 복잡하고 세밀한 기계이다. 하지만 그대는 그 복잡한 기계의 성질을 잘 알게 된다. 어떤 때는 상태가 좋고 어떤 때는 좋지 않다는 것을 말이다. 그대에게 그 차는 점점 사람으로 변해간다.

왜인가? 사랑의 관계가 형성된다면 어떤 사물도 하나의 인간으로 변한다. 그러나 탐욕의 관계가 형성된다면 어떤 사람도 하나의 사물로 변할 것이다. 이것이 바로 인간이 할 수 있는 가장 비인간적인 행위 중의 하나이다. 사람을 사물로 만드는 것 말이다.

"어떤 대상을 사랑으로 바라보라……"

그 다음에는 어떻게 해야 하는가? 그대가 어떤 사물을 사랑으로 바라볼 때 그 다음으로 그대가 해야 할 일은 그대 자신을 잊어버리는 것이다. 자신에 대해 완전히 잊어버려라. 한 송이의 꽃을 보라. 그리고 자신을 완전히 잊어버려라. 꽃만 존재하게 하고 그대 자신은 사라져 버려라. 꽃을 느껴라. 깊은 사랑이 그대의 의식에서부터 꽃으로 흘러갈 것이다. 그대의 의식은 오직 한 가지 생각으로만 가득 차게 하라. 어떻게 하면 그 꽃이 더욱 아름답게 활짝 피도록 도울 수 있을까를 말이다. 온몸과 마음으로 그 꽃잎 한 장 한장을 느껴 보라.

그대가 어떤 일을 해내고 못 해내고는 별로 상관이 없다. 중요한 것은 그 꽃을 아름답게 피우기 위해 뭔가를 해야겠다는 그대의 간절함, 그대의 아픔인 것이다. 이 생각이 그대의 존재 전체 속으로 퍼지게 하라. 그때 그대는 엑스터시 속으로 빨려 들어갈 것이다. 그리고 그 꽃은 하나의 인간으로 변할 것이다.

"다른 대상으로 옮겨 가지 말라."

그대는 갈 수 없다. 만약 그대가 사랑의 관계 속에 빠져든다면, 어떤 그룹에서 누군가와 사랑이 시작된다면 그때 그대는 군중에 대해서 까마득하게 잊어버린다. 그리고 오직 하나의 얼굴만 남게 된다. 다른 모든 사람들은 그대의 눈에 들어오지 않는다. 그들은 단지 그림자일 뿐이다. 그리고 오직 그 한 사람의 얼굴만 그대 앞에 떠오른다. 그때 그대는 대상을 다른 곳으로 옮겨 갈 수 없다. 그대의 사랑과 함께 머물러라. 하나의 심장을 느껴라. 내가 사랑하는 사람을 어떻게 하면 행복하게 해줄 수 있을까만 생각하라.

"……여기 그 대상의 중심 속에 축복이 있다."

그대가 사라지고 없을 때, 그대 자신에 대해서는 잊어버렸을 때, 그대의 즐거움은 관심 밖일 때, 그리고 오직 상대방만을 생각할 때 상대방은 그대 사랑의 중심이 된다. 그대의 의식은 오직 그에게로만 흘러간다. 깊은 자비심과 깊은 사랑의 감정으로 그대는 상대방의 행복만을 생각한다. 그 상태에서 갑자기 그대는 축복을 느낀다. 하나의 결과로서 축복은 그대에게 쏟아져 내린다. 갑자기 그대는 중심에 서게 된다.

이것은 매우 역설적으로 보인다. 경전은 여기에서 그대 자신이 중심에 이르는 것이 아니라 그대는 자신을 아예 완전히 잊어버리라고 말하기 때문이다. 그리고 다른 사람에게로 들어가라고 말하기 때문이다. 붓다는 사람들에게 이렇게 말했다.

"그대들이 기도할 때마다 항상 다른 사람을 위해 기도하라. 자신을 위해서 기도하지 말라. 그러면 그 기도는 아무런 쓸모도 없다. 그리고 기도의 결과가 무엇이든지 모든 사람에게 득이 되도록 기도하고 축복이 내릴 때는 모두에게 골고루 내리도록 해달라고 기도하라."

그래서 어떤 사람이 붓다에게 찾아와서 물었다.

"저는 당신의 가르침을 모두 받아들였지만 한 가지 받아들이기 어려운 것이 있습니다. 그것은 우리가 기도를 할 때 항상 다른 사람만을 위하고 우리 자신에 대해서는 절대로 기도하지 말라고 말합니다. 그것까지는 좋습니다. 그런데 저한테만 하나의 예외를 만들 수 없습니까? 저에게는 이웃집에 한 사람이 살고 있는데 그는 나의 적입니다. 다른 사람들이 내 기도를 통해 축복을 받을 때 그만은 제외시킬 수 없습니까?"

마음은 이토록 자기 중심적이다. 그래서 붓다는 이렇게 말했다.

"그대의 기도는 아무 쓸모도 없다. 그대가 모든 사람들을 가리지 않고 나누어 줄 수 있을 때까지 되지 않는 한 기도를 통해서 어떤 결과도 바라지 말라. 그러니 모든 것을 나누어 줘라. 그때 모든 것은 그대의 것이 되리라."

사랑 속에서 그대는 자신을 잊을 수 있다. 그대는 어떤 역경과 어려움도 사랑 속에 있을 때는 쉽게 견딜 수 있다. 관심의 초점이 그대 자신이 아니기 때문이다. 그리고 그때에는 자신이 아니라 다른 사람의 중심 속에 들어가게 된다. 그런데 갑자기 그대는 축복으로 가득 차게 된다. 지복감으로 말이다.

왜인가? 그대는 자신에게 관심이 없기 때문에 그대의 마음은 텅 비워진다. 내면에 공간이 마련된다. 그대의 마음이 전적으로 타인의 행복에만 쏠려 있을 때 그대는 무심의 상태가 된다. 그때는 모든 생각이 멈춘다. 그리하여 상대방을 어떻게 행복하게 해 줄 수 있을까 하는 생각마저도 사라지게 된다. 그 순간 그대가 할 수 있는 것은 아무것도 없다. 그때 그대가 여전히 뭔가를 할 수 있다고 생각한다면 그대는 아직도 에고의 굴레에서 벗어나지 못한 것이다.

그대가 누군가를 사랑할 때, 사랑에 빠질 때 그대는 완전히 무력감을 느낀다. 이것이 바로 사랑의 고뇌란 것이다. 그때 그대는 어떻게 해야 할지 모른다. 그대는 모든 것을 하기 원하지만, 가능하다면 사랑하는 사람에게 전우주를 다 주고 싶지만 무엇을 할 수 있는가? 결국 아무것도 할 수 없다. 그때 만약 그대가 이것저것을 할 수 있다고 생각한다면 아직 완전히 사랑에 빠지지 않은 것이다. 사랑은 무력감 그 자체이다. 그리고 그 무력감은 아름답다. 완전한 무력감 속에서 진정한 헌신과 자기 체념을 경험할 수 있기 때문이다.

반대로 그대가 누군가를 증오할 때 그대는 뭔가를 할 수 있다. 그러나 누군가를 사랑한다면 그대는 절대적인 무력감에 빠진다. 그대가 할 수 있는 것은 무엇이든지 무의미하고 우스운 것으로 보인다. 하지만 그 정도로는 충분하지 않다. 진짜 사랑에 빠지면 아무것도 할 수 없게 된다. 결국 그대 마음은 그 기능을 멈추고 만다. 그 무력감 속에서 체념이 일어난다. 그때 그대의 마음은 텅 비게 되고 진정한 귀의와 헌신이 이루어진다. 그래서 사랑을 심오한 명상이라고 부른다.

진정으로 그대가 누군가를 사랑한다면 더 이상 다른 명상이 필요 없다. 그러나 누군가를 깊이 사랑하지 않으면 112가지 명상이 필요한 것이다. 아니 그것만으로도 충분하지 않다.

며칠 전에 어떤 구도자가 나에게 와서 이렇게 말했다.

"이것들은 나에게 큰 희망이 됩니다. 나는 처음으로 당신에게서 112가지의 방편이 있다는 사실을 들었습니다. 그런데 간혹 마음속 깊은 곳에서 이런 의구심이 일어납니다. '만약 이 112가지 명상 방편이 나에게 모두 맞지 않는다면 그때는 113번째 방편이 있을까? 있다면 그것은 무엇일까?'라고 말입니다."

그리고 그의 생각은 일리가 있다. 그것은 무리한 억측이 아니다. 만약 이 112가지 방편이 그대에게 모두 맞지 않는다면 그때 그대는 더 나아갈 길이 없다. 그러나 그대가 놓치고 있는 가장 기본적인 방편이 하나 있다. 그것은 바로 사랑이다. 그대가 사랑할 수 있다면 다른 어떤 방편도 필요 없다.

사랑은 그 자체로 위대한 방편이다. 그러나 사랑은 일반적인 방편과는 다르다. 그것은 그대 마음대로 되지 않는 것이다. 사랑은 그대 자신을 그대의 의식 밖으로 내던지는 것을 말한다. 그대의 에고가 자리잡고 있던 곳에 다른 어떤 것이 들어온다. 그 자리가 그대가 아닌 다른 사람으로 대체되는 것이 바로 사랑이다. 마치 이제 그대는 없는 것처럼 그리고 다른 사람이 된 것처럼 말이다.

장 폴 샤르트르는 '타인은 지옥이다'라고 말했다. 그리고 그의 말은 옳다. 타인은 그대에게 지옥을 만들어 주기 때문이다. 그러나 한편 그는 틀렸다. 왜냐하면 타인은 지옥을 만들 수도 있고, 천국을 만들 수도 있기 때문이다. 만약 그대가 탐욕을 통해 산다면 타인은 지옥으로 그대에게 다가올 것이다. 그것은 그대가 타인을 하나의 물건으로 대하기 때문이다. 그대는 사람을 하나의 물건으로 만들어 버렸다. 그때 그 사람 또한 그대에게 반항할 것이고 그대를 하나의 물건으로 만들 것이다. 그러면 그 상황은 지옥이 되고 만다.

모든 남편과 아내들이 서로에게 지옥을 만들어 준다. 그들은 상대방을 서로 소유하려 하기 때문이다. 소유는 물건에게나 가능한 일이다. 사람은 결코 그것이 성립되지 않는다. 그대가 어떤 사람에게 소유될 수 있을지는 모른다. 그러나 그대는 결코 다른 사람을 소유할 수 없다. 하지만 그대는 사람을 마치 물건처럼 소유하려고 든다. 결국 그런 행위를 통해 사람은 물건으로 전락해 버리는 것이다. 만약 내가 그대를 물건으로 만든다면 그대는 반항할 것이다. 그때 나는 그대의 적이 된다. 그때 그대 또한 나를 물건으로 만들 것이다. 그것이 바로 지옥이다.

그대는 방 안에 홀로 앉아 있다. 그러다가 갑자기 누군가가 열쇠구멍으로 그대를 훔쳐보고 있다는 생각을 하게 된다. 그때 그대에게는 어떤 변화가 일어나는가? 그대는 화가 난다. 왜 훔쳐보는 사람에게 화를 내는가? 그는 그대에게 아무것도 하지 않았다. 단지 쳐다보기만 했을 뿐이다. 그런데도 그대는 화가 난다. 그것은 그가 그대를 하나의 물건으로 취급했기 때문이다.

만약 입장이 바뀌어 그대가 그를 훔쳐보았다고 해도 그는 화를 낼 것이다. 조금 전만 해도 그가 주체였다. 그는 지켜보는 자고,

그대는 관찰의 대상이었다. 하지만 이제 그가 관찰 대상이 된 것이다. 이제 그는 하나의 사물이 되었다.

어떤 사람이 그대를 관찰하면 갑자기 그대는 그대의 자유가 방해받고 파괴된다고 느낀다. 그대가 누군가와 사랑에 빠지지 않는 한 그를 주시할 수 없다. 주시하는 것은 폭력이다. 거기에 사랑이 담겨 있지 않는 한 그렇다. 만약 그대가 사랑 속에 있다면 그때의 주시는 아름다운 것이다. 왜냐하면 그대의 주시는 상대방을 물건으로 바꾸는 것이 아니기 때문이다. 그때 그대는 상대방의 눈 속을 직접 들여다볼 수 있다. 그리고 그 눈 속으로 깊이 들어갈 수 있다. 그대는 그를 물건으로 바꾸는 것이 아니다. 그대의 사랑을 통해 그를 한 사람의 인격체로 만들고 있다. 그래서 오직 사랑하는 사람들끼리의 응시만이 아름답다. 나머지는 모두 폭력적이고 추하다.

심리학자들은 거기에 시간 제한이 있다고 말한다. 상대방이 낯선 사람일 때 그대가 얼마 동안 그의 눈을 응시해도 괜찮다는 시간 제한이 있다. 만약 그 시간을 조금이라도 넘기면 그는 화를 낸다.

본다고 하는 것은 대단히 의미심장한 것이다. 만약 내가 그대를 그냥 스쳐 지나가는 눈길로 본다면 거기에 어떤 관계도 형성되지 않는다. 그리고 아무도 그런 눈길에는 화를 내지 않는다. 하지만 내가 갑자기 우두커니 서서 그대를 주시하면 그때는 내가 그대를 관찰하는 사람이 된다. 그러면 그대는 모욕감을 느끼게 될 것이다. 내가 무엇을 했는가? 단지 쳐다보았을 뿐이다. 하지만 그대는 자신이 물건으로 취급받고 있다는 느낌이 든다.

그래서 옷이라는 것이 의미가 있다. 만약 그대가 어떤 사람을 사랑할 때, 오직 그때만이 그대는 쉽게 벌거벗을 수 있다. 왜냐하면 그대가 옷을 벗는 순간 그대는 하나의 물건이 되기 때문이다. 몸 전체가 하나의 물건이다. 어떤 사람은 그대의 온몸을 볼 수 있다. 그리고 그가 만약 그대와 사랑하는 관계가 아닌 상태에서 그대의 온몸을 유심히 쳐다본다면 그대의 육체는 완전히 물건이 된다. 그러나 만약 그대가 누군가를 사랑한다면 그대는 그 앞에서 자신이 벌거벗었다는 느낌 없이 옷을 벗을 수 있다. 혹은 옷을 벗기를 좋아할 것이다. 왜냐하면 사랑은 그대의 온몸을 사람으로, 신으로 변형시켜 주기 때문이다.

그대가 어떤 사람을 물건으로 만들 때에 그 행위는 비도덕적이다. 그러나 그대가 사랑으로 가득 차게 되면 그 순간은 축복이다. 지복의 순간이 찾아온다.

"그 대상의 중심 속에 축복이 있다."

갑자기 그대는 자신을 잊어버린다. 상대방이 거기에 있다. 그때 그대는 더 이상 존재하지 않게 된다. 완전히 부재 상태이다. 그리고 다음 순간 상대방도 역시 부재 상태로 변한다. 그대와 상대방 사이에 축복이 내린다. 연인들이 느끼는 황홀함이 바로 이것이다. 그 축복은 그대가 명상 상태에 들어갔기 때문에 일어나는 것이다. 물론 무의식적이기 때문이다.

사랑하는 두 사람이 거기에 있다. 그런데 점점 그들 모두가 사라져 간다. 어떤 에고도 없이 오직 순수한 존재만이 남아 있다. 그것은 완전한 합일이다. 그 합일 속에서 축복을 느낀다. 그대가 만약 축복을 상대방이 그대에게 주는 것으로 생각한다면 그것은 잘못 생각한 것이다. 축복은 저절로 일어나는 것이다. 알지 못하는 사이에 그대가 깊은 명상 상태에 들어갔기 때문이다.

그대는 명상 상태에 의식적으로 들어갈 수 있다. 그때는 그 정도가 더욱 깊어진다. 그대가 대상에 사로잡혀 있지 않기 때문이다. 그런데 그 원리를 알지 못한 그대가 누군가와 사랑을 할 때 축복이 일어나게 되면 그대는 오해하기 시작한다. 그 축복이 그 사람 때문이라는 생각이 들기 시작한다. 그래서 그대는 그를 놓치려 하지 않는다. 그를 꼭 붙들어 두고 싶어한다. 만약 다른 사람이 그와 함께 있으면서 그를 통해 축복을 느끼면 그대는 불행을 느낀다. 그대는 이제 축복의 가능성이 완전히 사라졌다고 생각한다. 그는 언제 그대를 버리고 다른 사람에게 가버릴지 모른다. 그래서 그대는 질투하게 된다. 결국 그대는 그를 다른 사람에게 빼앗기지 않으려는 조치를 단단히 취한다. 완전히 그를 소유하려 한다. 그대는 오직 그를 통해서만 축복의 순간을 맛볼 수 있다는 엉뚱한 오해를 하고 있기 때문이다.

사랑하는 사람이 소유되는 순간 사랑은 사라져 버린다. 그때 사람은 하나의 물건이 된다. 그대는 그것을 소유하고 이용할 수 있게 된다. 그러나 축복은 이제 다시 그대를 찾아오지 않는다. 축복은 오직 사랑하는 사람이 주인공으로 대접받을 때에만 가능한 것이다. 그때 사랑하는 사람을 통해서 그대 역시 사람이 되는 것이다. 하지만 그대가 그를 물건으로 만들면 그 역시 그대를 물건으로 대하기 때문이다. 오직 사람끼리 만났을 때에만 거기에 신성이 존재할 수 있다.

따라서 소유 관계 속에서는 축복이 불가능하다. 마음은 사랑보다는 탐욕적으로 기능한다. 마음은 이렇게 생각한다.

'언젠가 축복이 일어났었다. 그러니 이제 그 축복은 매일 내게 일어나야 한다. 그러기 위해서는 나는 그를 소유해야 한다.'

하지만 이제 그렇게 해서는 절대로 축복의 순간을 다시 맛볼 수 없다. 축복은 그대가 사라질 때, 사랑하는 사람 속으로 그대가 녹아들 때 일어나는 것이기 때문이다.

그것은 대상이 꼭 사람이 아니라도 가능하다. 한 송이 장미꽃이나 하나의 바위와도 그대가 사랑에 빠진다면 축복은 얼마든지 일어날 수 있다. 한번 그대가 그 원리를 알게 되면 그대는 언제 어디에서든지 지복의 순간으로 들어갈 수 있다. 그대의 의식이 깊은 사랑 속에서 사람이나 나무, 하늘, 별, 그 어떤 것 속으로 들어갈 때 그대는 자신을 완전히 벗어난다. 그때 그대의 의식에는 에고라는 것이 남아 있지 않게 된다. 에고가 사라지는 순간 거기에 축복이 일어난다.

19

손이나 발로 지탱하지 않고 엉덩이로만 앉아 있어 보라.
갑자기 그대는 중심에 이르게 될 것이다.

이 방편은 중국의 도교 수행자들에게 널리 사용되어 왔던 것이다. 그리고 그것은 놀라운 방편이다. 조건만 맞으면 가장 쉬운 방편 중의 하나인 것이다. 그대도 한번 해보라.

먼저 그대는 두 가지 조건이 필요하다. 첫번째, 그대는 매우 예민한 몸을 갖고 있어야 한다. 사실 그대는 거의 감각이 죽어 버린 몸을 갖고 살아왔다. 그것은 마치 무거운 짐을 진 것과 같은 상황이다. 그러므로 먼저 그대의 몸을 섬세하고 예민한 몸으로 만들어야 할 것이다. 그렇지 않으면 이 방편은 별로 도움이 안된다. 그래서 그대는 먼저 몸의 감각부터 민감하게 발달시켜야 한다. 특히 엉덩이를 말이다. 그대의 엉덩이는 몸에서 가장 감각이 무딘 부분이다. 하루 종일 엉덩이로 앉아 있기 때문이다. 만약 엉덩이가 손가락처럼 민감하다면 그때는 하루 종일 앉아 있을 수가 없을 것이다.

그래서 그대의 엉덩이는 매우 무뎌졌다. 발바닥처럼 말이다. 하루 종일 앉아 있어도 엉덩이로 앉아 있다는 사실을 못 느낄 만큼 말이다. 그대는 이전에 그런 느낌을 받은 적이 있는가? 아마 살아오면서 거의 없었을 것이다. 그대의 엉덩이는 하나의 쿠션일 뿐이다.

그래서 먼저 그대는 엉덩이를 예민하게 만들어야 한다. 그 방법은 간단하다. 먼저 긴장을 풀고 의자에 앉아라. 팔걸이가 있는 의자면 더욱 좋다. 그리고 눈을 감아라. 그리고는 왼손이나 오른손 중에 하나를 느껴 보라. 오른손잡이는 왼손이 좋다. 왼손을 느끼는 동안에는 왼손 외에는 몸 전체를 잊어버려라. 오직 왼손에만 감각을 집중시켜라. 그러면 왼손은 점점 무거워지기 시작한다. 계속 무거워진다고 생각하라. 생각할수록 더욱 무거워질 것이다.

마치 왼손이 그대 자신인 것처럼 오직 왼손만 느껴라. 그러면 왼손은 갈수록 무거워진다. 그리고 나서 왼손에서 어떤 감각이 일어나는지 지켜보라. 어떤 감각이 일어나든지 하나하나를 놓치지 말고 주목하라. 이런 식으로 적어도 3주 정도를 매일 계속하라. 하루 중 어느 때라도 좋다. 매일 10분이나 15분 정도만 해보라.

3주가 지나기 전에 그대는 왼손이 완전히 바뀌어졌다는 것을 느끼게 될 것이다. 왼손의 촉각은 굉장히 예민해졌다. 그래서 왼손에서 일어나는 미세한 감각마저도 놓치지 않게 되었다.

그대가 왼손에 대해서 성공을 거두면 그때부터 엉덩이에 대해서도 같은 식으로 해보라. 먼저 눈을 감고 바닥에 앉는다. 그리고 엉덩이 두 짝만 존재한다고 생각하라. 그대는 엉덩이이다. 그대의 모든 의식이 엉덩이에 집중되도록 하라. 그것은 어렵지 않다.

그대가 시도한다면 놀라운 것임을 알게 될 것이다. 그리고 살아 있다는 느낌이 몸 속으로 들어올 것이다. 그리고 그것 자체가 하나의 축복이다. 그대가 엉덩이만을 느낄 수 있을 때 그대는 매우 예민해진 것이다. 그때 그대는 일어나는 감각들을 모두 관찰할 수 있다. 아주 작은 촉감이나 미세한 고통마저도 말이다. 그때 그대의 의식은 엉덩이와 하나가 된다.

처음에는 손으로 해보라. 본래부터 손은 예민한 것이기 때문이다. 그래서 손에 대해서 그렇게 하기는 어렵지 않다. 한번 그대가 어떻게 하면 된다는 요령을 터득하면 그 다음에는 엉덩이에 대해서도 해보라. 3주 정도 말이다. 그래서 이 방편을 본격적으로 시작하려면 6주 정도 시간이 걸릴 것이다.

침대에 누워서 몸 전체를 잊어버려라. 그리고 오직 엉덩이에만 감각을 집중하라. 침대 시트의 차가운 감촉을 느껴라. 혹은 욕조 속에 누워서 온몸을 잊어라. 오직 엉덩이만을 느껴 보라. 혹은 벽에 기대어 서서 엉덩이 부분만 벽에 대고 벽의 차가움을 느껴 보라. 사랑하는 사람끼리 엉덩이를 서로 대고 있어 보라. 엉덩이를 통해서 무엇이 전달되는지 느껴 보라. 이것은 그저 그대 엉덩이의 감각을 살리는 것이다. 그리고 나서 이 방편에 본격적으로 들어가라.

"손이나 발에 의지하지 않고……"

맨 땅 위에 앉아라. 손이나 발로 땅을 짚지 말고 붓다의 자세인 연화좌(결가부좌)의 자세로 앉아 보라. 혹은 달인좌(반가부좌)의 자세로 앉아도 좋다. 그리고는 눈을 감아라. 엉덩이가 대지에 맞닿는 촉감을 느껴 보라. 그대는 엉덩이의 감각이 매우 예민해져서 엉덩이 두 쪽 중에서 어느 한쪽이 조금이라도 더 많이 닿아 있다는 느낌을 받을 것이다. 그러면 무게 중심을 한쪽 엉덩이에만 쏠리게 하고 다른쪽 엉덩이는 땅에 닿지 않게 해보라. 그리고는 상체를 옆으로 흔들면서 양쪽을 번갈아 땅에 닿게 해보라. 어느 순간 그대는 완전한 균형을 잡을 수 있게 된다.

균형이 잡혔다는 것은 그대의 엉덩이가 양쪽 모두 같은 양의 느낌을 받고 있다는 뜻이다. 그대의 몸무게가 양쪽 엉덩이에 정확하게 배분되었다는 뜻이다. 엉덩이의 감각이 예민해지면 이것은 그리 어렵지 않게 느낄 수 있다. 그리고 엉덩이의 균형이 완전히 갖추어지면 그 순간 그대는 갑자기 중심에 이르게 된다. 그 균형 때문에 갑자기 그대는 단전의 중심으로 내던져진 것이다. 그때 그대는 엉덩이에 대해서 잊어버릴 것이다. 그대 몸 전체를 잊어버릴 것이다. 그대는 내면의 중심으로 던져지게 될 것이다.

중심(center)과 '중심에 이르는 것(Centering)'과는 다르다. 중심은 여러 가지가 있을 수 있다. 머리의 중심, 가슴의 중심, 엉덩이의 중심, 그 어떤 부분이라도 중심이 있을 수 있다. 하지만 중심에 이르는 것은 오직 한 가지, 단전의 중심에 이르는 것을 말한다. 그대가 붓다의 앉은 모습을 볼 때 그 모습이 양쪽 엉덩이가 균형을 잡은 것이라고는 아마 생각해 보지 못했을 것이다. 그대는 사원이나 절에 가서 마하비라나 붓다가 앉아 있는 조각상을 볼 수 있을 것이다. 하지만 그것이 엉덩이의 균형을 잡고 있는 모습인 줄은 모른다. 그대 역시 그렇게 앉을 수 있는 순간 그대는 단전의 중심에 이르게 된다.

20

흔들리는 수레 속에서 율동적으로 흔들려라. 수레가 멈추어도 그대는 자신을 보이지 않는 진동 속에 계속 머물게 하라.

이것 역시 방식만 다를 뿐 같은 이치이다. 그대가 기차를 타고 가거나 혹은 우마차를 타고 갈 때 이 방편을 실행해 볼 수 있다. 이 방편은 소가 끄는 수레를 타고 다니던 그 옛날에 발견된 것이지만 아직도 인도의 시골에서는 여전히 소가 끄는 수레를 타고 다닌다. 그런데 수레가 흔들릴 때 그대의 의식이 흔들리는 것에 대해서 깨어 있지 않으면 이 방편을 이용할 수 없다. 그래서 그대는 '율동적으로 흔들려라'라는 말에 주의해야 한다. 그것은 그대가 보통 수레를 타고 다닐 때 무의식적으로 몸이 기울어지는 방향과 반대 방향으로 움직이려 한다는 뜻이다. 다시 말해서 움직여지는 힘에 대해서 저항한다는 말이다. 만약 수레가 왼쪽으로 기울면 그대는 오른쪽으로 몸을 기울이고 수레가 오른쪽으로 기울면 왼쪽으로 몸을 기울인다. 그리하여 몸이 한쪽으로 쓰러지지 않도록 계속 신경을 쓰게 되는 것이다. 그대는 수레를 타고 가면서 싸움을 계속하고 있는 것이다. 한쪽으로 기울면 그대는 반대쪽으로 몸을 기울인다.

그대가 기차를 타고 갈 때 피로를 느끼는 이유도 바로 그 때문이다. 왜 그대는 그토록 피곤해 하는가? 그대는 자신도 모르게 많은 것을 하고 있었다. 그대는 기차가 흔들리는 방향과 계속 싸움을 하고 있는 것이다. 그대가 버스를 타고 시골길을 갈 때에도 마찬가지이다. 그대는 계속 싸우고 있다. 거기에 저항이 있다. 그러므로 저항하지 말라. 아무것도 하지 말라. 이것이 첫번째 요점이다. 그대가 이 방편을 실행하려 한다면 저항하지 마라. 흔들리는 대로 몸이 쏠리는 대로 그저 쏠리고 흔들려라. 수레와 하나가 되라. 어떤 저항도 하지 말라. 어린아이들이 여행을 해도 피곤함을 느끼지 않는 이유가 바로 이것이다.

그래서 술취한 사람은 밤새도록 흔들리는 버스 속에 앉아 있어도 전혀 피곤함을 못 느낀다. 오히려 아침이 되면 상쾌한 기분을 느낄 것이다. 그러나 그대가 밤새도록 버스를 타고 가면 아침에 매우 피곤함을 느낄 것이다. 그대는 버스의 움직임에 저항하기 때문이다. 하지만 술취한 사람은 저항하지 않는다. 그는 완전히 버스의 흔들림과 하나가 되어 있다. 거기엔 싸움이 없다. 저항이 없다.

"흔들리는 수레 속에서 율동적으로 움직일 때……"

처음에는 아무것도 하지 말고 어떤 저항도 하지 마라. 그리고 나서 두번째로는 한 가지만 하라. 그것은 하나의 율동을 만드는 것이다. 그대의 움직임에서 리듬을 만들어 내는 것이다. 그것이 아름다운 조화가 되게 하라. 길에 대해서는 잊어버려라. 길을 탓하지 말고 길을 닦지 않은 정부도 비난하지 말라. 그 모든 것들을 다 잊어버려라. 그리고 나서 눈을 감고 그대의 움직임에 박자를 붙여라. 그것을 음악으로 만들어라. 마치 춤을 추는 것처럼 말이다. 그리고 경전에 나온 것처럼 보이지 않는 회전을 만들고 그 속에서 자유롭게 회전하도록 그대를 방치하라. 회전을 만들어라! 원을 그려라! 처음에는 그 원을 크게 만들어라. 그리고 나서 그 속으로 천천히 들어가라. 그 다음에는 그 원을 점점 작게 만들어라. 그대 몸의 움직임이 보이지 않을 만큼 작아질 때까지 말이다. 그러나 그대 내부에서는 계속 섬세하게 움직이고 있다는 것을 느낀다.

커다란 원에서 시작하라. 눈을 감고 말이다. 그렇지 않으면 몸이 움직임을 멈추는 순간 그대도 멈추게 될 것이다. 눈을 감고 큰 원을 그리면서 회전하면 그대가 주저앉을 때에도 계속 머리 속은 돌아가고 있다. 앉아서도 그냥 있지 말고 계속 그 회전을 돌려라. 그 회전의 반경이 작아질수록 그대는 가만히 있는 것처럼 보일 것이다. 아무도 그대가 움직이고 있다는 사실을 눈치채지 못할 것이다. 그러나 그대 내부에서는 계속 미세한 회전, 진동이 계속되고 있다. 그리고 나중에는 몸이 아니라 마음으로 움직여라. 그리고 그 움직임의 속도를 점점 늦춰라. 그러면 그대는 중심에 이르게 될 것이다.

구제프는 이 방편을 근거로 많은 춤들을 만들어 내었다. 그에게 전수받은 제자들의 춤은 전부 회전무용들이다. 그들은 회전을 계속하면서 춤을 춘다. 그리고 나중에는 회전이 오직 인식으로만 계속된다. 점점 그 회전의 폭을 적게 만들어서 몸이 동작을 멈춘 뒤에도 마음은 회전을 계속한다.

그대가 20시간 정도 기차를 계속 타면 집에 와서 누워 있어도 기차를 타고 가는 것처럼 느껴진다. 그것처럼 회전을 계속하면 몸이 회전을 멈추었을 때에도 마음속에서는 회전이 계속되는 것이다. 그대가 몸을 땅에 던져서 완전히 쓰러지더라도 내부에서는 회전이 계속된다. 그것을 느껴라. 회전은 계속된다.

구제프는 이 회전무용을 개발했다. 그는 금세기에 이르러서 많은 기적들을 만들어 내었다. 그것은 사티야 사이 바바와 같은 기적이 아니다. 사티야 사이 바바의 기적은 거리의 마술사도 할 수 있는 것들이다. 그러나 구제프는 진짜 기적들을 만들어 내었다. 어떤 마술사도 그렇게 할 수 없다. 그는 명상 무용을 위해 백 명도 넘는 사람들을 훈련시켰다. 그리고는 그 춤을 뉴욕 시민들에게 보여주기도 했다. 백 명도 넘는 사람들이 흰 옷을 입고 무대 위에서 회전무용을 했던 것이다. 그것을 보고 있던 관중들 역시 회전하기 시작했다.

그런데 구제프가 갑자기 '스톱!'하고 외치자 일제히 그들은 회전을 멈추었다. 그 스톱은 무용수에게 뿐만 아니라 청중들에게도 같은 효과를 발휘했다. 청중들도 동작을 완전히 멈추어 버린 것이다. 거기에는 죽음과 같은 침묵이 흘렀다. 그러나 사람들의 마음속에서는 여전히 회전이 계속되고 있었다. 그것은 보기에도 아름다운 광경이다. 백 명의 무용수들이 한꺼번에 계속 춤을 추다가 어느 순간 갑자기 멈추어 버렸다. 그들은 마치 하나의 동상처럼 꼼짝도 하지 않았다. 그대가 그 광경을 보았다면 춤이 멈추는 순간 그대의 생각도 멈춰 버릴 것이다.

이 일은 뉴욕에서 큰 반향을 불러일으켰다. 그 공연을 지켜본 사람들은 모두 자신들의 생각이 멈추는 경험을 했던 것이다. 어느 날에는 이런 일도 있었다. 백 명이나 되는 무용수들이 모두 무대의 맨 앞쪽 끝에 가서 회전을 해 나오고 있었다. 한 걸음만 더 움직이면 모두 떨어질 판이었다. 모든 청중들은 구제프가 스톱을 외치리라고 생각했다. 그러나 그는 돌아서서 담배에 불을 붙인 뒤에 다시 무대를 향해 몸을 돌렸다. 무용수들은 구제프의 명령이 없자 그대로 춤을 멈추지 않고 일제히 무대 밑으로 떨어지는 것이었다. 그 높이는 키보다 훨씬 높았고 바닥은 단단한 돌이었기 때문에 관중들은 너무나 놀랐다.

관중들은 너무나 놀라 전부 자리에서 일어나 일제히 비명을 질렀다. 그들은 무용수들이 뼈가 부러지는 등 중상을 입었을 것이라고 생각했다. 그러나 부상을 당한 무용수는 단 한 사람도 없었다.

그들은 구제프에게 도대체 이것이 무슨 일인지 물었다. 백 명이나 되는 사람들이 그렇게 높은 데서 돌바닥으로 떨어졌는데 한 사람도 다치지 않았다는 것은 이해하기 불가능한 일이었다. 하지만 구제프의 대답은 간단했다. 그들은 떨어지는 순간에 육체 속에 머물지 않았다. 그들은 내면의 회전 속으로 들어가 있었고 구제프는 그때 떨어져도 그들이 자신들의 육체를 관찰할 수가 있다는 사실을 알고 있었다. 그들은 자신의 몸이 떨어지는 것을 그저 구경만 하고 있었던 것이다.

그대가 자신의 육체를 관찰할 수 있게 되면, 그래서 거기에 어떤 저항도 없다면 어느 정도의 높이로는 잘 다치지 않는다. 높은 데서 떨어져 뼈가 부러지는 것은 저항하기 때문이다. 떨어질 때 그대가 중력에 저항하면 그때 문제가 발생한다. 하지만 그대가 중력과 하나가 되어 조화를 이룬다면 다치지 않는다. 경전은 말하고 있다.

"흔들리는 수레 속에서 율동적으로 흔들려라. 수레가 멈추어도 그대는 자신을 보이지 않는 진동 속에 계속 머물게 하라."

그대도 할 수 있다. 수레가 필요없다. 그저 어린아이들처럼 두 팔을 벌리고 빙글빙글 회전해 보라. 더 이상 참을 수 없어서 쓰러지기 직전까지 돌아라. 만약 그대가 쓰러진다 해도 걱정할 일은 없다. 쓰러지는 것만으로는 절대로 다치지 않을 것이기 때문이다. 쓰러져서라도 눈을 감고 있어라. 그대는 계속 돌아가고 있을 것이다. 그리고 중심으로 점점 다가가다가 어느 순간 중심에 서게 될 것이다.

어린아이들은 이것을 매우 좋아한다. 그들은 누가 시키지 않아도 저절로 터득한다. 그들은 계속 빙글빙글 돌다가 땅바닥에 쓰러져서 회전의 관성이 주는 느낌을 즐긴다. 그것은 육체는 그대로 있는데 의식은 계속 돌아가기 때문이다. 우리가 쉽사리 느낄 수 없는 중심에 이르는 느낌을 어린아이들은 회전을 통해 느낀다. 그들의 육체와 의식 사이에 간격이 생겼다.

그대가 어머니의 자궁 속으로 들어갔을 때 즉시 태어나지 못한다. 거기에는 시간이 걸린다. 그리고 아기로 태어났을 때에도 의식은 그 육체에 단단히 고정되어 있지 않다. 거기에는 많은 간격이 있다. 그는 여러 가지 것들을 하고 싶어하지만 아직 그의 육체가 준비를 갖추지 못한 것이다.

신생아들을 관찰해 보면 그들은 두 눈으로 사물을 보지 못한다는 사실을 발견할 수 있다. 그들은 한쪽 눈으로만 본다. 그들은 항상 한쪽 눈으로만 본다. 그래서 한쪽 눈이 더 크다. 새로 탄생한 의식은 아직 고정되지 않았다. 그것은 느슨한 상태이다. 그것이 완전히 고정되면 비로소 그들은 두 눈으로 사물을 본다.

명상은 이미 붙어버린 육체와 의식 사이에 하나의 간격을 만드는 것이다. 그대는 너무나 단단하게 그대의 육체에 고정되어 있다. 그 때문에 '나는 육체다'라고 느끼는 것이다. 그러나 거기에 간격이 생긴다면 오직 그때만이 그대는 자신이 육체가 아니며 육체를 초월한 그 무엇이라고 생각할 것이다. 따라서 몸을 흔드는 것이나 회전하는 것은 도움이 된다. 그것들은 그대와 의식 사이에 간격을 만들어 낼 것이다.

다음은 중심에 이르게 하는 아홉번째 방편이다.

21

감로수로 가득 찬 그대 육체의 한 부분을 침으로 천천히 찔러 보라. 그리고 찌르는 행위 속으로 깊이 들어가라. 갑자기 그대는 내면의 순수를 얻게 될 것이다.

그대의 육체는 단순한 육체가 아니다. 그것은 '그대'로 가득 차있다. 그리고 바로 이 '그대'야말로 감로수인 것이다. 그대의 육체를 관통하라. 그대가 육체를 찔러도 그대는 찔리지 않는다. 오직 육체만이 찔릴 뿐이다. 그러나 그대는 마치 그대 자신이 바늘에 찔리는 것처럼 느낄 것이다. 그래서 그대는 고통을 느낀다. 하지만 만약 그대가 육체만이 찔릴 뿐이라는 사실을 인식한다면 그대는 고통을 느끼지 않을 것이다. 고통 대신에 축복을 느낄 것이다. 굳이 바늘로 찔러야만 되는 것은 아니다. 그런 일은 매일 일어나고 있다. 그대는 그것을 하나의 명상으로 만들 수 있다.

어떤 고통이 그대의 몸 속에서 일어난다. 그때 그대가 할일은 딱 한 가지뿐이다. 그것은 육체 전체를 잊어버리고 고통을 느끼는 부분에만 집중하는 것이다. 그러면 이상한 일이 일어난다. 만약 그대가 다리가 아프다고 느끼면 다리에 집중하라. 그러면 다리 전체가 아픈 것이 아니라 무릎이 아픈 것임을 알 수 있다. 그러면 또 그 무릎에 집중하라. 그러면 무릎 전체가 아픈 것이 아니라 어느 한 점이 아픈 것이다. 그런 식으로 점점 범위를 좁혀 들어가라. 갑자기 그 한 점은 사라지고 만다. 그리고 그대는 축복으로 가득 차게 될 것이다.

왜 이런 현상이 일어나는가? 그 이유는 그대와 그대의 육체가 별개의 것이기 때문이다. 아픈 것이 그대가 아니라 집중하는 것이 그대이다. 아픈 것은 육체라고 하는 하나의 사물이다. 그대가 고통에 집중할 때 그대와 육체 사이의 간격은 점점 넓어진다. 그대와 육체 사이에 이어졌던 동일시의 끈이 끊어졌다. 그대가 내면으로 집중해 들어가는 동안 그대의 육체와는 점점 멀어진다. 그 움직임이 하나의 간격을 만들어 낸 것이다. 그리고 그대가 고통에 집중할 때 그대는 자신이 고통을 느끼고 있다는 사실을 잊어버린다.

이제 그대는 관찰자가 되었다. 그리고 고통은 그대와 아무 상관없는 것이 되었다. 그대는 고통을 느끼는 것이 아니라 육체가 고통스러하는 것을 관찰하고 있다. 이런 변화가 간격을 만들어

낸다. 그 간격이 커질 때 그대는 갑자기 육체를 완전히 잊어버린다. 그대는 오직 의식만을 인식하고 있다.

"육체의 어떤 부분을 침으로 찔러 보라. 그리고 그 찌르는 행위 속으로 깊이 들어가라."

만약 거기에 고통이 있다면 그때는 먼저 고통스런 부분에 집중하라. 그러면 그 부분은 침이 들어가는 한 점으로 축소될 것이다. 기다릴 필요가 없다.

그대는 침으로 감각이 예민한 육체의 어떤 부분을 찔러라. 몸에는 감각이 예민한 곳도 있고 무딘 곳도 있다. 그리고 아예 아픔을 느끼지 못하는 곳도 있다. 그런 곳은 아무 도움이 되지 않는다. 아마 그대는 아픔을 느끼지 못하는 부분이 있다는 말은 처음 들을 것이다. 다른 사람에게 침을 주어 그대의 등을 찔러 보게 하라. 그러면 아무런 아픔도 느끼지 못하는 부분이 여러 군데 있다는 사실을 알게 될 것이다. 그곳이 바로 감각의 맹점이다. 그대의 뺨에도 그런 곳이 두 군데나 있다.

만약 그대가 인도의 마을들을 여행해 보면 여러 번 종교적 축제를 만날 수 있을 것이다. 그리고 그중에는 화살로 뺨을 찔러 관통하는 장면도 볼 수 있다. 그런데 사람들이 뺨을 찔렀는데도 아무런 고통도 느끼지 못하고 피가 흐르지 않는 것처럼 보인다. 그대는 그것을 보면서 기적이라고 생각할 것이다. 하지만 그것은 기적이 아니다. 뺨에는 두 군데의 감각의 맹점이 있다. 이 맹점은 바늘로 찔러 보아도 피가 나오지 않는다. 고통이 없는 것은 물론이다. 그대의 육체에는 감각이 살아 있는 곳도 있고 죽어 있는 곳도 있다.

그래서 먼저는 감각이 예민한 곳을 찾아야 한다. 그리고는 그곳을 침으로 찔러 보라. 동시에 찌르는 행위 속에 깊이 들어가야 한다. 이것이 중요하다. 이것이 바로 명상이 되는 부분이다. 침이 그대의 피부 속으로 들어갈 때 주의력을 집중하라. 고통이 일어나기 시작하는 순간 그 고통을 느껴라. 그리고 그 고통 속으로 들어가 보라. 고통이 그대 속으로 들어간다고 생각하지 말라. 고통과 그대를 동일시하지 말라. 침과 함께 몸 속으로 들어가라.

눈을 감아라. 고통을 관찰하라. 고통이 그대 속에 들어올 때 그대 역시 그대 속으로 들어온다. 침 끝이 그대를 찌를 때 그대의 마음은 쉽게 집중된다. 예리한 침을 사용하라. 강렬한 고통을 이용하라. 그것을 지켜보라. 그것이 바로 '찌르는 행위 속으로 들어가라'는 말의 뜻이다.

"그러면 내면의 순수를 얻게 되리라."

만약 그대가 관찰할 수 있게 되어 고통이 그대를 찌르는 것이 아니라 단지 침 끝이 그대를 찌르고 있음을 느낄 수 있다면 그대는 곧 내면의 순수를 얻게 될 것이다. 내면의 순수는 그대 앞에 모습을 드러낼 것이다. 처음으로 그대는 자신이 육체가 아니라는 사실을 알게 될 것이다. 그대와 육체는 별개라는 것을 알게 될 것이다. 한번 그대가 그런 경험을 하면 그대의 삶은 완전히 변한다. 지금까지 그대 삶의 초점은 그대의 육체에 매여 있었다. 그러나 이제 그대가 육체가 아니라는 사실을 안 이상 똑같은 삶을 계속할 수는 없다. 그런 삶은 중심이 없는 삶이었다.

그대가 육체가 아닐 때 그대는 새로운 삶을 만들어 낸다. 그런 삶이 바로 산야신, 구도자의 삶이다. 그것은 일반적인 삶과 전혀 차원이 다르다. 이제 그대는 하나의 영혼으로서, '아트만'으로서 존재한다. 만약 그대가 육체로 존재한다면 그때 그대는 물질과 탐욕, 성적 욕망에 매인 삶을 살게 될 것이다. 그것은 육체에 집중된 삶이었다.

하지만 이제 그대가 비밀을 안 이상 그런 삶을 계속 꾸려갈 수 없다. 완전히 다른 세계가 펼쳐진다. 그것은 의식에 집중된 삶이다. 아름다움과 선함과 자비가 넘치는 삶이 될 것이다. 그 중심은 육체가 아니라 의식인 것이다.

〈질문〉

"만약 깨달음과 삼마디(三昧)가 전체 의식, 혹은 우주 의식이라면 그때 그것은 약간 이상하게 보입니다. 우주 의식이라면 그것은 전우주에 퍼져 있는 상태를 말하는 것처럼 들리는데 '중심에 이른다'는 것은 한 점에 집중하는 것입니다. 왜 중심에 서 있는 상태를 우주 의식이라고 부르는 것입니까?"

중심에 이르는 것은 하나의 길이지 목적이 아니다. 그것은 하나의 방편이지 결과가 아니다. 삼마디는 중심에 이르는 것이라고 부르지 않는다. 중심에 이르는 것은 삼마디를 얻는 과정이다. 물론 깨달은 사람에게는 중심이 남아 있지 않기 때문에 그것은 하나의 모순처럼 보인다.

야콥 뵈메(Jacob Boehme)는 사람이 신성에 이를 때 그 상태가 두 가지 방식으로 표현된다고 말했다. 한 가지는 모든 곳이 중심이며 다른 한 가지는 아무데도 중심은 없는 것이다. 이것은 둘다 같은 뜻이다. 단지 '중심에 이른다'는 말이 모순처럼 들린다. 그러나 길은 목적이 아니며 수단은 결과가 아니다. 수단은 얼마든지 모순적으로 보일 수 있다. 여기에 나오는 112가지 방편이 중심에 이르는 여러 가지 수단이기에 우리는 그 사실을 잘 이해해야 한다.

한번 그대가 중심에 이르게 되면 그대는 폭발할 것이다. 중심에 이르는 것은 그대의 존재 전체를 한 점에 집중시키는 것이다. 한번 그대가 한 점에 모아지면 그 점은 결정체로 변한다. 그 결정체는 자동적으로 폭발할 것이다. 그래서 중심에 이른다는 것은 폭발한다는 의미이다.

왜 중심에 이르는 것은 폭발의 방법이 될 수 있는가? 만약 그대가 중심에 이르지 않으면 그대의 에너지는 초점이 잡히지 않는다. 그래서 그것은 폭발할 수 없다. 그냥 흩어져서 퍼질 수는 있다. 하지만 폭발할 수는 없다. 폭발은 거대한 에너지의 응집이 필요하다. 폭발은 이제 그대가 더 이상 다른 데로 새어나갈 곳이 없다는 뜻이다. 그대는 한 점에 응축되어 있다. 그대는 영적 핵폭탄이다. 그대가 중심에 이르게 될 때만이 그대는 폭발할 수 있다. 그리고 그것은 가히 핵폭발인 것이다.

그 폭발은 말로 설명할 수 없다. 단지 그것에 이르는 방편만 말할 수 있을 뿐이다. 결과는 이야기할 수 없다. 만약 그대가 제대로 방편을 따르면 결과는 자동적으로 일어날 것이다. 하지만 폭발 자체를 말로 표현할 길은 없다.

이 점을 기억하라. 기본적으로 종교는 그것의 궁극적인 경험을 말로 표현할 수 없다. 종교가 말할 수 있는 것은 단지 방편뿐이다. 그것은 '어떻게'는 표현할 수 있지만 '무엇이다'라고 말할 수 없는 것이다. '무엇이다'는 오직 그대에게만 남아 있다. 만약 그대가 '어떻게'를 할 수 있다면 '무엇이다'는 저절로 일어날 것이다. 그리고 그대는 그 경험을 타인에게 전달할 수 없다. 그대만이 알 수 있을 뿐 타인에게 전달할 수 없는 것이다. 그것은 언어가 아무 소용없는 무한(無限)의 경험이다. 그것을 나타낼 만한 언어는 존재하지 않는다.

붓다는 그가 깨달은 후 40년 동안 계속 이렇게 말해 왔다.

"진리에 관해서 나에게 묻지 말라. 열반에 대해서 묻지 말라. 그런 것들에 대해서 어떤 것도 묻지 말라. 내가 말해 줄 수 있는 것은 어떻게 해서 거기에 도달할 수 있는가 하는 것이다. 나는 길을 보여줄 수는 있다. 그러나 내가 그대들에게 경험을 가져다 줄 수는 없다. 더구나 언어를 통해서는 더욱 불가능하다."

경험은 개인적인 것이다. 그러나 방법은 그렇지 않다. 방법은 과학적인 것이며 공통적인 요소가 있다. 그러나 경험은 언제나 개인적인 것이며 시적인 것이다.

만약 그대가 방편을 올바르게 수행한다면 그 결과 그대는 중심에 이르게 될 것이다. 그리고 결과가 중심에 이르는 것이 되지 않을 때에는 뭔가가 잘못되었다. 어디에선가 그대는 중요한 과정을 놓친 것이다. 하지만 중심에 이르게 하는 과정은 과학적이다. 그리고 폭발이 그대에게 일어날 때 그것은 언제나 개인적이며 시적인 것이다.

시적인 표현을 통해 그대가 경험한 것을 그대 나름대로 말할 수 있다. 하지만 그것은 어디까지나 개인적이고 부분적인 표현이다. 그것을 경험한 사람의 말은 천차만별이다. 붓다가 어떤 것을 말했고, 마하비라가 그러했으며, 예수나 노자, 마호메트까지 자신의 경험을 나름대로 말할 수 있다. 하지만 그 표현에는 어떠한 공통적인 요소도 없다. 오직 한 가지 그들이 동의한 것이 있다면 말을 통해서는 전체적인 표현과 전달이 불가능하다는 점이다.

하지만 그들은 여전히 노력했다. 어떤 식으로든 그 경험을 전달하기 위해 무한히 애를 썼다. 만약 그대가 깊은 공감대를 갖고 있다면 뭔가를 전달받을 수도 있을 것이다. 하지만 그것은 깊은 사랑과 존경의 마음이 필요하다. 그래서 어떤 것이 전달될 때마다 그것은 전달자에게 달린 것이 아니다. 그것은 그대에게 달려 있다. 만약 그대가 깊은 사랑과 존경심으로 그것을 받아들인다면 어떤 것이 그대에게 전달될 수도 있다. 그러나 그대가 그것에 대해 비판적이라면 아무것도 전달되지 않는다. 첫째로 그것은 표현하기 어렵다. 그리고 그것이 표현되더라도 그대가 비판적이라면 그때는 전달이 불가능하다. 거기에는 어떤 교류도 성립되지 않는다.

그 교류는 너무나 섬세하게 이루어진다. 112가지 방편 전부가 암시로 일관되어 있는 것도 바로 그 때문이다. 시바(Shiva)는 항상 이런 식으로 말했다.

"이것을 하라. 그러면 축복이 일어나리라."

그 다음에는 침묵했다. 축복이 어떤 것인지는 말하지 않았다.

축복, 체험, 폭발, 이런 것들은 모두 개인적인 경험이다. 그래서 표현될 수 없는 것이다. 표현하지 않는 것이 더 낫다. 왜냐하면 거의 99퍼센트는 오해를 하기 때문이다. 그래서 시바는 침묵했다. 그는 방법론만 말했다.

그러나 중심에 이르는 것은 끝이 아니다. 그저 길일 뿐이다. 왜 중심에 이르게 되면 결국 폭발로 이어지는가? 그것은 거대한 에너지가 한 점에 모아지기 때문이다. 에너지가 몰리는 순간 그 한 점은 에너지의 균형을 유지하지 못한다. 그것은 폭발할 수밖에 없다.

그래서 폭발하는 데까지는 과학적이다. 그것은 단순한 과학 법칙이다. 만약 폭발이 일어나지 않았다면 그대는 아직도 중심에 완전히 도달하지 못했다는 뜻이다. 그것은 예외가 없다. 그대가 한 번 중심에 이르면 즉시 폭발이 일어난다. 거기에는 어떤 시간의 간격도 없다. 그래서 만약 그대가 폭발이 아직 오지 않았다고 느낀다면 그대는 아직 중심에 이르지 못했다고 생각하면 된다. 아직도 그대는 여러 개의 중심들을 가지고 있고, 아직도 그대는 나누어져 있으며, 그대의 에너지는 흩어져 있어 여러 방향으로 새 나가고 있다고 생각하면 된다.

에너지가 흘러 나가고 나면 그대는 에너지가 텅 빈 상태가 된다. 그것은 그대가 불능상태에 빠진 것이다. 죽음이 그대에게 오기 전에 이미 죽은 상태이다. 죽은 세포를 갖고 있는 것이다. 그대는 끊임없이 에너지를 외부로 흘려 보내고 있다. 에너지의 양이 얼마나 되든지 그대는 잠시 후에 텅 빈 상태가 될 것이다. 에너지가 흘러 나가는 것은 죽음을 의미한다. 그대는 매순간 죽어가고 있다. 그대는 자신의 에너지를 외부로 내던지고 있다.

과학자들은 태양도 시간이 지나면 에너지가 완전히 고갈된다고 말한다. 4천 년 안에 태양은 죽을 것이라고 말한다. 태양은 자신이 내뿜을 에너지가 더 없게 되면 간단하게 죽을 것이다. 그리고 이 순간에도 엄청난 에너지를 우주를 향해 내뿜고 있다.

오직 인간만이 에너지의 방향을 바꾸고 변형시킬 수 있다. 그렇지 않다면 죽음은 자연스런 현상이다. 모든 것이 죽는다. 하지만 오직 인간만은 불멸을 알 수 있다.

그리하여 그대는 이 모든 것을 한 가지 법칙으로 집약시킬 수 있다. 에너지가 외부로 흘러 나간다면 죽음은 그것의 자연스런 결과이며 그대는 삶이 무엇을 의미하는지 결코 모르게 될 것이다. 그대는 오직 천천히 죽어가는 것만을 알 수 있다. 살아 있음의 강렬함을 결코 느낄 수가 없다. 그래서 그대는 에너지의 방향을 바꿔야 한다. 밖으로 흘러 나가는 것이 아니라 안으로 흘러 들어와 응집되고 폭발하여 변형이 일어나야 한다.

에너지는 그대가 중심에 서 있을 때 흘러 들어올 것이다. 그리고 그 에너지는 그대의 중심을 치게 될 것이다. 그것은 그대의 단전에 있다. 단전은 그 에너지를 감당하지 못할 것이다. 그래서 폭발이 일어난다. 폭발이 일어나면 그대는 더 이상 개체가 아니다. 다시 전체 속으로 들어간다. 새로운 탄생이 일어났다. 그대는 코스모스와 하나가 된 것이다. 이제 그대는 어떤 중심도 갖고 있지 않다. 그대는 '나'라고 말할 수 없다. 이제 어떤 에고도 없다. 붓다나 그리스도가 '나'라는 말을 쓰긴 하지만 그것은 그저 형식적인 것이다. 그들은 어떤 에고도 갖고 있지 않다. 그들은 전체이다.

붓다가 임종을 맞이하는 날, 그의 제자들을 포함해서 수많은 산야신들이 모여들었다. 그들은 모두 울고 있었다. 그래서 붓다가 물었다.

"그대들은 왜 우는가?"

누군가가 대답했다.

"왜냐하면 당신은 이제 더 이상 존재하지 않게 되기 때문입니다."

그러자 붓다는 웃으면서 말했다.

"나는 40년 전에 이미 존재하지 않았다. 나는 내가 깨달음을 얻는 날 죽었다. 40년 동안 '나'라고 하는 중심이 없었다. 그러니 울지 말라. 슬퍼하지 말라. 지금 누가 죽고 있는 것이 아니다. 나는 지금 존재하지 않는다. 하지만 여전히 '나'라는 말을 쓰는 것은 내가 존재하지 않는다는 것을 그대들에게 말해 주기 위해 쓰는 것이다."

어떻게 하면 에너지를 내부로 흐르게 할 수 있는지를 찾는 것이 바로 진정한 종교의 존재 목적이다. 어떻게 에너지의 방향을 바꿀 수 있을까? 이 방편들이 도움이 될 것이다. 그러므로 기억하라. 중심에 이르는 것은 삼마디가 아니다. 그것은 궁극적인 경험이 아니다. 단지 궁극적인 경험으로 들어가는 과정이며 문이다. 중심이 사라지는 그 순간 삼마디의 체험이 일어난다. 그래서 중심에 이르는 것은 단지 통로일 뿐이다. 물론 그것은 유일한 문이며 유일한 통로이다.

그대는 지금 중심에 이르지 못했다. 그대는 지금 여러 개의 중심을 갖고 있다. 진짜로 그대가 중심에 이를 때 그대는 오직 하나의 중심만 갖게 된다. 그때 에너지는 방향을 바꿀 것이다. 그것은 에너지의 귀향(Homecoming)이다. 그때 그대는 중심에 서게 된다. 그리고 폭발이 일어난다. 그러면 다시 중심이 사라진다. 하지만 이전처럼 여러 개의 중심을 갖는 것은 아니다. 거기에 이제 중심이라고 할 만한 것은 아무것도 없다. 그대는 코스모스, 전우주와 하나가 되었다. 이제 그대는 곧 존재계가 되었다.

예를 들어 하나의 빙산이 바다 위를 떠다니고 있다. 빙산은 자신의 중심을 갖고 있다. 그것은 바다와 분리되어 하나의 개체를 이루고 있다. 하지만 바닷물과 빙산이 온도가 다르기 때문에 나뉘어진 것이다. 만약 온도만 같다면 빙산은 자동적으로 녹아서 바닷물이 된다. 그러면 더 이상 빙산은 존재하지 않게 된다. 그것은 바다와 하나가 되었다.

그대와 붓다 사이에, 예수와 예수를 죽인 자들 사이에, 크리슈나와 아르쥬나 사이에 어떤 차이도 없다. 아르쥬나는 빙산이고 크리슈나는 바다이다. 그 본성은 아무런 차이가 없다. 그러나 아르쥬나는 스스로 자신이 존재한다고 느끼며 고립된 개체라고 생각한다.

이 중심에 이르는 방편들을 통해서 온도가 변하면 빙산은 녹을 것이다. 그때는 오직 바다만이 존재한다. 바다가 느끼는 감정이 바로 삼마디이다. 그것은 전체와 하나됨의 느낌이다. 그것은 사념과 다르다. 그대가 중심에 이르기 전에도 얼마든지 삼마디에 대해서 생각할 수 있다. 하지만 그것은 아직 실현되지 않았다. 그대는 그것이 어떤 기분인지 모른다. 단지 그것에 대해 얻어 들었을 따름이다. 그리고 언젠가 그 일이 일어나기를 바란다. 하지만 아직 실현된 것은 아니다. 그것에 대해 머리로 생각하는 것은 아무 의미도 없다. 문제는 그것이 그대에게 일어나야 한다. 그때 그대는 더 이상 존재하지 않는다. 오직 바다만이 있다. 존재는 하나의 방편이며 삼마디는 그 끝이다.

삼마디 중에 일어나는 것온 어떤 것도 말할 수 없다. 말로 표현하는 것이 불가능하기 때문이다. 그리고 시바는 매우 과학적이다. 그는 이야기하는데 관심이 없다. 그는 마치 전보 내용처럼 꼭 필요한 말만 한다. 한 마디도 필요 없는 말을 사용하지 않는다. 그리고 삼마디를 표현하는 말은 그저 '경험, 축복, 그것'등이다. 그 이상은 설명하지 않는다. 왜 그런가?

두 가지 이유가 있다. 첫째. '그것'은 설명될 수 없다. 그대가 어떤 일상적인 경험도 다른 사람의 설명을 통해서 그 기분을 이해할 수 있는가? 그대가 경험해보지 않았다면 말이다. 만약 그대가 어떤 과일을 한번도 먹어보지 못했는데 누군가가 그 과일에 대한 맛을 설명하면 어떤 맛이라는 기분을 정확히 이해할 수 있는가? 물론 그대는 이해했다고 생각할지 모른다. 하지만 그대가 직접 그 과일을 맛보면 이전의 생각은 완전히 틀렸다는 것을 알게 될 것이다. 마찬가지이다. 모든 경험은 경험해보지 않은 사람에게는 말로 전달될 수 없다. 굳이 말로 표현하게 되면 더욱 혼란스럽게 될 뿐이다.

그런데 현대의 언어분석학자들은 종교란 모두 넌센스라고 말한다. '왜 뭔가를 경험했다면 그 경험을 표현할 수 없는가?'라고 묻는다. 그들의 관점은 많은 사람들에게 설득력이 있다. 하지만 그들의 주장은 근거가 없다. 종교적 경험은 제쳐두고라도 일상적인 경험마저 말로 표현할 수 없다. 단지 뜻 없는 수식어만 나열하는 것 뿐이다. 그대는 사과의 맛을 언어로 표현할 수 있는가?

사과를 먹어본 사람끼리는 사과의 맛에 대해 서로 표현하고 설명할 수 있다. 하지만 둘 중에 한 사람이 먹어 보지 않았다면 그때는 어떤 설명도 불가능해진다. 마찬가지로 붓다의 어려움도 바로 이것이다. 그는 어떤 붓다와도 이야기를 하지 못했다. 그는 오직 불교도와만 이야기해야 했다. 하지만 불교도와 붓다는 다르다. 예수는 불교도가 아니다. 그는 붓다이다. 고타마 붓다는 깨달음을 경험하지 못한 사람들과는 깨달음에 대해서 말할 수 없었다. 그는 오직 깨달음을 경험할 수 있는 방편에 대해서만 말할 수 있었다.

그대는 장님과 빛에 대해서 이야기할 수는 있다. 하지만 그에게 아무것도 전달해줄 수 없다. 그는 날 때부터 장님이었기 때문에 빛이라는 말만 들었을 뿐, 한번도 빛을 본 적이 없었다.그대는 하늘이 푸르다고 말하겠지만 장님은 푸른 것이 무엇인지 모른다. 그리고 그가 장님이 아니라도 그렇다. 그대가 푸르다고 하는 경험과 그가 푸르다고 말할 때 의미하는 경험이 어떻게 같다고 단정할 수 있는가?

푸른 것에도 밝은 부분과 어두운 부분이 있다. 외부적인 일도 그런데 어떻게 인간의 내면에서 일어난 일을 전달할 수 있겠는가? 그것은 불가능하다. 예를 들어 어떤 사람이 사랑에 빠졌다고 하차. 그는 처음으로 사랑에 빠진 것이다. 그리고 그는 뭔가를 경험했다. 하지만 자기에게 무엇이 일어났는지 설명할 수가 없었다. 그는 울기도 하고 노래부르며 춤을 추었다. 이것이 그에게 뭔가가 일어났다고 하는 표시이다. 하지만 그에게 무슨 일이 일어났는가? 내면에서 일어나는 일은 이처럼 밖으로 표현하기가 어렵다. 그것은 불가능하다.

사랑을 마치 무슨 열병처럼 느끼는 사람이 있다. 루소는 젊음이 인간의 삶에서 절정이 아니라고 말한다. 젊음은 사랑이라고 불리는 병에 걸릴 위험이 있기 때문에, 그래서 사람은 사랑이 모든 의미를 잃어 버릴만큼 충분히 늙은 뒤에라야 지혜를 얻을 수 있다고 말한다. 그렇지 않으면 사랑은 그대가 지혜롭게 되도록 그냥 놔두지 않을 것이라는 것이 그의 느낌이다.

사랑을 또 다르게 느끼는 사람은 얼마든지 있다. 진짜로 현명한 사람은 사랑에 대해서는 침묵을 지킬 것이다. 그는 어떤 것도 말하지 않는다. 그 체험의 깊이가 깊을수록 강렬할수록 그는 언어를 사용하려 하지 않는다.

누군가가 붓다에게 신에 대해서 묻자 붓다는 침묵을 지켰다. 그것은 신이 없기 때문이 아니다. 신에 대해서 말이 많은 사람은 신에 대한 경험이 없기 때문이다. 붓다는 그저 침묵했다. 그리고 그가 어떤 마을에 들어갈 때마다 그는 이렇게 선언했다.

"신에 대해서는 아무것도 묻지 말라. 그대들은 다른 모든 것을 물어도 된다. 하지만 신에 대해서는 묻지 말라."

학자들, 판디트(힌두교 신학자)들은 신에 대한 경험이 없다. 그들은 오직 지식만을 갖고 있다. 그런 그들이 붓다에 대해서 소문을 지어내기 시작했다.

"붓다는 아무것도 모른다. 그는 아는 것이 없기 때문에 말을 못하는 것이다. 그가 신에 대해 정말로 안다면 왜 아무 말도 안하겠는가?"

그러나 붓다는 그저 웃기만 했다. 사랑에 대해서도 표현할 수 없는데 어떻게 신에 대해서 말로 표현할 수 있단 말인가? 그리고 그때 어떤 표현을 해도 그것은 해가 된다. 시바가 경험에 대해서 침묵하는 것도 바로 그 때문이다.

두번째로 그것이 어떤 방식으로든 표현된다 해도 그것은 부분적일 수밖에 없다. 우리의 마음은 너무나 탐욕적이어서 어떤 것이 부분적으로 표현되는 순간 그 부분에 집착해 버린다. 그리고는 마음이 방편에 대해서는 완전히 잊어버리고 오직 그 결과에만 매달린다. 하지만 이런 결과를 얻기 위해서는 수많은 노력이 필요하다. 힘들고 지루하고 위험하기까지 한 노력이 말이다. 그런데 별다른 노력도 하지 않고 그런 결과가 생기기를 꿈꾸는 것이 인간의 마음이다.

그래서 우리는 방편에 대해서는 잊어버린다. 우리는 결과만 기억하고 그것을 바라고 계속 꿈꾼다. 그리고는 그 결과가 성취되었다고 믿기 시작한다. 우스운 일이 아닐 수 없다.

어떤 사람이 며칠 전에 이곳에 있었다. 그는 아주 나이가 많은 산야신이었다. 그는 30년 동안 구도자의 삶을 살아왔다. 이제 그는 거의 70살이 되었다. 그런 그가 나에게 와서 말했다.

"나는 정말로 알고 싶은 몇 가지 물음을 갖고 있습니다."

그래서 나는 그에게 물었다.

"당신이 알고 싶은 것이 무엇이오?"

그러자 갑자기 그는 말을 바꾸어 이렇게 말했다.

"아니, 아닙니다. 나는 단지 당신을 만나러 왔습니다. 내가 알 만한 것은 이미 알고 있기 때문입니다."

30년 동안 그는 계속 상상을 해왔다. 축복, 신성에 대한 경험, 깨달음 같은 것을 말이다. 이제 그는 노년이 되어 죽음은 가까이 다가와 있었고 모든 상상력과 지식을 동원해서 자신의 견해를 정립시켜 놓았던 것이다. 그래서 나는 그에게 말했다.

"당신이 경험했다면 그때는 침묵을 지키시오. 나와 잠시 동안만 함께 있어 보시오. 거기에 어떤 말이 필요 없기 때문이오."

그러자 그는 갑자기 안절부절못했다. 그는 대뜸 이렇게 말했다.

"좋습니다. 내가 아직 경험하지 못했다고 칩시다. 그러니 나에게 그것에 대해 말해 주십시오."

나는 그에게 말했다.

"모른다고 치는 것은 있을 수 없소. 당신이 알든지 아니면 모르든지 할 뿐이오. 그 부분에서 분명하시오. 만약 당신이 안다면 그때는 침묵을 지키시오. 그리고 여기에서 잠시만 지내시오. 그런 뒤에 돌아가도 좋소. 그러나 당신이 모른다면 그때는 분명히 모른다고 말하시오. 그것이 그대 자신에게 유익할 것이다."

그때 그는 당황했다. 사실 그는 나에게 몇가지 방법이나 물어보러 온 것이었다. 결국 그는 이렇게 말했다.

"사실 나는 아직 경험하지 못했습니다. 그러나 나는 '아함 브라흐마스미(나는 브라흐만이다)'에 대해서 오랫동안 생각해왔습니다. 그런데 때때로 그것을 잊어버립니다. 사실 나는 30년 동안 밤낮으로 그것을 생각해왔는데 말입니다."

무엇이 지식이고 무엇이 경험인지를 구별하기란 쉽지 않다. 때때로 사람들은 그것을 서로 혼동한다. 그대의 지식이 경험이라고 느끼기가 쉽다. 인간의 마음은 너무나 간교하고 속이기를 잘한다. 그래서 그것은 얼마든지 가능하다. 시바가 경험에 대해서는 침묵을 지킨 이유가 또하나 있다. 그가 만약 경험에 대해서 설명해 놓았다면 그때는 모두들 그 설명을 흉내낼 것이다. 하지만 그가 아무 말도 해놓지 않았기 때문에 그대는 그를 속일 수 없다.

이 책, 세상에서 가장 중요한 책들 중의 하나인 이 비그야나 바이라바 탄트라가 세상에 알려지지 않은 채 남아 있었던 것도 바로 이 때문이다. 바이블도, 베다도, 기타도 이것보다 중요하지 않다. 그럼에도 이 책이 세상에 알려지지 않은 까닭은 무엇인가? 그것은 이 책이 오직 방편들만을 말하고 있을 뿐, 결과에 집착하는 그대의 탐욕에 어떤 가능성도 주지 않기 때문이다.

마음은 결과에 집착하기를 원한다. 마음은 방편에는 관심이 없다. 오직 마지막 결과가 중요한 것이다. 방편을 건너 뛰어 결과에 바로 이를 수 있다면 마음은 굉장히 만족스러워할 것이다.

어떤 사람이 나에게 이렇게 물었다.

"웬 방편들이 이렇게 많습니까? 성자 까비르(Kabir)는 이렇게 말했습니다. '사하지 삼마디 브하리!' 이것은 저절로 엑스터시가 일어나게 하라는 뜻입니다. 자연스런 엑스터시가 좋은 것이라고 말했습니다. 거기에는 어떤 방편도 필요하지 않습니다."

그래서 나는 그에게 말했다.

"만약 그대가 '사하지 삼마디(자연스런 삼마디)'를 성취했다면 그것은 좋다. 그때는 어떤 방편도 필요 없다. 그런데 왜 그대는 여기에 왔는가?"

그가 말했다.

"나는 아직 그 삼마디를 이루지 못했습니다. 하지만 나는 '사하지 삼마디'가 좋다고 느낍니다."

그래서 나는 또 물었다.

"왜 그것이 더 좋다고 느끼는가? 혹시 아무런 방편도 필요 없이 그저 모든 것이 이루어졌으면 하고 바라는 것은 아닌가?"

선(禪)의 가르침이 서양에서 황당한 것으로 보이는 것도 바로 이 때문이다. 선의 스승들은 아무 노력 없이 성취하라고 말한다. 물론 그들이 틀린 말을 한 것은 아니다. 그들은 절대적으로 옳다. 하지만 그대는 이 점을 놓지지 말라. 아무런 노력도 기울이지 않는 경지, 즉 무위(無爲)의 경지에 이르기 위해서는 오랜 세월 동안 수많은 노력이 필요하다. 그대가 더 이상 어떤 노력도 기울일 수 없을 만큼 많은 노력이 있은 뒤에야 그대는 무위의 경지에 이른다. 하지만 서양에서는 선에 대한 피상적인 이해를 했다. 그들은 논리에는 맞지 않지만 어쨌든 아무 노력도 들이지 않고 깨달을 수 있다는 말에 상당한 매력을 느꼈다.

선을 서양에 알린 스즈키는 처음에 많은 노력을 했다. 그리고 아무런 노력도 하지 않고 보냈다. 이 기간이 앞의 기간보다 훨씬 오래 걸렸다. 그는 매우 진실한 사람이다. 그는 금세기에서 가장 진실한 사람 중의 하나이다. 그의 모든 생애는 오직 선을 서양에 알리는 데 있었다. 그리고 그의 노력 덕분에 선은 전세계로 퍼질 수 있었다.

하지만 거기에는 중요한 것이 빠져 있다. 사람들은 선을 통하면 아무런 노력 없이도 깨달을 수 있다고 생각하기 시작했다. 그대가 아무것도 하지 않아도 '그것'은 자연스럽게 꽃피어난다는 것이다.

물론 그것은 옳다. 하지만 그대가 문제이다. 그대는 결코 자연스럽지 못하다. 그대는 끊임없이 뭔가를 하려고 한다. 그대의 마음은 항상 천방지축으로 뛰논다. 그러면서 어떻게 자연스런 깨달음이 오기를 기다리는가? 먼저 그대가 자연스럽게 되라. 그대 자신이 먼저 무위의 상태가 되라. 그러면 그것은 자연스럽게 그대에게 찾아올 것이다.

'비그야나 바이라바 탄트라'는 폴 렙스(Paul Reps)에 의해 영어로 번역되었다. 그는 매우 아름다운 책을 저술했는데 그것은 '선육선골(Zen Flesh, Zen Bones)'이라는 책이다. 그리고 그 책의 부록 편에 이 '비그야나 바이라바 탄트라'가 들어있다. 그리고 이 112가지 방편들은 '선(禪)보다 앞선 것'이라는 제목을 붙였다. 그러자 많은 선의 추종자들이 그것을 좋아하지 않았다. 선은 아무런 노력도 필요하지 않은 것이라고 믿어 왔고 가르쳐 왔기 때문이다.

하지만 이 비그야나 바이라바 탄트라는 오직 노력이 필요한 방편만을 이야기한다. 그래서 선은 노력도 방편도 필요 없다고 믿어온 사람들에게 '선보다 앞선 것'이 아니라 '선에 반대하는 것'이 되어 버렸다.

겉으로 보면 그들이 옳다. 하지만 깊게 들어가면 그들은 완전히 오해를 하고 있다. 자발적인 경지에 이르기 위해서는 기나긴 수행의 여행이 필요하기 때문이다. 구제프의 수제자인 오스펜스키(P.D. Ouspensky)는 그 길에 대해서 질문을 받을 때마다 이렇게 말하곤 했다.

"우리는 그 길(道)을 알지 못한다. 단지 그 길에 이르는 몇 발자국만 알고 있을 뿐이다. 그 길(道)은 우리에게 미지의 영역이다."

벌써 그대가 그 길 위에 있다고 생각하지 말라. 그 길조차 그대에게는 아주 멀리 있다. 그대가 지금 서 있는 곳에서 바라보자면 말이다. 그래서 그대는 먼저 그 길에 당도해야 한다.

오스펜스키는 매우 겸손한 사람이다. 그리고 종교적인 사람이나 겸손한 사람이 되는 것은 정말 어려운 일이다. 어쨌든 그대에게 필요한 것은 그 길에 이르는 것이다. 다시 말해서 자연스럽게 무위의 경지에 이를 수 있도록 노력해야 한다는 것이다.

자발성, 즉 사하지 요가(Sahaj Yoga)는 그대에게서 멀리 떨어져 있다. 그대가 아무리 세련되고 교양 있는 사람이라 할지라도 그것은 자발성과는 아무런 관련이 없다. 그대에게서 어떤 자발성도 발견할 수 없다는 말이다. 그대에게는 사랑조차 자발적인 것이 아니다. 사랑 역시 하나의 거래이다. 사랑조차 하나의 노력인 것이다. 그런데 어떻게 그대가 자발적인 폭발을 통해 우주와 하나가 된단 말인가?

먼저 그대는 인위적인 행동, 모든 거짓된 태도, 모든 선입관과 알음알이들을 던져 버려라. 오직 그때만이 자발적인 것이 일어날 가능성이 있다.

그리고 여기에 나오는 방편들은 그대로 하여금 무위(無爲)의 상태로 이르게 해 줄 것이다. 단지 그대의 존재만으로 충분한 상태 말이다. 그런데 마음은 또 속임수를 쓸 수 있다. 마음은 항상 그대를 속일 것이다. 그래야 안심할 수 있기 때문이다.

시바는 결과에 대해서 어떤 말도 하지 않았다. 단지 방편에 대해서만 계속 강조했다. 이 점을 이해하라. 그대가 어떤 노력도 필요 없는 순간을 맞이하기 위해서 뭔가를 해야 한다. 아무것도 하지 않아도 깨달을 수 있다는 말에 사람들은 매력을 느끼고 선을 좋아한다. 그들은 잘못된 이유 때문에 선을 좋아하는 것이다. 사람들이 크리슈나무르티의 말을 좋아하는 것도 같은 맥락이다. 크리슈나무르티 역시 어떤 노력도 필요 없다고 말한다. 그는 명상을 하는 데 어떤 방법도 필요 없다고 말한다. 물론 그가 틀린 것은 아니다.

그의 말도 옳다. 그러나 시바는 여기에서 112가지의 명상 방편을 이야기했다. 그리고 시바 역시 옳다. 만약 그대가 시바와 크리슈나무르티 둘 중의 하나를 선택하려면 그때는 시바를 선택하라. 크리슈나무르티는 그대에게 아무런 해당 사항이 없다. 그대를 돕는 데 있어서는 크리슈나무르티가 아무 소용이 없다. 오히려 그는 해롭다. 아무리 그와 함께 토론을 많이 해도 그대는 삼마디에 들지 못한다. 그대는 맞지도 않는 결론, 즉 '어떤 방편도 필요 없다'라는 생각만 더욱 강하게 고집할 것이다. 하지만 그대에게는 방편이 필요하다!

방편이 필요 없는 순간이 온다. 하지만 아직 그 순간은 그대에게 오지 않았다. 그 순간이 오기 전에 미리 뭔가를 안다는 것은 위험하다. 그래서 시바는 침묵을 지켰다. 그는 그 순간 다음에 일어날 일에 대해서는 어떤 것도 말하지 않았다. 하지만 크리슈나무르티는 그대가 이해하지 못하는 것을 쓸데없이 말하고 있을 뿐이다.

사실 그의 논리는 틀리지 않았다. 그의 논리는 정확하고 아름답기까지 하다. 예를 들어 그는 어떤 방편도 필요 없다는 것을 사랑에 비유해서 말한다. 그대가 누군가를 사랑하기 위해 사랑을 미리 연습한다면 그대의 사랑은 거짓이 된다. 사랑은 미리 연습할 수 없다. 기도도 마찬가지이다. 그대가 명상을 하는 것은 마음을 없애기 위한 것이다. 그런데 어떤 방편을 행할 때는 마음이 그것을 한다. 그렇다면 마음을 없애기 위해서 마음을 이용한단 말인가?

그의 논리는 이처럼 정확하다. 그러나 그것은 그대에게 해당되지 않는다. 그의 논리를 듣고 생각하는 것만으로 그대는 저절로 깨달음의 경험이 찾아오지 않는다. 크리슈나무르티는 50년 동안 그렇게 말을 하고 다녔지만 나는 아직 한 사람도 그가 말하는 조건에 이른 사람을 만나보지 못했다.

그것은 마치 어린아이에게 섹스에 대해 가르치는 것과 같다. 그대는 계속 뭔가를 말하지만 어린아이는 아무런 의미도 모른다. 그대의 가르침은 오히려 위험스러울 뿐이다. 왜냐하면 그대는 필요하지도 않는 아이에게 미리 선입관만 심어주기 때문이다. 아이의 육체는 아직 성이 제대로 성숙하지도 않았다. 그는 아직 생물학적으로 성의 중추에 이르지 않았다. 그런데도 그대가 계속 이야기한다면 귀를 갖고 있는 그로서는 머리를 끄덕일 것이다. 하지만 그대가 그에게 가르쳐준 것이 있다고 생각하는가?

그대의 가르침은 위험하고 해롭기만 할 뿐이다. 섹스는 그에게 중요한 것이 아니다. 그에게 그것은 아무 문제가 되지 않는다. 그가 성숙할 때까지 기다려라. 그가 질문을 던져올 때 대답해도 늦지 않다. 그가 이해할 수 있는 것보다 더 많이 말해 주지 말라. 오히려 그의 머리에 짐이 되기 때문이다. 이것은 명상에 있어서도 마찬가지다.

그대는 명상의 결과가 아니라 방편에 대해서만 배울 수 있다. 결과에 대해서만 안다는 것은 두 발이 허공 중에 떠있는 것과 같다. 그대는 어디에서부터 시작해야 할지를 모르게 된다. 그리고 무엇이 필요한지도 모른다.

아이에게 산수를 가르칠 때 그대는 먼저 문제를 푸는 방법부터 가르쳐야 한다. 그 다음에 답을 가르쳐 주어야 한다. 그에게 뒷페이지에 답이 있는 것을 가르쳐 줄 필요가 없다. 그러면 아이는 문제를 풀려고 하지 않고 답부터 보려고 할 것이다. 그래서 미리 답을 아는 것은 아무런 도움도 되지 않는다. 그대 역시 마찬가지다. 문제는 거기에 있고 그것을 푸는 방편도 거기에 있다. 그대는 방편을 통해 답을 알아내어야 한다. 방편도 거치기 전에 미리 답을 아는 것은 그대에게 아무런 도움도 되지 못한다. 오히려 그것은 잘못된 선입관과 편견만을 갖게 할 뿐이다. 그리고 그렇게 아는 것은 진정으로 아는 것이 아니다. 단지 관념적으로 이해한 것일 뿐 어떤 축복이나 엑스터시도 없다. 하지만 그대는 답을 이미 알고 있다고 생각하기 때문에 도무지 방편을 통과하려 하지 않는다. 결국 그대는 그 축복의 순간 속으로 들어가지 못한다.

시바의 연인인 데비는 그에게 질문을 던졌다. 그리고 시바는 오직 방편만을 가르쳐 주었다. 질문이 거기에 있다. 방편도 거기에 있다. 그대는 방편을 통해 답을 찾아야 한다.

그러므로 기억하라. 중심에 이르는 것은 방편이다. 답이 아니다. 답은 우주의식을 경험하는 것이다. 그것을 경험하면 더 이상 어디에도 중심은 없다.

오늘은 이만!

중심에 이르게 하는 방편들 Ⅳ

금세기 가장 위대한 탄트라 행자인
게오르그 구제프는
인간의 유일한 죄는 동일시(同一視)이다
라고 말했다。
여기의 방편은 이 동일시에 대한 것이다。

중심에 이르게 하는 방편들 Ⅳ

22

과거의 일을 회상하라. 그때 그 상황과 그대의 모습에 집중하고 현재의 모습은 잊어버리면 거기에 초월이 일어나리라.

23

그대 앞에 한 물건이 있다. 그것의 충만한 실재를 느껴라. 다른 모든 것은 사라지고 없다. 오직 그것만이 실재한다고 느껴라. 그리고 나서 그 두 가지 느낌, 부재감과 실재감 둘 다 떠나라. 그리고 실현시켜라.

24

어떤 사람을 반대하거나 찬성하고 싶은 감정이 일어날 때 그 기분을 그에게 투사하지 말고 오직 자신의 중심에 머물게 하라.

금세기 가장 위대한 탄트라 행자인 게오르그 구제프(George Gurdjieff)는 '인간의 유일한 죄는 동일시(同一視)이다'라고 말했다. 우리가 오늘 저녁 답파하게 될 열번째 방편은 이 동일시에 대한 것이다. 동일시란 말이 생소하게 들릴지 모른다. 하지만 이 세상의 모든 인간은 동일시를 하고 있다. 오직 깨달음에 이른 자만이, 붓다만이 동일시를 하지 않는다. 그래서 구제프는 인간의 유일한 죄는 동일시라고 힘주어 말한 것이다.

그렇다면 이 동일시가 의미하는 것은 무엇일까? 그대는 한때 어린아이였다. 여기, 어떤 이는 젊고 어떤 이는 늙었다. 그리고 어린 시절은 모두 지나간 과거가 되었다. 그대는 다른 사람의 어린 시절을 이제 볼 수 없다. 자신의 어린 시절은 오직 자신만이 알 수 있고 자신만이 그것과 하나가 될 수 있다.

하지만 실제로 그것은 하나의 꿈이다. 그대가 자신의 어린 시절을 꿈으로써 볼 수 있다면, 마치 그대 앞에서 어린 시절의 장면을 담은 영화를 보듯이 볼 수 있다면 그대는 그것과 동일시를 하지 않는다. 왜냐하면 보는 그대와 보여지는 그대가 뚜렷이 구분되기 때문이다. 그래서 그대가 어린 시절을 회상할 때 그대는 그 속에 들어 있지 않다. 그대는 단지 한 사람의 구경꾼이 될 뿐이다. 그대가 영화를 보면서 영화의 내용을 바꿀 수 있는가? 마찬가지다. 그대는 어린 시절을 바꿀 수 없다. 그것은 그대와 아무 상관없이 존재한다. 그대는 단지 한 사람의 관객으로서 자기 어린 시절의 영화를 보고 있는 것이다. 그때 여러 가지 일들이 발생한다.

첫째로, 그대가 어린 시절을 하나의 꿈처럼 바라볼 수 있다면 그대는 현재의 상황도 다음날에는 꿈으로 바라볼 것이다. 지금 그대가 젊다면 그대의 젊은 시절은 곧 꿈이 될 것이다. 지금 그대가 늙었다 해도 임종시에 돌이켜보면 그것 역시 꿈이다. 어린 시절 한때가 그대에게 꿈으로 다가오듯이 말이다.

그래서 과거를 회상하는 것은 좋은 방편이 될 수 있다. 과거와 그대 자신을 동일시하지 않게 된다면 말이다. 그 속에서 자신을 분리시켜 하나의 구경꾼으로 남아 있을 수 있기 때문이다. 그때 미래 역시 구경꾼의 입장으로 바라볼 수 있다. 그대가 미래에 대해 어떤 상상을 하든지 말이다. 그리고 이제 그대는 현재 일어나는 상황 역시 하나의 꿈으로 바라볼 수 있게 된다. 여기에 틈바구니가 생겨난다. 그대의 의식이 현재를 구경할 때 분명 의식은 시간의 일부가 아니다. 그대의 의식은 영원이다. 어떤 공간이 거기에 있고 그대는 그것을 마치 꿈처럼 바라볼 수 있게 된다.

그러면 그대의 모든 과거는 무엇인가? 거기에 틈이 있다. 공간이 거기에 있다. 과거를 하나의 꿈으로 보라. 이제 그것은 꿈이다. 그대의 과거는 기억일 뿐이다. 그리고 그 기억이 실재인지 꿈인지는 증명하기 어렵다. 증명할 방법이 없다. 기억은 그것이 실재인지 꿈인지 말해줄 수 없다. 심리학자들은 사람이 나이가 들면 종종 꿈과 현실을 착각하는 증세가 있다고 말한다.

어린아이 역시 마찬가지이다. 그들은 항상 무엇이 꿈이고 현실인지 모른다. 그들은 아침에 일어나 꿈속에서 갖고 놀았던 장난감이 제 손에 없다는 것을 발견하고 울음을 터뜨린다. 그것은 그대 역시 마찬가지이다. 물론 잠시 시간이 지나면 그대는 그것이 꿈이라는 사실을 안다. 만약 꿈속에서 누군가가 그대를 죽이려 한다면 꿈을 깨어나서도 여전히 가슴이 떨린다. 심장이 마구 뛰고 얼굴이 붉어진다. 아직도 공포가 남아 있는 것이다. 그것이 꿈이었다고 생각하며 마음을 진정시키는 데는 시간이 걸린다. 어떤 꿈은 하루 종일 기분이 나쁘다. 그럴 때는 밤이 되어 잠자리에 누워서야 별일 없음을 확인하고 비로소 거기에서 헤어나올 수 있다.

그대가 과거를 꿈이라고 생각하고 그것과 자신을 동일시하지 않는다면 그것은 현재 상황에 대해서도 그렇게 할 수 있다. 이것이 바로 상카라(힌두교 철학자)와 나가르쥬나(불교 철학자)가 이 세상을 꿈이라고 말할 수 있는 이유이다. 그들은 바보가 아니다. 꿈과 현실을 구별하지 못해서 그렇게 말한 것이 아니다. 그들이 그렇게 말한 것은 현실을 지켜볼 수 있는 그대의 의식을 인식하라는 뜻이다. 분명 그대의 의식은 하나의 방관자로서, 관찰자로서 따로 존재해 있다. 그런데도 그대는 그 상황과 자신을 동일시해 버린다.

며칠 전에 나는 장 자크 루소의 '고백록'을 읽었다. 그 책은 매우 보기 드문 책이다. 그것은 이 세상에서 자신을 전부 다 벌거벗긴 최초의 책이다. 자신이 저지른 죄는 무엇이든지 완전히 밝혀 놓았다. 그러나 그대가 그의 책을 읽는다면 그는 분명히 그런 행위를 즐기고 있다는 느낌을 받게 될 것이다. 그는 의기양양하게 자신을 열어젖히고 있다. 그는 묘한 쾌감을 느끼고 있었던 것이다. 그 책의 맨 앞장에 그는 이렇게 써 놓았다.

"최후의 심판 날이 되면 나는 전능하신 신 앞에 말할 것이다. 당신은 나를 심문할 필요가 없습니다. 이 책을 읽어 보십시오. 그러면 나의 모든 것을 알게 될 것입니다."

루소 이전에는 그 누구도 책에다 자신을 그처럼 진실하게 밝히지 못했다. 그리고 그 책의 마지막 부분에서 그는 또 이렇게 말했다.

"전능하고 영원하신 신이시여! 나의 유일한 소망을 들어주소서. 나는 모든 것을 고백했습니다. 이제 수많은 대중을 모아 나의 고백을 듣게 하소서."

그는 아마 자신이 저지르지 않은 죄까지 고백했을지도 모른다. 그는 그 상황 전체를 즐기며 의기양양해 했다. 그런데 그가 고백하지 않은 죄가 딱 한 가지 있다. 그것은 바로 동일시이다. 그는 죄와 자신을 동일시했다. 그가 지은 죄가 무엇이든지 그는 그것과 자신을 동일시했다. 그러나 인간의 마음이 어떻게 기능하는지를 세밀하게 아는 사람에게는 동일시야말로 유일한 죄가 된다.

처음에 그는 자신의 책을 지성적인 사람들의 모임에 가서 낭독했다. 그리고 그는 사람들이 무척 당황하리라고 예상했다. 그토록 적나라하게 자신의 죄를 책으로 밝힌 사람은 그가 처음이었기 때문이다. 하지만 예상은 완전히 빗나갔다. 지식인들은 시간이 갈수록 지겨워했다. 당황한 것은 루소 자신이었다. 그는 뭔가 기적 같은 일이 일어날 것을 기대했던 것이다. 그가 낭독을 끝내면 누군가가 구원을 받았다고 말할 줄 알았다. 그런데 낭독이 끝나도 아무도 입을 열지 않았다. 그곳에 있던 사람들은 모두들 자리를 피할 궁리만 하고 있었던 것이다.

그대 자신 말고는 그대의 죄에 관심을 갖는 사람이 있을까? 아무도 그대의 선행에 관심이 없듯이 그대의 죄에도 관심이 없다. 인간은 그의 선행뿐만 아니라 죄악을 통해서도 에고를 강화시킨다. 죄를 지어 놓고 스스로 대견해 하는 것이다. 그래서 루소는 자신을 성자라고 생각하기 시작했다. 그는 남이 할 수 없는 고백을 했기 때문이다. 하지만 가장 기본적인 죄는 아직 남아 있다. 그것은 시간 속에서 일어난 일들과 자신을 동일시한 행위이다.

시간 속에서 일어난 일은 무엇이든지 꿈과 같다. 그대가 그것에서 손을 떼지 않는 한, 그것과 동일시를 끊어 버리지 않는 한 그대는 축복이 무엇인지 결코 알지 못할 것이다. 동일시는 불행이다. 비동일시는 축복이다. 이 열번째 방편은 동일시에 관한 것이다.

22

과거의 일을 회상하라. 그때 그 상황과 그대의 모습에 집중하고 현재의 모습은 잊어버리면 거기에 초월이 일어나리라.

그대는 그대의 과거를 기억하고 있다. 어린 시절, 사랑의 추억, 부모의 죽음, 그대의 기억이 뚜렷한 것이면 무엇이든지 좋다. 그것을 바라보라. 그러나 그 속에 개입하지는 말라. 마치 다른 사람의 기억을 회상하듯이 회상하라. 그대의 과거를 영화 보듯이 보라.

만약 그대가 첫사랑의 추억을 회상한다면 그때 그대는 사랑하는 사람과 함께 있을 것이다. 당시의 그대 모습으로 말이다. 그대는 다른 식으로 기억할 수 없다. 그대의 과거 모습을 거기에서 분리할 수 없다. 마치 다른 한 쌍의 연인이 사랑을 하는 것처럼 바라보라. 그저 구경꾼처럼 말이다.

이것은 아주 기초적인 방편이다. 특히 붓다가 많이 사용한 방편이다. 이 방편에는 많은 유형들이 있다. 그대는 자신의 방식대로 그 방편에 접근할 수 있다. 예를 들면 그대가 잠에 떨어지기 직전 그날의 기억을 역순으로 더듬어 나간다. 그러면 하루의 일과를 모두 기억하게 되고 아침에 일어나서 처음 있었던 일까지 더듬어 간다. 그때 그대는 거기에 개입하지 말아야 한다.

예를 들어 오후에 누군가가 그대에게 욕을 했다. 그대 자신을 보라. 다른 사람에게 욕을 먹는 자신의 모습을 말이다. 그러나 그대는 어디까지나 구경꾼으로 남아 있어야 한다. 만약 그대가 화를 내면 그때 그대는 동일시한 것이 된다. 그대는 명상의 요점을 놓쳐 버렸다. 화를 내지 말라. 그는 그대를 보고 욕을 한 것이 아니다. 오후의 그대 모습에 대해서 욕을 한 것이다. 그리고 그 모습은 이제 사라졌다.

그대는 강물이 흘러가는 것과 같다. 그대라고 하는 고정된 틀이 없는 것이다. 어린 시절에 그대는 하나의 모습을 갖고 있었지만 지금은 그 모습을 갖고 있지 않다. 그래서 낮에 있었던 일을 밤에 회상할 때 이미 그대는 하나의 방관자로서 지켜봐야 한다는 것을 기억하라. 화내지 말라. 누가 그대를 칭찬해도 즐거워하지 말라. 마치 영화를 보듯이 그냥 보라. 매일 밤 이렇게 한다면 많은 도움이 될 것이다. 특히 불면증이나 악몽을 꾸는 사람에게는 더욱 좋다.

불면증, 몽유병, 그리고 악몽에 시달리는 이유는 그대의 마음이 늘어질 대로 늘어졌기 때문이다. 아침에 그대는 탄력성 있는 마음으로 하루를 시작한다. 그러나 해결되지 않은 많은 문제들 때문에 그대의 마음은 탄력성을 잃어버렸다. 잠자리에 들어서 잠을 자기 전에 하루의 일을 되새겨 보라. 그러면 다시금 그대의 마음은 탄력성을 되찾을 것이고, 그대는 숙면을 취할 수 있게 된다. 어린아이처럼 깊이 잠들 수 있게 된다.

그대는 이 회상법으로 생애 전부를 거슬러 올라갈 수 있다. 마하비라는 이 회상법을 사용해서 전생까지 거슬러 올라갔다. 미국에서는 이 회상법을 '심리요법(Dianetics)'이라고 부르는데 하나의 정신 운동처럼 퍼져 나가고 있다. 그들은 그대가 만일 병이 나면 그 병은 그대의 과거와 관련되어 있다고 주장한다. 사실 그들의 말은 옳다. 그대가 살아온 삶을 되짚어 나가다 보면 해결되지 않은 마음의 문제들이 숨어 있는 것을 깨닫게 될 것이다. 그리고 그 문제들을 풀어 주면 그대의 병은 말끔히 사라질 것이다. 이것은 많은 성공적인 사례로 증명된 바가 있다.

아주 많은 사람들이 특수한 질병으로 고통을 받고 있다. 어떤 의약적 요법도 도움이 되지 않고 병은 계속 진행된다. 병은 심리학적인 것처럼 보인다. 그렇다면 그 병을 어떻게 다루어야 하겠는가? 심리적인 것이라고 말하면 환자는 절망감을 느낄 뿐이다.

이런 병에는 위와 같은 회상법이 기적적인 효과를 갖고 있다. 만약 그대가 천천히 시간을 거슬러 올라갈 수 있다면 마음은 이 병이 일어난 처음 순간에 이르게 된다. 거기에는 분명히 심리적인 충격이나 상처가 관계되어 있다. 그대가 그것을 인식하는 순간 그것은 거품처럼 피어오른다.

그때 그대가 할 일은 아무것도 없다. 단지 그것을 인식하고 지켜보기만 하면 된다. 많은 질병들이 단지 열등감이 해소되는 것만으로 말끔히 사라진다. 그대가 열등감의 본질을 한 번만 인식해도 그것은 깨끗해진다. 더 이상 있을 필요가 없다. 그대는 그것을 깨끗이 한 것이다.

이것은 깊은 카타르시스이다. 매일 그대가 이렇게 할 수 있다면 그대는 새로운 건강을 느낄 것이다. 그대가 이 방법을 자녀들에게 가르치면 그들은 과거 때문에 짐스러워하지 않을 것이다. 그렇게 되면 굳이 과거로까지 갈 필요도 없다. 그들은 항상 지금 여기에 존재하게 될 것이다. 과거로부터 그들을 따라다니며 괴롭히는 것은 아무것도 없다.

그대는 매일 이 방편을 수행할 수 있다. 지나간 하루를 다시 되돌아보는 것은 새로운 통찰력을 갖게 해줄 것이다. 마음은 아침부터 저녁까지 시간의 차례대로 생각하기를 좋아한다. 하지만 기억하라. 그때는 아무것도 풀어야 할 문제거리가 드러나지 않는다. 오히려 마음은 더 스트레스를 받을지도 모른다. 아침부터 시간 순서대로 나아가는 것은 잘못하는 것이다.

인도에는 스승이라고 불리우는 사람들이 많이 있다. 그들은 나름대로의 방법을 갖고 있다. 그런데 그들은 대부분 아침부터 시간의 흐름을 따라 자신을 성찰하라고 한다. 그것은 매우 잘못된 것이다. 그것은 그대에게 상당한 해가 된다. 그때는 모든 상황이 덫으로, 함정으로 작용할 것이다. 그와 반대로 하라. 저녁부터 아침으로 시간을 거슬러 가라. 오직 그때만이 그대는 모든 것을 깨끗이 해결할 수 있다. 그대는 다시 생기를 되찾게 될 것이다. 그리고 저녁의 일을 생각하다가 갑자기 아침으로 건너뛰지 말라. 그냥 하나의 흐름처럼 천천히 거슬러 가라.

그대는 마음을 그런 식으로 훈련시킬 수 있다. 100부터 1까지 역순으로 세어 보라. 99, 98, 97, …… 계속해 보라. 처음에는 약간 어려움을 느낄 것이다. 마음은 항상 1부터 100까지 세도록 길들여져 있기 때문이다. 같은 방식으로 그대는 이 방편을 실행해 보라. 시간을 역순으로 거슬러 가보라. 그때는 마음의 문제들이 그대 앞에서 자취를 드러낼 것이며 그대는 그것을 지켜볼 수 있을 것이다. 그리고 그것이 매일 반복되어 그대가 무슨 일을 하든지 지켜볼 수 있게 되면 굳이 저녁까지 기다릴 필요가 없다. 지금 당장 벌어지고 있는 일들에 대해서 지켜보라.

어떤 사람이 그대를 욕하고 있다. 그런데 뭐가 어려운 점인가? 그대는 자신을 이 상황에서 잠깐 분리시켜 보라. 그리고 옆으로 비켜서서 그가 그대를 욕하고 있는 장면을 구경해 보라. 그대는 그에게 모욕을 당하는 그대의 마음이나 몸과는 별개로 존재한다. 그대는 그 상황을 구경할 수 있다. 지켜볼 수 있다. 지켜봄이 없이 화를 내지 않는 것을 바란다면 그것은 불가능하다. 분노는 그대가 동일시하고 있을 때에 일어날 수 있다. 그대가 동일시하지 않으면 화가 날 수 없다. 분노는 바로 동일시를 의미한다.

이 방편은 과거의 어떤 일을 지켜보라고 말한다. 그대의 모습이 거기에 있다. 경전에서는 '그대'라고 하지 않고 '그대의 모습'이라고 말한다. 그대는 결코 거기에 없다. 항상 개입되는 것은 그대의 모습이다. 그대는 결코 개입되지 않는다. 이 차이를 분명하게 이해하라. 그대가 나를 욕할 때 그대는 나의 존재를 욕하는 것이 아니다. 나의 모습, 나의 껍질을 욕하는 것이다. 그리고 나는 그 껍질에서 나를 분리시킬 수 있다.

그대의 이름도 그대가 아니고, 그대의 모습도 그대가 아니다. 그대는 이름과 모습을 인식하는 의식이다. 그리고 의식은 다르다. 그것은 차원이 다르다.

하지만 그토록 극명한 인식에 도달하기란 쉬운 일이 아니다. 그래서 먼저 과거에 대한 것부터 시작하라. 그때는 어렵지 않다. 과거의 일은 급박함이 없기 때문이다. 누군가가 20년 전에 그대를 욕했다. 그래서 거기엔 아무런 급박함이 없다. 그는 죽었을지도 모르고 모든 것이 끝났다. 그것은 이제 소설 같은 일이 되었다. 그래서 과거를 지켜보는 일이 쉬운 것이다. 그대가 한번만 그 원리를 이해하고 나면 현재 벌어지는 상황도 지켜보기가 그리 어렵지 않다.

하지만 처음부터 현재 벌어지는 일을 지켜보는 것은 어렵다. 거기에는 급박함이 있기 때문이다. 그리고 여유 공간이 너무 없다. 그대는 즉시 모든 사건에 대처해야 한다. 동시에 그와 멀리 떨어져 지켜봐야 한다. 그래서 경전에서는 과거의 일을 회상하라고 말한다. 우선 과거를 회상하는 것부터 시작하라. 그대의 모습을 구경하라. 지켜보라. 그 속에서 아무런 관계가 없이 홀로 존재하는 의식을 인식하게 되면 그때 초월이 일어나리라.

그대는 이것을 통해 변형될 수 있다. 그것은 그대의 모든 마음의 상처를 치료해 주기 때문이다. 그때 그대는 육체, 마음, 시간 속에서의 그대 존재, 이 모두가 그대의 실체가 아님을 알게 된다. 그대의 본질적인 실체는 다르다. 모든 일이 벌어지지만 그대의 실체는 그 어떤 것에도 물들지 않고 순수한 의식으로 남아 있다. 선과 악, 성공과 실패, 칭찬과 비난, 질병과 노화, 탄생과 죽음, 그 모든 일들이 왔다가 지나가지만 그대는 결코 변치 않는 순수한 의식이다. 그 어떤 것에도 물들지 않고 영향받지 않는다.

그러나 그대 속에 있다는 이 실체를 어떻게 확인할 것인가? 그것이 바로 이 방편의 목적이다. 과거에 대해서 시작하라. 그대가 과거를 볼 수 있을 때 거기에 간격이 생겨난다. 과거의 그대 모습과 그것을 지켜보는 그대 사이에 간격이 있다. 그리고 미래를 보라. 미래는 조금 어렵다. 오직 몇몇 사람에게만 미래를 지켜보는 일이 쉽다. 상상력이 풍부한 사람들만이 그것이 가능하다. 하지만 과거는 누구나 할 수 있다. 그리고 젊은이들은 미래를 지켜보는 것이 좋다. 그들은 미래지향적이기 때문이다.

노인들에게는 죽음 외에 미래가 없다. 그들은 미래를 들여다볼 수 없다. 그들은 미래가 두렵다. 그래서 노인들은 항상 과거에 대해서만 생각한다. 그들은 항상 추억만을 더듬고 있다. 그들은 과거의 어느 한 지점을 정해서 그때부터 시간을 따라 현재로 향해 온다. 그러면서 매일같이 슬픔과 분노와 한을 되씹는 것이다. 그것은 잘못된 것이다. 그들은 현재에서 과거로 거슬러 가야 하는 것이다.

만약 그들이 매일 앉아서 과거를 거슬러 갔다면 그들은 자신들의 과거가 씻겨져 나간 것을 느낄 것이다. 그리고 그는 과거에 집착하지 않고 죽을 수 있다. 만약 그대가 과거에 집착하지 않고 죽을 수 있다면, 그대가 의식적으로 죽을 수 있다면 그때 죽음은 더 이상 그대에게 종말이 아니다. 그것은 죽음 없음, 불멸과 만나는 시발점이 될 것이다.

과거의 깊은 잔재들을 깨끗이 없애 버려라. 그대의 존재는 변형될 것이다. 이 방편은 어렵지 않다. 오직 꾸준한 노력이 필요할 뿐이다. 고질적인 난관 같은 것이 이 방편에는 없다. 당장 오늘 저녁 잠자리에 누워서 눈을 감고 시간을 거슬러 아침까지 가보라. 어떤 것도 놓치지 않도록 아주 천천히 더듬어 가라. 그대가 무의식적으로 보고 들은 일도 마음은 모두 기록해 놓았다. 낮에 그대가 길을 걷다가 어떤 사람이 노래부르는 소리를 들었다. 그대는 무슨 노래인지 모르고 그냥 지나쳤다. 하지만 마음은 그 가사를 듣고 기록해 두었다. 사실 그것은 그대에게 불필요한 짐이 된 것이다. 그래서 저녁에 누워 하루를 회상해 가다가 그 시점에 이르면 그 노랫말이 들려올 것이다. 그때 그대는 그 기억을 지워 버려야 한다. 그렇지 않으면 언젠가는 그 가사가 공허한 사념이 되어 자신도 모르게 입에서 튀어나오게 될 것이다. 아주 천천히 더듬어 가라. 세밀한 것들도 놓치지 말고 샅샅이 더듬어 보라. 그대의 하루가 얼마나 길었던 것인지 새삼스럽게 느끼게 될 것이다. 그것은 마음이 모든 정보를 기록해 놓았기 때문이다.

이 방편을 수행해 나가면 그대는 점차로 기록된 것은 모두 알 수 있는 능력을 갖게 될 것이다. 그때는 그대가 한번 회상을 시작하면 그것은 녹음기를 돌리는 것과 같아질 것이다. 그리고 그것들은 깨끗하게 지워져 버릴 것이다. 그리하여 아침에까지 이르게 되면 그대는 잠이 들게 될 것이다. 그 잠의 질은 이전과는 완전히 다른 것이 된다. 그때 잠은 명상이나 마찬가지다. 그리고 다음날 아침 그대가 잠을 깨면 곧바로 눈을 뜨지 말라. 다시 그 순간부터 어젯밤으로 거슬러 가보라.

처음에는 좀 어려울 것이다. 그대는 조금밖에 올라가지 못한다. 잠이 깨기 전 꿈의 몇 장면들만 기억할 것이다. 그러나 그대가 꾸준하게 노력한다면 그대는 완전히 꿈마저 꿰뚫을 수 있게 될 것이다. 그렇게 하는 데는 3개월의 시간이 걸린다. 3개월이면 그대는 잠을 완전히 관통해 버릴 수 있다. 그렇게 되면 잠의 성질이 완전히 바뀐다. 그때 그대는 꿈이 필요 없다. 낮과 밤을 모두 더듬어서 되새길 수 있게 되면 더 이상 꿈이 필요 없다. 꿈이란 낮에 그대가 해결하지 못한 문제를 마음이 밤에 해결하는 것이다.

사실 심리학자들은 이제 꿈은 카타르시스라고 말한다. 그대가 잠이 들기 전에 미리 카타르시스를 하고 나면 꿈을 꿀 이유가 없다. 마음에 접수된 것은 한번쯤 충족이 되어야 한다. 꿈속에서라도 말이다.

그대는 길을 걷다가 아름다운 집을 보았다. 그 집에서 살고 싶은 미묘한 욕망이 그 순간 그대 속에서 일어났다. 그러나 그대는 바쁜 업무 때문에 곧 잊어버린다. 백일몽을 꿀 시간이 없는 것이다. 하지만 그 욕망이 완전히 죽어 버린 것은 아니다. 그것은 잠시 연기된 것일 뿐이다. 그리고 꿈속에서 그대는 그 집에 살게 되는 꿈을 꾼다. 그렇게 해야만 마음이 충족된다.

그래서 대개 사람들은 꿈이 수면을 방해한다고 생각한다. 그것은 절대적으로 틀린 것이다. 꿈은 그대의 수면을 방해하지 않는다. 오히려 꿈은 그대의 수면을 돕는다. 꿈 없이 그대는 전혀 잠잘 수 없다. 꿈은 불완전한 것을 완전한 것으로 만들어 주기 때문이다.

그대의 능력으로 도저히 이룰 수 없는 욕망들도 있다. 그러나 그대의 마음은 어리석은 욕망을 계속 갖고 있다. 그것은 현실에서 이루어질 수 없다. 결국 그것은 생각 속에 남아 있다가 꿈으로 나타난다. 예를 들어 그대는 굉장한 미녀를 보았다. 그대는 그녀에게 한눈에 반해 버렸다. 그리고 그녀를 소유하고 싶은 욕망이 일어난다. 하지만 그것은 가능하지 않다. 그 미녀는 그대 같은 남자는 안중에도 없다. 그대는 어떻게 해야 되겠는가? 결국 꿈으로 해결해야 한다.

꿈속에선 그대도 그런 미녀를 소유할 수 있다. 그때 마음은 충족되었다. 마음은 꿈과 현실을 따지지 않는다. 마음에 관한 한 거기에 아무런 차이가 없다. 미녀를 현실에서 사랑하는 것과 꿈속에서 사랑하는 것이 뭐가 다른가? 꿈은 더 좋다. 미녀가 순순히 그대의 말을 들을 것이기 때문이다. 그것은 그대의 꿈이다. 그대는 마음대로 할 수 있다. 그리고 거기에는 그대밖에 없다. 아무런 제한이 없는 것이다.

마음은 무엇이 현실이고 무엇이 꿈이라는 것을 구분하지 않는다. 만약 그대가 어떤 장소에서 일년 동안 혼수상태에 있다면 그대는 일년 동안 계속 꿈을 꿀 것이다. 그때는 꿈이 현실이 될 것이다. 그리고 그대의 마음은 아무런 문제도 없다.

심리학자들은 인간을 백년 동안만 혼수상태에 둘 수 있다면 그는 백년 동안 꿈을 꿀 것이라고 말한다. 그리고 단 한순간도 자신이 무엇을 하든지 그것은 하나의 꿈이라는 사실을 깨닫지 못한다. 그리고 그가 죽는다면 그는 자신의 삶이 단지 꿈의 연속이었다는 사실을 모를 것이다. 그의 삶은 결코 현실이 아니다. 그런데도 마음은 아무런 차이를 느끼지 못한다. 마음에게는 꿈과 현실이 똑같은 것이다.

그대가 이 방편을 수행한다면 그때는 꿈이 필요 없게 된다. 그리고 수면의 질이 완전히 달라질 것이다. 꿈이 없으면 그대는 바로 존재의 심연으로 떨어지게 될 것이다. 그리고 꿈이 없으면 그대는 수면 속에서도 깨어 있을 수 있다.

크리슈나가 바가바드 기타에서 말한 것도 바로 이것이다. 그는 '모든 사람이 깊이 잠들어 있는 동안에도 요가 수행자는 깨어 있다'라고 말했다. 그것은 요가 수행자는 잠을 자지 않는다는 뜻이 아니다. 그도 역시 잠을 잔다. 그러나 그의 잠은 성질이 다르다. 그대의 잠은 무의식이라는 마약에 중독된 잠이다. 그러나 요가 수행자의 잠은 무의식이 없는 깊은 이완일 뿐이다. 그의 몸은 완전히 이완되어 있다. 그러나 그는 전체 상황을 완전히 인식하고 있다.

이 방편을 오늘 밤부터 실행하라. 그리고 아침에도 해보라. 그대가 어느 정도 이 방편에 숙달되면 일주일 치의 과거를 주말에 회상할 수 있다. 그때는 한적한 장소가 좋다. 하루 휴가를 내어 한적한 교외로 나가라. 나무 아래나 해변에 누워 태양과 모래를 느끼면서 기억을 더듬어 보라. 그리고 일주일 치에서 멈추지 말고 계속 그대의 과거 전부를 회상해 보라. 그대가 기억해 낼 수 있는 마지막 것에 이를 때까지 멈추지 말라.

그대는 놀랄 것이다. 평소에 그대는 4,5세 때까지의 기억밖에 갖고 있지 않다. 그것도 확실하지 않은 상태로 말이다. 그런데 그대는 망각의 장벽을 뚫고 들어간다. 그대는 이 방편을 통해 점점 장벽을 뚫어 갈 것이다. 그리하여 그대가 태어나는 날까지 다가갈 수 있다. 그것은 하나의 계시와 같은 것이다.

그리고 다시 모래와 태양의 현실 속으로 돌아오라. 그대는 다른 사람이 되어 있을 것이다. 만약 그대가 좀더 노력한다면 자궁의 장벽까지 뛰어넘을 것이다. 그래서 어머니의 자궁 속에서 보낸 9개월 간의 기억도 회상할 수 있다. 그것 역시 마음에 모두 기록되어 있다. 그대의 어머니가 침울할 때 그대 역시 침울함을 느꼈다. 그대의 어머니에게 무슨 일이 일어나든지 그것은 모두 그대에게 일어나는 것이었다. 그녀가 화가 나면 그대 역시 화가 났다. 그녀가 행복할 때 그대 역시 행복했다. 그녀가 칭찬을 받으면 그대 역시 우쭐해졌다. 그녀가 아프면 그대는 고통을 느꼈다.

그대의 기억이 자궁 속에 있었을 때까지 꿰뚫을 수 있다면 이제 그대는 제대로 들어섰다. 그렇게 되면 그대는 자궁에 들어가기 전의 마지막 순간에 대해서도 기억을 떠올릴 수 있다.

오직 이 기억 때문에 마하비라와 붓다는 전생의 삶에 대해서 말할 수 있는 것이다. 그들에게 환생이란 하나의 원리가 아니다. 그것은 깊은 심리적 체험이다. 만약 그대가 어머니의 자궁에 들어오기 전의 순간에 대해서 기억할 수 있다면 그때에는 더 많은 과거의 전생들을 기억할 수 있을 것이다. 한번 그 방법에 익숙해지면 그대는 쉽게 다른 전생들 속으로 들어갈 수 있다.

그리고 이것은 하나의 경험이다. 나는 지금 이론을 이야기하는 것이 아니다. 이 방편을 충실히 수행하면 점차 그대는 수많은 전생을 알게 될 것이고, 지금도 과거와 똑같이 넌센스를 반복하며 살고 있다는 사실을 깨닫게 될 것이다. 그것은 똑같은 양식을 반복하고 있다. 얼마나 어리석고 무의미한 일인가? 그대는 이제 자각해야 한다. 모든 것이 꿈이란 것을 말이다. 이제 더 이상 똑같은 전철을 반복하고 싶지 않은 것이다.

욕망이란 과거가 미래로 투사되는 것 외에 아무것도 아님을 알기에 욕망은 멈추게 된다. 욕망이란 그대의 과거 경험을 또 다시 반복하려는 것일 뿐이다. 그대가 상황 전체를 알지 못하는 한 그대는 욕망을 떠날 수 없다. 어떻게 그것을 떠날 수 있단 말인가? 과거는 거대한 장벽, 바위 장벽으로 거기에 있다. 그대의 머리 위에 있다. 오직 그대를 미래로만 향하게 밀고 있다. 욕망은 과거에 의해 만들어지고 미래 속으로 투사된다. 만약 그대가 과거를 꿈으로 알 수 있다면 모든 욕망이 힘을 잃게 될 것이다. 그것들은 낙엽처럼 떨어져 나갈 것이다. 그와 동시에 미래도 사라져 버린다. 그때 그대는 초월하게 된다.

23

그대 앞에 한 물건이 있다. 그것의 충만한 실재를 느껴라. 다른 모든 것은 사라지고 없다. 오직 그것만이 실재한다고 느껴라. 그리고 나서 그 두 가지 느낌, 부재감과 실재감 둘 다 떠나라. 그리고 실현시켜라.

그대 앞에 하나의 대상이 있다. 예를 들면 장미꽃 한 송이가 있다. 무엇이든지 좋다. 우선 그것을 느껴라. 그대는 한 송이의 장미꽃을 본다. 그러나 그대의 마음은 그것을 느끼지 못한다. 그렇지 않았다면 그대는 흐느끼거나 울부짖을 것이다. 혹은 웃거나 춤출 것이다. 그대는 그것을 느끼지 못하고 있다. 단지 보고만 있을 뿐이다. 보는 것은 완전하지 못하다. 그대는 결코 완전하게 볼 수 없기 때문이다. 과거의 기억은 말한다. 이것은 장미다. 그대는 그냥 지나친다. 그대는 그것을 진정하게 본 적이 없다. 마음은 그것이 장미라고 말해준다. 그대는 장미에 대해 모든 것을 안다. 그래서 그대는 장미를 보고도 그냥 지나친다. 장미에 대해 과거의 기억만 떠올리면 굳이 현재 존재해 있는 장미를 보지 않아도 되기 때문이다. 그대는 보는 것조차 완전하지 않다.

장미와 함께 남아 있으라. 그것을 보고 그것을 느껴라. 느끼기 위해서는 무엇을 해야 하는가? 먼저 눈을 감고 냄새를 맡아 보라. 그리고 만져 보고, 뺨에 대어 보라. 가슴에 대어 보라. 장미를 느껴 보라. 다른 모든 것은 잊어버려라. 온 세상을 잊어버려라. 그대 앞에 있는 장미만이 존재한다고 느껴라. 아직도 다른 것에 대한 생각이 남아 있다면 장미를 철저하게 느끼지 못한 것이다. 오직 장미, 장미, 장미밖에 없다. 다른 모든 것을 잊어버려라. 오직 장미꽃 한 송이만 남겨 두라. 장미 속으로 완전히 빨려 들어가라.

이것은 우리가 예민하지 않으면 어려운 일이다. 그러나 여성들에게는 그렇게 어렵지 않다. 그들은 쉽게 그것을 느낄 것이다. 남자들은 시인이나 예술가처럼 심미적인 감각이 없다면 좀 어렵다. 그러나 해보라. 아이들 또한 매우 쉽게 할 수 있다.

나는 이 방편을 내 친구 아들에게 가르쳤다. 그는 매우 쉽게 느낄 수가 있었다. 내가 그에게 장미 한 송이를 주면서 지금 한 말을 그대로 했다. 그러자 그는 바로 내 말대로 했고 깊이 들어가서 즐겼다. 그래서 나는 그에게 물었다.

"너는 어떻게 느끼고 있니?"

그가 말했다.

"나는 이제 장미꽃이 되었어요."

바로 그 느낌이다. 아이들은 매우 쉽게 느낀다. 하지만 우리는 그들을 절대로 훈련시키지 않는다. 만약 그렇게 했더라면 그들은 가장 뛰어난 명상가들이 될 수 있었다.

다른 사물에 대해서는 완전히 잊어버려라. 오직 그것만을 느껴라. 이것이 사랑에 빠졌을 때 일어나는 현상이다. 그대가 누군가와 사랑에 빠졌다면 그대는 온 세상을 잊어버린다. 오직 사랑하는 사람만 거기에 있다. 내가 사랑이 명상이라고 부르는 것도 이런 이유 때문이다. 그대는 이 방편을 사랑의 기술로 사용할 수 있다. 다른 모든 것에 대해서는 잊어버려라.

며칠 전에 한 친구가 그의 아내와 함께 왔다. 그의 아내는 어떤 것에 대해 불평을 하고 있었는데 그 때문에 온 것이다. 그 친구가 말했다.

"저는 일년 간 명상을 해왔는데 이제는 제법 깊이 들어갑니다. 그런데 저는 명상의 절정에 이르면 갑자기 '라즈니쉬, 라즈니쉬, 라즈니쉬' 하고 외치는 것이 제게 도움이 된다는 사실을 발견했습니다. 그런데 이상한 일이 벌어졌습니다. 제가 아내와 사랑을 한창 나누다가 절정에 이르면 저도 모르게 '라즈니쉬, 라즈니쉬, 라즈니쉬' 하고 외치게 됩니다. 이것 때문에 제 마누라는 산통이 다 깨진다고 불평합니다. 그녀는 이렇게 말합니다. '당신은 지금 나와 사랑을 하는 거예요? 아니면 명상을 하는 거예요? 도대체 무엇을 하고 있는 거예요? 갑자기 왜 라즈니쉬가 나오는 거예요?' 그래서 문제가 상당히 어렵게 됐습니다. 그렇게 외치지 않으면 절정에 이를 수가 없습니다. 그런데 마누라는 그 말만 들으면 김이 샌다며 마구 바가지를 긁습니다. 그러니 어떻게 해야 되겠습니까?"

물론 그의 아내가 불평하는 것은 하나도 잘못된 것이 아니다. 그녀는 그들 사이에 다른 사람이 끼어드는 것을 좋아하지 않는다. 사랑이 프라이버시를 필요로 하는 것도 바로 이 때문이다. 사랑은 절대적인 프라이버시이다. 그것은 다른 모든 것을 잊어버린다는 뜻이다.

유럽이나 미국에서는 그룹 섹스가 성행한다. 하지만 그것은 완전히 넌센스이다. 많은 커플들이 한 방에서 사랑을 나눈다는 것은 절대적으로 넌센스이다. 그때는 사랑에 깊이 들어가지 못한다. 그것은 단지 섹스의 향연일 뿐이다. 다른 사람이 옆에 있다는 것은 하나의 장벽이 된다. 그것은 결코 명상적인 상태가 될 수 없다.

어떤 대상과도, 장미꽃이나 바위와도 그대가 깊은 사랑에 빠지면 온 세상을 잊어버린다. 그때 조건은 그 대상만이 현존하고 다른 대상들은 모두 사라지도록 느끼는 것이다. 그대가 자연적으로 사랑에 빠지면 그것은 쉽게 이루어진다.

하지만 그대가 돌이나 바위를 두고 그렇게 하기는 쉽지 않다. 그런데 선사들은 그렇게 한다. 그들은 명상을 위해 정원에 바위를 갖다 놓았다. 그리고 동양에서는 돌을 모으는 취미가 있다. 그들은 돌과 사랑에 빠진 것이다. 돌과 사랑에 빠지면 그때는 사람이 방해물이 되지 않는다.

이제 그대는 사랑에 빠진 그 대상마저도 떠나야 한다. 경전에서는 부재감과 실재감 둘 다 떠나라고 말한다. 오직 이 바위, 이 장미꽃, 이 여자, 이 남자만이 존재했다. 다른 모든 것은 사라지고 없다. 그런데 이것마저 떠나게 되면 갑자기 그대는 텅 빈 허공 속에 떨어진다. 그리고 시바가 말한 '실현하라'는 말은 이 허공(虛空)을 실현하라는 뜻이다. 이 무(無)를 실현하라는 것이다. 이것이 바로 그대의 본질이며 순수한 존재이다.

무(無)나 공(空)에 직접 접근하는 것은 어렵다. 그래서 그대는 하나의 대상을 통해서 접근하게 된다. 그러므로 먼저 마음속에 하나의 대상을 정하고 그 대상에만 몰입하라. 다른 모든 것은 잊어버려라. 그대의 의식이 오직 하나의 대상으로만 가득 차게 될 때 그것마저 떠나라. 그것마저 잊어버려라.

그대는 심연 속으로 떨어질 것이다. 이제 아무것도 남아 있지 않다. 그 어떤 대상도 말이다. 오직 그대라는 주체만이 있다. 깨끗하고 물들지 않은 순수한 존재만이 있다. 그것은 순수 의식이며 그대의 본질, 그대의 실체이다. 여기에 이르기 위해 그대는 몇 가지 단계를 거쳐야 한다. 그것은 실재감을 느끼기 위한 것이다.

첫째 실재감을 완전히 느끼는 데는 며칠 아니면 몇 주가 걸릴 것이다. 그때 한 가지 대상을 정해 놓고 그것에 대해 계속 집중하라. 대상을 바꾸지 말라. 처음 정한 대상을 끝까지 집중하라. 만약 그대가 장미꽃을 정했다면 끝까지 장미꽃만을 집중의 대상으로 삼아라. 그리고 매일 아침 '나는 이제 장미꽃이다'라고 말하라. 이렇게 해서 며칠이 지나면 그대는 점점 장미꽃에 밀착된다. 그러면 억지로 노력할 필요가 없다. 그저 장미꽃만 생각해도 그 속으로 빨려 들어간다. 그때 갑자기 오직 장미꽃만 남고 다른 모든 것은 사라진다. 온 세상이 사라진다. 이것이 첫 단계이다. 아마 그대도 우연히 이 단계를 경험해 보았을 것이다. 그대가 좋아하는 물건이나 애완동물, 아니면 사랑하는 누군가에 대해서 말이다.

그러면 둘째 단계로 넘어가라. 눈을 감고 장미꽃에 대해서 잊어버려라. 만약 그대가 첫 단계를 확실히 거쳤다면 둘째 단계는 어렵지 않을 것이다. 그대는 장미꽃을 위해서 다른 모든 것을 잊을 수 있었다. 그리고 이제 무(無)를 위해서 장미꽃을 잊을 수 있다. 첫째 단계는 그대의 노력이 필요했다. 그런데 마음은 항상 조급하기 마련이다. 그대가 첫째 단계를 연습할 때 마음은 이렇게 말한다. '이것은 마지막 단계가 아니다. 이것은 준비에 불과하다. 빨리 마지막 단계로 넘어가라.' 하지만 첫째 단계를 확실하게 거치지 않으면 둘째 단계는 쉽게 넘어가지 못한다. 그러므로 첫 단계를 완성하라. 그리고 나서 둘째 단계로 넘어가라. 그러면 대상은 더 이상 거기에 없다. 오직 그대의 의식만이 빛처럼, 순수한 불꽃처럼 남아 있다.

그대는 등잔을 갖고 있다. 그 등잔의 불빛이 여러 가지 사물에 비추어져서 사물이 보이기 시작한다. 그대의 방 안에는 여러 가지 물건이 많지만 어둠 속에서는 아무것도 보이지 않는다. 그때 그대의 등잔이 빛을 발하면 모든 것이 보인다. 이제 그 사물들을 하나하나 제거하고 나면 오직 빛만 남게 될 것이다.

이것이 바로 이 방편을 통해서 마지막에 남게 되는 그대의 의식이다. 그대의 의식은 빛이며 불꽃이다. 이 세상은 방 안의 사물이다. 그대는 먼저 하나의 대상을 골라 집중하라. 그러면 다른 물건은 모두 사라지게 될 것이다. 그리고 나머지 하나 남은 대상마저 버려라. 그러면 갑자기 의식만이 남게 될 것이다. 붓다는 그것을 '니르바나'라고 불렀고, 마하비라는 '카이발리아'라고 불렀다. 우파니샤드는 그것을 '브라흐만' 혹은 '아트만'의 체험이라고 부른다. 그리고 시바는 이 한 가지 방편만을 수행할 수 있어도 지고의 존재를 실현하게 되리라고 말한다.

24

> 어떤 사람을 반대하거나 찬성하고 싶은 감정이 일어날 때 그 기분을 그에게 투사하지 말고 오직 자신의 중심에 머물러 있게 하라.

만약 누군가에 대해 증오나 반대 감정이 일어나면, 혹은 사랑의 감정이 일어나면 그때 무엇을 어떻게 하는가? 우리는 그 감정을 그 사람에게 투사한다. 만약 그대가 나에게 증오를 느낀다면 그대는 증오의 감정 속에서 자신을 완전히 잊어버린다. 나는 그대의 대상이 되었다. 그때 그대는 사랑이든 미움이든 무슨 감정이든지 나에게 투사한다. 하지만 경전에서는 말한다. 그대가 무슨 감정을 느끼든지 그것을 다른 사람에게 투사하지 말라고 말이다. 기억하라. 그대는 그런 감정의 원천이다.

예를 들어 내가 그대를 사랑할 때 대개의 사람들은 그대가 내 사랑의 원천이라고 느낀다. 하지만 그렇지 않다. 전혀 반대이다. 내 감정의 원천은 바로 나 자신이다. 그대는 그저 영사막에 불과할 뿐이다. 내 감정을 투사하는 스크린인 것이다. 그대는 사랑의 감정을 타인에게 투사하면서 '당신이야말로 내 사랑의 원천이다' 라고 말하고 있다. 이것은 사실이 아니다. 이것은 허구이다. 그대는 그대 자신의 사랑 에너지를 끌어올려 상대방에게 투사하는 것이다. 그때 상대방은 그대의 눈에 아름답게 보인다. 만약 그대 사랑의 근원이 그대의 연인에게 있다면 그때는 그대뿐만 아니라 이 세상 모든 사람들이 그대의 연인을 사랑해야 한다. 그것이 당연하지 않는가? 하지만 그대의 연인을 쳐다보고 반하는 사람은 그대 외에 아무도 없다. 이게 무슨 일인가? 결국 그대는 아무 상관도 없는 사람에게 그대의 감정을 투사하고 그를 사랑하거나 미워하는 것이다.

그래서 '밀월'이라는 것이 있기 마련이다. 그때 달은 꿀처럼 달게 느껴진다. 그 달빛을 받은 온 세상이 다르게 보인다. 놀라운 밤이다. 기적적인 밤이다. 하지만 그것은 그대에게만 그러하다. 이웃집 사람에게 물어보라. 달이 그토록 황홀하고 아름다운지 말이다. 달은 변하지 않았다. 그대의 마음이 변한 것이다. 달은 그저 그대의 감정이 투사되는 영사막일 뿐이다.

경전에서는 말한다. 그대가 어떤 기분을 느낄 때 그것을 타인에게 투사하지 말라고, 오직 그대의 중심에 자리를 잡고 거기에 머무르라고 말이다. 기억하라. 그대 자신이 그 감정의 원천이다. 다른 곳으로 가지 말고 근원으로 가라. 그대가 증오를 느낄 때 대상으로 눈길을 던지지 말라. 증오가 생겨나는 그 점으로 들어가라. 그것은 그대 속에 있다. 그대의 증오나 사랑, 분노 등의 감정을 근원에 이르는 내면의 여행으로 삼아라.

이것은 매우 과학적인 심리요법이다. 어떤 사람이 그대를 욕한다. 분노가 갑자기 폭발한다. 그대는 흥분해 있다. 분노는 그대를 욕한 사람에게 흘러간다. 이제 그대는 그에게 분노를 투사한 것이다. 물론 그가 먼저 자신의 감정을 그대에게 투사한 것이다. 그래서 그대 속에 있는 분노의 감정을 촉발시켰다. 그러나 분노는 그대의 것이다. 만약 그가 붓다에게 가서 욕을 한다면 그는 붓다에게서 아무런 분노도 촉발시키지 못한다. 만약 예수에게 간다면 예수는 그에게 다른 뺨을 내어 줄 것이다. 만약 달마 대사에게 간다면 큰소리로 웃어젖힐 것이다.

다른 사람이 근원이 아니다. 근원은 언제나 그대 속에 있다. 단지 타인은 그 근원에 자극을 줄 뿐이다. 그대가 화내지 않으면 화가 나올 수 없다. 붓다를 때려 보라. 붓다에게서는 오직 자비심만이 나올 것이다. 분노가 나올 수 없다. 분노는 거기에 없기 때문이다. 물이 가득 찬 우물에 두레박을 던져서 퍼 올리면 물이 담겨 나온다. 두레박은 단지 물을 퍼 올리는 역할만 할 뿐이다. 두레박이 물의 근원은 아니다. 타인의 욕이 분노의 근원이 아니다. 그대 속에 가득 찬 것이 그의 욕을 계기로 터져 나온 것일 뿐이다.

이 방편을 수행하기 위해서는 이 점을 기억해야 한다. 그대는 다른 사람에게 투사하는 모든 감정의 근원이라는 사실을 말이다. 어떤 사람에 대해서 반대나 증오의 감정이 생길 때 즉시 그대의 중심으로 향하라. 상대방은 그대에게 자신의 감정을 인식할 수 있는 기회를 준 것이다. 그때 그대는 외부로 향할 것이 아니라 내면으로 들어가야 한다. 내면으로 들어가면 그대는 감정의 근원을 발견하게 될 것이다.

모든 감정이 그 근원에서 나온다. 그리고 그대가 화를 내려는 순간 그것이 기회이다. 그때 그 근원으로 들어가기가 쉽다. 왜냐하면 그대가 화를 내는 순간 그대는 뜨겁다. 열을 받은 것이다. 그러면 뜨거운 통로를 따라 내면으로 들어가면서 시원한 점을 만나게 될 것이다. 그대는 갑자기 전혀 다른 차원을 깨닫게 될 것이다. 그대 앞에 전혀 다른 세계가 펼쳐질 것이다. 분노를 사용하라. 증오를 사용하라. 그리하여 내면으로 들어가라.

우리는 항상 타인을 탓하며 감정을 외부로만 투사했다. 하지만 거기에는 아무런 근원도 없다. 결국 공허함을 느끼고 좌절한다. 우리는 분노했을 때 사물을 인격체처럼 대한다. 미운 사람의 구두를 집어 던진다. 무슨 행동을 하고 있는가? 나는 문에 대해서 분노하는 사람을 보았다. 문을 세게 밀치고 닫으며 문을 꾸짖고 욕설까지 퍼부었다. 도대체 그는 무슨 행동을 하고 있는 것인가? 장자(莊子)에 나오는 아름다운 일화 하나가 생각난다.

장자는 강에서 홀로 나룻배를 타고 명상에 잠기곤 했다. 어느 날 그는 여느 때처럼 눈을 감고 배 위에 앉아서 한참을 명상에 잠겨 있었다. 그런데 어떤 배가 그의 배를 부딪쳐 왔다. 장자는 화가 불쑥 치밀었다. 그는 눈을 감고 생각했다.

'이 사람은 무례한 사람이다. 내가 눈을 감고 명상을 하고 있는데 어떻게 나의 배에 일부러 충돌한단 말인가?'

그는 화를 내면서 눈을 떴다. 그리고 배를 보면서 막 소리를 치려고 했다. 그런데 그 순간 그 배는 비어 있었다. 아무도 타지 않은 빈 배였다. 그저 강물을 타고 그냥 떠내려 온 것이다. 순간 장자는 부끄러움을 느꼈다.

그대가 빈 배를 향해 화를 낸다면 그대는 분명히 미친 사람이다. 후에 장자는 그의 제자들에게 이렇게 말했다.

"그때 나는 눈을 감았다. 분노가 거기에 있었다. 나는 분노와 함께 그냥 떠내려갔다. 그리하여 빈 배 때문에 나는 근원에 이를 수가 있었다. 캄캄한 밤중을 헤매던 나는 내면의 빛에 도달하게 되었다. 빈 배는 나의 깨달음이 되었다. 나의 스승이 되었다. 이제 어떤 사람이 나를 욕한다면 나는 웃을 것이다. 나는 그 배는 빈 배라고 말할 것이다. 나는 눈을 감고 내면으로 들어갈 것이다."

이 방편을 이용하라. 그대에게 기적을 일으킬 것이다.

〈질문〉

"당신께서 강의하신 마지막 방편에서 감정을 타인에게 투사하지 말라고 했는데 그러면 자신의 분노나 증오감을 억누른다고 느껴집니다. 자신의 감정을 억누르지 않고 자유롭게 이 방편을 수행할 수 있는 방법이 있는지 명확하게 설명해 주십시오."

방출과 억압은 동전의 양면이다. 그것들은 서로 정반대의 것으로 보이지만 사실 하나도 다르지 않다. 감정을 방출하는 것이나 감정을 억누르는 것은 둘 다 다른 사람이 중심이 되어 있다.

그대는 화가 난다. 그대는 화를 억누른다. 혹은 그대는 화를 방출한다. 다시 그대는 화를 억누른다. 그러나 화는 그것을 방출하거나 억누르는 것에 관계없이 이미 상대방에게 투사한 것이다.

이 방편은 억누르기 위한 것이 아니다. 이 방편은 방출이나 억압의 본질을 변화시키려는 것이다. 이 방편은 타인에게 감정을 투사하지 말라고 말한다. 방출을 하거나 억압을 하거나 감정의 원천은 그대에게 있다. 중요한 것은 이 감정이 발생하는 곳이 어딘지를 아는 것이다. 그대는 감정이 일어나는 원천을 찾아서 중심으로 이동해야 한다. 그대가 감정을 억누를 때 그것은 중심으로 이동하는 것이 아니라 방출하려는 마음과 투쟁을 하고 있는 것이다. 분노는 이미 머리 끝까지 올라가 있다. 보통 여기서 두 가지를 할 수 있다. 이것을 억누르든지 아니면 다른 사람에게 퍼붓든지 하는 것이다. 내가 보기에는 이 두 방식 모두가 원천으로 향한 것이 아니라 표면으로 향해 있다.

이 방편은 타인에 대해서는 완전히 잊어버리는 것이다. 그대의 분노 에너지가 일어나고, 원천을 찾아 다시 그대 속으로 들어가는 과정을 지켜보는 것이다. 분노에 대해서 뭔가를 하려고 하지 말라. 기억하라. 분노를 터뜨리는 것은 그대가 분노에 대해서 뭔가를 한 것이다. 억압 역시 분노에 대해서 뭔가를 했다. 분노에 대해서 아무것도 하지 말라. 그것을 붙잡지 말라. 단지 하나의 길로 사용하라. 분노를 따라 들어가면 분노가 나온 원천에 이를 것이다. 그대가 그 원천을 발견하는 순간 중심에 이르는 것은 매우 쉽다. 따라서 분노는 이용되어야 하는 것이다. 그것은 원천을 찾는 길이 되는 것이다. 다른 감정들도 마찬가지다.

억압하면 그때는 원천을 찾을 수가 없다. 잠시 동안은 억압이 통할지도 모른다. 하지만 곧 그것은 폭발할 것이다. 터져 나오는 에너지와 싸울 수가 없기 때문이다. 물론 그대는 'A'라고 방출하지 않고 'B'나 'C'로 방출할 수도 있다. 그대보다 약한 사람을 만나면 그대는 힘으로 방출할 것이다. 그대가 그것을 방출하지 않는 한 그대는 긴장을 풀지 못하고 계속 중압감을 느낀다.

언제까지나 억압할 수는 없다. 결국 그대는 그것을 어디에선가 방출시켜 버린다. 억압은 방출을 연기한 것일 뿐이다.

그대는 그대의 상사에게 화가 난다. 하지만 그대는 그것을 표현할 수 없다. 그것은 경제적이지 못하다. 그대는 참아야 한다. 그대의 아내나 아이들에게 풀 수 있을 때까지 기다려야 한다. 그리고 집에 도착하는 순간 그대는 트집을 잡아야 한다. 인간은 합리적인 동물이기 때문이다. 그래서 화를 낼 이유를 잡게 되면, 그것이 아무리 사소한 것이라도 상관없다. 이제 그대는 화를 방출시킬 정당한 이유가 있는 것이다. 그리고 마음껏 화를 낸다.

억압은 미루는 것일 뿐이다. 그대는 몇 달 혹은 몇 년을 연기시킬 수 있다. 아는 사람은 이렇게 말한다. 몇 생애를 연기할 수 있다고 말이다. 그러나 이 방편은 억압이나 방출과는 전혀 상관이 없다. 이 방편은 그대의 기분, 그대의 에너지, 그대의 감정을 그대의 내면으로 들어가는 길잡이로 이용하는 것이다.

구제프는 이 방편을 잘 사용했다. 그는 먼저 그대가 화를 내도록 상황을 만든다. 그는 제자들과 함께 앉아 있다. 그러면 그대가 들어간다. 그대는 거기에서 무슨 일이 벌어질 것인지 잘 모른다. 하지만 그들은 그대를 화나게 하는 행동을 할 것이다. 그대가 하는 말에 조소를 보내고 그대에게 모욕감을 준다. 그러면 그대는 화가 나기 시작한다. 구제프는 그대의 상황을 면밀하게 주시하다가 화가 터져 나오려는 순간 그대에게 이렇게 말한다.

"눈을 감아라. 그대의 분노를 인식하라. 내면으로 들어가라."

바로 그때 그대는 이 모든 상황이 미리 계획된 것임을 깨닫는다. 아무도 그대를 모욕하는 것에 관심이 없다. 그것은 한 편의 연극일 뿐이다. 싸이코 드라마인 것이다. 그러나 분노는 일어난다. 그대는 전모를 알았지만 에너지는 갑자기 사라지지 않는다. 이제 그대는 원천으로 떨어지는 에너지와 함께 내려갈 수 있다. 이 에너지는 그대로 하여금 그것이 어디에서 나왔는지 가르쳐 줄 것이다. 이것은 명상의 가장 성공적인 방법 중의 하나다.

어떤 분위기를 조성하라. 어떤 감정이라도 좋다. 그때 그대는 다른 것은 모두 잊어버린다. 그리고 어떤 것도 억압하지 않는다. 그대는 내면에서 솟구치는 에너지를 타고 내려가기만 하면 된다. 모든 에너지는 원천에서 올라온다. 그래서 그대는 그것을 길잡이로 이용할 수 있는 것이다. 그대가 원천에 이르게 될 때 에너지는 원천 속으로 사라질 것이다. 그것은 억압이 아니다. 에너지는 본래의 원천으로 돌아간 것뿐이다. 이제 그대는 자신의 몸과 마음과 에너지의 마스터가 되었다. 이제 그대는 그대의 에너지를 분산시키지 않을 것이다.

한번 그 원리를 알게 되면 어떤 억압이나 방출도 필요 없다. 지금 이 순간에 그대는 화나지 않았다. 그런데 내가 무슨 말을 하면 그대는 화를 낸다. 그때 이 에너지는 어디에서 나오는가? 바로 조금 전에는 그대가 화를 내지 않았다. 그러나 에너지는 그대 안에 있다. 이 에너지가 다시 원천으로 내려갈 수 있다면 그대 역시 조금 전의 순간으로 되돌아갈 수 있다.

이것을 기억하라. 에너지는 중립적인 것이다. 그것은 사랑도 미움도 분노도 아니다. 그것은 오직 에너지일 뿐이다. 같은 에너지가 분노도 되고 섹스도 되며 사랑도 된다. 같은 에너지에 다른 모양을 준 것은 바로 그대 자신이다.

그리고 명심하라. 그대가 깊은 사랑에 빠지면 분노로 방출될 에너지가 없다. 그대가 전혀 사랑하지 않는다면 그때는 분노로 방출될 에너지가 얼마든지 있다. 그래서 그대는 화를 낼 상황을 찾아 헤매게 된다. 만약 그대의 에너지가 섹스를 통해서 방출된다면 그대는 덜 폭력적으로 변한다. 만약 그대의 에너지가 섹스를 통해 방출되지 않으면 그때는 그대가 폭력적으로 변할 것이다. 섹스로 흘러갈 에너지가 남아 있기 때문이다. 군대에서는 병사들에게 섹스를 허용하지 않기 때문에 그곳은 매우 폭력적이다. 만약 병사들에게 섹스를 허용한다면 그 군대는 싸울 힘이 없어지고 만다.

정신 문명이 발달한 나라는 야만적인 나라와의 전쟁에서 반드시 질 수밖에 없다. 야만적인 나라에서는 에너지를 전쟁 말고는 발산할 길이 없기 때문이다. 하지만 문화가 발달한 나라는 모든 사람의 성적 욕구가 충족되어 있다. 그들은 싸움에 쏟을 에너지가 남아 있지 않다. 만약 세계 평화를 원한다면 그때는 섹스의 자유를 부르짖어라. 만약 전쟁을 원한다면 섹스를 엄격하게 금지하라. 성을 억압하라.

그래서 매우 역설적인 상황이 벌어지고 있다. 소위 성자로 불리우는 사람들은 계속 세계 평화를 부르짖고 있다. 동시에 섹스를 반대하는 이야기도 계속하고 있다. 그들은 금욕적인 분위기를 만들고 있는 것이다. 그러면서 동시에 세계 평화를 외치고 있다. 하지만 이것은 정말로 넌센스이다. 차라리 히피들의 말이 훨씬 옳다. 그들의 표어는 '사랑은 자유롭게, 전쟁은 원치 않는다'이다. 그대가 성적 욕구를 충족시키면 전쟁을 할 수가 없다.

성을 억압하는 수행자들이 그토록 폭력적이고 과격한 것도 바로 이 때문이다. 그들은 무슨 이유가 있어서 화를 잘 내는 것이 아니다. 항상 에너지가 부글부글 끓고 있는 것이다. 그 에너지가 원천으로 떨어지지 않는 한 브라흐마챠리아는 없다. 진정한 독신 수행이란 불가능한 것이다. 그대는 섹스를 억누를 수는 있다. 그때 에너지는 폭력적으로 변할 것이다. 만약 섹스 에너지가 원천으로 돌아가면 그대는 어린아이같이 될 것이다.

어린아이도 섹스 에너지를 갖고 있다. 그대보다 더 풍부하다. 그러나 그것은 원천 속에 있다. 그것은 아직 육체로 이동하지 않았다. 시간이 지나야 할 것이다. 모든 호르몬 샘이 성숙되어지면 그때 섹스 에너지가 이동할 것이다. 왜 어린아이들이 순수하게 보이는가? 에너지가 아직 원천 속에 있기 때문이다. 깨달음을 얻은 사람도 마찬가지이다. 그들은 에너지가 근원으로 돌아갔다. 그래서 그들은 어린아이처럼 순수해진 것이다. 그것은 예수가 '어린아이같이 되지 않으면 천국에 들어갈 수 없다'라고 한 말과 같은 맥락이다.

신의 나라, 천국으로 들어갔다는 말을 과학적으로 풀이하면 그대의 에너지가 원천으로 돌아갔다는 뜻이다. 그대가 에너지를 방출하면 그것은 외부로 떠다닌다. 그렇게 되면 하나의 통로를 만든 것이다. 그리고 그 통로로 계속 에너지를 방출한다. 만약 억압하면 그때에도 에너지는 원천으로 돌아가지 못한다. 그것은 밖으로 나가지도 못한다. 어중간한 상태에서 대기하고 있는 것이다. 대기하고 있는 에너지는 하나의 짐이 된다.

그래서 그대가 에너지를 방출하고 나면 개운함을 느낀다. 그대가 섹스를 통해 에너지를 방출하면 쾌감을 느낀다. 그대가 뭔가를 부수면 증오의 감정이 사라진다. 왜인가? 대기하고 있는 에너지는 짐스럽기 때문이다. 그대의 마음은 뭔가에 짓눌린 듯하다. 그것을 원천으로 돌리든지 외부로 방출하든지 둘 중에 하나를 해야 한다. 이 두 가지 외에 다른 방법은 없다.

만약 그것이 원천으로 되돌아가면 그것은 녹아 사라진다. 에너지가 원천에 있을 때에는 형태가 없다. 예를 들어 전기 자체는 형태가 없는 것처럼 말이다. 그것이 그대의 마음으로 들어올 때 그것은 하나의 메커니즘을 갖게 되고 그로 인해 수천 가지 형태를 띠게 된다.

분노도 하나의 메커니즘이고 섹스도 그러하다. 사랑도 하나의 메커니즘이다. 증오도 물론 그렇다. 에너지가 증오의 통로로 들어오면 그것은 증오가 된다. 같은 에너지가 사랑의 통로로 들어오면 그것은 사랑이 된다. 그것이 원천으로 돌아가면 그저 아무 형태도 띠지 않게 된다. 그것은 사랑도 분노도 섹스도 아닌 순수 에너지 그 자체이다. 그래서 붓다는 어린아이처럼 순수하게 보이는 것이다.

방출하지 말라. 그대는 에너지를 낭비하고 있으며 다른 사람까지도 낭비하게 만든다. 억압하지도 말라. 결국 한꺼번에 방출하고 말기 때문이다. 그러면 어떻게 해야 하는가? 그대는 이 방편을 통해서 에너지를 원천으로 돌아가게 해야 한다. 그러면 기적이 일어날 것이다. 그대는 완전히 다른 사람으로 변하고 만다. 그대는 쓸데없이 에너지를 방출하지 않게 될 것이다.

붓다는 그대가 화를 내는 것은 다른 사람의 잘못 때문에 자신을 벌하는 어리석은 행위라고 말했다. 타인이 그대를 욕했다. 그것은 그의 행동이다. 그런데 그대는 화를 냄으로써 자신을 벌한다. 그대는 자신을 변형시키는 데 사용할 에너지를 엉뚱한 곳에다 방출해 버린 셈이다.

이제 화를 내는 것은 나쁜 것이라는 사실을 그대는 알았다. 그래서 될 수 있으면 화를 참으려고 한다. 그대는 분노를 억압하기 시작한다. 그것은 마치 화산 위에 앉아 있는 것과 같은 상황이다.

그것은 조만간 폭발할 것이다. 그대는 하루 종일 분노를 모으고 있다. 한달 간의 분노를 모으고 있다. 이제 일년 동안의 분노를 모았다. 그리고 일생 동안의 분노를 모은 것이다. 그대는 여러 생을 그렇게 살아왔다. 그대는 억눌린 분노로 가득 차 있다. 그대는 이제 그것이 한꺼번에 폭발할까봐 매우 두려워한다. 매순간이 내적 갈등과 긴장 속에 있게 된다.

심리학자들은 억압하는 것보다는 방출하는 것이 훨씬 건강에 좋다고 말한다. 그러나 나는 말한다. 억압과 방출 둘 다 어리석은 행위이다. 방출하는 것은 다른 사람을 해치는 것이고 억압하는 것은 자신을 해치는 것이다. 나는 말한다. 차라리 근원으로 돌아가라고. 그렇게 되면 그대는 화를 낼 때보다 더욱 생기가 넘치게 된다. 아무런 형태도 띠지 않은 채 그대는 강렬한 생명력을 갖게 될 것이다. 모든 사람들이 그대의 현존에 영향을 받게 될 것이다. 그대는 다른 사람을 지배할 필요가 없다. 그저 존재하기만 하라. 그들은 강력한 에너지의 원천을 느끼게 될 것이다.

어떤 사람이 붓다에게 가면 그는 강력한 에너지의 원천 때문에 갑자기 그의 에너지 상태가 변하는 것을 느끼게 될 것이다. 그대가 붓다에게 가까이 가는 순간 그대는 강력한 자력에 이끌리게 된다. 붓다의 현존은 형태를 띠지 않은 원초적인 에너지 때문에 그 곁에 있는 사람의 에너지 중심을 자극하게 된다. 그것이 바로 진정한 카리스마인 것이다.

붓다는 깨달음을 얻었다. 그가 깨달음을 얻기 전에 그에게는 다섯 명의 제자들이 있었다. 그들은 모두 지독한 고행주의자들이었다. 붓다 자신도 매우 위대한 고행주의자였다. 그는 수많은 방법으로 자신의 몸을 학대하고 고통을 주었다. 그의 그런 지독한 고행에 감명을 받아 다섯 명의 제자들이 그를 따랐다. 하지만 어느 날 붓다는 그것이 정말로 어리석고 아무 의미 없는 짓임을 깨닫게 되었다. 자신의 몸을 학대해서는 결코 깨달음에 이를 수 없는 것이다. 그는 이 사실을 깨닫자 고행의 길을 버렸다. 그리고 다섯 명의 제자들은 즉시 그를 떠났다. 그들은 이렇게 말했다.

"당신은 타락했다. 당신은 더 이상 수행자가 아니다."

붓다가 깨달음을 얻었을 때 그가 처음으로 생각한 사람들은 이 다섯 명의 제자들이었다. 그는 그들에게 의무감을 느꼈다. 그래서 그들을 찾았다. 그는 비하르에서 부다가야로 베나레스를 거쳐 사르나쓰로 갔다. 그들은 사르나쓰에 있었다.

때는 저녁이었다. 태양은 지고 다섯 수행자는 언덕 위에 앉아 있었다. 그들은 붓다가 오는 것을 보고 말했다.

"타락한 고오타마가 온다. 우리는 그를 존경할 필요도 쳐다볼 필요도 없다."

그들은 붓다가 오는 것을 보고도 못본 척하기 위해 눈을 감고 앉아 있었다. 그런데 붓다가 점점 가까이 다가오자 다섯 수행자들은 마음속에서 어떤 변화가 일어나고 있음을 느끼고 있었다. 붓다가 가까이 다가오자 그들은 모두 갑자기 눈을 뜨고 그의 발 앞에 엎드렸다. 그러자 붓다가 말했다.

"왜 이렇게 하는가? 그대들은 나를 존경하지 않기로 결심하지 않았는가?"

그러자 그들이 말했다.

"우리가 일부러 한 것이 아닙니다. 이것은 저절로 일어난 일입니다. 당신은 뭔가를 성취하셨습니까? 우리를 끌어당기는 힘이 당신에게서 나옵니다. 혹시 우리에게 최면을 걸었습니까?"

붓다가 말했다.

"아니다! 나는 그대들에게 아무것도 하지 않았다. 그러나 어떤 일이 나에게 일어났다. 나의 모든 에너지가 원천으로 돌아갔다. 그래서 내가 움직일 때마다 갑자기 자력이 느껴지는 것이다."

오늘은 이만!

정지(靜止) 명상법

"스톱!" 그 상태에서는 숨조차 쉬지 마라.
지금까지와는 전혀 다른 차원을 느낄 것이다.
동시에 그대는 자신의 중심으로 돌아온다.

정지(靜止) 명상법

25

그대가 어떤 행위를 하고 싶은 충동이 일어날 때,
바로 그 순간 정지하라!

26

어떤 욕망이 다가올 때, 그 욕망을 주시하라.
그리고 갑자기 그 흐름을 멈추어라.

27

지쳐 나자빠질 때까지 한없이 걸어라.
그러면 결국 쓰러질 것이다.
그 순간 그대는 전체가 되리라.

삶에는 두 가지 균형이 있다. 그것은 바로 존재(being)와 행위(doing)이다. 존재는 그대의 본질이다. 존재는 언제나 그대와 함께 있다. 그대는 그것을 얻기 위해서 아무런 노력도 할 필요가 없다. 그대 자신이 바로 그것이다. 그래서 그것은 그대에 의해서 소유될 수 없다. 그대와 존재 사이에는 어떤 간격도 없다. 그대는 바로 존재다. 그러나 행위는 그대가 성취하는 것이다. 행위는 그대가 저지르기 전에는 일어나지 않는다. 그대가 저지르고 나서야 그것은 일어난다. 그래서 행위와 존재는 완전히 다른 것이다.

그대의 육체를 살아 있게 하려면 그대는 많은 행위를 해야 한다. 그러나 그 행위 때문에 그대는 자신의 존재를 아는 데 어려움을 느낄 것이다. 행위는 그대의 존재를 둘러싼 주변이 될 것이다. 그리고 그대는 이 주변을 통해서 살게 된다. 이러한 주변이 없다면 그대는 생을 꾸려나갈 수가 없다. 그러나 그것은 단지 주변일 뿐이다. 그것은 그대가 아니다. 그것은 중심이 아니다. 그리고 그대가 가진 소유(having)는 무엇이든지 그대의 행위(doing)의 결과일 뿐이다. 그러므로 그대의 중심은 행위와 소유라는 주변으로 둘러싸여 있다.

이 방편을 사용하기 전에 먼저 알아야 할 것이 있다. 그대 자신이 무엇을 하든지 그 행위는 그대의 존재가 아니라는 것이다. 할 수 있다는 것은 이미 존재가 아니다. 그대의 존재(being)는 모든 행위(doing)에 우선한다. 그리고 모든 행위는 소유(having)에 우선한다. 하지만 그대의 마음은 항상 이 행위와 소유에만 휘말려 들고 있다. 마음을 넘어선 곳과 마음의 뿌리 아래에는 그대의 존재가 있다. 그래서 모든 종교의 목적은 '어떻게 하면 그대 자신의 중심, 그대의 존재에까지 이를 수 있느냐?' 하는 것이다. 이것은 또한 궁극을 찾는 구도자들의 과제이기도 하다.

이 중심과 주변의 구분을 이해하지 못한다면 그대는 결코 지금 우리가 이야기하려는 이 '정지'에 관한 구절들을 이해하지 못할 것이다.

그래서 이것의 차이를 이해해야 한다. 돈, 지식, 명예, 권력 등등 그대가 갖고 있는 것이 무엇이든지 그것은 그대 자신이 아니다. 그것들은 그대가 가진 소유물이며 그대는 그것들과 다르다.

두번째로 그대가 하는 것이 무엇이든지 그 행위는 그대의 존재가 아니다. 그대는 그것을 할 수도 있고 안할 수도 있다. 그대는 달릴 수도 있고 천천히 걸을 수도 있다. 그것은 그대가 선택하는 것이다. 그러나 그대 자신에 대해서는 선택의 여지가 없다. 그대는 그대의 존재를 선택할 수 없다. 그대는 이미 거기에 있다.

행위는 하나의 선택이다. 그대는 선택할 수도 있고 안할 수도 있다. 성자가 도둑이 될 수 있고 도둑 역시 성자가 될 수 있다. 성자의 기질과 도둑의 기질은 두 가지 행위일 뿐이다. 그래서 그대의 기호나 기질은 변화할 수 있다. 그것은 그대의 존재가 아니기 때문이다. 하지만 그대의 존재는 변화할 수가 없다. 그대 자신은 다른 사람이 될 수 없다. 그대는 항상 그대일 수밖에 없는 것이다.

그대가 무엇을 하든지 이미 그대 자신은 거기에 있다. 그렇지 않다면 어떻게 그것을 하겠는가? 누가 달리고 누가 웃으며 누가 도둑질을 하는가? 누가 성자가 되는가? 존재는 항상 모든 행위에 앞서 있다. 그리고 행위는 선택의 여지가 있지만 존재는 선택의 여지가 없다. 그대는 선택하는 자신을 선택할 수 없다. 자신은 이미 거기에 있다. 그대는 자신 자체를 어떻게 할 수 없다. 이 점을 명심하라. 소유와 행위는 항상 그대의 중심을 둘러싼 주변일 뿐임을. 그리고 그대가 바로 중심임을 말이다.

이 중심이 바로 진아(眞我)이다. 그대는 그것을 아트만(Atman), 혹은 그대가 좋아하는 무슨 이름으로도 부를 수 있다. 이 중심이 그대의 가장 깊은 본질이다. 어떻게 이곳에까지 도달할 수 있겠는가? 사람이 거기에까지 도달하지 않는 한, 그래서 그것을 깨달아 알지 못하는 한 결코 영원한 축복의 상태에 이를 수 없다. 죽음이 없는 열반의 세계를 결코 알 수 없다. 신성을 알 수 없는 것이다. 사람이 이 중심을 깨닫지 못하는 한 그는 언제까지나 불행과 고통과 분노 속에 머물러 있을 것이다. 그의 주변은 지옥이 될 것이다. 그래서 이 중심으로 들어가려면 그대는 다음의 방편을 수련해야 한다.

25

그대가 어떤 행위를 하고 싶은 충동이 일어날 때,
바로 그 순간 정지하라!

이 방편의 요점은 행위하는 중간에 정지하는 것이다. 구제프는 이 정지 명상법을 서양에 널리 알렸다. 물론 그는 이 명상법이 비그야나 바이라바 탄트라에서 나왔다는 것을 알지 못했다. 그는 이 방편들을 티벳의 라마승에게서 배웠다. 그리고 많은 서양인들이 구제프가 소개한 이 정지 명상법을 통해서 자신의 중심을 깨달을 수 있었다. 구제프는 이 방편을 '정지 운동(stop exercise)'이라고 불렀다.

티벳의 불교도들도 이 방편을 '비그야나 바이라바 탄트라'로부터 배웠다. 수피(Sufi)들도 역시 이런 종류의 명상 운동을 갖고 있는데 그들 역시 '비그야나 바이라바 탄트라'로부터 배운 것이다. 기본적으로 지구상에 있는 모든 종류의 명상법들이 바로 이

'비그야나 바이라바 탄트라'에서 나온 것이다.

구제프는 이것을 매우 간단한 방법으로 사용했다. 예를 들면 그는 그의 제자들에게 춤을 추도록 한다. 20명 남짓한 그의 제자들은 그의 명령에 따라 춤을 추는데 춤이 무르익어 가는 순간 그는 갑자기 '스톱!'하고 외친다. 그가 스톱이라고 외치는 바로 그 순간 그들은 모든 동작을 완전히 멈추고 있어야 한다. '스톱'이라는 명령이 떨어지고 나서는 자세를 어떻게 변형해도 안된다. 한 발을 들고 있는 상태에서는 계속 들고 있어야 한다. 눈을 뜨고 있을 때 명령이 떨어지면 계속 눈을 뜨고 있어야 한다. 만일 눈이 저절로 감긴다면 그때는 별 문제다. 그러나 일부러 눈을 감아서는 안된다. 되도록 각성된 상태에서 눈 뜬 상태를 지속시키도록 해야 한다. 마치 조각상처럼 말이다.

여기에 기적이 일어난다. 행위 도중에, 춤 도중에 갑자기 그 동작을 정지시키면 틈이 생겨난다. 그때 그대는 두 개로 분리된다. 그대의 몸과 그대 자신으로 분리된다. 그대의 몸과 그대 자신은 동작 속에 있었다. 그런데 갑자기 정지가 일어나고 몸은 동작 쪽으로 가려한다. 지금까지 동작 속에 있었기 때문에 가속도가 작용하는 것이다. 몸은 춤을 추고 있었는데 그대는 갑자기 멈추었다. 몸은 이 갑작스런 정지에 어떤 대비도 하지 않고 있었다. 정지하는 순간 몸은 움직이려는 강한 충동을 느낄 것이다. 그러나 정지 상태에 그대로 있어야 한다. 이때 하나의 틈이 생겨난다. 그대는 그대의 몸이 멀리 있는 것 같은 느낌을 받을 것이다. 움직이려는 충동을 가지고 그대에게서 멀리 떨어져 있는 것처럼 느낄 것이다. 그리고 그대는 몸의 충동에 협조하고 있지 않다. 그대는 그것과 분리되어 있는 것이다.

그러나 그대는 자신을 속일 수 있다. 조금이라도 몸의 충동에 협조한다면 그때 틈은 생겨나지 않는다. 예를 들면 불편함을 느끼는 동작 중에 스승의 정지 명령이 떨어졌다. 그 명령을 들었지만 그대는 자신에게 편한 자세로 고친 후에 정지한다. 이런 식일 때는 결코 아무런 일도 일어나지 않는다. 이것은 자신을 속이는 일이다. 이것은 스승의 잘못이 아니라 그대 자신의 잘못이다. 이 방편의 요점, 정지의 순간을 놓쳐 버렸기 때문이다. 정지 명령을 듣자마자 즉시 정지해야 하는 것이다. 그 뒤로는 어떤 움직임도 있어서는 안된다.

자세가 불편하다. 넘어져서 뼈가 부러지지 않을까 걱정하고 있다. 그러나 그대로 두라. 무슨 일이 일어나든지 내가 알 바 아니라고 생각하라. 만약 조금이라도 자신을 의식한다면 그때는 또 다시 자신을 속이게 될 것이다. 그러므로 죽음의 공포를 느끼더라도 그대는 움직이지 말라. 그리하면 거기에 틈이 생겨날 것이다. 그리고 그 틈을 통해서 그대는 중심에 이르게 될 것이다. 그때 그대는 그대의 육체와 행위의 영역에서 완전히 빠져나오게 된다. 정지하고 있는 것은 그대의 몸이고 정지시키는 자는 그대 자신이다.

일반적으로 우리는 어떻게 행동해 왔는가? 하나의 행위에서 다른 행위로, A에서 B로, B에서 C로, 그대는 계속 옮겨 다닌다. 아침에 그대가 눈을 뜨자마자 행위는 시작된다. 그리고 하루 종일 그대는 행위의 물결 속에서 떠다닐 것이다. 그대는 수없이 행위를 바꾼다. 그러나 단 한순간이라도 비행위(非行爲), 즉 무위(無爲)의 상태에 머물러 있을 수는 없다. 그것은 어렵다. 어떻게 그대가 비행위의 상태가 될 수 있겠는가? 비행위 속에 있고자 하는 그 노력 역시 또 하나의 행위가 될 것이다.

수많은 사람들이 비행위의 상태에 머물고자 애쓰고 있다. 그들은 부처의 자세로 앉아서 비행위의 경지에 이르고자 한다. 하지만 어떻게 노력을 통해서 비행위의 상태에 이를 수 있단 말인가? 그대의 노력은 또다시 행위가 된다. 그러므로 그대는 비행위를 하나의 행위로 바꾸어 버릴 수 있다. 그대는 그대 자신을 조용한 상태 속으로 억지로 밀어넣을 수 있다. 그러나 이 억지로 밀어넣는 행위는 결코 비행위의 상태가 아니다. 따라서 수많은 사람들이 명상을 하지만 결코 무위의 차원에 이르지 못하는 이유가 바로 이것이다. 인위적인 명상은 또 하나의 행위이기 때문이다. 그대가 유행가 대신에 성가를 부른다고 하더라도 그것이 노래부르는 것임에는 마찬가지다. 그대는 달리거나 혹은 걷는다. 혹은 책을 읽고 사색에 잠긴다. 이 모두가 행위인 것이다. 한 행위에서 또 다른 행위로 끝없이 옮겨 다닌다. 그러다가 밤이 되면 곯아떨어진다. 물론 잠 속에서도 행위는 멈추지 않는다. 꿈을 꾸는 것이다. 그대는 잠을 자고 있다. 그러면서도 행위는 계속되고 있다. 잠재의식 속에서 아직도 그 행위는 계속되는 것이다. 소유와 잃어버림, 그리고 이동과 머무름의 행위가 꿈속에서 계속된다.

오직 극히 짧은 시간 동안에만 꿈꾸는 행위가 정지된다. 물론 이런 일은 갈수록 현대인들에게서 드문 현상이지만 말이다. 하지만 이 비행위는 무의식적인 것이다. 그대의 의식은 아직 각성되지 않았다. 그대는 깊이 잠들어 있다. 행위는 정지되었다. 거기에 주변은 없다. 이제 그대는 중심에 존재하게 되었다. 그러나 기진맥진한 상태이다. 죽음의 상태, 무의식적인 혼수상태에 빠져 있는 것이다.

이 때문에 힌두교에서는 수슈프티(sushpti)와 삼마디(samadhi)를 구분해서 말하고 있다. 물론 이 둘은 매우 비슷하다. 아니 똑같다고 말해도 좋다. 단 한 가지 차이점만 빼놓고 말이다. 그런데 사실 그 차이점이란 엄청나게 큰 것이다. 그것은 각성의 차이이다. 수슈프티는 꿈이 없는 잠의 상태를 말한다. 그때에도 그대는 그대 존재의 중심에 있다. 그러나 무의식적이다. 그래서 그대가 중심에 있다 해도 그것이 무의식적이라면 아무런 의미가 없다. 단지 그대의 에너지를 재충전시켜줄 뿐이다.

그리고 삼마디의 상태에서도 역시 그대는 자신의 중심으로 돌아온다. 하지만 수슈프티와는 달리 의식은 깨어 있는 상태이다. 한번 깨어 있는 상태로 중심에 이르면 다시는 이전으로 되돌아갈 수 없다. 이제 그대는 자신이 누구인지를 알게 된다. 이제 그대는 자신의 소유물과 자신의 행위가 단지 주변임을 알게 된다. 그것들은 그대의 본성이 아니라 단지 표면에 이는 잔물결일 뿐이라는 사실을 말이다.

이 정지 테크닉을 통해서 그대 자신을 갑작스럽게 비행위 속으로 던져 버릴 수 있다. 그러나 일부러 이 비행위의 경지에 이르고자 노력한다면 그 노력 자체가 또 하나의 행위로 변질되고 만다. 그러므로 억지로 비행위의 상태에 이르려고 하지 말라. 느닷없이 그 상태 속에 있는 자신을 발견하라. 이것이 바로 정지 테크닉의 의미이다. 그대는 지금 달리기를 하고 있다. 그때 나는 말한다. '스톱!' 내 말을 듣는 순간 정지하라. 정지하려고 들지 말고 그냥 정지하라. 일부러 정지하려 든다면 그대는 그 순간을 놓치고 만다. 예를 들면 그대가 여기 앉아 있다. 내가 '스톱'이라고 말하는 즉시 바로 지금 여기에서 멈춰라. 단 한순간이라도 놓치지 말라. 그러면 그대 속에 다른 어떤 현상이 일어나는 것을 느끼게 될 것이다. 하지만 우선 자리를 편하게 한 뒤 '당신의 스톱 명령에 따르겠습니다'라고 생각한다면 이미 그대는 요점을 놓치고 만 것이다. 따라서 정지하려는 어떤 노력도 해서는 안된다. 스톱 명령이 떨어지는 그 즉시 정지하라. 그것으로써 충분하다. 이 테크닉은 어디에서라도 수련할 수 있다. 목욕탕에서 목욕을 한다. 그때 별안간 그대 자신에게 명령한다.

"스톱!"

그 상태에서는 숨조차 쉬지 말라. 지금까지와는 전혀 다른 차원을 느낄 것이다. 동시에 그대는 자신의 중심으로 돌아온다. 모든 것은 순간적으로 정지된다. 몸뿐만 아니라 마음 역시 정지된다.

모든 것이 정지되도록 하라. 숨도 쉬지 말고 손가락 하나 까딱하지 말라. 그 찰나에 그대는 느낄 것이다. 로켓의 속도로 그대 자신의 중심을 관통하고 있다는 것을. 단 한번 번쩍하는 섬광으로 기적이 일어난다. 하늘과 땅이 뒤집어진다. 그 순간에 그대는 변형된다. 이것이야말로 비행위의 상태이다. 이것은 수련을 쌓아서 얻어지는 성질의 것이 아니다. 우연히 그대는 문득 깨닫게 되는 것이다. 따라서 이 방편을 자주 사용하라. 그대의 의식이 몽롱한 상태에 있는 지금 이 명상법을 사용하라.

이 방편에서는 스승이 많은 도움을 줄 수 있다. 이것은 그룹을 만들어 수련할 수 있다. 구제프 역시 자신의 제자들을 그룹으로 만들어 이 정지 명상법을 시켰다. 만약 그대가 자신에게 '스톱'을 명령한다면 그대는 십중팔구 스스로에게 속기 쉽다. 먼저 그대는 자신을 편하게 한 뒤에 '스톱'이라고 말한다. 의식적으로는 어떤 준비를 하지 않았다 하더라도 무의식적으로 이미 준비 태세에 있다. 그런 다음에 말한다. '자 이제는 정지할 수 있다'고 말이다. 이런 식으로 수련한다면 아무리 열심히 해도 소용이 없다. 차라리 그룹을 통해서 수련하는 것이 더 효과적이다. 스승과 함께 있을 때 스승이 갑자기 '스톱'이라고 외친다. 그때 그대는 아주 불편한 자세일 수도 있다. 그러나 그대가 즉시 모든 것을 멈춘다면 바로 그 순간 스파크가 일어난다. 그 순간 중심에서 번개가 치는 것이다.

행위는 수련되어질 수 있다. 하지만 비행위는 수련되어질 수 없다. 수련이란 것 자체가 이미 하나의 행위인 것이다. 따라서 비행위는 항상 갑작스런 상태에서만 가능하다. 만약 그대가 차를 운전하고 있다고 치자. 그런데 반대편에서 갑자기 어떤 차가 달려와 그대가 탄 차를 받아 버린다. 그 순간 그대는 하나의 사건이 일어나고 있음을 직감한다. 이와 동시에 그대의 마음은 정지된다. 호흡이 정지되고, 모든 것이 정지된다. 이런 종류의 사건을 통해서 우리는 여러 번 우리 자신의 중심으로 내던져졌다. 하지만 여느 때처럼 우리는 무의식으로 그 순간을 맞는다. 그리고 그 순간을 놓쳐 버린다.

한때 나는 차 사고를 당한 경험이 있다. 사고가 났을 때 차 안에는 나를 포함해서 세 사람이 타고 있었다. 하지만 그들은 모두 그 사고를 통해 중심으로 돌아갈 수 있는 기회를 놓쳐 버리고 말았다. 차는 마른 강바닥으로 굴러 떨어졌다. 그리고는 완전히 뒤집혀 버렸다. 나와 함께 차에 탔던 두 사람은 울기 시작했다.

마침 내 옆에는 중년 여자가 타고 있었다. 그녀는 나를 붙들고 '나는 죽었다! 나는 죽었어!'라고 울먹이고 있었다. 나는 그녀에게 말했다.

"부인, 당신이 정말 죽었다면 어떻게 '나는 죽었다'라고 말할 수 있겠소? 당신은 죽지 않았으니 안심하시오."

그러나 그녀는 막무가내로 울었다.

"나는 죽었다. 내 아이들은 어떻게 될까?"

내가 그녀를 차에서 끌어냈을 때까지 그녀는 경련을 일으키면서 똑같은 말을 되풀이했다.

"내 아이들은 어떻게 될까? 나는 죽었어."

그렇게 해서는 미묘한 순간을 다 놓쳐 버리고 만다.

위험한 상황에서는 마음이 자동적으로 정지한다. 왜인가? 마음은 하나의 메커니즘이며 그것은 일상적인 틀 속에서만 작동하기 때문이다. 이것이 바로 숙달의 의미이다.

그대는 사고를 미리 대비해서 마음을 훈련시킬 수 없다. 그런 식으로 마음을 훈련시킬 수 있다면 그것은 더 이상 사고라고 부를 수 없다. 일어날 사고에 대해서 미리 만반의 준비를 갖추고 있다면 그것은 일상사이지 사고가 아니다. 사고란 순간적으로 일어나며 뜻하지 않게 터지는 것이다. 그대는 그 속에서 순식간에 미지의 차원으로 들어간다. 여기에서 마음은 그야말로 속수무책이다. 사고에 대한 어떤 사전 준비도 되어 있지 않은 것이다.

아이들을 걱정하면서 울던 그 여자는 그때 무슨 일이 일어났는지 전혀 인식하지 못하고 있었다. 그녀는 자신이 살아 있다는 것조차 인식하지 못했다. 그녀의 의식은 현재 그 순간에 꽂혀 있지 않았다. 그녀는 자신이 처해 있는 상황에서 자신의 아이들에게로 날아가 버렸다. 그녀의 주의력은 자신의 현 상황에서 완전히 도피해 버린 것이다.

우리가 설령 벌어지는 상황을 알아차렸다 하더라도 어떻게 할 도리가 있단 말인가? 무슨 일이 일어나든지 일은 일대로 일어날 뿐, 그대는 단지 깨어 있기만 하면 된다. 각성된 의식 상태를 유지하기만 하면 된다. 일은 이미 그대의 능력 범위를 넘어섰다. 마음은 그것에 대해서 아무런 준비도 안된 상태이다. 사고작용은 전혀 그 기능을 발휘할 수 없다. 따라서 마음은 완전히 정지된다.

위험을 느끼는 일들이 왜 그토록 우리의 마음을 사로잡는지,

그 이유는 바로 이 때문이다. 사고가 일어나는 그 순간이 바로 명상의 순간이기 때문이다. 옆차와 달리기 경쟁이 붙었을 경우 100킬로에서 120, 150, 180킬로로 늘어나고 속도는 인간의 통제 한계를 넘어 버린다. 이제 무슨 일이 언제 어디서 일어날지 모르는 상황이 되어 버렸다. 이런 상황에서는 아무것도 할 수가 없다. 차는 이미 그대의 조종 한계를 넘어 버렸다. 이때 그대의 마음은 순간적으로 정지된다. 그런 상황에 대비해서 전혀 준비가 되어 있지 않기 때문이다. 이것이 바로 스피드 광들이 느끼는 스릴이다. 이 침묵의 전율 속에서 그대는 자신의 중심으로 내던져진다.

여기에서 말하는 방편은 그대에게 어떤 사고나 위험 없이 그대를 중심으로 데려다 준다. 하지만 명심하라. 그대는 그것을 반복 훈련할 수 없다. 어떤 사전 준비도 있어서는 안된다는 뜻이다. 만약 '12시 정각이 되면 나는 정지할 것이다'라고 계획했다면 그것은 아무런 의미가 없다. 미지의 상태에서 갑자기 정지 상태가 일어나도록 하라. 어떤 선입관도 갖지 말고 지도에도 없는 미지의 땅으로 들어가라.

예를 들어 그대가 재채기를 하고 싶은 충동을 느낄 때 그대는 그 낌새가 다가오는 것을 알 수 있다. 이제 막 재채기가 일어나려고 한다. 그대는 아무것도 할 수 없다. 그때 재채기는 터져 나온다. 하지만 그 충동이 시작되는 시초에 그대가 그 낌새를 알아차린다면, 그래서 '스톱'이라고 마음속으로 외친다면, 무슨 일이 일어나겠는가? 그대는 재채기를 멈출 수 있겠는가? 만약 그대가 재채기를 멈추려고 한다면 그것은 더 빨리 찾아올 것이다. 왜냐하면 멈추려는 것은 그대의 마음을 더욱 의식적이게 만들고 결국 감각을 더 민감하게 만들기 때문이다. 그대의 감각이 좀더 민감해질 때 그대의 전체적인 주의력은 거기에 있게 될 것이다. 그리고 그 주의력 때문에 재채기는 더 빨리 일어날 것이다. 그것은 참을 수 없는 것이 되고 만다. 그러므로 그대는 직접적으로 재채기를 멈출 수 없다. 그러나 그대가 자신을 멈추게 할 수는 있다.

그대가 무엇을 할 수 있는가? 그대는 재채기가 일어날 것이라는 감각을 느낀다. 그때 단지 멈춰라. 재채기를 막으려고 하지 말라. 단지 자신을 멈춰라. 아무것도 하지 말라. 완전한 부동(不動) 속에 남아 있으라. 숨도 쉬지 말라. 그 순간 재채기의 충동이 되돌아가 버리는 것을 느끼게 될 것이다. 충동이 떨어져 나간 상태 속에서 중심에서 나오던 미묘한 에너지는 다시 중심으로 돌아가 버린다. 재채기 속에서 풀어 버려야 했던 에너지가 말이다.

충동이란 그대가 사용할 수도 없고 흡수할 수도 없는 어떤 에너지에 의해서 괴로워하는 상태를 뜻한다. 그래서 이 에너지는 밖으로 흘러나가려고 한다. 재채기를 하고 난 뒤에 시원함을 느끼는 것도 바로 이 때문이다. 여기에 아무런 일도 일어나지 않았다. 단지 여분의 에너지가 밖으로 흘러나갔을 뿐이다. 이제 남는 에너지는 없어졌다. 그리고 에너지의 유출이 그대에게 미묘한 휴식감을 준다.

이런 이유로 해서 파블로프(Ivan Pavlov)나 스키너(B.F. Skiner) 같은 심리학자들은 이렇게 말했다.

"섹스는 재채기와 같다."

섹스와 재채기가 심리학적인 면에서 본다면 다를 게 없다는 것이다. 그대에게는 에너지가 과잉되어 있다. 그래서 그대는 이 과잉된 에너지를 방출하려고 한다. 에너지가 방출되는 순간 그대의 신경 조직은 휴식을 느낄 것이다. 충동을 느낄 때, 에너지의 과잉을 느낄 때, 그리하여 그 에너지가 밖으로 흘러 나가려고 할 때, 바로 그 순간 정지하라!

예를 들면 지금 물을 마시고 있다. 물이 입술에 닿는다. 그 순간 정지하라. 입술이 물에 닿은 채로, 물 마시고 싶은 욕망이 거기 있는 그대로, 목마름이 있는 그대로 두라. 그리고 행위를 시작하려는 자신만을 완전히 정지시켜라. 숨도 쉬지 말고 손짓 하나 까딱하지 말고 마치 주검처럼 굳어져라. 목마름은, 그 충동은, 그 방출하려는 에너지는 그대를 중심으로 되돌아가게 해주는 로켓의 연료가 된다. 그 순간 그대는 중심으로 내던져진다. 왜인가? 충동은 밖으로 튀어나가려는 성질이기 때문이다. 충동은 에너지의 방출이기 때문에 그 흐름이 멈추어지는 순간 중심으로 되돌아간다.

또한 에너지는 부단한 흐름이다. 에너지는 밖으로 흘러 나가든지 아니면 안으로 흘러 들어온다. 결코 에너지는 정체되지 않는다. 이것은 에너지의 법칙이다. 에너지의 이 법칙을 기억한다면 정지의 명상법을 수행하기는 보다 쉬워질 것이다. 에너지가 어느 한 지점에 머무른다면 그것은 이미 에너지가 아니다. 따라서 에너지로 비롯되는 모든 것들이 끝없이 움직이고 있는 것이다.

충동이 일어날 때 그것은 에너지의 방출이라고 앞에서 말했다. 이 때문에 손은 물컵을 집으려 한다. 욕망은 무엇인가를 하려고 한다. 모든 행위는 안으로부터 밖으로 흘러가는 에너지의 이동 현상에 지나지 않는다. 에너지의 흐름이 정지되면 그 에너지는 그냥 거기에 머물러 있지 않는다. 그 상태에서 고정되어 있을 수 없다. 부단하게 흘러가는 것이 에너지의 특성이기에 그것은 다시 중심으로 흘러 들어가게 되는 것이다. 그대의 존재 내부로 다시 흘러 들어가게 되는 것이다.

그리고 이 에너지는 얼마든지 다른 차원으로 변형시킬 수 있다. 지금 화가 난다. 누구든 두들겨 패주고 싶다. 무슨 물건이든지 닥치는 대로 부수고 싶다. 그렇다면 그때 친구나 아내, 아니면 자녀든 누구라도 껴안고 입맞추고 열렬히 사랑하라. 조금 전까지만 해도 그대는 화가 나 있었다. 그런데 분노로 폭발하려던 에너지가 갑자기 사랑으로 변형된다. 그러면 처음에는 놀랄 것이다. 그리고 아마 이렇게 생각할 것이다.

'어떻게 사랑을 할 수가 있단 말인가? 화가 불꽃처럼 치미는 이 순간에 어떻게 사랑이 가능한가?'

하지만 이 순간이야말로 진정으로 깊이 사랑할 수 있다. 에너지가 막 솟아나오고 있기 때문이다. 지금 에너지는 행동으로 폭발하려는 바로 그 지점까지 왔다. 에너지는 그것을 폭발시켜 줄 동작을 원한다. 이때 누군가를 사랑한다면 분노의 에너지는 즉시 사랑의 에너지로 바뀔 것이다. 사실 사랑이나 분노는 에너지를 폭발시키는 구실에 불과하다. 그리고 전에는 결코 느껴 보지 못했던 에너지의 격류을 맛보게 될 것이다.

싸움을 하지 않고는 사랑의 행위를 할 수 없는 사람들이 있다. 그들의 에너지가 거칠게 이동할 때만이 그들은 깊은 사랑에 빠진다. 사랑의 행위를 하기 전에 반드시 한바탕 싸움을 하는 부부들이 있다. 그들은 온갖 욕설을 퍼붓다가 급기야는 서로 머리채를 쥐어뜯으며 싸운다. 그 다음에 그들은 격렬한 사랑의 행위로 들어가게 된다. 물론 그들은 왜 이런 일이 일어나는지를 이해하지 못한다. 하지만 그들에게는 이런 행동이 일상적인 습관이 되어버렸다. 싸울 때는 언제나 사랑이 가능하다. 그리고 싸우지 않을 때는 사랑도 불가능하다.

인도에서는 아직도 남편이 아내를 때리고 있다. 그래서 남편이 어느 날 때리는 행위를 그만두게 되면 아내는 안다. 더 이상 남편이 자신을 사랑하지 않는다는 것을. 남편이 아내에 대해서 아무런 불평도 하지 않는다면 그것은 이미 사랑이 끝났다는 의미이다.

왜인가? 왜 그토록 사랑과 싸움은 밀접한 관계인가? 그것은 같은 에너지이기 때문이다. 단지 이동하는 방향이 틀릴 뿐이다. 겉으로 보기에는 사랑과 싸움이 완전히 다른 것처럼 보인다. 하지만 그것의 실체는 완전히 동일한 것이다. 따라서 분노할 줄 모르는 사람은 결코 사랑할 줄도 모른다. 그에게는 아마 우리와는 다른 차원의 사랑이 가능할지 모른다. 그러나 그 사랑은 이미 우리가 말하는 사랑이 아니다. 부처에게도 사랑이 있다. 그러나 부처의 사랑은 그 차원이 다르다. 때문에 우리는 그것을 자비라고 부른다. 그것을 절대로 사랑이라고 부르지 않는다. 그대가 사랑이라고 부르는 것에는 미움, 분노, 폭력 등이 잠재되어 있기 때문이다. 그리고 에너지는 언제, 어디서든지 순식간에 변형될 수 있다. 같은 에너지가 분노가 될 수 있고 사랑이 될 수 있다.

또한 이번에는 그 에너지가 그대의 내부로 이동할 수도 있다. 그러므로 무슨 일을 하려는 충동이 일어날 때 정지하라! 하지만 이것은 어디까지나 억제가 아니다. 그대는 어떤 것도 억제하지 않았다. 단지 에너지와 놀이를 즐기고 있는 것이다. 여러 가지 각도에서 에너지의 변화를 간파했을 뿐이다. 그리고 에너지가 어떻게 내면으로 돌아가는지 알았을 뿐이다. 하지만 여기서 충동은 진정한 것이어야만 한다. 그렇지 않다면 진정한 변형은 일어나지 않는다.

예를 들면 목마르지도 않으면서 물을 마시려다가 갑자기 정지한다. 그러면 거기에 아무 일도 일어나지 않는다. 에너지가 움직이지 않았기 때문이다. 어느 때 그대는 아내나 남편에게 갑자기 사랑을 느낀다. 그래서 포옹하고 싶고 키스하고 싶다. 그때 정지

하라. 그 충동은 진짜라야 한다. 진짜로 키스하고 싶은 충동이 거기에 없다면, 단지 상대방을 기분 좋게 하려는 키스였다면 그때 정지한다고 해서 아무 일도 일어나지 않는다. 중심으로 되돌아가야 할 에너지가 거기에 없기 때문이다.

따라서 충동은 반드시 진짜라야 한다. 진정한 충동을 통해서만이 에너지는 이동한다. 그리고 그 충동을 순간적으로 정지시킬 때 에너지 역시 멈춘다. 그때 에너지는 밖으로 나갈 길이 없어지자 다시 중심으로 흐른다. 사실 에너지는 잠시도 멈출 수가 없는 것이다.

그러나 불행하게도 우리는 진정한 충동을 느낄 수 있는 기회를 점점 잃어 가고 있다. 그대는 밥을 먹는다. 그것은 배가 고파서가 아니다. 시계가 식사 시간을 가리켰기 때문이다. 이때 정지의 명상법은 아무런 변형도 가져다 주지 못한다. 진정한 배고픔이 없기 때문이다. 시간이 되면 느끼는 시장기는 습관성이며 자기 최면이다. 진짜 살아 있는 배고픔이 아니다. 그때 몸은 실지로 배고프지 않다. 단지 끼니를 거르면 뭔가 놓쳤다는 느낌이 들 뿐이다. 그리고 한 시간만 더 지나면 배고픔은 완전히 사라져 버린다. 그러나 진짜 배고픔은 시간이 지날수록 더욱 커진다. 만약 그대의 배고픔이 진짜라면 두 시가 되면 더 배가 고파진다.

그대가 졸음이 밀려올 때 정지하라. 그런데 현대에 살고 있는 우리에게는 이것이 큰 문제이다. 이 '비그야나 바이라바 탄트라'를 말한 시바가 살 당시에는 여기에 아무 문제점이 없었다. 인간은 모두 진지했으며 순수하고 진실했다. 그들에게 거짓이란 없었다. 그러나 지금의 우리는 어떤가? 모든 것이 거짓으로 꾸며져 있다. 사랑하는 척하고 분노하는 척할 뿐이다. 모든 것이 일회용 플라스틱과 같다.

모든 것이 이런 식이기 때문에 지금 그대 자신이 진정인지 아니면 가장인지 구분하기가 어렵다. 그대의 내면이 무엇인지, 본심이 무엇인지 결코 말하지 않는다. 오히려 내면에 없는 것만을 말하고 있다. 그러므로 그대 자신을 주시하라. 그래서 무엇이 진정이고 무엇이 거짓인지를 알아야 한다.

그대는 지금 '갑'을 말한다. 그런데 느낌은 '을'에 있다. 사실은 '을'을 말하고자 하면서도 '갑'을 말하고 있는 것이다. '을'을 말하는 것은 적절하지 않기 때문이다. 그것은 이 사회 전체가 잘못되었기 때문이다. 잘못된 사회 속에 살아남으려면 그대 자신마저도 잘못되어야 하기 때문이다. 아니 지금보다 환경에 더 잘 적응해야 한다. 그렇지 않고 진실해진다면, 자신의 진정한 목소리에 귀기울인다면 그대는 갈수록 환경에 적응하지 못하게 될 것이다.

출가하는 것은 이 때문이다. 구도자들이 이 세상을 등지는 것은 이 때문이다. 사회 전체가 잘못되었기 때문이다. 부처는 이 인간 사회를 떠나지 않을 수 없었다. 그것은 긍정적인 의미가 아니라 부정적인 의미에서였다. 거짓된 사회 속에서 혼자 진실해진다는 것은 불가능하다. 거짓으로 변해가는 사회를 떠나지 않으면 불필요한 싸움만을 되풀이하게 될 것이다. 에너지를 불필요한 곳에 분산시키는 것이다. 그러므로 거짓으로부터 과감하게 떠나라. 잘못된 이 사회로부터 미련 없이 떠나라. 그러면 그대는 진실해질 것이다. 이것이 구도자들이 이 세상을 등지는 근본적인 이유이다.

그러나 그대 자신을 보라. 그대가 얼마나 진실하지 않은지를 찬찬히 살펴보라. 자신의 이중 성격을 지켜보라. 그대는 '갑'을 말하고 있다. 그러나 느낌은 '을' 쪽에 있다. 따라서 진짜가 아닌 것을 정지시켜 봐야 아무런 의미도 없다. 이 정지 테크닉은 그런 식으로는 도움이 되지 않을 것이다. 우선 무엇이 자신의 진정인지를 발견해야 한다. 그런 다음에 이 방편을 사용해보라. 모든 것이 거짓으로 변해가지만 아직도 많은 진실이 남아 있다. 다행히도 어떤 순간에 사람들은 진실해진다. 진실해지는 바로 이 순간에 정지 테크닉을 사용하라.

지금 분노가 치밀어 오른다. 이것은 진짜다. 무엇이든지 때려부수고 싶다. 어린 녀석을 후려치고 싶다. 이 순간 정지하라! 심사숙고한 뒤에 정지해 봐야 아무런 소용이 없다. 그리고 다음과 같은 식으로 말해서는 안된다.

“화내는 것은 좋지 않다. 화를 멈춰야겠다. 어린 것을 때리는 것은 그를 돕는 일이 아니다. 그러므로 그만둬야겠다.”

아니다. 이런 식으로 생각하는 것은 절대로 아니다. 이런 식의 심사숙고는 전혀 필요치 않다. 그대는 지금 ‘사고하는 자’이다. 심사숙고하게 될 때 에너지는 그 심사숙고로 흘러가 버린다. 그리고 심사숙고 끝에 정지해 봐야 내면으로 들어가야 할 에너지는 이미 없다. 화가 날 때 분노에 대해서 숙고하지 말라. 좋다, 나쁘다고 하는 생각까지 하지 말라. 대신 이 정지의 테크닉을 순간적으로 기억하라.

분노는 순수한 에너지이다. 그것은 좋지도 않고 나쁘지도 않다. 혹은 좋을 수도 있고 나쁠 수도 있다. 그것은 결과에 의존해 있다. 만약 어떤 것을 파괴한다면 그것은 나쁜 것으로 판명날 것이다. 혹은 그것이 그대를 내면의 중심으로 내던진다면 아름다운 엑스터시가 될 수 있다. 그것은 한 송이의 꽃이 될 수도 있다. 어쨌든 에너지는 그저 에너지일 뿐이다. 그것은 맑고 순수하며 어떤 쪽으로도 치우치지 않았다. 그러니 이제 더 이상 생각하지 말

라. 그것에 대해서 머리를 굴리지 말라. 그대는 항상 어떤 행위를 해왔다. 단지 멈춰라. 그리고 멈춘 채로 머물러 있으라. 그 속에서 그대는 얼핏 내면의 중심에 대한 일별을 얻게 될 것이다. 그때 그대는 주변을 잊어버릴 것이다. 그리고 중심이 그대의 비전이 되어 나타날 것이다.

단지 그대가 뭔가를 해야한다는 충동을 느낄 때, 그때 바로 정지하라. 잘 안된다면 다음 세 가지를 명심하고 시도해 보라. 첫째, 진짜 충동이 일어날 때만 그것을 시도해야 한다. 둘째, 정지하는 것에 대해서 생각하지 말라. 단지 정지하기만 하라. 세째, 기다려라. 그대가 정지했을 때, 숨도 쉬지 않고 손가락도 꼼짝하지 않을 때 무엇이 일어나는지 기다려 보라. 뭔가를 일부러 꾸며내려고 하지 말라. 내가 기다리라고 말할 때는 내면의 중심에 대해서 생각해 보라고 말하는 것이 아니다. 만약 그렇게 한다면 그것은 그대가 잘못 생각한 것이다. 진아에 대해서도 생각지 말고 아트만 따위는 잊어버려라. 깨달음의 일별이 거기에 있다는 것도 기대하지 마라. 그저 기다리기만 하라. 충동이, 에너지가, 움직임 그 자체가 스스로 변형되도록 하라. 만약 그대가 아트만이나 브라흐만이나 중심에 대해서 생각하기 시작한다면 에너지는 사고작용으로 흘러가기 시작할 것이다. 그대는 이 내면적인 에너지를 매우 간단하게 소비해 버릴 수 있다. 단 한 조각의 사념도 에너지에게 충분히 방향을 잡아줄 수 있다. 그러면 그대는 그때부터 계속 생각하게 될 것이다.

내가 '스톱'이라고 말할 때 그것은 전체적인 스톱이다. 거기에는 아무것도 움직이지 않는다. 마치 시간 전체의 흐름이 멈추는 것과 같다. 그리고 어떤 꾸밈도 없는 상태에서 그저 그대는 있으라. 바로 이 단순한 있음 속에서 갑작스럽게 중심이 폭발한다.

자, 이제 두번째 방편으로 들어가자.

26

어떤 욕망이 다가올 때, 그 욕망을 주시하라.
그리고 갑자기 그 흐름을 멈추어라.

이것은 동일한 방편의 다른 차원이다. 그대는 하나의 욕망을 느낀다. 섹스에 대한 욕망, 사랑에 대한 욕망, 음식에 대한 욕망, 어떤 것에 대한 욕망, 그대는 욕망을 느낀다. 그것을 주시하라! 경전에서 '그것을 주시하라'라고 말할 때에는 그것에 대해 찬성하든지 반대하라는 뜻이 아니다. 단지 그 욕망을 주시하라는 뜻이다. 그것이 무엇이든지 말이다. 성적인 욕망이 마음속에 일어난다. 그때 그대는 말한다.

"이것은 나쁜 것이다."

그러나 이것은 주시가 아니다. 그대는 단지 나쁘다고 생각하도록 교육받은 것이다. 그래서 그것은 욕망을 주시하는 것이 아니다. 그대는 경전을 참고로 하고 과거에 자문을 구하고 있다. 과거의 선생, 과거의 성자들에게 말이다. 그것은 욕망 자체를 주시하는 것이 아니다. 너는 어떤 다른 것을 주시하고 있다. 그대의 성장 배경, 그대의 교육, 그대의 문화 전통, 그대의 종교를 말이다. 그대는 많은 것을 주시하고 있지만 정작 그대의 욕망은 주시하지 않는다.

이런 단순한 욕망이 일어날 때 그것을 마음속으로 가져오지 말라. 과거 속에다, 교육 속에다, 조건 속에다 받아들이지 말라. 단지 그 욕망을 주시하기만 하라. 만약 그대의 마음이 사회에서 얻은 것들로부터 깨끗이 씻김을 받는다 해도, 그대의 부모가 심어준 것들이 빠져 나간다 해도, 그대의 교육이, 전통이, 그대의 전체적인 마음이 깨끗이 씻겨져 나간다 해도 섹스에 대한 욕망은 일어날 것이다. 왜냐하면 그 욕망은 사회로부터 주어진 것이 아니기 때문이다. 그 욕망은 생물학적으로 생겨난 것이다. 그것은 그대 속에 있다.

예를 들면 어린아이가 태어났을 때 그는 어떤 언어에 대해서도 배우지 않았다. 그에게는 언어가 없다. 언어는 사회적인 현상이다. 그것은 반드시 배워야 아는 것이다. 하지만 그 아이에게 언젠가 성적 욕망이 일어나는 것은 배움을 통해서가 아니다. 그것은 사회적 현상이 아니다. 그것은 때가 되면 자연스럽게 일어나는 것이다. 그래서 그것은 사회적인 것보다 더 깊은 차원의 것이다. 그것은 그대의 세포 속에서 생겨난 것이다.

그대가 섹스를 통해서 태어났기 때문에 그대 육체의 모든 세포들은 성세포이다. 그대는 성세포에 의해 구성되어 있다. 그대의 생물학적 본성이 완전히 씻겨 나가지 않는 한 그대의 성적 욕망은 거기에 여전히 남아 있을 것이다. 어린아이가 태어나면 그 욕망은 이미 거기에 있다. 왜냐하면 아이는 성적 만남의 산물이기 때문이다. 그는 섹스를 통해서 나왔다. 그의 전육체는 성세포로 구성되어 있다. 거기에 욕망이 있다. 그의 육체가 성숙해져서 욕망을 느끼는 데는 오직 시간만이 필요하다. 욕망은 그대가 섹스가 좋다 나쁘다 배우기 이전에 이미 거기에 있다. 섹스가 지옥이건 천국이건 그 어떠하다고 배우건 그것은 이미 그대 안에 있다. 배우는 것은 결국 배우는 것이고 본래 있는 것은 이미 본래부터 있는 것이기 때문이다.

옛부터 내려온 전통, 기성 종교, 특히 기독교 같은 종교들이 섹스에 반대해 왔다. 히피나 여피(yippie) 같은 새로운 문화 운동들은 전통과 반대 입장을 취하기 시작했다. 그들은 섹스는 좋은 것이며 황홀하며 이 세상에서 유일하게 진실한 것이라고 말하고 있다. 그러나 이 두 가지 모두 하나의 단편적인 주장일 뿐이다. 그대의 욕망을 다른 사람의 의견에 맞추어 생각하지 말라. 단지 욕망 그 자체를 주시하라. 있는 그대로 말이다. 그것을 해석하려 들지 말라.

여기서 주시란 해석하지 않는다는 뜻이다. 단지 있는 그대로 쳐다본다는 말이다. 욕망이 거기에 있다. 그것을 직접 그리고 즉시 바라보라. 그대의 생각 속으로 끌어들이지 말라. 생각은 그대의 것이 아니다. 모든 생각들은 외부로부터 빌려온 것이다. 어떤 생각도 원본은 없다. 그래서 생각 속으로 끌어들이지 말라. 단지 욕망을 바라보라. 그것이 무엇인지, 이전에 그것에 대해 아는 것이 전혀 없는 것처럼 말이다. 그것을 직면하라. 그것과 조우하라. 이것이 곧 내가 말하는 '주시하라'이다.

어떤 욕망이 다가올 때 그것을 주시하라. 단지 사실을 보라. 그것이 무엇인지 말이다. 불행하게도 이것은 세상에서 가장 어려운 일이 되었다. 차라리 달에 가는 것이 더 쉽다. 에베레스트를 정복하는 것이 그것보다는 더 쉬운 일이 되었다. 사실 달에 간다는 것은 쉬운 일이 아니다. 그것은 지극히 복잡한 일이다. 거기에 비하면 내면을 직시하면서 사는 것은 아무것도 아니다. 마음은 그대가 하는 모든 것에 미묘하게 관계되어 있기 때문이다. 그것은 항상 거기에 있다. 지금 내 말을 듣고 한번 살펴보라. 내가 '섹스' 하고 말하는 순간 그대는 이미 그것에 반대할 것인지 찬성할 것인지를 결정한다. 아니 이미 결정되어 있다. '이것은 좋은 것이다' 혹은 '이것은 나쁜 것이다'라는 식으로 말이다. 그대는 단어 하나조차에도 해석을 내리고 있다.

'섹스에서 초월의식까지(From Sex to Superconsciousness)'라는 책이 나왔을 때 많은 사람들이 나에게 왔다. 그들은 내게 와서 제목을 바꾸어 달라고 말했다. 섹스라는 단어가 매우 거슬린다고 했다. 그들은 그런 책을 읽지 않았으며 이미 그 책을 읽은 사람들도 역시 제목을 바꾸라고 말했다.

그런데 왜인가? 그것은 그 말이 그대에게 어떤 해석을 주기 때문이다. 마음은 너무나 해석적이기 때문에 내가 '레몬 주스'라고 말하면 그대는 벌써 침을 흘린다. 그대는 그 말을 해석한 것이다. 레몬 주스라는 말은 진짜 레몬과는 다르다. 그러나 그대는 침을 흘린다. 그대는 해석을 하지 않고 그대로 남아 있을 수 없다. 그것은 매우 어려운 작업이다. 단지 고요히, 어떤 해석도 내리지 않고 방관자처럼 바라보는 것은 쉬운 일이 아니다.

'이 사람은 이슬람교도이다'라고 내가 말하면 그 순간 힌두교도들은 이 사람이 나쁜 사람이라고 생각하기 시작한다. '이 사람은 유태인이다'라고 말하면 그 순간 기독교인들은 그 사람이 좋지 않다고 결정을 내린다. '유태인'이라는 말이 기독교인의 마음에는 이미 어떤 해석이 되어 자리잡고 있는 것이다. '유태인'이란 소리만 들어도 기독교의 전통적이고 보수적인 마음은 불끈 달아오른다. 하지만 그 해석은 옛날의 것이다.

모든 유태인은 서로 다른 유태인이다. 모든 이슬람교도 역시 개인적으로 모두 독특하다. 그대는 단지 '유태인을 안다'라는 것으로만 그를 해석할 수 없다. 그대가 아는 것처럼 모든 유태인이 다 나쁘다고 결론지을 것이다. 하지만 그때의 이 유태인은 아직 그대가 경험해 보지 않은 유태인이다. 그런데도 그대는 과거의 경험에 따라서 그를 판단한다. 해석하지 말라. 해석은 주시가 아니다. 주시는 사실을 바라본다는 뜻이다. 절대적인 사실을 말이다. 사실과 함께 남아 있는 것이다.

힌두교 성자라고 하는 리쉬들은 섹스가 나쁘다고 말한다. 물론 그들에게는 나쁠지도 모른다. 하지만 그대에게 나쁜지는 아무도 모른다. 그대는 하나의 순수한 욕망을 갖고 있다. 그것을 바라보고 주시하라. 그것에 대하여 주의를 기울여라. 깨어 있으라. 그리고 갑자기 그것을 멈추어라.

이 테크닉에는 두 가지 부분이 있다. 첫째는 사실에 대해 깨어 있는 것, 일어나는 것에 대해 주의를 기울이는 것이다. 그대가 성적인 욕망을 느낄 때 그대 속에 무엇이 일어나던가? 그대가 어떻게 변하는지, 그대의 육체가 어떻게 떨기 시작하는지, 갑작스런 울음이 어떻게 터져 나오는 것인지, 마치 그대가 어떤 것에 사로잡혀 있다고 느끼게 되는지를 지켜보라. 그것을 느끼고 주시하라. 어떤 판단도 미리 내리지 말라. 그저 사실 속으로 들어가라. 성욕의 사실 속으로 말이다. 그것이 나쁘다고 말하지 말라.

만약 그대가 판단을 한다면 그때 주시는 멈추고 만다. 그대는 문을 닫아 버린 것이다. 이제 그대는 욕망을 향해 얼굴 대신에 등을 돌린다. 그대는 그것으로부터 달아나고 있다. 그대는 존재의 생물학적인 심층에까지 이를 수 있는 귀한 순간을 놓쳐 버린 것이다. 그대는 사회라고 하는 표층에 집착하고 있다. 사회는 가장 표면적인 층이다.

섹스는 그대의 샤스트라(경전)보다 더 깊은 차원이다. 왜냐하면 그것은 생물학적이기 때문이다. 만약 모든 샤스트라가 파괴될 수 있다면 — 사실 그것들은 파괴되어질 수 있다. 여러 번 그래왔다. — 그대는 해석의 기준을 잃어버릴 것이다. 그러나 섹스는 여전히 남아 있을 것이다. 그것은 샤스트라보다 더 깊은 것이다. 그것을 표면적인 것과 함께 취급하지 말라. 사실을 주시하고 단지 그 속으로 들어가라. 그대에게 무엇이 일어나고 있는지를 느껴 보라. 특정한 리쉬에게, 예수와 부처에게 무슨 일이 일어났는지는 중요하지 않다. 지금 이 순간에 그대에게 무슨 일이 일어났는가가 중요하다. 이것이 살아 있는 순간이다. 그대에게 무슨 일이 일어나고 있는가?

그것을 주시하라. 지켜보라. 그리고 두번째 부분으로 넘어가라. 이것은 정말로 아름다운 것이다. 시바는 말한다.

"그때 갑자기 차단하라."

'갑자기'란 말을 기억하라. 그리고 이렇게 말하지 말라.

"이것은 나쁘다. 그래서 나는 이것을 떠나겠다. 나는 이 생각과 함께 움직이지 않을 것이다. 이 욕망은 죄악이다. 그러니 나는 그것을 그만두겠다. 그리고 그것을 억압할 것이다."

그때 하나의 억압이 일어날 것이다. 그것은 명상 상태가 아니다. 억압은 자신의 손으로 존재를 속이는 것이다.

억압은 심리학에서 나온 것이다. 그대는 전체의 메커니즘을 흐트려 놓고 있다. 그리고 매일 폭발시켜 버려야 할 에너지들을 억압하고 있다. 에너지는 거기에 있다. 그대는 단지 그것을 억누른다. 그것은 밖으로 흘러나올 수 없다. 안으로도 들어갈 수 없다. 그대는 계속 그것을 억누른다. 그러면 그것은 옆으로 흐를 수밖에 없다. 그것은 기다리고 기다리다 결국 왜곡된다. 이 왜곡된 에너지가 인간에게 기본적인 문제가 된다.

그리고 심리적인 병은 왜곡된 에너지의 부산물이다. 그때 그것은 상상할 수 없는 형태로 변해 나타난다. 그때 그대는 매우 힘든 고뇌 속에 빠진다. 왜곡된 모습 속에서는 어떤 만족도 있을 수 없기 때문이다. 그리고 그대는 왜곡된 내면을 감추고 살 수 없다. 그것을 어떤 식으로라도 표출시켜야 한다. 억압은 왜곡의 창조물이다. 이 경전 즉 탄트라는 억압과는 거리가 멀다. 억제라는 말과도 상관이 없다. 이 경전은 단지 이렇게 말한다.

"갑자기 멈춰라."

무엇을 어떻게 하는 것인가? 욕망은 거기에 있다. 그대는 주시한다. 만약 그대가 그것을 주시한다면 그것은 어렵지 않을 것이다. 두번째 부분은 쉽게 일어날 것이다. 만약 그대가 그것을 주시하지 않고 그대의 마음을 바라본다면 그때 마음은 생각을 일으키기 시작할 것이다. '이것은 좋은 일이다. 만약 우리가 성적인 욕망을 갑자기 멈출 수 있으면 그것은 아름답다.' 그대는 그것을 하고 싶어질 것이다. 그리고 그 하고 싶은 마음이 문제가 되는 것은 아니다. 그러나 그것은 그대 자신의 마음이 아니다. 그것은 사회에서, 전통에서 빌려온 것이다. 처음에 주시하라. 그러나 그 다음에 좋다거나 나쁘다고 규정짓지 말라. 그러면 후반부는 쉬워질 것이다. 그대는 욕망의 흐름을 멈출 수 있다.

어떻게 그것을 멈출 수 있겠는가? 그대가 어떤 것을 전체적으로 주시할 때 그것은 매우 쉬워진다. 마치 휴지를 던져 버리듯이 쉽다. '그것을 멈춰라!' 무슨 일이 일어나겠는가? 하나의 욕망이 거기에 있다. 그대는 그것을 억압하지 않는다. 그리고 그것은 빠져 나가고 있다. 그것은 솟아오르고 있다. 그것은 그대의 존재 전체를 흔들고 있다. 실제로 그대가 아무런 해석 없이 욕망을 주시할 때 그대는 존재 전체가 하나의 욕망이 될 것이다.

성욕이 거기에 있을 때, 그리고 그대가 그것에 반대하거나 찬성하지 않는다면, 그대가 그것에 대해 무심하다면 그때 그대의 존재 전체는 그 속에 녹아들 것이다. 단 하나의 성욕은 불꽃이 된다. 그대 존재 전체는 그 불꽃 속으로 집중될 것이다. 마치 그대가 전체적으로 성적인 것처럼 말이다. 그것은 단지 성기뿐만 아니라 몸 전체로 퍼져 나간다. 그대의 육체는 진동하게 될 것이다.

열정은 하나의 불꽃으로 화한다. 바로 그때 멈추어라. 그것과 싸우지 말라. 단지 이렇게 말한다.

"나는 그것을 멈춘다."

무슨 일이 일어나겠는가? 그대가 '나는 멈춘다'라고 말하는 순간 하나의 분리가 일어난다. 그대의 육체는 성욕으로 가득 찬다. 그러다가 갑자기 어느 순간 그대와 성욕은 양극으로 나뉘어진다. 그대의 육체는 열정과 성욕으로 마구 뒹군다. 그리고 동시에 그대의 중심은 고요하다. 거기에는 싸움이 없다. 단지 분리만이 있을 뿐이다. 이제 그대는 마치 그대가 아닌 다른 사람처럼 그것을 바라볼 수 있게 되었다. 이 점을 기억하라. 싸움 속에서는 결단코 그대에게 분리가 일어나지 않는다.

내 친구 중에 하나는 수년 동안 나와 함께 살았다. 그는 완전히 줄담배를 피워대는 골초였다. 그가 잠을 자는 순간을 빼 놓고는 손가락 사이에 담배가 끼워지지 않은 것을 본 적이 없다. 그런데 하루는 갑자기 그가 이렇게 말했다.

"이제부터 나는 담배를 피우지 않겠다."

그러나 저녁에 그는 다시 담배를 피우지 않을 수 없었다. 그는 무력감과 죄책감을 느꼈다. 며칠이 지나도 그는 담배를 끊겠다는 용기 같은 것을 다시는 내지 않았다. 그는 무슨 일이 일어났었는지 까맣게 잊어버렸다. 그러던 어느 날 그는 또 불쑥 말했다.

"오늘부터 담배를 끊겠어."

나는 그 말을 듣고 웃어 버렸다. 이런 일이 한두 번이 아니었기 때문이다. 그때 그는 자신과 싸우느라고 정신이 없었다. 담배를 피우느냐, 끊느냐 하는 것으로, 그리고 그것은 끊임없는 악순환이었다. 그는 무엇을 해야 할지 몰랐다. 그래서 그는 나에게 물어왔다. 나는 그에게 이렇게 말해 주었다.

“담배에 대해서 반대하지 말라. 이것이 첫번째로 해야 할 일이다. 담배, 그것과 함께하라. 일주일 동안만 그것에 반대하지 말아보라.”

그러자 그가 말했다.

“무슨 소리를 하는 거야? 나는 담배를 무척 싫어하네. 그것에 반대하지 말라니? 내가 담배를 피우는 것은 끊지 못해서 할 수 없이 피우는 것일세.”

그래서 나는 말했다.

“자네는 너무 담배에 대해 적의를 갖고 있네. 그 때문에 실패하는 것이란 말일세. 그것을 끊겠다는 생각을 하지 말게. 사람이 친구를 떠나서 어떻게 혼자 살 수 있겠나. 그러니 일주일 동안만이라도 잊어버리게나. 담배와 같이 살면서 깊이 그것을 사랑하게나. 그리고 자네가 담배 자체가 되게나. 그것과 하나가 되면 모든 것이 쉬워질 것이네. 단 일주일 간만 마음껏 담배를 피우고 그것을 끊겠다는 생각은 잊어버리게.”

이 일주일 동안이 바로 하나의 주시이다. 그는 담배 피우는 사실을 쳐다볼 수 있다. 그는 반대하지 않는다. 그래서 이제 그는 그것을 대면할 수 있는 것이다. 그대가 어떤 것에 반대할 때 그대는 그것을 바로 쳐다보지 못한다. 반대하는 것 자체가 하나의 장벽이 된다. 그때 그대는 주시할 수 없다. 어떻게 그대는 적을 주시하겠는가? 그대는 그를 똑바로 쳐다볼 수 없다. 그와 눈동자를 마주 대하는 것은 너무나 어려운 일이다. 그대는 사랑하는 자의 눈만을 깊이 바라볼 수 있다. 그때 그대는 깊이 꿰뚫고 들어갈 수 있다. 그렇지 않을 때는 결코 서로의 눈길은 만나지 않는다.

그리하여 그는 상황을 깊숙이 들여다볼 수 있었다. 7일 동안 그는 그것을 주시했다. 그는 어떤 반대도 하지 않았기에 에너지는 거기에 있었고 마음 역시 거기에 있었다. 그리고 그것은 하나의 명상이 되었다. 그는 그것과 조화를 이루었다. 그는 애연가가 되었다. 7일이 지났지만 그는 완전히 날짜 가는 것을 잊어버리고 있었다. 나는 '이제 7일이 끝났다. 어떻게 담배를 끊을 수 있겠는가?' 라고 물어올 그를 기다리고 있었다. 하지만 그는 오지 않았다. 3주가 지나서야 나는 그에게 찾아가서 물었다.

"자네는 완전히 잊어버렸는가?"

그가 말했다.

"그 경험은 너무나 아름다웠다. 나는 이제 다른 것은 생각하기도 싫다. 나는 펼쳐진 현재 상황과 처음으로 다투지 않았다. 나는 단지 나에게 일어나는 것을 느끼기만 했다."

그래서 나는 그에게 말했다.

"자네가 담배를 피우고자 할 때에는 단지 멈춰라."

그는 나에게 어떻게 멈출 수 있느냐고 묻지 않았다. 그는 전체적인 상황을 주시했기 때문에 내 말을 이해할 수 있었던 것이다. 그래서 나는 말했다.

"자네가 담배를 피우고 싶은 욕망이 일 때 그것을 주시하라. 담배를 손에 들고 잠시 동안 멈추어 보라. 그리고 담배를 놓아 보라. 그것을 떨어뜨려 보라. 그러면 내면에서도 담배에 대한 욕구가 떨어져 나갈 것이다.

그는 나에게 어떻게 그것을 하는지 묻지 않았다. 주시는 모든 것을 가능하게 만들어 주기 때문이다. 그대는 그것을 할 수 있다. 만약 그대가 할 수 없다면 기억하라. 그대는 아직 사실을 주시하지 않았다. 그때 그대는 그것에 대해 반대한다. 어떻게 하면 그것을 떨쳐 버릴 수 있는지에 대해서 종일토록 생각한다. 그때 그대는 멈출 수가 없다. 갑자기 욕구가 거기에 있을 때 그대는 그것을 멈춘다. 전에너지가 내면으로 향한다. 테크닉은 동일하다. 단지 차원만 다를 뿐이다. 다음 방편으로 넘어가자.

27

지쳐 나자빠질 때까지 한없이 걸어라.
그러면 결국 쓰러질 것이다.
그 순간 그대는 전체가 되리라.

똑같다! 테크닉은 똑같다. 지쳐 나자빠질 때까지 걸어라. 쳇바퀴 속에서 달리고 뛰고 춤춘다. 지쳐 나자빠질 때까지 말이다. 한 발자국을 더 이상 못 옮기겠다고 느낄 때까지 해보라. 그러나 이제 완전히 지쳤다고 말하는 그대의 마음을 이해해야 한다. 마음의 소리에는 어떤 주의도 기울이지 말라. 그저 계속 달려가라. 춤추라. 날뛰어라. 어떤 생각도 만들어 내지 말라. 마음은 이제 그대가 지쳤다고 말해 줄 것이다. 이제 그대는 더 이상 계속할 수 없다고 말이다. 그러나 그대는 계속 강행하라. 사실 그대가 지쳤다고 하는 것은 그대가 지친 것이 아니다. 그대의 가장 외부의 표층이 지쳤을 뿐이다. 보통 저녁이 되면 몸은 지치게 마련이다. 하루 종일 그것을 사용했기 때문이다. 이제 그것은 재충전이 필요하다. 그래서 그대는 깊이 잠이 든다. 우주적 충전기가 그대에게 에너지를 충전시켜 줄 것이다. 내일 또 사용할 수 있도록 말이다. 이것이 첫번째 층이다.

만약 내가 그대에게 지금 당장 달리기를 하라고 말한다면 그대는 아마 '나는 매우 피곤하고 졸리우니 지금은 달릴 수가 없다'라고 말할 것이다. 그때 어떤 사람이 와서 '당신 집에 불이 났소'라고 말하면 그대는 갑자기 일어날 것이다. 거기에는 피곤도 없다. 그대는 달리기 시작한다. 갑자기 어떤 상황이 벌어졌는가? 그대는 매우 지쳐 있었다. 그런데 비상사태가 일어나서 그대는 두번째 층의 에너지에 연결되었다. 그대는 다시 생기가 넘치게 되었다. 그리고 이 테크닉에서는 두번째 층의 에너지마저도 고갈되어야 한다. 첫번째 층의 에너지는 쉽게 고갈될 수 있다. 그래도 계속하라. 그러면 새로운 에너지의 샘에 연결될 것이다. 그러면 그대는 다시 생기가 넘칠 것이다.

그래서 많은 사람들이 나에게 와서 이렇게 말했다.

"명상 캠프에 있을 때 우리가 했던 일들은 마치 기적처럼 보입니다. 우리는 하루에 세 번, 아침과 저녁 그리고 밤에 한 시간씩 미친 듯이 격렬하게 움직이는 명상을 했습니다. 그런데도 우리는 그런 강행군을 계속할 수 있었습니다."

많은 사람들이 해보기도 전에 그렇게 강행군을 하다가는 과로로 죽을 것이라고 생각했다. 그들은 그렇게 격심하게 움직이고 나면 다음날 아침 일어나지도 못할 것이라고 생각했다. 그러나 다음날 피로를 느끼는 사람은 아무도 없었다. 매일 세 번씩 격렬한 명상을 통해 모든 정력을 다 쏟아부었지만 아무도 피로해서 쓰러지지 않았다. 왜인가? 그것은 그들이 두번째 층의 에너지와 연결되었기 때문이다.

하지만 만약 그대 혼자서 그렇게 했다면 아마 지쳐 나자빠졌을 것이다. 에너지의 첫번째 층이 끝나면 그대는 '나는 몹시 피곤하다'고 느낄 것이다. 그러나 5백 명 정도의 큰 그룹이 한데 뭉치면 아무도 자기가 피곤하다고 느끼지 않는다. 그래서 그대는 '조금만 더 계속하자'라고 자기에게 말한다. 그리고 그것은 모든 사람들이 품는 똑같은 생각이다.

'아무도 피곤해 보이지 않는다. 그러니 나도 조금만 더 하자.

다른 사람이 아직 생생한데 왜 내가 먼저 지쳐 나자빠져야 하는가?'

단체라는 느낌은 그대에게 자극과 힘을 준다. 그리고 두번째 층의 에너지는 매우 큰 것이다. 그것은 비상사태에 터져 나오는 것이다. 그리고 비상사태의 에너지가 다 고갈되면 그때 그대는 우주 에너지, 무한한 에너지의 근원과 만나게 될 것이다.

그래서 많은 노력과 분발이 필요한 것이다. 그대가 '이제 이것은 나의 한계를 넘어선 것이다'라고 느끼는 순간 그것은 그대를 넘어간다. 물론 그것은 그대 자신이 아니라 그대의 첫번째 층을 넘어가는 것이다. 그리고 두번째 층마저 끝나게 되면 그대는 진짜 피곤하게 느낄 것이다.

'만약 지금 내가 조금만 움직여도 나는 죽을 것이다.'

그래서 많은 사람들이 와서 그들이 명상 속에 깊이 들어갈 때마다 이렇게 말한다.

"이제 겁이 납니다. 나는 곧 죽을 것만 같습니다. 그래서 더 이상 나아가지 못할 것 같습니다."

그것이 진짜 중요한 순간이다. 그대에게 용기가 필요한 순간이다. 조그마한 용기만 있어도 그대는 세번째 층으로 들어갈 것이다. 가장 깊을 뿐만 아니라 무한한 영역으로 말이다.

이 방편들은 그대로 하여금 에너지의 우주적 바다에까지 이르게 할 것이다. 그대가 대지 위에 전체적으로 무너져 내릴 때 그대는 처음으로 합일을 이룰 것이다. 이제 그 어떤 것도 분리되어 있지 않다. 분별로 생겨난 마음은 사라지고 없다. 나누어지지 않은 존재 덩어리가 처음으로 그 모습을 드러낼 것이다.

〈질문〉

앞에서 이야기된 방편들에 따르면 분노, 성욕, 폭력 등이 일어날 때 그것을 주시하고 있다가 갑자기 멈추라고 했습니다. 그런데 그 방편을 수행할 때 종종 뭔가 부자유스럽고 불편함을 느낍니다. 왜 사람은 분노나 성욕 등등의 것을 멈추는 데 어려움을 느낍니까?

그것은 단지 한 가지 이유밖에 없다. 그대의 집중이 전체적이지 못하기 때문이다. 모든 사람이 분노에 대해 확실히 이해하지 않고 그것을 멈추려고만 한다. 그러나 이해 없이는 어떤 혁명도 없다. 그대는 많은 문제들을 만들어 낼 것이고 자신에게 더욱 큰 불행을 불러올 것이다. 어떤 것을 포기한다고 생각하지 말라. 그것을 이해하라. 뭔가를 멈춘다고도 생각하지 말라. 단지 그것을 어떻게 이해할 것이냐 하는 것을 생각하라. 전체적인 이해가 필요하다. 만약 그대가 전체성 속에서 이해하게 될 때 거기에는 변형이 따라온다. 만약 그것이 그대에게 좋다고 생각된다면 그것은 성장할 것이다. 그러나 그대에게 나쁘다고 생각된다면 그것은 자연스레 떨어져 나갈 것이다. 그러므로 진짜 중요한 것은 멈추는 것이 아니라 이해하는 것이다.

왜 그대는 분노를 포기하는 것에 대해서 생각하는가? 왜인가? 그대는 분노가 나쁘다고 배웠기 때문이다. 그러나 그것이 나쁘다는 것을 확실히 이해했는가? 그대가 자신의 내면을 탐구해서 이런 결론에 도달했다면 억지로 멈추려고 할 필요가 없다. 그것은 이미 사라지고 없을 것이기 때문이다. 그것이 독이라는 사실을 아는 것만으로 충분하다. 그때 이미 그대는 다른 사람이 되어 있다.

그러나 그대는 무작정 그것으로부터 달아나려고만 한다. 왜인가? 사람들이 분노란 나쁜 것이라고 말하기 때문이다. 그대는 단지 다른 사람의 말에 귀를 기울이고 있다. 그래서 그대는 무비판적으로 그 생각을 따른다. 그래서 어떤 순간이 오면 그대는 일단 화를 내고 본다.

이것이 이중적인 마음이 생겨나는 방식이다. 그대는 화를 내고 있으면서 동시에 화가 나쁘다고 생각한다. 이것이 바로 이율배반적인 것이다. 만약 화를 내는 것이 좋다고 생각한다면 그대는 계속 화를 내어라. 그리고 화가 나쁜 것이라고 말하지 말라. 혹은 그대가 화가 나쁜 것이라고 말한다면 그때는 이것이 그대의 이해에서 온 것인지 아니면 다른 사람의 말을 들은 것인지 분명히 스스로에게 밝혀라.

사람들은 모두 다른 사람들의 영향으로 자신의 주변에다 불행을 만들어 놓고 있다. 어떤 사람은 그것이 좋다고 말하고 어떤 사람은 나쁘다고 말한다. 그들은 계속 그대의 마음속에 판단을 강요한다. 부모들이 그렇게 하고 사회가 그렇게 한다. 결국 그대는 다른 사람의 생각을 따르고 만다. 그대의 본성은 다른 사람의 생각에 따라 형성되고 만다. 그래서 그대는 정신분열증에 걸려 있다. 그대는 어떤 일을 하면서도 생각은 반대로 한다. 그리고 그렇게 해서 죄의식이 탄생된다.

모든 사람이 죄의식을 갖고 있다. 자신들이 생각하는 것과 행동하는 것이 일치하지 않기 때문이다. 그들은 화를 내는 것이 나쁘다고 말하면서도 화를 내고 있다. 하지만 아무도 그대에게 화가 무엇인지 말해 주지 않는다.

모든 사람들이 섹스가 나쁘다고 말한다. 그들은 그렇게 배웠다. 그리고 또 그렇게 가르친다. 하지만 섹스가 무엇인지 정확하게 말하는 사람은 없다. 그대의 부모들에게 물어보라. 그러면 당장 이렇게 말할 것이다.

"그런 쌍스러운 것은 입밖에도 내지 말라."

그러나 그토록 나쁜 것이 현실에서 일어나고 있다. 그대의 부모 역시 거기에서 벗어나지 못했다. 그렇지 않았다면 그대는 태어나지 않았을 것이다. 그대의 존재가 바로 그것의 적나라한 실현이다. 그대의 부모가 섹스에 대해서 무슨 말을 하든지 그들은 그것을 피할 수 없었다. 그러나 섹스가 왜 나쁜 것인지는 말할 수 없는 것이다.

왜인가? 어떻게 그것을 알 수 있는가? 어떻게 그 속으로 깊이 들어갈 수 있는가? 아무도 그대에게 그것을 말해 주지 않을 것이다. 단지 이것은 좋고 저것은 나쁘다는 딱지만 잔뜩 붙이고 있다. 그리고 그 딱지들이 불행을 낳고 지옥을 만든다.

그러므로 이 한 가지는 기억하라. 구도자에게는 이해하는 것이 기본이다. 현실을 이해하는 것, 진실을 알려고 하는 것, 사회가 강요하는 이데올로기를 따르지 않는 것 말이다. 다른 사람의 눈을 통해 그대 자신을 보지 마라. 그대는 눈을 갖고 있다. 그대는 장님이 아니다. 그대의 눈을 사용하라. 이것이 바로 주시의 의미이다. 그대가 주시한다면 그때 이것은 더 이상 문제가 안된다.

그러나 욕망을 멈추려 할 때 사람은 부자유스럽거나 불편을 느낀다. 그것은 충분히 이해하지 못했기 때문이다. 여기 어떤 사람이 있다. 그는 60살쯤 된 노인이다. 그는 매우 종교적인 사람이었다. 뿐만 아니라 종교 지도자의 위치에 있었다. 그는 많은 사람들을 가르쳐 왔고 또 많은 책을 저술했다. 그는 도덕가였다. 그런 그가 내게 와서 이렇게 말했다.

"당신은 나의 진짜 문제를 말할 수 있는 유일한 사람입니다. 어떻게 해야 나는 성욕을 없앨 수 있겠습니까?"

그리고 나는 섹스가 빚은 불행에 대해서 그가 하는 말을 들었다. 그는 많은 책을 썼지만 자식들을 괴롭혔다. 사실 도덕은 가장 훌륭한 속임수이다. 도덕을 통해서 그대는 다른 사람에게 즉시 죄의식을 만들어 낸다. 그것은 미묘한 고문이다. 브라흐마챠리아(독신수행)에 대해서 이야기해 보라. 즉시 그대는 죄의식을 느낄 것이다. 브라흐마챠리아가 되는 것은 매우 어렵기 때문이다. 그것은 순수한 동정(童貞)을 유지하는 것이다. 그대가 그것에 대해서 떠들어 댈 때 다른 사람은 죄책감을 느낀다.

그대는 죄를 만들어 낸 것이다. 이제 그대는 사람들을 고문할 수 있다. 그들에게 열등감을 심어 줄 수 있다. 이제 그들은 어려운 처지에 놓이게 되었다. 그들은 계속 섹스와 함께 살 것이다. 그러면서 계속 죄책감을 갖게 될 것이다. 그들은 항상 브라흐마챠리아에 대해서 꿈꿀 것이다. 그들은 어떻게 해야 할지 모른다. 그들의 마음은 브라흐마챠리아를 생각하지만 그들의 육체는 섹스 속에서 살 것이다. 그때 그들은 자신의 육체에 대해서 반대하기 시작할 것이다. 그리고 드디어 이렇게 생각할 것이다.

'나는 육체가 아니다. 이 육체는 사악한 것이다.'

그리고 그대가 한번 어떤 사람 속에 죄의식을 심어 놓으면 그대는 그 마음을 파괴한 것이다.

그 노인은 내게 와서 어떻게 하면 성욕을 몰아낼 수 있는지 물었다. 그것은 처음으로 그가 사실을 인식하게 된 기회였다. 사실 그는 많은 기회를 놓쳐 왔다. 이제 섹스 에너지는 약해졌고 그것을 자각하기 위해서는 더 많은 노력이 필요하게 되었다. 섹스 행위가 폭력적이고 그 에너지가 강할 때, 성욕은 매우 젊은 것이다. 그때 그대는 매우 쉽게 그 에너지를 느낄 수 있다. 하지만 이 늙은이는 매우 약해져 있었고 병들어 있어서 섹스 에너지를 자각하기가 쉽지 않았다. 그도 젊었을 때에는 브라흐마챠리아에 대해서 생각했었다. 하지만 그는 그렇게 살 수 없었다. 그는 다섯 명의 자식을 두었다. 하지만 그는 브라흐마챠리아의 기회를 놓친 것에 대해 계속 생각했다. 그리고 이제 그는 섹스에 대해서 어떻게 해야 할지를 생각하고 있었다. 그래서 나는 그에게 진실을 자각하라고 말했다. 그리고 브라흐마챠리아 따위는 아예 잊어버리라고 말했다. 그리고 자기 자신에 대해서 알지 못하고 섹스에 대해서 이야기하는 사람의 말을 잊어버리라고 말했다. 나는 그에게 그것을 자각하라고 재차 말했다. 그러자 그가 말했다.

"만약 내가 그것을 자각하려고 든다면 며칠만에 그것을 떨쳐 버릴 수 있겠습니까?"

이것이 마음이 작용하는 방식이다. 그는 이미 자각할 준비가 되어 있었다. 하지만 그것은 단지 성욕을 떨쳐 버리기 위한 것이었다. 그래서 내가 말했다.

"만약 당신이 그것을 자각하는 사람이 아니라면 그것을 떨쳐 버리겠다고 결심한 사람은 누구인가? 어떻게 그것이 나쁜 것이라고 결론을 내렸는가? 그렇게 생각하는 것이 당연한가? 과연 당신 자신 안에서 그것을 발견할 필요가 없는가?"

그러므로 뭔가를 포기해야 한다는 생각은 하지 말라. 포기란 말에는 그대가 다른 사람에 의해서 강요당했다는 의미가 포함되어 있다. 그대는 그대 삶의 주체가 되라. 이 사회가 요구하는 대로 움직이는 노예가 되지 말라. 그대는 눈을 가지고 있고, 의식을 가지고 있으며, 또한 섹스 에너지와 분노 등등의 것을 가지고 있다. 그대의 의식을 사용하라. 그대의 눈을 사용하라. 그대 자신의 생각과 판단을 갖고서 깨어 있어라.

마치 그대가 이 세상에 홀로 있는 것처럼 생각하라. 그대를 가르칠 사람은 아무도 없다. 이제 어떻게 하겠는가? 처음부터 다시 시작하는 것이다. 내면으로 들어가라. 그리고 전체적으로 깨어 있으라. 아무것도 미리 결정을 내리지 말라. 서두르지 말고 결론짓지 말라. 그대 자신의 자각을 통해 결론이 내려질 때 그것은 곧 그대의 변형으로 이어진다.그때 그대는 어떤 부자유함도 느끼지 않을 것이다. 거기에는 어떤 억압이나 아쉬움도 없다. 그리고 오직 그때만이 그대는 어떤 것을 멈출 수 있다. 나는 멈추는 것을 인식하라고 말하지 않는다. 명심하라. 내가 말하는 것은 그대가 자각할 때 그대는 어떤 것을 멈출 수 있다는 것이다.

멈추기 위한 기술 따위는 찾지 말라. 멈추는 것은 깨어 있음의 결과일 뿐이다. 그대가 깨어 있다면 그대는 욕망의 흐름을 멈출 수 있다. 그러나 그대가 멈추려고 하지 않는다면 그때는 굳이 멈출 필요가 없다. 그대는 절대로 그럴 필요가 없다. 섹스가 거기에 있다. 만약 그대가 충분히 깨이 있다면 그대는 굳이 그것을 멈출 필요가 없다. 그때 섹스는 그 자체로 아름다움을 갖고 있다. 만약 그대가 깨어 있으면서 그것을 멈추고자 결심한다면 그대의 체념 또한 아름답다.

그러므로 내 말의 요지를 이해하라. 무슨 일이 일어나든지 깨어 있는 상태에서 한다면 그것은 아름답다. 그리고 무엇이든지 자각하지 못하고 무의식적으로 행동한다면 그것은 추한 것이다. 그래서 소위 말하는 브라흐마챠리아, 즉 그대의 독신수행 역시 기본적으로 추한 것이다. 왜냐하면 그대는 깨어 있지 못하기 때문이다. 행위가 중요한 것이 아니다. 독신수행 역시 하나의 결과일 뿐이다. 중요한 것은 깨어 있느냐, 아니면 무의식적이냐 하는 것이다. 로렌스(D.H. Lawrence) 같은 사람을 보라. 그가 말하는 섹스는 아름답다. 오히려 독신수행자보다 그가 말하는 섹스가 훨씬 아름답다. 그가 말하는 섹스는 예민한 감수성과 깊은 통찰력에서 나오는 것이기 때문이다. 내면적 탐구를 통해서 그는 섹스와 함께 살기를 결심했다. 그는 진실을 받아들였다. 이제 거기에는 어떤 죄의식도 어떤 머뭇거림도 없다. 그는 자연스럽다. 그의 섹스는 찬란하다.

마하비라 역시 진실을 충분히 자각한 사람이다. 그래서 그는 섹스가 필요없다고 느꼈다. 그에게 독신 수행이란 로렌스의 섹스와 똑같이 아름답다. 그의 독신수행은 그 자신이 선택한 것이다. 그 어떤 누구로부터도 영향을 받거나 강요당한 것이 아니다. 깨어 있음 속에서 일어나는 행위는 무엇이든지 아름답다. 그것이 바로 신성이다.

고대의 성자들을 보라. 시바는 파르바티를 안고 있다. 파르바티는 시바의 무릎 위에 앉아 있다. 그대는 마하비라가 그런 자세로 있다고 상상도 할 수 없다. 불가능하다. 그대는 붓다가 그런 자세로 앉아 있다고 생각할 수가 없다. 람(Ram)이 시타(Sita)와 함께 앉아 있는 것 때문에 자이나교도들은 람을 신의 화신, 아바타르로 받아들일 수가 없다. 그는 여자와 함께 있었기 때문이다. 그래서 그들은 그를 마하마나바(mahamanava), 즉 위대한 성자라고는 말한다. 하지만 신의 화신은 아니다. 여자와 함께 있었기 때문이었다. 여자가 거기에 있을 때는 인간의 한계를 뛰어넘을 수 없다고 생각한다. 그것이 자이나교도들의 생각이다.

만약 힌두교도들에게 묻는다면 그들은 아마 마하비라에 대해서 별로 달갑지 않게 말할 것이다. 힌두교도의 생각으로는 남자가 여자 없이는 완전하지 않다고 생각한다. 힌두교도들은 여자가 없는 남자는 반쪽이라고 여긴다. 그래서 대개 람은 시타와 함께 있다. 그리고 '람시타'라고 부르지 않고 '시타람'이라고 부른다. 여자를 먼저 앞세우는 것이다. 또한 '크리슈나라다'라고 부르지 않고 '라다크리슈나(Radhakrishna)'라고 부른다. 여자와 함께 있는 신이야말로 완전한 신이 되는 것이다.

그래서 힌두교의 신은 홀로 있지 않다. 항상 파트너가 있다. 시트람이 진정한 완성이며 라다크리슈나가 되어야만이 완전하다. 크리슈나 하나만으로는 불완전하다. 그러니 크리슈나에게는 라다를 막을 필요가 없는 것이다. 왜인가? 그들은 이미 완전한 각성 속에 있기 때문이다.

그대는 시바보다도 더 깨어 있는 사람을 찾을 수 없다. 그러나 그는 무릎 위에 파르바티를 앉혀 놓고 있다. 그것이 문제를 만들어 낸다. 그러면 누가 과연 옳은가? 붓다가 옳은가? 아니면 시바가 옳은가? 문제는 우리가 모든 사람이 자신의 꽃을 피운다는 사실을 알지 못하는 데 있다. 붓다와 시바는 모두 깨어 있는 사람이다. 그들의 선택은 모두 옳다. 단지 겉으로 나타난 행동만 틀릴 뿐이다. 그러므로 어떤 틀 속에 빠지지 말라. 그대의 의식이 각성되었을 때 어떤 일이 일어날지는 아무도 모른다. 각성하기 전에 이것을 그만두고 저것을 멈추는 따위의 행동은 절대로 하지 말라. 결론짓지 말라. 아무도 모른다. 깨어 기다려라. 그대의 존재가 꽃필 때까지 말이다. 누가 존재의 꽃을 피우게 될지는 아무도 모른다. 모든 사람이 가능성을 갖고 있다. 그리고 그대는 다른 사람을 따를 필요가 없다. 따르는 것은 어떤 것이든지 위험하고 파괴적이다. 모든 모방 행위는 자살 행위와 하나도 다르지 않다. 그러므로 기다려라.

이 방편들은 그대를 깨어 있게만 할 뿐이다. 그대가 깨어 있으면 그대는 어떤 것을 멈출 수 있다. 무슨 일이 일어나든지 그대가 깨어 있지 않다면 그대는 그것을 진정으로 받아들일 수도 떨쳐 버릴 수도 없다. 그대는 섹스에너지를 갖고 있다. 하지만 그대는 그것을 전적으로 받아들일 수도, 아니면 완전히 잊을 수도 없다. 내 말은 그것을 전적으로 받아들이든지 완전히 잊든지 하라는 것이다.

하지만 그대는 어느 것이고 확실히 할 수 없다. 그대는 항상 어중간하게 둘 다를 모두 하고 있다. 받아들이다가도 떨쳐 버리고 떨쳐 버리다가도 다시 받아들인다. 그 악순환은 계속된다. 그대가 섹스에너지를 갖고 있을 때 그대는 한두 시간, 아니면 며칠 뒤에는 그것을 떨쳐 버릴 수 있다고 생각한다. 하지만 그것은 에너지를 새롭게 충전시키는 것 외에 아무것도 아니다. 그대는 섹스를 잠시 잊었다가 새롭게 충전시켜 결국 그것에 휩싸이고 만다. 그러다가도 금방 다시 잊어버린다. 하지만 그대가 각성 속에 있을 때는 그대가 확실히 결정할 수 있다. 그것을 받아들이든지 떨쳐 버리든지 말이다. 그 어떤 행위도 아름다운 것이다.

한 가지만은 확실하다. 그대가 깨어 있을 때 그대는 그것에 대해 잊어버릴 수 있다. 그것은 더 이상 문제가 안된다. 그대의 결심은 전체적이며 문제는 곧 사라진다. 그러나 그대가 부자유함을 느낀다면 그것은 그대가 아직 충분히 깨어 있지 않다는 뜻이다.

그러므로 좀더 깨어 있으라. 좀더 진실을 주시하라. 좀더 깊게, 좀더 주체적으로 말이다. 다른 사람의 생각이나 결론 따위는 염두에 두지 말라.

오늘은 이만!

지성파와 감성파를 위한 각각의 방편

그대는 마음과 자신을 동일시하지 마라。
그때 그대는 건강하고 전체적인
존재의 관점을 갖게 된다。

지성파와 감정파를 위한 각각의 방편

28

힘과 지식이 점점 그대에게서 빠져 나간다고 상상하라. 완전히 빠져 나가는 순간 거기에 초월이 일어난다.

29

헌신은 자유를 준다!

탄트라의 입장에서 보면 인간은 그 자체로 하나의 병적 현상이다. 그것은 그대의 마음이 혼란에 빠졌을 때를 가리키는 것이 아니다. 정확히 말하자면 그대의 마음 자체가 하나의 혼란이다. 그대의 마음이 긴장된 것이 아니다. 그대가 바로 긴장이다. 그 차이를 정확하게 이해하라. 만약 마음에 병이 들었다면 그 병은 고쳐질 수 있다. 하지만 마음 자체가 하나의 병이라면 마음은 고칠 수 있는 성질의 것이 아니다. 그것은 오직 마음을 초월하는 길밖에 없다. 이것이 서양의 심리학과 동양의 탄트라나 요가의 심리학이 다른 점이다.

서양의 심리학은 마음이 건강해질 수 있다고 생각한다. 적절한 치료를 받으면 마음은 건강을 되찾을 수 있다고 생각한다. 따라서 서양의 사고방식에는 마음을 초월한다는 개념이 없다. 초월은 그것 자체를 넘어서서 뭔가가 있을 때만이 존재할 수 있는 개념이다. 그때는 그대가 더 이상 나아갈 곳이 없는 상태를 뛰어넘을 수 있다. 그러나 서양의 개념처럼 현재 상태 이상의 그 무엇이 없다면 그때 마음은 종착역이 된다. 마음을 초월한다는 것은 불가능하다.

만약 그대가 자신이 육체일 뿐이라고 생각한다면 그때는 그대의 육체를 초월할 수 없다. 누가 초월하며 어디로 초월하겠는가? 육체뿐일 때는 육체를 넘어서 어디로도 갈 수 없다. 따라서 그대가 육체를 초월한다는 것은 이미 그대가 육체 이상의 그 무엇이라는 뜻이다. 그 무엇이라고 할 때 그것은 새로운 영역으로 들어가는 하나의 차원이다.

마음에 대해서도 같은 이치이다. 그대가 마음 이외에 아무것도 아니라면 그때는 마음을 초월한다는 것이 불가능하다. 그때 우리는 그저 마음의 병이나 고치려고 애쓸 뿐이다. 그것은 마음을 다루는 것이 아니라 병을 다루는 차원이다. 병적인 상태를 고쳐서 정상적인 상태의 마음으로 만들려고 할 것이다. 그리고 아무도 정상적인 마음 자체가 바로 병이라고는 생각하지 않을 것이다.

사람들이 말하는 정상적인 마음은 그저 하나의 냉소적인 마음이다. 프로이드는 사람은 단지 병든 마음을 정상으로 고칠 수 있다고 말했다. 그러나 그 모든 사람의 정상적인 마음이 건강한 것인지 아닌지는 문제를 제기하지 않았다. 우리는 평균적인 마음, 보통 사람의 마음이면 당연하다고 여긴다. 그래서 어떤 사람이 그 평균의 마음, 보통의 마음을 넘어서게 되면 그는 조정이 필요하다. 그래서 서양의 심리학은 항상 평균에 맞추려고 노력한다.

이런 경우에 특별히 지적인 탐구를 한 사색가가 있다. 제프리(Geoffrey)가 바로 그다. 그는 천재를 병이라고 말했다. 천재는 비정상적이기 때문이다. 만약 정상적인 것이 건강하다면 그때 천재는 병적인 상태이다. 천재는 아마도 일종의 미친 상태에 해당된다. 그의 미친 상태를 이 사회가 이용할 수 있기 때문에 우리는 그를 정신병원에 가두지 않는 것이다.

아인슈타인, 반 고호, 에즈라 파운드, 그 모든 시인, 화가, 과학자, 신비가들이 모두 미쳤다. 그러나 그들의 광증은 두 가지 이유 때문에 허용된다. 그들의 미친 증세는 타인에게 해를 끼치지 않으며 그들이 만들어 낸 것들은 써먹을 가치가 있기 때문이다. 또한 정상적인 마음이 만들어 낼 수 없는 것들을 그들은 만들어 낼 수 있다. 그들의 마음은 극단으로 흐르기 때문에 정상적인 마음이 볼 수 없는 것을 보는지도 모른다. 그래서 우리는 그런 식으로 미친 사람들을 봐주는 것이다. 우리는 그들에게 노벨상까지 준다. 하지만 어쨌든 그들은 아픈 상태에 있다.

만약 정상적인 것이 건강의 표준이라면 그때는 정상적이지 않은 모든 사람이 아픈 것이다. 제프리는 우리가 과학자와 시인을 미친 사람으로 취급하는 날이 올 것이며 그들을 평균 상태로 재조정할 것이라고 말한다. 이런 태도는 마음이 전부이며 그것 이상 없다는 가정 속에서 가능하다.

그러나 동양에서는 이런 태도와는 전혀 다른 태도가 있다. 동양에서는 마음 자체를 하나의 병이라고 부른다. 그래서 정상인가 비정상인가는 엄밀히 말하면 정상적으로 병들었는가, 아니면 비정상적으로 병들었는가를 따진다. 정상인은 정상적으로 병든 사람이다. 그대가 감지할 만큼 이상스럽지는 않다. 그는 그저 표준치인 것이다. 다른 모든 사람이 그와 비슷하기 때문에 그는 병자처럼 보이지 않는다. 그래서 정신과 의사는 그를 '정상'이라고 부른다. 그러나 마음은 그 자체가 병이다.

왜인가? 왜 마음이 병인가? 다른 차원에서 접근해 보면 이해하기가 좀더 쉽다. 우리에게 육체란 죽음을 의미한다. 적어도 동양에서는 그렇게 보고 있다. 그래서 그대는 완벽하게 건강한 육체는 가질 수 없다. 만약 그런 육체가 있다면 죽지 않을 것이다. 완전한 균형을 유지해서 늙지도 병들지도 않을 것이다. 그러나 그런 육체는 없다. 늙지 않고 병들어 죽지 않는 육체는 없다. 그래서 완벽하게 건강한 육체란 없다.

그러나 의학은 건강을 정의할 수도, 그 기준을 정할 수도 없다. 병은 정의할 수 있다. 특별한 질병에 대해서는 그것이 무엇이라고 말할 수 있다. 그러나 건강이 무엇인지는 정의하지 못한다. 그저 부정적인 방식으로, 병들지 않은 상태를 건강이라고 말할 뿐이다.

죽음과 삶은 서로 멀리 떨어진 것이 아니다. 그것은 그대의 두 다리처럼 동시에 걸어가고 있다. 그대가 살아 있는 순간이 곧 죽어 가는 순간이다. 그대 속에서 어떤 것이 매순간 죽어 가고 있다. 70년이라는 세월 속에서 죽음의 경주는 그 마지막 목표에 골인할 것이다.

그대가 태어나는 날이 죽기 시작하는 날이다. 생일날이 곧 사망일이 되는 것이다. 그대의 성숙과 더불어 죽음도 성숙한다. 그러니 육체란 결코 진짜로 건강해질 수 없다. 건강이란 상대적인 개념인 것이다. 그대가 평균적으로 건강하면 그것으로 충분하다.

마음도 같은 이치이다. 마음 역시 진짜로 건강해질 수 없다. 마음이란 항상 긴장과 고뇌와 번민 속에 있기 마련인 것이다. 물론 잠깐 동안의 이완 상태를 경험할 수는 있다. 하지만 마음의 본성이란 긴장과 번민이다. 그래서 우리는 이 본성이 무엇인지 이해해야 할 것이다. 거기에는 주목해야 할 세 가지 사항이 있다.

첫째, 마음은 육체와 그대 내면에 있는 '비육체' 사이의 연결고리이다. 그것은 물질과 비물질 사이의 연결고리이다. 가장 신비한 다리인 것이다. 그것은 완전히 서로 대조적인 것을 연결해준다. 물질과 영혼을 말이다.

만약 그대가 이 역설을 이해할 수 있다면…… 한쪽 둑은 물질이고 다른 쪽 둑은 비물질인 것을 잇는 다리라는 것을, 한쪽 둑은 보이는 것이고 다른 쪽 둑은 보이지 않는 것임을, 한쪽 둑은 죽음이 있고 다른 쪽 둑은 죽음이 없는 것임을, 그대가 무슨 이름을 붙이든 이 두 개의 모순은 그대가 마음이라고 부르는 것에 의해서 연결되어 있다. 그래서 거기에는 긴장이 가실 수가 없다.

마음은 항상 보이는 것에서 보이지 않는 것으로, 또한 보이지 않는 것에서 보이는 것으로 움직이고 있다. 매순간 마음은 깊은 긴장 속에 빠져 있다. 도저히 연결될 수 없는 성질의 것을 서로 연결해 주고 있기 때문에 거기에 긴장이 있다. 그것은 또한 고뇌를 만든다.

나는 지금 그대의 은행 잔고에 대한 고뇌를 말하고 있는 것이 아니다. 좀더 근원적인 고뇌, 붓다의 고뇌를 말하는 것이다. 그 고뇌는 생활고로 그대의 마음이 눌려 있을 때에는 발견할 수 없는 고뇌이다. 그러나 한번 그대가 그 고뇌를 인식한다면 그대는 종교적으로 될 것이다.

종교는 바로 이 근원적인 고뇌에 대한 것이다. 붓다도 고뇌를 갖고 있었다. 하지만 그의 고뇌는 재정적인 것이 아니었다. 그는 아내의 미모에 대해 걱정하지 않았다. 그는 보이는 사물에 대해서는 어떤 걱정도 하지 않았다. 그에게 일반적인 걱정거리란 없었다. 그는 왕자였다. 그리고 가장 아름다운 여자의 남편이었다. 그가 갖고 싶은 것은 무엇이든지 가질 수 있었다.

하지만 그는 시체를 메고 가는 광경을 보고 처음으로 마음속 깊은 곳에 있는 고뇌를 발견했다. 그 고뇌는 근원적인 것이었다. 그는 그 광경을 보고 마부에게 무슨 일인지 물었다. 마부는 이렇게 대답했다.

"이 사람은 이제 죽은 것입니다."

붓다는 태어나서 그때 처음으로 죽음과 대면한 것이다. 그는 당장 이렇게 물었다.

"모든 사람이 죽어야 하는가? 그렇다면 나도 죽을 것인가?"

이 질문을 보라. 그대는 이렇게 물어본 적이 없다. 그대는 아마 누가 죽었으며, 죽을 나이가 되지 않았는데 왜 죽었는지를 물을 것이다. 그러나 그 의문은 근원적인 고뇌와는 상관이 없다. 그대는 동정심을 느낄 수도 있다. 슬픔을 느낄 수도 있다. 하지만 그 순간이 지나면 곧 잊어버린다.

그러나 붓다는 모든 질문을 자신에게 돌렸다.

"나도 죽을 것인가?"

마부는 솔직하게 대답했다.

"저는 거짓말을 할 수 없습니다. 모든 사람은 죽습니다. 따라서 왕자님도 죽을 것입니다."

붓다는 말했다.

"마차를 돌려라. 내가 죽을 운명이라면 이 삶이 무슨 소용이 있는가? 내 마음은 고뇌로 가득 찼다. 이 고뇌가 풀리지 않는 한 나는 아무것도 할 수 없다."

그것은 근원적인 고뇌다. 그래서 만약 그대가 삶의 실정을 알게 된다면, 마음과 육체의 현재 상태를 깊이 인식하게 된다면 거기에 미묘한 고뇌가 일어나게 된다. 그것은 그대의 내면 깊숙한 곳에서부터 점점 강하게 울려나올 것이다. 그대가 무엇을 하든, 하지 않든 그 고뇌는 항상 거기에 있을 것이다. 마음은 이제 끝이 없는 심연을 느끼게 되었다. 육체는 죽게 되지만 그대는 죽지 않는 것임을, 그대에게 죽음을 모르는 어떤 것이 존재하고 있음을 확연하게 깨달을 때까지 그 고뇌는 그칠 줄 모른다.

이것은 거대한 모순이다. 그대는 두 방향으로 움직이는 두 개의 배 위에 타고 있다. 그대는 깊은 갈등에 빠지게 된다. 그 갈등은 마음의 갈등이다. 그 마음은 두 개의 양쪽 극단, 즉 죽음과 불멸, 물질과 영혼 사이에 존재하는 어떤 다리인 것이다.

둘째로, 마음은 하나의 과정이며 흐름이지 물체가 아니다. 마음은 형태를 갖고 있는 고정된 것이 아니다. '마음(mind)'이라고 부를 때 그것은 마치 그대 속에 어떤 실체가 있는 것처럼 느껴진다. 하지만 그것은 아지랑이와 같은 것이다. 마음을 잡으려고 하면 그것은 텅 빈 허공일 뿐이다. 마음은 과정이며 흐름이다. 그것은 실체가 아니다. 그래서 차라리 '마음작용(minding)'이라고 부르는 것이 더 정확할지 모른다. 산스크리트어에는 그것의 정확한 표현이 있다. 그것은 바로 '시타(citta)'이다.

흐름은 결코 멈출 수가 없다. 흐름이 멈추는 순간 흐름은 사라져 버리고 만다. 그리고 흐름이 존재하는 한 거기에 긴장이 있다. 흐름이 곧 긴장인 것이다. 그래서 마음은 항상 과거와 미래를 오간다. 그 움직임은 마음이 존재하는 한 멈출 수 없다. 이 지속적인 움직임이 그대 속에서 긴장을 만들어 낸다. 만약 그대가 일일이 그 긴장을 해결하려 든다면 미쳐 버릴 것이다.

우리가 항상 어떤 것에 몰두하는 것도 바로 이 때문이다. 만약 어떤 것에도 우리가 빠져들지 않는다면 그때 우리는 이 내면의 끊임없는 흐름을 인식하게 된다. 그리고 낯설고 이상한 감정을 느끼게 될 것이다. 그래서 모든 인간은 자꾸만 뭔가에 몰두하려 한다. 심심한 것을 견딜 수 없는 것이다. 특별히 생각나는 것도 없고 아무런 할일이 없으면 지나간 신문이라도 읽고 라디오라도 들으려고 하는 것이 바로 그 때문이다. 자신 속에 있는 그 깊은 심연과 애써 마주치지 않으려고 발버둥치는 것이다. 만약 그 심연과 마주치게 되는 순간에는 정말로 참을 수 없는 고뇌를 갖게 되리라는 막연한 두려움이 있다.

그래서 모든 사람이 그 심연을 피하려 안간힘을 쓰고 있다. 그때 술은 아주 좋은 약이 된다. 그대는 무의식이 되기 때문이다. 섹스 역시 좋은 마약이다. 그 순간에는 자신에 대해 완전히 잊을 수 있다. 텔레비전도 좋고 음악도 좋다. 자신의 상황을 잊을 수 있는 것이라면 무엇이라도 좋다. 이러한 모든 노력이 바로 마음이다. 아니 마음작용(minding)인 것이다. 그리고 이 마음작용에 대해 의식적으로 거부하는 것이 명상이며 무심(無心)인 것이다.

많은 사람들이 내게 와서 명상에 대해 묻는다. 그들은 하나같이 이렇게 말한다.

"우리가 명상을 하려고 하면 갑자기 긴장이 됩니다. 그전에는 긴장되지 않았는데, 하루 종일 잘 지냈었는데 명상을 하려고 조용히 앉으면 갑자기 긴장됩니다. 그리고 잡념이 일어나기 시작합니다. 평소에 안하던 온갖 생각들이 마구 일어납니다."

그래서 그들은 명상이 잡념을 부르는 것이라고 생각한다. 하지만 그것은 절대적인 오해이다. 잡념은 명상 때문에 일어나는 것이 아니다. 그대는 항상 복잡하게 돌아가는 잡념 속에서 살아왔다. 단지 그대가 그것을 인식하지 못했을 뿐이다. 그대의 의식이 내면을 살피지 않고 항상 외부로만 향해 있기 때문에 그것을 살피지 못한 것이다. 그대가 홀로 고요하게 앉아 있어 보라. 그러면 그대는 끊임없이 자신의 본모습, 즉 존재의 심연을 애써 외면하려고 발버둥치고 있음을 알게 될 것이다. 마음, 즉 마음작용은 바로 그런 노력의 과정이다. 그리고 거기에 거대한 양의 에너지가 소모되고 있다. 그것은 마음이 생존하기 위한 갈등이며 에고의 투쟁이다. 에고란 바로 마음작용인 것이다. 그것은 하나의 무기이다. 가장 폭력적인 무기인 것이다.

그래서 마음은 생존 수단이 된다. 그것은 필요하다. 물론 폭력적인 것이지만 말이다. 마음이 바로 폭력이다. 인간으로 태어난 이상 그 과정을 통과하지 않을 수 없다. 그대가 고요히 앉아 있을 때마다 그대는 내면의 폭력을 느낄 것이다. 사념들이, 폭력적인 생각들이 마구 달려와 그대에게 부딪칠 것이다. 마치 곧 폭발해 버릴 것처럼 말이다. 그래서 아무도 고요히 앉아 있기를 원치 않는다. 그것만큼 무서운 고문과 형벌은 없다.

나를 찾아온 사람들은 누구나 이렇게 말한다.

"저를 도와주십시오. 제발 고요하게 앉아 있을 수만 있어도 좋겠습니다. 다른 사람들이 고요히 앉아서 외우듯이 나에게도 어떤 주문(呪文)을 주십시오. 아니면 특별한 호흡법이라도 일러주십시오. 그러면 거기에 빠져서 고요히 앉아 있을지 모릅니다."

하지만 그렇게 한다면 그것은 또 하나의 마음작용이다. 좀더 세련된 것에 몰두하고 있는 것일 뿐이다. 겉으로는 조용히 앉아 있는 것처럼 보이지만 마음은 그 어느 때보다도 더 활발하게 움직이고 있는 것이다. 그것은 진정한 명상과 아무런 상관이 없다. 진정한 명상은 무심한 상태가 되는 것이며 끝없는 자신의 심연을 대면하는 것이다. 거기에 아무 생각도 일어날 수 없다. 그 놀라운 상황 속에서 말이다.

사람들은 흔히 명상을 하면 마음이 평안해진다고 생각한다. 하지만 잘못 알고 있다. 마음이 평안해지는 것이 아니라 너무나 경악스런 사태 속에서 아무 생각도 할 수 없게 되어 마음이 죽어 버리는 것이다.

셋째로, 그대는 태어날 때 마음 없이 태어난다. 사람은 단지 마음작용을 일으킬 수 있는 능력만 갖고서 태어난다. 그래서 어린 아이가 사회 속에서 자라지 않으면 그는 단지 육체만 갖게 된다. 마음 없이 말이다. 그는 어떤 언어도 사용할 수 없다. 따라서 개념을 갖고 생각할 수도 없다. 그는 한 마리의 짐승일 뿐이다. 오직 느낌만 있을 뿐이며 그 느낌마저 인식하지 못한다.

사회는 그대 마음작용의 능력을 훈련시킨다. 사회는 그대에게 마음을 준다. 힌두교도와 회교도가 다른 마음을 갖고 있는 것도 바로 그 때문이다. 그들은 똑같은 인간이지만 마음의 작용 방식이 다르다. 태어난 뒤부터 그렇게 훈련받은 것이다. 사회가 다르면 그 사회 구성원의 마음도 달라진다. 그들은 다른 목표를 갖도록 훈련된다.

남자 아이가 태어나거나 여자 아이가 태어나면 그때부터 그들은 서로 다른 마음을 갖도록 훈련된다. 그래서 여자와 남자가 서로 다른 마음을 갖고 있는 것이다. 그리고 그 훈련된 마음이 자신의 본래 모습이라고 생각하게 된다. 마음과 자신의 존재를 동일시하는 것이다.

그래서 이미 마음이라는 것은 언제나 보수적이고 진부할 수밖에 없다. 진보된 마음이란 사실 있을 수 없다. 이 말은 그대에게 이상하게 들릴 것이다. 하지만 자세히 살펴보면 그대는 이해할 수 있다. 예를 들어 공산주의자들을 보라. 그들은 자신이 매우 진보적인 사상을 갖고 있다고 생각할지 모른다. 하지만 칼 마르크스(K. Marx)의 '자본론(Das Capital)'을 읽어 보라. 그것은 바이블이나 기타(Gita), 혹은 코란(Koran)에 비해 진부하고 보수적인 면에 있어서 조금도 뒤지지 않는다. '고전(古典)'이라고 일컬어지는 문학작품들을 보라. 거기에 어디 진보적인 것이 있는가? '자본론' 역시 이 사회에서 닳고 닳아서 만들어진 것으로 이루어져 있다. 거기에서 중심을 이루는 사상이란 바이블에서 인간의 소유욕을 중요시하는 것만큼이나 물질에 대한 인간의 욕망을 당연한 것으로 여긴다.

왜 내가 이런 말을 하는 줄 아는가? 삶은 매순간 변하지만 그대의 마음은 항상 과거에 속해 있기 때문이다. 마음은 언제나 과거이며 삶은 언제나 새로운 것이다. 거기에 긴장과 갈등이 있을 수밖에 없다.

예를 들어 새로운 상황이 벌어졌다. 그대는 새로운 여자와 사랑에 빠졌다. 그대는 기독교인이고 그 여자는 불교도이다. 거기에 갈등이 생겨난다. 그녀는 그대의 입장에서 보면 이교도이다. 그런데도 그대는 사랑에 빠졌다. 삶은 이제 그대에게 새로운 상황을 가져다 주었다. 그러나 마음은 어떻게 해야 할지 모른다.

그래서 마음은 일순간 고요해진다. 하지만 그런 고요는 미칠 가능성이 있는 정적이다. 왜냐하면 외부의 상황은 빠르게 변화되고 있는데 그대의 마음은 그 변화에 부응하지 못하기 때문이다. 그래서 마음은 그 작용을 멈출 수밖에 없다. 마음은 언제나 과거에 기반을 두고 과거에 집착해 있기 때문에 빠르게 변할 수 없는 것이다. 모든 것은 매순간 변하고 있는데 말이다. 그래서 마음은 긴장하게 되고 폭풍 전야의 정적처럼 된다. 그리고 다음 순간 결국 미쳐 버리는 것이다.

동양보다 서양에 정신병자가 많은 이유도 바로 거기에 있다. 서양은 빠른 속도로 변화하고 있다. 과학기술이 변화되고 생활 여건도 빨리 변한다. 마음은 미처 그 변화에 부응할 수 없다. 하지만 인도를 보라. 인도는 서양만큼 빨리 변하지 않는다. 그래서 인도인들의 마음은 느긋하다. 하지만 그 느긋함도 오래가지 못한다. 이제 동양인의 마음도 긴장하고 있다. 서양의 변화가 동양에도 불어 닥치고 있다.

이제 삶은 그대를 그냥 내버려두지 않는다. 마음은 항상 과거로 돌아가려 한다. 이해할 수 있을 때만이 편안하기 때문이다. 이해 못하는 상황이 계속 일어나면 그대는 미칠 수밖에 없다. 아니면 자폐증 환자처럼 스스로의 이해 능력을 포기해 버릴 것이다.

이 세 가지 이유 때문에 마음은 그 자체로 하나의 질병이다. 그러면 어떻게 해야 하는가? 그대가 마음을 다스릴 수 있다면 거기에는 쉬운 방법이 있다. 그것은 바로 현대 심리학에서 하고 있는 정신분석이다. 거기에 오랜 시간이 걸릴지도 모른다. 성공하지 못할 수도 있다. 하지만 어렵지는 않다. 프로이드 이후 심리학자들은 이 마음의 질병 상태를 다룰 수 있는 방법을 발견한 것이다.

그렇다고 해서 마음의 초월이 쉽게 일어나리라고는 생각지 말라. 그것은 그대가 마음을 완전히 버려야 하기 때문이다. 그대는 날개를 갖고 마음을 넘어가야 한다. 마음의 질병을 고치려는 것이 아니라 마음은 병든 채로 그냥 두고 넘어가야 한다.

예를 들어 지금 나는 여기에 앉아 있다. 그런데 이 방 안은 무척 덥다. 나는 두 가지 행위를 할 수 있다. 하나는 냉방장치를 설치하는 것이고 다른 하나는 아예 방 밖으로 나가 버리는 것이다. 냉방장치를 설치하면 방 안은 시원해진다. 하지만 설치하는 과정에서 또 다른 고민과 노력이 필요하다.

이것이 다른 점이다. 서양의 방식은 그 마음의 방에서 나가지 않고 그대로 머물면서 방 안을 시원하게 하려고 한다. 그래서 마음속에 머무는 것이 정상이다. 하지만 그때는 지복을 경험할 수 없다. 행복의 궁극적인 정점에 결코 이를 수 없다. 단지 고통에서 잠시 동안 벗어날 수 있을 뿐이다.

프로이드는 인간은 행복해질 수 없다고 말했다. 기껏해야 정상 상태에서 남보다 덜 고통스러울 수 있을 뿐이다. 그것이 바로 서양의 정신분석이며 심리요법이다. 이것은 아무런 희망이 없는 것이다. 하지만 그 정도만 해도 프로이드는 가히 혁명적이다. 그는 인간에게 무시되어져 왔던 무의식의 영역을 인식의 장으로 끌어내어 펼치게 했다. 하지만 마음을 초월하는 영역에 대해서는 알 수가 없었다.

프로이드나 융, 혹은 아들러가 개발한 심리학을 동양이 개발하지 않았던 이유가 무엇일까? 동양은 적어도 5천 년 이상 인간의 심리에 대해서 이야기해 왔다. 그리고 마음의 깊숙한 영역에 대해 가장 적나라하게 파헤친 붓다와 같은 존재도 있었다. 하지만 서양의 심리학 같은 것은 동양에 없다. 그 이유가 무엇일까?

그 이유는 이러하다. 동양은 마음이라는 방 내부에 대해서는 흥미가 없었다. 어떻게 해서든지 그 방 밖으로 빠져 나가는 것에 대해서만 관심을 쏟아 왔다. 유일한 관심은 그 방을 나가는 문을 찾는 것이었다. 그리고 동양은 그 문을 열고 방 밖으로 빠져 나가는 방법에 대해서 이미 오래 전부터 알고 있었다.

그리고 나 역시 이것에만 관심이 있다. 나는 방 내부에 대한 설계도를 만들고 싶지 않다. 방 안에 대해서는 아무런 이야기도 할 것이 없다. 나는 오직 마음이라는 방 밖으로 나가는 것에 대해서 그대에게 말하고 있는 것이다. 그대가 방 밖을 빠져 나가서 무한한 하늘 밑에 서게 될 때 방 안의 자질구레한 물건들에 대해서는 완전히 잊어버리게 된다. 그리고 마음은 그대로 남아 있다. 그대는 마음의 변화를 꾀한 것이 아니기 때문이다. 단지 그대는 마음을 초월해 버렸다. 그때 모든 것이 변한다.

만약 필요하면 그대는 다시 방 안으로 돌아올 수 있다. 하지만 그대는 이미 다른 사람이 되어 돌아올 것이다. 나가기 전과 나간 뒤에는 완전히 다르다. 사실 방 안에서만 산다면 진정한 사람이라고 할 수 없다. 그는 벌레나 마찬가지다. 그는 방 밖에 밝은 태양이 비치고 무한한 하늘이 펼쳐져 있음에 대해서 상상조차 할 수가 없다. 그는 방 밖으로 나오는 순간 충격을 받을 것이다. 그리고 그 충격 때문에 처음으로 그는 벌레에서 사람으로, 무의식적 삶에서 의식적 삶으로, 잠든 삶에서 깨어 있는 삶으로 변형될 것이다.

동양은 마음을 초월할 줄도 알고 마음을 이용할 줄도 안다. 따라서 마음과 그대를 동일시하지 말라. 이것이 동양의 결론이다. 그리고 명상의 모든 방편이 문을 찾아서 마음의 방을 나가는 것에 집중되어 있다.

오늘도 우리는 이 방편들 중에 두 가지를 이야기할 것이다. 그리고 첫번째 방편은 행위 중에 정지하는 것이다. 이미 앞에서 우리는 정지에 관한 세 가지 방편에 대해서 살펴보았다. 그래서 이것은 네번째 방편이 될 것이다.

28

힘과 지식이 점점 그대에게서 빠져 나간다고 상상하라. 완전히 빠져 나가는 순간 거기에 초월이 일어난다.

이 방편은 실제 행동 속에서 할 수도 있고 상상으로 할 수도 있다. 예를 들면 우선 침대에 누워서 완전히 이완하라. 그리고 마치 그대의 육체가 죽어 가고 있다고 느껴라. 눈을 감아라. 곧 그대는 몸이 점점 무거워지고 있음을 느낄 것이다. 상상하라. 나는 죽어 가고 있다. 점점 죽어 가고 있다. 그 느낌이 생생하다면 그대의 몸은 점점 무거워져서 납덩어리처럼 느껴질 것이다. 그래서 손가락 하나도 움직일 수 없게 된다. 하지만 거기에서 멈추지 말고 몸이 점점 죽어 가고 있다는 상상을 계속하라. 그러면 그대는 죽음이 일어나는 순간을 느끼게 된다. 그때 갑자기 육체를 잊어버리게 되고 초월이 일어난다.

육체가 죽어 가는 것을 느낄 때, 그때 초월이란 무엇을 의미하는가? 그대의 육체를 보라. 지금 막 그대는 죽어 가고 있다. 그대의 몸은 시체가 되었다. 육체를 보라. 그대는 자신의 죽음을 지켜보고 있다. 바로 여기에 초월이 있다. 그대는 마음을 벗어나게 될 것이다. 죽은 시체는 마음이 필요없기 때문이다. 시체는 완전히 이완된다. 마음의 흐름이 완전히 멈추기 때문이다. 그대는 거기에 있다. 그리고 육체도 거기에 있다. 그러나 마음은 사라지고 없다. 기억하라. 마음은 삶을 위한 것이지 죽음을 위한 것이 아니다.

만약 그대가 한 시간 뒤에 자신이 죽게 될 것이라는 사실을 알게 된다면 그대는 무엇을 하겠는가? 그대에게는 오직 한 시간만이 남아 있다. 그대는 어떻게 하겠는가? 그때 그대의 마음은 완전히 멈출 것이다. 생각이란 항상 과거나 미래로 움직여 갈 수 있을 때에만 존재하는 것이기 때문이다.

그대는 집을 사고 자동차를 구입하는 계획을 세운다. 이혼을 하고 또 다른 사람과 결혼할 계획을 세운다. 그대는 많은 것들에 대해서 생각하고 있고 또 그 생각들은 항상 그대의 마음속에 머무르고 있다. 하지만 이제 생명이 한 시간밖에 남지 않았다면 결혼이니 이혼이니 하는 것들이 무슨 의미가 있겠는가? 이제 그대의 모든 계획은 물거품처럼 사라지게 된다. 죽음과 함께 그것들은 사라진다. 죽음과 함께 걱정도 멈춘다. 모든 걱정은 살아 있을 때에만 의미가 있는 것이다.

그대에게 걱정이 있다면 그것은 그대가 내일에 살고 있다는 뜻이다. 그래서 명상을 가르친 모든 선각자들이 내일에 대해 생각하지 말라고 가르쳐 왔던 것이다. 예수는 그의 제자들에게 '내일 일을 염려하지 말라'고 말했다. 그대가 내일을 생각한다면 명상 속으로 들어가지 못한다. 그때 그대는 걱정 속으로 들어간다. 우리는 내일을 생각하는 것만큼이나 걱정하는 것 자체를 좋아한다. 그래서 이승에서의 삶 뿐만 아니라 저승에서의 삶까지도 계획하고 염려하는 것이다.

하루는 길을 걷고 있는데 어떤 사람이 나에게 광고 쪽지 한 장을 나눠 주었다. 거기에는 매우 아름다운 집과 정원이 그려져 있었고 이렇게 쓰여져 있었다.

"당신은 이처럼 아름다운 집과 정원을 갖고 싶지 않습니까? 그것도 완전히 무료로 말입니다."

나는 다음 장을 넘겼다. 거기에는 또 이렇게 쓰여 있었다.

"만약 당신이 이런 집을 원하신다면 그때는 주 예수를 믿으십시오. 그러면 죽은 뒤 천국에 갔을 때 무료로 이런 집에서 살게 될 것입니다."

그것은 기독교의 팸플릿이었고 그 집은 지상의 집을 말하는 것이 아니었다. 마음은 내일을 생각할 뿐만 아니라 죽음 저편의 것까지도 생각하고 있다. 그래서 마음은 결코 명상적으로 될 수 없다. 명상 속에서는 내일을 생각할 수 없다.

처칠이 임종을 맞이했다. 그 곁에 있던 누군가가 이렇게 물었다.

"당신은 천국에 계신 하느님 아버지와 만날 준비가 되었습니까?"

처칠이 말했다.

"그것은 내가 걱정할 바가 아니다. 나는 위대한 신께서 나와 만날 준비가 되어 있는지 아닌지를 항상 걱정해 왔다."

인간은 어떤 방식으로든 미래에 대해 걱정하고 있다. 붓다는 이렇게 말했다.

"천국도 없고 사후세계도 없으며 영혼도 없다. 그대의 죽음은 전체적이며 완전한 것이 될 것이다. 아무것도 되살아나는 것이 없다."

사람들은 붓다가 무신론자라고 생각했다. 하지만 그는 무신론자가 아니다. 그는 단지 그대로 하여금 내일을 염려하는 병을 고치려고 한 것이다. 그대를 지금 여기에 머물게 하려는 것이다. 그때 명상은 저절로 일어난다.

그래서 그대가 죽음을 느끼고 있다면 땅바닥에 쓰러져 죽은 자처럼 누워 있으라. 완전히 이완한 채로 '나는 죽어 가고 있다'고 계속 염송하라. 생각 뿐만 아니라 세포 하나하나가 죽어 가고 있음을 느껴라. 그것은 세상에서 가장 아름다운 명상 중의 하나이다. 그대의 육체가 시체가 되었다고 느낄 때 그대는 손가락 하나도 제대로 움직일 수 없다. 고개도 돌릴 수 없다. 모든 것이 죽어 있다. 그때 갑자기 그대의 육체를 보라.

마음은 거기에 없을 것이다. 그런데도 그대는 볼 수 있다. 그대는 거기에 있다. 그때 그대가 육체를 보면 그대라고 보이지 않을 것이다. 그것은 하나의 몸뚱아리일 뿐이다. 그대와 육체 사이에 간격이 뚜렷해졌다. 거기에는 어떤 연결 다리도 없다. 마음이 사라져 버린 것이다. 그대의 육체는 죽은 듯이 누워 있고 그대는 한 사람의 구경꾼처럼 쳐다보고 있다. 그때 그대는 육체 속에서 보는 것이 아니다. 결코 육체 속에서가 아니다!

기억하라. 그대가 육체 속에 있다고 느껴지는 것은 마음 때문이다. 마음이 사라지고 없다면 그대는 자신이 육체 속에 있다거나 육체 밖에 있다는 말을 하지 않는다. 그대는 그저 거기에 있을 뿐이다. 그것은 '안'도 아니고 '밖'도 아니다. 안과 밖은 마음과 연관된 상대적인 용어일 뿐이다. 단지 그대는 하나의 지켜봄이 되라. 이것이 초월이다. 그대는 여러 가지 방식으로 이것을 할 수 있다.

때때로 실재 상황에서도 그것은 가능하다. 그대는 병이 들었고 나을 희망이 보이지 않는다. 그대는 죽기만을 기다리고 있는 상태다. 이런 상황은 그대의 의식이 깨어날 수 있는 매우 귀하고 유용한 기회다. 이것을 명상의 기회로 이용하라. 그대는 침대 위에 누워 있다. 그대에게 남아 있던 모든 힘이 빠져 나가고 있다고 생각하라. 마치 존재계가 그대의 힘을 완전히 빨아먹고 있는 것처럼 느껴라. 곧 그대는 완전히 빈 껍데기가 된다. 그대의 에너지는 모두 빠져 나갔다. 이제 남은 것은 시체뿐이다.

바로 이 순간 그대는 그것을 할 수 있다. 그대가 상상하기 시작한 지 며칠 만에 그대는 완전히 빈 껍데기만 남을 것이다. 모든 것이 빠져 나가고 그대 속에 남은 것은 아무것도 없다. 바로 그 순간 초월이 일어난다.

에너지의 마지막 입자가 그대에게서 빠져 나갈 때 초월이 일어난다. 그러나 동요하지 말라. 그저 한 사람의 구경꾼으로 남아 있으라. 그때 이 우주와 이 육체는 둘 다 그대가 아니다. 그대는 우주와 육체라는 현상을 보고 있는 주체인 것이다.

이때 마음은 그대에게 더 이상 붙어 있을 수 없다. 이것이 바로 열쇠다. 그대의 기호와 취미가 어떤 것이든지 그대는 여러 가지 방법으로 이것을 할 수 있다. 예를 들면 그대는 달리기를 좋아하는 사람이다. 그러면 달려라. 끝까지 달려라. 지쳐서 저절로 쓰러질 때까지 의지가 남아 있는 한 달려라. 그러면 어느 순간 그대의 에너지가 다했을 때 몸은 저절로 쓰러질 것이다. 그때 깨어 있으면서 그대의 몸이 거꾸러지는 것을 지켜보라. 종종 그 순간에 기적이 일어난다. 그대는 서 있는데 육체는 쓰러진다. 그대는 쓰러지는 육체를 볼 수 있다. 쓰러진 것은 육체일 뿐 그대는 여전히 서 있다. 그때 육체와 하나가 되어 쓰러지지 말라.

춤을 추고 소리를 질러서 모든 에너지를 다 소모하라. 그러나 절대로 쓰러지지는 말라. 그대는 어느 틈엔가 육체가 쓰러져 있는 것을 보게 될 것이다.

그대는 여전히 서 있다. 육체는 거꾸러졌지만 말이다. 그때, 육체가 쓰러지는 것을 보았지만 아무것도 할 수가 없다. 눈을 부릅

뜨고 깨어 있어라. 요점을 놓치지 말라. 무슨 일이 일어나고 있는지를 지켜보라. 한번 그대가 이 경험을 하고 나면 그대는 육체와 다른 그 무엇이라는 사실을 결코 잊을 수가 없다.
'밖에 서 있는 것(standing out)'은 영어에서 절정(ectasy)의 본래 뜻이다. 엑스터시(ectasy)는 바로 밖에 서 있다는 뜻이다. 그대는 무심의 상태 속에서 자신의 몸 밖에 있다는 것을 느낄 수 있다. 왜냐하면 그대를 몸 안에 있다는 느낌을 주는 것은 바로 마음이기 때문이다. 그래서 마음이 사라지는 순간, 무심이 되는 순간 그대는 몸 안에 있다는 느낌 역시 사라진다. 이것이 바로 초월이다. 그때 몸 안으로 들어가라. 그리고 마음 안으로도 들어가라. 한번 이것을 경험하고 나면 다시는 자신이 몸이나 마음이라는 착각에 빠지지 않는다.

서양에서는 항상 마음을 어떻게 제어할 수 있는지에 대해서 고심해 왔다. 그들은 여러 가지 방법을 모색해 왔지만 아무런 성과도 거둘 수 없었다. 모든 것이 한때의 유행처럼 흘러갔다. 이제 정신분석도 이미 한물 지나간 것이 되었다. 그리고 요즘에 새로운 운동이 일어나고 있는데 그것은 일종의 집단 심리요법으로써 일정 기간 여러 명의 사람들이 한 방에서 함께 생활하는 방식이 흔히 사용된다. 그러나 유행은 오래가지 않는다. 왜인가? 마음속에 있을 때는 기껏해야 마음을 정리하는 차원일 뿐 궁극적인 해결방법이 안되기 때문이다. 정리해 놓은 마음은 얼마 안 가서 또 흐트러진다. 마음을 정리한다는 것은 모래성을 쌓는 것과 같다. 언제 그 평안의 상태가 무너질지 모른다.

마음을 초월하는 것이야말로 궁극적으로 건강하고 행복해질 수 있는 유일한 길이다. 오직 그 길을 통해서만이 전체가 될 수 있다. 그리고 나서 다시 마음속으로 들어가면 그때부터는 마음을 이용할 수 있다. 마음은 그대의 목적에 이용되는 하나의 도구가 될 것이다. 그대는 마음과 동일시하지 않는다. 그래서 여기에 두 가지 유형이 있다. 하나는 그대가 마음과 자신을 동일시하는 것, 이것은 탄트라에서 병이라고 부르는 것이다. 또 하나는 그대가 마음과 자신을 동일시하지 않는 것이다. 그때 그대는 마음을 하나의 도구로 이용할 수 있다. 그때 그대는 건강하고 전체적인 존재의 관점을 갖게 된다. 자, 이제 다섯번째 방편으로 넘어가자.

29

헌신은 자유를 준다!

이 방편은 단 두 마디 말로 끝난다. 그래서 어떤 사람에게는 간단하게, 또 어떤 사람에게는 매우 어렵게 들릴 것이다. 하지만 나는 '헌신하라'는 한 마디 말로 끝내려 한다. 자유는 헌신의 결과이기 때문이다. 그렇다면 헌신은 무엇을 의미하는가? 이 책 '비그야나 바이라바 탄트라'에는 두 가지 유형의 방편이 있다. 첫째는 지적인 사람을 위한 방편이다. 그것은 논리적이고 과학적인 사람을 위한 방편이다. 둘째는 감정적인 사람을 위한 방편으로서 시적이며 가슴이 뜨거운 사람을 위한 방편이다. 마음에도 두 가지 유형이 있는데, 과학적인 마음과 시적인 마음이 그것이다. 이것은 서로 분리된 양극이다. 그것들은 결코 서로 만날 수 없다. 마치 철도의 평행선처럼 언제나 떨어져 있다.

때때로 한 사람이 시인이자 과학자인 경우가 있다. 매우 드물지만 말이다. 그것은 일종의 정신분열이다. 그는 두 개의 인격을 갖고 있는 것이다. 그가 시인일 때는 과학자에 대해서 완전히 잊어버린다. 그가 과학자일 때는 시인에 대해서 완전히 잊어버린다. 완전히 다른 세상으로, 개념과 논리가 있는 세상으로 들어가는 것이다.

그러나 그가 시의 세계에 들어가면 거기에는 더 이상 논리나 개념 따위가 없다. 오직 거기에는 감정과 리듬과 감동만이 있다. 그것은 완전히 다른 세계이다.

생각하는 것과 느끼는 것, 이것은 마음의 두 가지 기본 유형이다. 그리고 이 장에서 말한 첫번째 방편은 지적인 사람을 위한 방편이다. 두번째 방편인 '헌신하라, 자유롭다'는 감정적인 사람을 위한 방편이다.

한편 그대는 자신이 어떤 유형인지를 알아야 한다. 물론 어떤 것이 더 높고 낮은 것은 없다. 지적인 유형이 더 고상하다고 생각하지 말라. 그것들은 서로 비교할 수 없는 성질이다. 그대가 무슨 유형에 속하는지 그것만 알면 된다.

이 두번째 방편은 감정적인 유형의 사람들을 위한 것이다. 왜인가? 헌신이란 무조건적이며 맹목적인 것이기 때문이다. 헌신 속에서는 헌신의 대상이 그대보다 훨씬 더 중요한 사람이 된다. 그것이 바로 신뢰인 것이다. 그러나 지적인 사람은 아무도 신뢰할 수 없다. 그는 오직 비판만 할 줄 안다. 믿지 못하고 의심만 할 줄 안다. 때때로 지적인 사람이 믿음을 갖게 될 때가 있지만 그것은 결코 진실한 믿음이 아니다. 첫째로 그는 자신의 믿음을 확인해 보고 싶어한다. 그것은 절대로 진정한 신뢰가 될 수 없다. 그는 자신이 믿는 것에 대한 증거를 찾고 있다. 그렇지 않을 때는 논리적 기반이라도 마련하려고 한다. 하지만 그는 요점을 놓치고 있다. 믿음이란 결코 어떤 논리적 근거도 필요 없기 때문이다. 만약 논리적 근거나 증거가 있다면 그때는 믿음이란 아무 필요도 없는 것이다.

그대는 태양을 믿지 않는다. 그대는 하늘을 믿지 않는다. 그것은 그대가 알기 때문이다. 태양이 떠오르는 것을 어떻게 믿을 수 있단 말인가! 태양이 떠오른다는 사실에 대해서 아무도 믿거나 혹은 불신하지 않는다. 믿음이란 미지의 영역에 대해서 용기 있게 뛰어드는 것을 말한다. 거기에는 어떤 증거도 없다.

지적인 사람에게는 그런 행동이 매우 무모하게 보일 것이다. 만약 그대가 신에게 헌신한다고 말한다면 그에게는 먼저 신이 존재한다는 사실이 증명되어야 한다. 하지만 신의 존재가 증명되는 순간 신은 기하학이 되어 버린다. 유클리드의 기하학처럼 말이다. 아무도 유클리드의 기하학을 믿지 않는다. 왜냐하면 유클리드의 기하학은 너무나 당연한 사실이기 때문이다. 그것은 이미 하나의 수학적 진리가 되어 버렸다. 따라서 이미 증명된 것은 믿을 필요가 없는 것이다. 기독교 신비주의자이며 성자로 알려진 사람 중에 하나인 테르툴리안(Tertullian)은 이렇게 말했다.

"나는 신을 믿는다. 왜냐하면 신은 비논리적이기 때문이다."

그의 말은 옳다. 이것이 바로 감정적인 사람의 자세이다. 그는 말한다.

"신은 증명될 수 없다. 그렇기 때문에 나는 그를 믿는다."

그의 말은 역설적이다. 비논리적이다. 만약 그가 논리적으로 말하려면 이렇게 말해야 한다.

"신의 존재가 증명되었기 때문에 나는 그를 믿는다."

이렇게 말하면 지적인 사람들은 매우 좋아할 것이다. 거기에는 아무런 위험이 없다. 이미 증명된 것이기 때문이다. 하지만 감정적인 사람에게 그렇게 말해서는 아무런 지지도 받을 수 없을 것이다.

헌신에 대해서 잊어버려라. 먼저 사랑을 이해하라. 그러면 헌신도 쉽게 이해할 수 있을 것이다. 그대는 사랑에 빠진다. 그 말을 영어식으로 표현하면 사랑에 떨어진다는 말이 된다. 그러면 그대의 무엇이 떨어진다는 말인가? 그것은 그대의 머리가 떨어진다는 뜻이다. 이 표현은 분명 지적인 사람들에 의해서 만들어진 것이리라. 사랑에 빠지는 것은 지적 능력을 잃는다는 뜻이다. 그대는 미치기 시작할 것이다. 사랑에 빠진 사람들에게 그 이유를 한번 물어보라. 왜 사랑에 빠지는지 말이다. 그들은 그 이유를 설명할 수 없다. 어떤 논리적 이유도 타당하지 않다.

여기에 서로 사랑에 빠진 두 사람이 있다. 그들의 행동을 보라. 그들의 대화를 들어보라. 그것은 완전히 비논리적인 것이며 얼토당토아니한 것들이다. 그들은 마치 젖먹이들처럼 이야기한다. 왜인가? 아무리 위대한 과학자라고 할지라도 그가 사랑에 빠지면 젖먹이처럼 이야기한다. 왜 고급 기술과학 용어를 쓰지 않는가? 왜 어린아이들처럼 이야기하는가? 과학 용어는 사랑에 아무런 필요도 없기 때문이다.

내 친구 중 하나가 한 여자와 결혼을 했다. 그녀는 체코슬로바키아 사람이었다. 그녀는 거의 영어를 알아듣지 못했다. 이 친구 역시 체코슬로바키아어를 할 줄 몰랐다. 그런데 그들이 결혼을 했다. 그들은 둘 다 대학 교수들이었다. 친구가 나에게 와서 이렇게 말했다.

"우리는 과학 용어에 대해서는 서로 잘 알고 있다. 하지만 어린아이들이 쓰는 말에 대해서는 전혀 상대편 모국어를 이해하지 못한다. 그래서 우리는 무진장 애를 먹고 있다. 항상 사랑에 대해서는 표면적인 것밖에 말할 수 없다. 과학 용어로는 도대체 사랑의 표현을 쓸 수가 없다. 나는 교수로서 내 전공에 대해서는 이야기를 잘할 수 있다. 그녀 역시 마찬가지다. 그러나 사랑에 대해서는 매우 어렵다."

사랑하는 사람들 사이에서는 젖먹이 말이 통용되는 이유가 있다. 그것은 사랑을 처음 경험한 것이 그대가 젖먹이였을 때 어머니와 이루어진 것이기 때문이다. 그대가 젖먹이로서 옹아리를 할 때 사랑의 말들을 처음 사용한 것이다. 그것들은 지성에서 나온 말이 아니라 가슴에서 나온 말이었다. 그리고 그대가 성장해서 누구를 사랑할 때도 그때의 감정으로 되돌아간다.

한편 사랑의 감정이 깊어지면 질수록 침묵에 빠진다. 그때는 말이 필요 없게 된다. 만약 그대의 연인과 말없이 오랜 시간을 함께 있을 수 없다면 거기에는 이미 사랑이 남아 있지 않다는 사실을 알게 될 것이다. 낯선 사람일수록 그대는 즉시 대화를 시작한다. 낯선 사람과 단 둘이 있을 때 말을 하지 않는다면 서로 많은 오해를 할 수 있기 때문이다. 대화를 통해 서로의 가교를 건설하지 않으면 어떤 공감대도 가질 수 없기 때문이다. 그대는 그대의 문을 굳게 닫고 있고, 그는 그 나름으로 문을 닫고 있다. 대화를 통해서 서로의 문을 조금씩 열 수밖에 없기 때문이다. 그래서 날씨 이야기부터 시작해서 조금 긴장이 풀어지면 정치 이야기로 이어진다. 그러나 연인들끼리도 계속 말을 해야 한다면 거기에는 이미 사랑이 식어 버렸다고 할 수 있다. 그들은 서로에게 낯선 사람이 된 것이다.

누구도 사랑에 빠졌을 때 왜 행복한지 증명할 수 없다. 사실 사랑은 하나의 깊숙한 고통이다. 타인과 하나가 되는 것은 매우 어려운 것이기 때문이다. 두 개의 몸 뿐만 아니라 두 개의 마음이 하나가 되기란 정말 어렵다. 이것이 바로 섹스와 사랑의 차이점이다. 두 개의 몸이 하나가 되는 것은 그리 어렵지 않다. 그리고 고통스럽지도 않다. 그것은 세상에서 가장 쉬운 것이다. 어떤 동물도 그렇게 할 수 있다.

두 개의 마음이 용해되어 하나가 되기란 무척 어렵지만 사랑 속에서는 가능하다. 그때 두 개의 마음은 사라진다. 그리고 거기에 빈 공간이 생겨난다. 그 공간에서 사랑이 꽃핀다. 사랑에 대해서는 어떤 논리적 설명도 불가능하다. 사랑이 존재한다는 것 역시 증명하기 불가능하다. 그래서 행태 심리학자인 왓슨(Watson)과 스키너(Skinner)는 사랑이란 단지 환상일 뿐이라고 말했다. 그것은 일종의 백일몽 같은 현상이라고 설명했다. 그대가 만약 사랑에 빠졌다면 그것은 꿈을 꾸고 있는 것이라고 말이다.

그리고 아무도 그들이 틀렸다고 주장할 수 없다. 그들은 말한다. 사랑은 일종의 이상심리라고 말이다. 그대의 육체가 호르몬의 분비로 인한 화학적 변화를 일으켜 그대의 행동에 영향을 미치고 행복하다는 느낌을 불러일으킨다는 것이었다.

그러나 기적이 일어났다. 왓슨조차 사랑에 빠진 것이다. 사랑이 단지 화학적 변화로 인한 이상심리 작용이라고 말한 그가 자신도 사랑에 빠진 것이다. 그리고 왓슨 역시 행복을 느꼈다. 사랑은 증명될 수 없다. 그것은 내면의 문제이며 주관적인 것이다. 사랑 속에서는 그대보다 상대방이 더욱 중요해진다. 그가 중심이 되고 그대는 주변이 된다.

논리는 항상 자기 중심적으로 작용한다. 마음 역시 언제나 자기중심적이다. '나'라고 하는 것이 중심이 된다. 그리고 모든 것은 나를 중심으로 늘어서 있다. 그대가 너무 논리적으로만 행동한다면 그대는 곧 버클리(Berkeley)가 내린 결론에 이를 것이다. 그는 이렇게 말했다.

"오직 나만이 존재하며 모든 것은 마음에서 일어나는 생각일 뿐이다. 따라서 내 앞에 앉아 있는 당신이 정말 거기에 존재하는

지를 어떻게 증명할 수 있겠는가? 당신은 어쩌면 나의 꿈일지도 모른다. 당신이 꿈이 아니라 정말로 존재한다고 나에게 증명할 길이 없다. 물론 나는 당신을 만질 수도 있다. 하지만 꿈에서도 촉감은 있다. 꿈에서도 내가 누군가를 때리면 그는 비명을 지른다. 그런데 이 상황이 꿈이 아니고 실제라고 증명할 수 있는 방법이 어디에 있는가?"

정신병원에 가보라. 거기에는 혼자 앉아서 열심히 중얼거리는 사람들을 흔히 볼 수 있다. 그들은 도대체 누구에게 이야기를 하고 있는가? 나 역시 혼자말을 하고 있는지 모른다. 그대가 여기에 실재한다고 어떻게 증명할 수 있는가? 따라서 논리나 이성이 극단적으로 흐르면 결국 나만이 존재하고 나머지 모든 것은 꿈이 된다. 이것이 이성과 논리가 작용하는 방식이다.

이와 정반대의 길이 있다. 그것은 가슴의 길이다. 가슴의 길에서는 나는 꿈이 되고 상대방이 실재가 된다. 그대가 이쪽 극단으로 흐르면 그것이 곧 헌신이다. 만약 그대의 사랑이 정점에 이르게 되면 그대는 자신을 완전히 잊어버린다. 그리고 거기에는 오직 상대방만이 남아 있다. 이것이 곧 헌신이다.

사랑은 헌신이 될 수 있다. 사랑은 헌신의 첫걸음이다. 오직 그때만이 헌신은 꽃필 수 있다. 하지만 우리에게는 사랑조차 너무 멀다. 오직 섹스만이 현실이다. 사랑은 두 개의 가능성을 갖고 있다. 하나는 섹스로 떨어질 수 있다. 그것은 육체적인 것이다. 그리고 또 하나는 헌신으로 이어진다. 그것은 영적인 것이다. 사랑은 바로 그 가운데 있다. 그 밑에는 섹스의 심연이 있고 그 위에는 열린 하늘이 있다. 헌신의 무한한 하늘이 있다.

만약 그대의 사랑이 깊어진다면 상대방은 더욱더 중요해진다. 그리하여 그는 그대의 신이 된다. 그래서 미라(Meera)는 크리슈나를 신이라고 불렀다. 아무도 크리슈나를 볼 수 없다. 그리고 미라 역시 크리슈나가 거기에 있다는 사실을 증명할 수 없다. 하지만 그녀는 증명하는 데 아무 관심도 없었다. 그녀는 오직 크리슈나를 사랑하는 데에만 관심이 있었다. 기억하라. 그대가 현실의 인물이든 상상의 인물이든 사랑의 대상으로 삼는 데는 아무런 차이가 없다. 변형은 헌신을 통해서 일어나는 것이지 사람을 통해서 일어나는 것이 아니기 때문이다. 크리슈나가 전혀 존재하지 않을 수도 있다. 하지만 그것은 아무런 상관도 없다.

라다(Radha)에게는 크리슈나가 현실의 인물이었다. 그러나 미라에게는 그가 상상의 인물이다. 미라가 라다보다 더 위대한 헌신을 한 것도 바로 그 때문이다. 라다조차 미라를 질투할 정도였던 것이다. 크리슈나가 실제로 옆에 있을 때에는 그의 현존을 느끼기가 어렵지 않다. 그러나 크리슈나가 거기에 없을 때도 미라는 홀로 있으면서 그와 이야기를 나눌 정도였다. 그녀에게 크리슈나는 모든 것이었다. 그녀는 크리슈나의 실재를 증명할 필요가 없었다. 그녀는 헌신을 통해서 이미 변형된 것이다. 헌신이 그녀를 자유롭게 했다.

크리슈나가 거기에 실재하느냐 아니냐를 따지는 것은 아무런 문제도 되지 않는다. 그가 있든 없든 전적인 헌신이, 전적인 사랑의 감정이, 자신을 잃어버리는 것이 바로 초월이며 변형이다. 그때 그녀는 갑자기 정화되어진다. 그것 역시 전체적인 순결이다.

에고의 느낌은 모든 미침의 뿌리가 된다. 헌신의 눈에 비친 에고는 하나의 질병으로 보인다. 에고는 해체되어야 한다. 그 길이 에고가 가야 할 유일한 길이다. 그때 상대방은 더욱 중요해지고 나 자신은 점점 바래지고 사라져 간다. 그리고 어느 순간 더 이상 남지 않게 된다. 오직 상대방 존재만이 남게 된다.

그대가 더 이상 남아 있지 않다면 상대방은 타인이 아니다. 그는 그대가 존재할 때에만 타인이 되기 때문이다. 만약 '나'라는 것이 사라지고 나면 '당신' 역시 사라진다. 사랑을 통해서 그대는 헌신의 첫걸음을 내딛었다. 그리고 상대방이 중요해졌다. 하지만 그대는 아직 남아 있다. 그대가 사라지게 되는 정점이 어느 순간에 이르게 되는 것은 매우 드문 현상이다. 보통의 사랑 속에서는 자신이 사라지지 않는다. 상대방이 그대보다 중요해질 때만이 그대는 사랑하는 사람을 위해 죽을 수 있다. 만약 그대가 상대방을 위해 죽을 수 있다면 거기에는 진정한 사랑이 있다.

그대가 어떤 사람을 위해 죽을 수 있다면 비로소 그때만이 그 사람을 위해 사는 것이 가능하다. 만약 그를 위해 죽을 수 없다면 그를 위해 살 수도 없다. 삶은 죽음을 통과한 이후에만 그 진정한 의미를 간직하게 된다. 사랑 속에서는 그대보다 상대방이 더 중요해진다. 그리고 드문 일이지만 더 깊이 들어가면 그대는 사라지고 만다. 물론 시간이 지나면 그대는 다시 돌아온다. 하지만 그대가 그 경험을 통해서 헌신의 일별을 볼 수 있는 것이다. 그래서 인도에서는 연인 사이에서 상대방을 신이라고 부른다. 그 사랑의 정점에서 그대는 사라지고 상대방은 신성이 된다. 그대가 이것을 사드하나(영적 수행)로 삼는다면, 내면의 탐구로 삼는다면, 사랑을 즐거움의 도구가 아니라 자신을 변형시키는 수단으로 삼는다면 그때 사랑은 헌신이 된다.

헌신 속에서 그대는 자신을 완전히 조복시킨다. 이 조복의 상대가 굳이 하늘에 있는 신이 아닐 수도 있다. 깨달은 스승이 아닐 수도 있다. 그런 것은 문제가 되지 않는다. 상대가 누구이든 그대가 진정한 헌신을 할 수 있다면 그대는 변형될 것이다.

"헌신은 자유를 준다."

여기에서 우리는 사랑 속에 자유가 있음을 알게 된다. 그대가 사랑 속에 있을 때, 오직 사랑 속에 있을 때만이 그대는 섬세한 자유를 갖게 된다. 이것은 매우 역설적으로 보인다. 왜냐하면 외부적인 모습으로 보자면 마치 사랑에 빠진 그대는 노예처럼 보이기 때문이다. 사랑에 빠진 사람들 둘 다 서로의 노예가 된 것처럼 보이는 것이 사실이다. 그러나 그대는 그 속에서 자유의 일별을 보게 된다. 사랑은 자유인 것이다.

왜인가? 에고가 속박이기 때문이다. 다른 속박은 없다. 그대가 감옥에 수감되어 탈옥이 불가능할 수도 있다. 그러나 그대의 연인이 감옥 속에 들어오면 그 순간 감옥은 사라지고 만다. 여전히 벽이 거기에 있지만 그것은 그대를 가둘 수 없다. 그대는 완전히 그 벽들을 잊어버린다. 그대는 상대방 속으로 녹아 들어가 하늘이 된다. 감옥은 더 이상 거기에 존재하지 않는다. 그대는 완전히 자유롭다.

물론 그대가 자유를 느끼는 것은 새가 날아다니는 공간적 하늘이 아니라 의식의 하늘이다. 오직 사랑하는 사람을 통해서만이 그대는 그 하늘을 맛볼 수 있다. 그것은 그대 자신을 완전히 조복하는 것을 의미한다. 그래서 감정적인 유형의 사람들에게는 이 방편이 유효하다.

라마크리슈나를 보라. 그를 바라보면 마치 칼리 여신의 노예처럼 보일 것이다. 그는 어머니라고 부르는 칼리의 허락이 없이는 아무것도 할 수 없다. 그는 마치 노예처럼 보인다. 그러나 실상은 그만큼 자유로운 사람도 없다. 그가 다크시네스바르에서 사제로서 처음 입문식을 했을 때 그는 사원에서 이상한 행동을 하기 시작했다. 장로들과 거기에 모인 사람들은 그의 행동을 보고 이렇게 말했다.

“이 친구는 이상한 녀석이다. 그를 쫓아내 버려라. 그는 헌신하지 않았다.”

그는 여신의 발에 바쳐질 꽃을 코로 가져가 냄새를 먼저 맡아버렸기 때문이었다. 그것은 신성을 모독하는 행동이다. 이미 한번 냄새가 맡아진 꽃은 신에게 바칠 수 없었다. 그것이 그들의 관습이었다.

공양물로 바쳐진 음식 역시 그가 먼저 맛을 보았다. 사제의 그런 행동을 본 신도들이 그에게 이렇게 물었다.

“이렇게 하면 안됩니다. 그것은 법을 어긴 것이며 신을 모독하는 행위입니다.”

그러나 그는 이렇게 말했다.

“내가 이 사원을 쫓겨나는 일이 있어도 미리 음식을 맛보지 않고는 내 어머니에게 그 음식을 바칠 수 없다. 어머니는 언제나 음식을 미리 맛보고 내게 음식을 주셨다. 그래서 이제 내가 먼저 음식을 맛보고 그녀에게 바칠 것이다. 꽃도 마찬가지다. 만약 당신들이 나를 비난하고 내쫓으려면 마음대로 하라. 하지만 내게는 아무런 상관이 없다. 내 어머니는 모든 곳에 계신다. 그녀는 당신들의 사원에만 매여 있지 않다. 내가 어디에 가든지 나는 지금처럼 할 것이다.”

한번은 한 이슬람교도 친구가 라마크리슈나에게 가서 물었다.

“만약 당신의 어머니가 모든 곳에 있다면 모스크(회교 사원)에는 왜 가지 않는가?”

그러자 라마크리슈나가 말했다.

“좋다. 거기에 가겠다.”

그는 회교 사원에서 6개월 동안 머물렀다. 그리고 다크시네바르는 까맣게 잊어버렸다. 그는 한 모스크에서 머물렀다. 그때 그 친구가 와서 말했다.

"이제 가도 좋다."

라마크리슈나는 한번 더 말했다.

"나의 어머니는 도처에 계신다."

사람들은 그를 칼리 여신의 노예처럼 생각하기 쉽다. 그러나 그의 헌신은 너무나 절대적이어서 그가 사랑하는 여신은 모든 곳에 존재하게 되었다.

그대가 사라지고 나면 그대의 연인은 모든 곳에 존재하게 될 것이다. 그대가 어딘가에 존재하면 그때 사랑하는 사람은 존재할 땅이 없다.

〈질문〉

> "당신께서는 사랑이 인간을 자유롭게 만들 수 있다고 말씀하셨습니다. 그러나 보통 사람들인 우리에게는 사랑이 집착처럼 보입니다. 그것은 우리를 자유롭게 하기보다는 오히려 구속시킵니다. 집착과 자유에 대해서 설명해 주십시오."

사랑이 집착으로 변하는 것은 거기에 더 이상 사랑이 없기 때문이다. 그대는 단지 자신을 속이고 있을 뿐이다. 집착이 실체이고 사랑은 미명일 뿐이다. 그대가 사랑에 빠질 때마다 얼마 안 가서 그대는 자신이 불행에 떨어졌다고 느낀다. 도대체 그것은 무슨 원리 때문인가? 왜 그런 일이 일어나는가?

며칠 전에 한 사람이 나를 찾아와서 말했다. 그는 매우 심한 죄의식에 싸여 있었다.

“나는 한 여자를 사랑했습니다. 정말로 깊이 사랑했기에 그녀가 죽는 날 나는 마구 울부짖었습니다. 그러나 갑자기 나는 매우 자유롭다는 느낌을 받았습니다. 마치 무거운 짐을 벗은 것처럼 말입니다. 나는 묵은 체증이 내려가는 것 같은 기분을 느끼면서 숨을 깊이 내쉴 수 있었습니다.”

그가 처음 울부짖는 것은 마음의 첫번째 층이다. 그는 슬픔과 괴로움을 느낀다. 하지만 두번째 층에서는 자유와 해방감을 느끼며 시원해 한다. 그리고 세번째 층에서 그는 죄의식을 느낀다. 마음의 세번째 층은 그에게 이렇게 말한 것이다.

“도대체 무엇을 하고 있는가? 사랑하는 사람의 시신 앞에서 자유로워 하다니?”

그래서 그는 죄책감을 느끼기 시작했고 급기야 나에게 와서 이렇게 말하는 것이었다.

“저를 도와주십시오. 제 마음에 무슨 일이 생긴 것입니까? 내가 이렇게 빨리 그녀를 배신할 수 있습니까?”

아무 일도 생기지 않았다. 아무도 그녀를 배반하지 않았다. 사랑이 집착일 때는 그것은 짐이 된다. 속박이 된다. 그러나 왜 사랑이 집착이 되는가? 첫째로 이해해야 할 것은 그대가 집착을 사랑이라 착각하고 있었다는 것이다. 그대는 ‘이것이 사랑이다’라고 자신을 속이고 있었던 것이다. 그대에게는 사랑이 필요한 것이 아니라 집착이 필요한 것이었고 그것이 사랑이라는 미명 하에 교묘하게 진행되어 간 것이다. 결국 그대는 자신이 집착의 노예가 되어 있다는 사실을 나중에 알게 된 것이다.

인간은 자유에 대해서는 미묘한 공포를 느낀다. 모든 사람이 노예가 되고 싶어한다. 왜 그대는 누군가를 필요로 하는가? 그대는 고독을 두려워한다. 그대는 자신에 대해서 지겨워하고 있다. 그대가 고독할 때에는 아무것도 의미 있어 보이지 않는다. 그래서 그대는 누군가에게 빠지고 일부러 삶의 의미를 만들어 낸다.

그대는 자신만을 위해서 살 수 없다. 그래서 그대는 다른 누군가를 위해서 살려고 한다. 그것은 그대 뿐만이 아니다. 모든 사람이 그렇게 생각한다. 홀로 존재하는 것을 두려워하는 두 사람이 만나서 함께 사랑의 놀이를 벌이는 것이다. 그러나 깊이 들어가면 그대는 집착을, 속박을 추구하고 있다.

그리고 조만간에 그대가 원하는 것이 무엇이든지 일어날 것이다. 그것은 세상에서 가장 불행한 일이다. 그대가 무엇을 원하든지 그 일이 일어난다는 사실 말이다. 그대는 곧 집착이 표면에 들어날 것이고 사랑의 연기는 막을 내린다. 사랑의 연기는 그 기능을 다했기 때문에, 그대는 소유하고 싶은 사람을 드디어 손에 넣었기 때문에 이제 계속 집착할 일만 생겼다. 더 이상 사랑을 가장할 필요가 없다. 그때 그대는 속박을 느낀다. 노예가 된 것 같다. 그래서 다시 자유를 위해 갈등한다.

사랑은 결코 집착이 될 수 없다. 사실은 집착이 필요한 것이고 사랑은 포장지 역할을 했을 뿐이다. 사랑은 미끼였을 뿐이다. 고기가 걸려들면 사랑은 역할을 다했다.

만약 진정한 사랑이 거기에 있었다면 그것은 결코 집착으로 변하지 않는다. 그대가 사랑하는 사람에게 '오직 나만을 사랑해 달라'라고 말하는 순간 그대는 소유하기 시작하는 것이다. 그대가 어떤 사람을 소유하는 순간 그대는 그를 은밀하게 모욕한 것이다. 왜냐하면 그대는 그를 하나의 물건으로 만들었기 때문이다.

그때 갈등이 싹튼다. 자신은 자유로운 사람이 되기를 원하면서 상대방을 소유하려 한다. 상대방 역시 마찬가지다. 그러나 우리는 모두 자유롭고 독립된 의식으로서 움직여야 한다. 물론 우리는 함께 뭉칠 수 있고 서로에게 녹아들 수 있다. 그러나 아무도 소유할 수 없다. 그런 점에서 인간은 누구나 평등한 것이다. 결코 인간이 인간의 소유가 될 수 없다. 그대가 이 사실을 확실히 깨닫는 만큼 그대는 인생에서 많은 불행을 피해갈 수 있다.

예수는 이렇게 말했다.

"비판을 받지 않으려거든 비판하지 말라."

이 말은 소유당하지 않으려거든 소유하지 말라는 말과 똑같다. 그대가 노예가 되지 않으려거든 그 누구도 그대의 노예로 삼지 말라.

스승들, 소위 마스터들은 항상 제자들의 노예가 되어 왔다. 그대가 노예가 되지 않고서는 마스터가 될 수 없다. 그것은 불가능하다. 그대가 누군가를 지배하고 소유할 때 그대 역시 그에게 지배당하고 소유당한다. 그래서 그대의 마스터는 그대의 노예인 것이다. 그러면 그대는 이렇게 말할 것이다.

"그렇다면 무엇이 진짜 마스터입니까? 아무도 내 제자가 되지 않는데 어떻게 내가 스승이 될 수 있습니까?"

그러나 오직 그때만이 그대가 마스터가 될 수 있다고 나는 말한다. 아무도 그대에게 노예가 되지 않을 때, 아무도 그대를 노예로 삼지 않을 것이다. 그 누구의 노예도 아닌 자만이 진정한 마스터이다.

자유를 사랑한다는 것, 자유롭고 싶은 것은 자신에 대해 깊은 이해가 필요하다는 것을 의미한다. 그대가 자신에 대해 충분히 알고 났을 때 그대는 다른 사람에게 자신을 나누어 줄 수 있다. 하지만 그것은 그대가 다른 사람에게 예속된다는 것이 아니다. 그때 비로소 그대는 자신의 사랑을, 자신의 행복을, 자신의 침묵을 나누어 줄 수 있다.

그대가 내면의 의식을, 그대의 중심을 깨달을 때만이 사랑은 집착이 되지 않는다. 그대가 내면의 중심을 모른다면 사랑은 집착이 될 것이다. 아니 아예 사랑이라는 것을 모를 것이다. 그러나 그대가 내면의 중심을 알게 될 때 사랑은 헌신이 될 것이다. 그리고 먼저 그대는 존재가 되어야 한다. 지금 그대는 존재가 아니다.

어느 날 붓다가 마을을 지나가는데 한 젊은이가 와서 말했다.

"제발 가르쳐 주십시오. 저는 어떻게 하면 다른 사람을 섬길 수 있습니까?"

붓다는 그 말을 듣고 웃으면서 말했다.

"먼저 그대는 존재해야 한다. 다른 사람은 잊어버려라. 그대 자신이 있고 난 후에야 모든 것이 따라온다."

지금 당장에는 그대가 존재하지 않는다. '내가 어떤 사람을 사랑할 때 사랑은 집착이 됩니다'라고 말하는 것은 그대가 '나는 존재하지 않습니다'라고 말하는 것과 같은 말이다. 그대가 무엇을 하든지 행위의 주체가 존재하지 않는 한 그것은 모두 틀린 것이다. 먼저 존재하라. 그 다음에야 그대의 존재를 나누어 줄 수 있다. 그것이 사랑이다. 하지만 그 전에는 그대가 무엇을 하든지 그것은 집착이다.

그리고 마지막으로 그대에게 이르노니 만약 그대가 집착에 대항해서 싸운다면 그대는 완전히 한 바퀴를 잘못 도는 것이다. 그대는 투쟁할 수 있다. 그래서 그토록 많은 승려들, 수행자들, 산야신들이 그렇게 하고 있다. 그들은 자신들의 집에 대해서, 아내에 대해서, 아이들에 대해서 집착을 느낄 때마다 그것에 반항한다. 그들은 도망간다. 집을 떠나고 아내를 떠나며 자식들을 버린다. 그들은 모든 소유를 버린다. 그들은 거지가 되어 산으로 달아난다. 그러나 그들을 쫓아가서 살펴보라. 그들은 새로운 환경에 집착해 있다.

깊은 숲속에서 은둔생활을 하는 한 친구를 방문했다. 거기에는 다른 고행자들도 있었다. 하루는 내가 그 나무 밑의 움막에서 지내고 있는데 새로운 구도자가 왔다. 마침 그때 내 친구는 자리를 비우고 있었다. 그는 강가로 목욕을 하러 간 것이다. 그래서 그 나무 밑에서 새로 온 구도자가 명상을 하기 시작했다.

내 친구가 강에서 돌아와 그 광경을 보더니 그 새로 온 구도자를 밀쳐 내 버렸다. 그리고는 이렇게 말했다.

"이곳은 나의 나무 밑이다. 다른 곳을 찾아보라. 아무도 내 자리에 앉을 수 없다."

그 친구는 자신의 집과 가정을 떠났지만 이제 그 나무가 새로운 소유물이 된 것이다. 그대는 그의 나무 밑에서 명상할 수 없다. 그대는 어떠한 욕망을 쉽게 버릴 수 있을 것이다. 그러나 새로운 것에의 집착은 쉽게 버릴 수 없을 것이다. 그대는 자신의 생각에게 속고 있다. 그러므로 집착과 싸우지 말라. 왜 집착이 거기에 있는지 이해하라. 그러면 그 깊은 이유를 알게 될 것이다. 그것은 그대가 없기 때문에, 그대가 존재하지 않기 때문에 대신 그 자리에 집착이 들어선 것이다.

그대 내면에는 진짜 그대가 자리잡고 있지 않다. 그대 내면에는 순전히 가짜 그대로 가득 차 있다. 그리고 그 가짜 그대는 끊임없이 집착을 요구한다. 왜냐하면 가짜 그대는 자신이 없기 때문이다. 스스로 거짓임을 알고 있기 때문에 그 사실을 잊기 위해 그대의 시선을 다른 데로 향하게 만드는 것이다. 그대 내면에 진짜 그대가 들어설 때, 모든 것은 달라진다. 그대는 자신이 존재한다는 사실을 알게 되고 거지에서 황제로 변하는 것이다. 이제 그 무엇에도 집착하거나 구걸하지 않을 것이다.

그때 그대는 진실로 자신의 존재를 나누어 줄 수 있다. 그대는 사랑으로 흘러 넘치게 될 것이다. 지복의 황홀감이 그대에게 차고 넘쳐서 그대의 사랑은 대지를 적시고 허공을 메우며 별들을 어루만질 것이다. 전우주가 그대의 사랑으로 목욕할 것이다. 이것이 바로 헌신이다.

오늘은 이만!

오쇼에 대하여

오쇼의 가르침은 어떠한 틀로도 규정하기 힘들 만큼 다양한 주제를 다루고 있다. 그의 강의는 삶의 의미를 묻는 개인적인 문제에서부터 현대사회가 안고 있는 시급한 정치 · 사회적인 문제에 이르기까지 거의 모든 주제를 망라한다. 오쇼의 책은 그가 직접 저술한 것이 아니라, 다양한 국적의 청중들에게 들려준 즉흥적인 강의들을 오디오와 비디오로 기록하여 책으로 펴낸 것이다. 그는 자신의 강의에 대해 이렇게 말했다. "내가 무슨 말을 하건 그 말은 지금 이 시대의 당신들을 위한 것일 뿐만 아니라 다가오는 미래 세대를 위한 말이기도 하다."

런던의 선데이 타임스(Sunday Times)는 20세기를 빛낸 천 명의 위인들 중 한 사람으로 오쇼를 선정했으며, 미국의 작가 탐 로빈스(Tom Robbins)는 오쇼를 '예수 이후로 가장 위험한 인물' 로 평하기도 했다. 인도의 선데이 미드데이(Sunday Mid-Day)는 인도의 운명을 바꾼 열 명의 인물을 선정했는데, 그 중에는 간디, 네루, 붓다 등의 인물과 더불어 오쇼가 포함되어 있었다.

오쇼는 자신의 일에 대해 새로운 인간이 탄생하도록 기반을 닦는 것이라고 했으며, 이 새로운 인간을 '조르바 붓다(Zorba the Buddha)' 로 부르곤 했다. 조르바 붓다란 니코스 카잔차키스의 소설 속 주인공인 그리스인 조르바처럼 세속의 즐거움을 누리는 동시에, 붓다와 같은 내면의 평화를 겸비한 존재를 일컫는다. 오쇼의 가르침에 일관되게 흐르는 정신은, 과거로부터 계승되어온 시대를 초월한 지혜와 오늘날의 과학문명이 지닌 궁극적인 가능성을 한데 아울러 통합하는 것이다.

또한 오쇼는 점점 가속화되는 현대인들의 생활환경에 맞는 명상법을 도입하여 인간의 내면을 변화시키는 데 혁명적인 공헌을 하였다. 그의 독창적인 '역동 명상법' 들은 심신에 쌓인 스트레스를 풀어줌으로써 일상생활 속에서 더 수월하게 평화와 고요함을 경험할 수 있게 해준다.

아래의 두 책을 참고하여 오쇼의 생애에 대해 더 자세하게 알아볼 수 있다.

- **『Autobiography of a Spiritually Incorrect Mystic』**
- **『Glimpses of a Golden Childhood』**

오쇼 국제 명상 리조트

Osho International Meditation Resort | www.osho.com/meditationresort

위치

인도 뭄바이(Mumbai)에서 남동쪽으로 160킬로 떨어진 뿌네(Pune)에 위치하고 있는 오쇼 국제 명상 리조트는 휴가를 즐기기에 매우 적합한 곳으로, 우람한 나무들이 주거지역을 둘러싸며 40에이커에 달하는 아름다운 정원을 형성하고 있습니다.

특징

매년 100개국이 넘는 나라로부터 수많은 방문객들이 오쇼 국제 명상 리조트를 찾아오고 있습니다. 이 독창적인 명상 리조트는 축제를 즐기듯 즐거운 분위기 속에서 더 평온하며 더 깨어있는 창조적인 방식으로, 새로운 삶의 길을 경험할 수 있는 기회를 제공합니다. 몇 시간의 단기 프로그램에서부터 해를 넘기는 장기 프로그램에 이르기까지, 선택의 폭이 매우 다양합니다. 아무것도 하지 않고 그저 휴식을 취하는 것도 오쇼 국제 명상 리조트에서 제공하는 프로그램 중의 하나입니다.
모든 프로그램은 '조르바 붓다(Zorba the Buddha)' 라는 오쇼의 비전에 바탕을 두고 있습니다. 조르바 붓다는 날마다의 일상생활에 창조적으로 임하며 침묵과 명상 속에서 고요하게 휴식하는 새로운 유형의 인간을 뜻합니다.

명상 프로그램

활동적인 명상, 정적인 명상, 전통적인 명상법, 혁신적인 방편들, 오쇼의 역동 명상법에 이르기까지 각 개인에 맞는 명상 프로그램이 하루 종일 진행됩니다. 이 명상 프로그램들은 세계에서 가장 큰 규모의 명상홀인 '오쇼 오디토리엄(Osho Auditorium)' 에서 진행됩니다.

멀티버시티 Multiversity

오쇼 멀티버시티가 제공하는 다양한 종류의 개인 세션, 수련 코스와 그룹 워크숍은 창조적인 예술, 건강 요법, 인간관계 개선, 개인의 변형, 작업 명상, 비의적인 학문과 선(禪)적인 접근방식이 도입되었고, 프로그램의 범위 또한 스포츠와 레크리에이션 등을 망라하고 있습니다. 이처럼 다양한 프로그램들은 명상과 결합되어 성공적인 효과를 내고 있는데, 이것은 오쇼 멀티버시티가 인간을 여러 부분들의 조합으로 보는 것에서 그치지 않고, 그를 훨씬 뛰어넘는 존재로 인식하는 명상적 이해에 기반하기 때문입니다.

바쇼 스파 Basho Spa

고품격의 바쇼 스파에는 울창한 나무와 열대식물에 둘러싸인 야외 수영장, 독창적 스타일의 넉넉한 자꾸지(Jacuzzi), 사우나, 테니스장을 비롯한 여러 체육 시설 등이 아름답게 배치되어 있습니다.

먹거리

리조트 내의 여러 식당에서는 서양식, 아시아식, 인도식 채식 요리가 제공되며, 대부분의 식재료는 명상 리조트의 방문객을 위해 유기농법으로 생산된 것들입니다. 빵과 케이크 역시 리조트 내에서 자체적으로 만들고 있습니다.

야간 행사

야간에도 다양한 종류의 행사가 벌어집니다. 그중 최고로 꼽히는 댄스파티를 비롯해 별빛 아래서 행해지는 보름날 명상 프로그램, 각양각색의 쇼와 음악 공연, 그리고 여러 가지 명상법들이 진행됩니다. 이 밖에도 플라자 카페(Plaza Cafe)에서 친구들을 만나 즐기거나, 정적에 잠긴 아름다운 정원을 산책하는 것도 좋습니다.

편의 시설

리조트 내에는 은행, 여행사, 피시방이 준비되어 있습니다. 기본적인 생필품은 갤러리아(Galleria)에서 구입이 가능하며, 멀티미디어 갤러리(Multimedia Gallery)에서는 오쇼의 미디어 저작물을 구입할 수 있습니다. 그 밖에 더욱 다양한 쇼핑을 즐기고 싶은 분들은 뿌네 시내에서 인도의 전통 상품을 비롯한 다국적 브랜드의 여러 가지 물건들을 구입할 수 있습니다.

숙박 시설

리조트 내에서는 오쇼 게스트하우스(Osho Guesthouse)의 품격 있는 객실을 이용할 수 있습니다. 더 오랜 기간의 체류를 원하는 방문객은 '리빙 인(Living In)' 이라는 패키지 프로그램을 이용하거나, 리조트 밖에 있는 다양한 종류의 호텔과 아파트를 이용할 수도 있습니다.

더 많은 정보를 보시려면 아래의 웹사이트를 참고하시기 바랍니다.

www.OSHO.com

오쇼 닷컴에서 제공하는 내용

인터넷 매거진, 오쇼 서적, 오디오와 비디오, 영어와 힌디어로 된 오쇼 저작물들, 오쇼 명상법에 대한 정보, 오쇼 멀티버시티의 프로그램 스케줄, 오쇼 국제 명상 리조트에 관한 정보

관련 웹사이트

http://OSHO.com/resort

http://OSHO.com/magazine

http://OSHO.com/shop

http://www.youtube.com/OSHO

http://www.oshobytes.blogspot.com

http://www.Twitter.com/OSHOtimes

http://www.facebook.com/pages/OSHO.International

http://www.flickr.com/photos/oshointernational

아래의 주소를 통해 오쇼 국제 재단에 접촉할 수 있습니다.

www.osho.com/oshointernational

oshointernational@oshointernational.com